티벳 解脫의 書

티벳 解脫의 書

파드마삼바바 지음 | 유기천 옮김

정신세계사

옮긴이 유기천은 1978년에 서울대 약학과를 졸업한 후 지금까지 서양 점성술과 그 외의 정신세계 관련 분야를 연구해왔다. 편저와 역서로 ≪쿤달리니≫, ≪점성학≫, ≪성자들의 요가≫, ≪초감각투시≫, ≪점성학이란 무엇인가≫, ≪점성학 첫걸음≫, ≪별자리로 보는 나의 성격≫, ≪운명의 초법칙≫, ≪별들의 비밀≫, ≪신화와 점성학≫ 등이 있다.

티벳 解脫의 書
The Tibetan Book of the Great Liberation, OXFORD UNIVERSITY PRESS, 1954

파드마삼바바 짓고, 유기천 옮긴 것을 정신세계사 정주득이 2000년 5월 3일 처음 펴내다. 이욱이 편집과 교정을 맡다. 정신세계사의 등록일자는 1978년 4월 25일(제1-100호), 주소는 03965 서울시 마포구 성산로4길 6 2층, 전화는 02-733-3134번, 팩스는 02-733-3144번, 홈페이지는 www.mindbook.co.kr, 인터넷 카페는 cafe.naver.com-mindbooky이다.

2024년 4월 2일 박은 책(초판 제16쇄)

ISBN 978-89-357-0169-8 03220

이번 티벳 총서 중
앞서의 두 책과 이 책을 서양인들에게 전하도록 해주신
스승들의 고마움을 기억하면서
지혜를 찾는 이들에게 바친다.

도판 1. 위대한 스승 파드마삼바바(395쪽 해설 참조)

속박과 해방

속박
무명(無明)이 행(行)을 낳고,
행(行)이 식(識)을 낳고,
식(識)이 명색(名色)을 낳고,
명색(名色)이 육처(六處)를 낳고,
육처(六處)가 촉(觸)을 낳고,
촉(觸)이 수(受)를 낳고,
수(受)가 애(愛)를 낳고,
애(愛)가 취(取)를 낳고,
취(取)가 유(有)를 낳고,
유(有)가 생(生)을 낳고,
생(生)이 노사(老死)와 비애, 탄식, 불행, 절망을 낳는다.
그리하여 이 모든 불행의 집합이 생겨난다.*

해방
그러나 무명(無明)이 사라지면 행(行)이 멎고,
행(行)이 사라지면 식(識)이 멎으며,
식(識)이 사라지면 명색(名色)이 멎고,
명색(名色)이 사라지면 육처(六處)가 멎으며,
육처(六處)가 사라지면 촉(觸)이 멎고,
촉(觸)이 사라지면 수(受)가 멎으며,
수(受)가 사라지면 애(愛)가 멎고,
애(愛)가 사라지면 취(取)가 멎으며,
취(取)가 사라지면 유(有)가 멎고,
유(有)가 사라지면 생(生)이 멎으며,
생(生)이 사라지면 노사(老死)가 멎는다.

---

* 생사유전(生死流轉)의 인과를 상세히 보인 12연기(緣起)이다. 각 항목을 좀더 쉬운 말로 바꾸면 다음과 같다. 무지(無知), 업(業), 의식(意識), 이름과 형태, 여섯 감각 기관, 접촉, 감각, 욕망, 집착, 존재, 출생, 늙어 죽음(역주).

도판 2. 편집자와 번역자들(398쪽 해설 참조)

머리말

나의 티벳 총서 중 네 번째인 이 책에 나는 동양 현인들의 가장 심오한 가르침 중 하나를, 배운 자와 못 배운자, 철학자와 과학자가 함께 이해하기 쉬운 형태로 수록했다. 이 가르침은 지금까지 유럽에 알려진 적 없는 문헌에 의한 것이며 저자는 티벳의 위대한 스승이자 탄트라 밀교 과학의 대가인 파드마삼바바로 알려져 있고 그의 일대기를 요약한 것이 이 책에 실려 있다.

이 책은 대승불교의 핵심을 제시하고 있으며, 그런 점에서 이전의 세 책[1]을 보충할 뿐만 아니라 어찌 보면 총서 중에서 가장 중요한 위치를 차지한다고 할 수 있다. 그러나 ≪티벳 밀교 요가 Tibetan Yoga and Secret Doctrines≫가 발간될 때까지는 이 책을 추가하는 것이 내 운명이었음을 알지 못했었다.

개론과 원본 번역문들의 주해에는 꼭 필요한 것을 설명하기 위해

---

1) ≪티벳 사자의 서 The Tibetan Book of the Dead≫, ≪티벳 밀교 요가 Tibetan Yoga and Secret Doctrines≫, ≪티벳의 위대한 요기 밀라레파 Tibet's Great Yogī Milarapa≫

보완적인 가르침을 삽입했다. 이 보완적인 가르침은 카규파 종(宗)의 긴 스승 계보를 통하여 나의 티벳인 스승 고(故) 라마 카지 다와삼둡에게까지 구전된 것들이다. 또한 셋째권에는 다른 스승들의 가르침을 보충하는 스승 파담파 상게의 가르침을 실었다.

이 책의 중핵(中核)에 해당하는 둘째권의 번역은 캘커타 대학에서 라마 카지 다와삼둡의 직위를 차례로 이어받은 라마 카르마 숨돈 폴과 라마 롭상 밍규르 도르제의 친절한 도움에 의한 것이다.

이 책의 첫째권을 읽는 독자는 '연꽃에서 태어난 자'[2]의 전기(傳記)를 요약하여 번역한 고(故) 사르다르 바하두르 씨에게 경의를 표하고 싶은 내 마음을 알 수 있을 것이다. 나는 필기자 겸 편집자로 그의 작업을 도울 수 있음에 커다란 기쁨을 느꼈다.

심리학적 해설을 제공하여 동양과 서양의 최고 지성들 사이에 다리를 놓아주신 칼 융 박사께 특별히 감사한다. 오늘날의 동양과 서양은 그리스 철학자들의 시대보다 훨씬 더 많은 것을 주고받을 뿐 아니라, 자신들 스스로가 원래 분리될 수 없는 하나임을 인식하고 있다. 오직 속인들만이 종족이나 종교의 차이에 집착하면서 서로를 더욱 분리시키고 있을 뿐이다. 꿰뚫어보면 인류는 지리적 구분과 국가의 경계 따위, 무지한 마음으로부터 비롯되어 모든 것에 족쇄를 채우는 개념들을 영원히 초극해 나아가는 '하나의 집단'이다.

엑서터[3] 대학의 학장이었고 그 전에는 옥스퍼드 대학의 사회 인류학 원고 판정인이었던 고 R. R. 머럿 박사의 정밀한 감식이 없었더라

---

2) 파드마삼바바를 가리킴.
3) 잉글랜드 남서부 데번셔 주(州)의 주도, 대성당이 있음(역주).

면 이 책이 현재와 같이 발간될 수 없었을 것이다. 나의 다른 책들을 읽은 독자라면 그가 나의 인류학 연구를 어떻게 격려해주었는지 잘 알 것이다. 옥스퍼드 대학의 보덴직(職)[4] 산스크리트 종신 교수 F. W. 토머스 박사는 티벳어 음역(音譯)과 지명(地名) 중 어떤 것들에 대하여, ≪나라다 수트라 Narāda Sūtra≫를 번역한 E. T. 스터디 씨는 산스크리트 음역에 관해 각각 도움을 주었다. 또한 칼 융의 근간 논문집을 번역했고 이 책 전체의 교정쇄를 구성의 측면에서 읽어준 R. F. C. 헐 씨에게도 크게 감사한다.

나의 티벳 연구 결과를 독일어와 프랑스어로 번역한 한 사람 한 사람에게도 고마움을 전한다. 커다란 경제적 부담 아래 ≪티벳 밀교 요가≫(파리, 1938) 발간을 도왔던 파리의 마르그리트 라 후앙트 부인과, ≪남방 불교 명상법 Buddhist Meditation in the Southern School≫의 저자이자 파리의 '레자미 뒤 부디슴 Les Amis du Boudhisme' 회장으로서 라 후앙트 부인을 도와 힘겨운 번역 작업을 해준 미스 콩스탕 룬스베리도 빼놓을 수 없다.

또 다른 많은 조력자들과 친구들, 모든 나라의 저술가들, 무지(종족과 종족, 국가와 국가, 종교와 종교를 분리시키는)에서 생겨난 모든 장벽을 제거하려고 노력하는, 나와 비슷한 많은 사람들이 보내준 격려와 도움을 나는 잘 알고 있다.

---

4) 옥스퍼드나 하버드 대학은 유명한 교수라든가 기부금을 낸 사람의 이름을 따서 종신의 교수 직위를 만들었다. 보덴 Boden은 인도 주재 영국 무관(대령)이었던 사람으로 전 재산을 옥스퍼드에 기증하면서 산스크리트를 연구할 종신 교수 직위를 만들어 봉급을 지불하도록 유언했고 대학 당국은 그의 유지를 따라 직위를 신설했으며 그 이후 옥스퍼드의 보덴직 종신 교수들은 산스크리트 연구에 큰 업적을 쌓았다(역주).

그 많은 조력자와 친구들에게 이 책이 용기와 힘이 되어줄 수 있기를……. 이 책에 담긴 것과 같은 저 '위대한 지혜의 스승들'의 '보편적 선의(善意)'가 하루 속히 널리 퍼져 인류가 자신의 신성한 합일경을 인식하게 되기를…….

1952년 만성절(萬聖節)에
캘리포니아 샌디에이고에서
에반스 웬츠

하루를 살아도 좋으니

계율 없이 악하게 백 년을 사느니
명상하면서 착하게 하루를 사는 것이 더 나으리

무지와 방종 속에 백 년을 사느니
깨달음과 명상을 추구하며 하루를 사는 것이 더 나으리

게으르고 노력하지 않으면서 백 년을 사느니
힘써 노력하고 정진하며 하루를 사는 것이 더 나으리

모든 것의 근원과 소멸을 생각지 않고 백 년을 사느니
모든 것의 근원과 소멸을 생각하며 하루를 사는 것이 더 나으리

불멸을 모르고 백 년을 사느니
불멸을 알고 하루를 사는 것이 더 나으리

최상의 교의를 모르고 백 년을 사느니
최상의 교의를 알고 하루를 사는 것이 더 나으리

― 법구경, 110~115절*

---

* 위의 인용 부분은 팔리어 경전의 영역본(바그와트N. K. Bhagwat의 ≪Dhammapāda≫)에 의한 것임(역자).

차례

머리말 9

《티벳 해탈의 서》 해제 …… 서문 | 심리학적 해설 - 칼 융

    1. 동양식 사고와 서양식 사고의 차이
    2. 원본에 대한 해설
        귀의 51 / 서문 52
        한마음에 대한 인사 54
        한마음을 알지 못하는 결과 54
        욕망의 결과들 55 / 초월적 합일 56
        위대한 자기 해방 59
        마음의 본성 60
        그 마음에 주어진 이름들 61
        마음의 무시간성 63
        참다운 상태의 마음 64
        마음은 창조되지 않는다 66
        내관의 요가 67 / 내면의 법 67
        이 가르침의 놀라움 68
        네 개의 위대한 길 69
        위대한 빛 70
        열반의 길의 요가 71

개론 ─ 에반스 웬츠

1. 대승불교에서 본 실재(實在) 73 / *2*. 열반 78
3. 시간과 공간 80 / *4*. 마음의 본성 83
5. 개인적인 마음과 집단적인 마음 87
6. 지식과 지혜 91 / *7*. 문맹과 실용주의 97
8. 위대한 스승 103 / *9*. 선과 악 116 / *10*. 비밀 불교 141
11. 점성술 147 / *12*. 요가 155 / *13*. 진아(또는 혼)의 문제 161
14. 심리학과 마음의 치료 165 / *15*. 원전의 출처 173
16. 번역자들 174 / *17*. 번역과 편집 181 / *18*. 영역(英譯) 184
19. 비판자들의 비판 187 / *20*. 결론 188

첫째권 ······ 위대한 스승 파드마삼바바의 삶과 가르침

서론 199 / 파드마삼바바 탄생에 관한 붓다의 예언 203
인드라보디 왕 203 / 왕의 낙심 204
관세음보살이 아미타불을 찾아감 205
아미타불의 응답과 방광(放光) 205 / 왕과 사제들의 꿈 206
아미타불의 화현에 관한 예언 206 / 여의주(如意珠) 207
왕이 연꽃에서 태어난 아이를 발견함 207
아이를 왕궁으로 데려옴 208
왕자와 운동가와 왕으로서의 연화생 210
아라한들의 내방(來訪) 211
결혼으로 파드마를 붙들려는 계획 212
바사다라의 선택과 결혼식 213 / 세속의 포기 214 / 이별 215
숙명 216 / 추방 217 / 송장들의 신 219 / 무신앙의 타도 220
도망친 젊은 악마 221 / 호수의 다키니의 굴복 221

바즈라바라히의 축복 222 / 스승을 찾기로 결심함 222
점성술과 의학·어학·예술·공예의 습득 223 / 스승 프라바하스티 224
아난다에게 수계받은 파드마 226 / 아난다의 탁월성에 관한 파드마의 질문 227
불성실한 승려의 이야기 227 / 아난다가 어떻게 수제자로 선택되었는가 228
붓다가 불성실한 승려의 죽음을 예언함 229 / 붓다에 관한 아난다의 증언 229
아난다 밑에서 공부한 파드마 231 / 경전에 관한 아난다의 증언 231
파드마의 가르침과 여러 가지 공부 232 / 다키니의 비전(秘傳) 234
'지혜의 소유자'라는 스승 236 / 버마 스승의 선(禪) 방식 236
문수보살의 비범한 탄생 238 / 황금 거북과 문수보살의 점성술 239
문수보살의 점성술을 복원한 파드마 240 / 파드마의 다른 스승들 241
숨겨진 문헌을 복원한 파드마 241 / 요가의 기술들을 터득함 241
푸주한들을 죽임 243 / 모든 악마와 모든 신들을 정복함 244
죽은 악마들의 소생과 설법 247 / 만다라바의 출생과 소녀 시절 248
만다라바의 출가(出家) 250 / 파드마가 와서 만다라바를 가르침 250
만다라바의 감금과 파드마의 화형(火刑) 252 / 파드마의 전쟁 방지법 254
사호르 왕의 입문 254 / 만다라바의 질문과 파드마의 답변 255
파드마와 만다라바의 동굴 속 명상 257
굶주린 짐승을 위해 몸을 던진 공주 258 / 아소카 왕의 파드마에 대한 판결 261
두 왕자의 공개적 의술 시험 263 / 비크라마쉴라 승원을 불지른 태양 요기 264
나가르주나의 제자 아리아데바의 비범한 탄생 265 / 벵골에 불교를 전함 267
파드마가 보드가야에서 성불함 268 / 여덟 나라에 법을 전함 269
파드마의 의심 많은 친구 270 / 브라만으로 일곱 번 태어난 자 271
술마시는 헤루카가 일몰(日沒)을 막음 272 / 뱀에 물린 우겐 왕이 치유됨 273
우겐에서 화형당한 파드마와 만다라바 274 / 만다라바와 버려진 여아(女兒) 276
소 치는 스승 277 / 샤캬 쉬리 미트라의 이야기 279
보드가야에서 논전과 마법에 패한 이교도들 279 / 불구 왕자의 혼인 283
공식적으로 파드마삼바바라는 이름을 얻음 285

보드가야의 왕이 된 브라만 소년 286 / 파드마의 다른 업적들 288
원숭이가 기른 소녀와 명상을 방해당한 파드마 289
파드마의 여러 가지 마법적 외관 290 / 파드마가 숨긴 책과 보물들 291
숨겨진 보물과 그것을 찾기에 적합한 사람들 293 / 전갈 스승 295
티벳으로 떠난 파드마 296 / 물의 기적 298 / 왕의 응접과 불의 기적 298
삼예 승원의 건립 299 / 파드마가 용왕을 정복한 이야기 300
승원의 준공식에 나타난 기적들 302
뵌포들이 공개 논전에서 패하여 티벳으로부터 쫓겨남 303
전기(傳記)의 출처와 여성 기록자 304 / 전기의 필사본을 숨김 304
테르된들, 보살과 왕의 죽음, 그리고 요약 305 / 티벳을 떠나는 파드마 306
나찰들의 나라에 가서 그들을 정복한 파드마 307 / 전기의 끝맺음 307

둘째권 ······ 자기 해방이라 부르는 마음 알기와 실재 보기의 요가

서론 313

제1부 예비 지식

귀의 321 / 서문 321
제자에 대한 스승의 첫번째 훈령과 기도 322
한마음에 대한 인사 323
이 가르침은 붓다들의 가르침을 보충함 323
제자에 대한 스승의 두 번째 훈령 324
한마음을 알지 못하는 결과 324 / 욕망의 결과들 325
초월적 합일 326 / 위대한 자기 해방 327
제자에 대한 스승의 세 번째 훈령 328 / 마음의 본성 328
그 마음에 주어진 이름들 328

제2부 실제 적용

마음의 무시간성 331 / 참다운 상태의 마음 332

마음은 창조되지 않음 334 / 내관(內觀)의 요가 337

내면의 법 339 / 이 가르침의 놀라움 341

네 개의 위대한 길 343 / 위대한 빛 344

삼세의 가르침 345 / 열반의 길의 요가 346

이 지혜에 주어진 이름들의 설명 350 / 진여(眞如)의 요가 352

지적 개념의 요가 과학 355 / 깨달음과 위대한 해방 359

제3부 결론

전체적 결론 363 / 마지막 기원 364

제자에 대한 스승의 마지막 훈령 365 / 맺음말 365

셋째권 …… 스승 파담파 상게의 유언적 가르침

서론 371

제1부 스승의 가르침 375

제2부 최종적 고려―힘, 정복, 안전성 389

부록 | 도판 해설 393

옮기고 나서 419

추천사 | 정찬주(소설가) 427

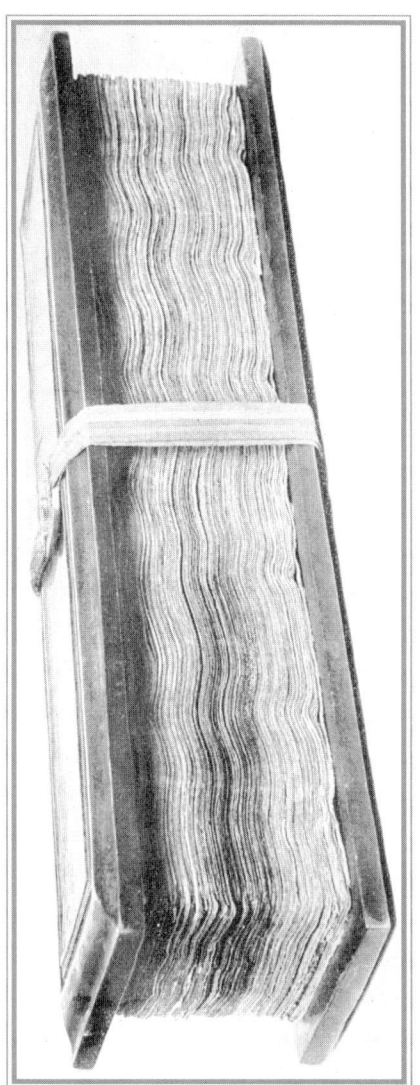 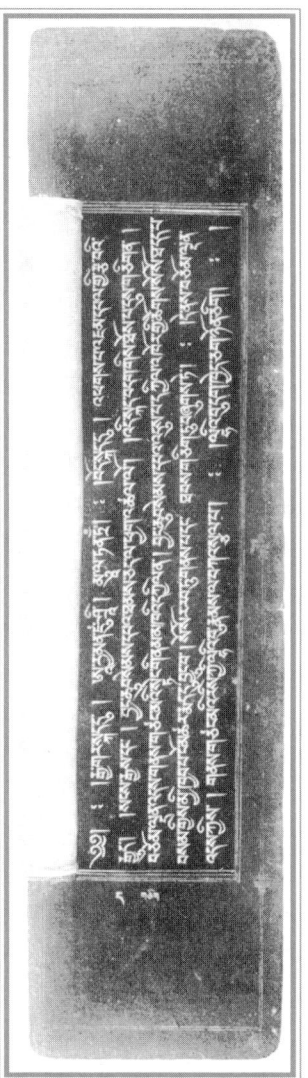

도판 3. 문수보살의 신성한 지혜를 담은 경전(398쪽 해설 참조)

'참다운 행복이 무엇인가'에 관한 붓다의 설법

행복한 자, 신성한 자, 모든 진리의 근원인 자에게 찬양이 있기를.
이와 같이 나는 들었다. 어느 날 행복한 분(여래)께서 쉬라바스티(사위성)의 아나타핀다카 뜰(급고독원)에 있는 제타바나(제타 숲)에 머물고 계셨다.
밤이 깊었을 때 어떤 빛나는 천인(天人)이 제타바나 전체를 비추면서 행복한 분께 다가가 인사하고 곁에 선 후 이렇게 물었다.
"많은 신과 인간들이 좋은 것을 갈망하면서 행복하기 위해 여러 가지를 붙들고 있는데, 당신은 참다운 행복이 무엇이라고 말하겠소?"
"어리석은 자들보다 현명한 사람들을 가까이 하면서 존경할 만한 사람을 존경하는 일, 이것이 참다운 행복이오.
쾌적한 땅에 살면서 유덕한 행위에 앞장서고 올바른 욕망을 지니는 일, 이것이 참다운 행복이오.
큰 지혜와 많은 지식, 마음의 수양과 바른 말, 이것이 참다운 행복이오.
부모를 섬기고 아내와 자식을 돌보며 평화로운 부름에 따르는 일,
이것이 참다운 행복이오.
자선을 베풀고 경건한 삶을 영위하며 친지를 보호하고 결함 없이 행동하는 일,
이것이 참다운 행복이오.
악행을 끊고 술을 많이 마시지 않으며 바르게 처신하는 일,
이것이 참다운 행복이오.
공손함과 겸양, 만족과 감사, 때맞춰 바른 법을 듣는 일, 이것이 참다운 행복이오.
인내심과 부드러운 말, 성자들과의 친교, 필요할 때 종교적인 담론을 갖는 일,
이것이 참다운 행복이오.
참회와 순결, 네 가지 거룩한 진리(四聖諦)의 통찰과 평화의 인식,
이것이 참다운 행복이오.
이승의 영고성쇠에 흔들리지 않는 마음, 슬픔을 떠난 침착과 안정,
이것이 참다운 행복이오.
이들을 아는 사람은 어떤 경우에도 지지 않으며, 어딜 가더라도 안전하오.
참다운 행복은 실로 그의 것이오."

—망갈라 수트라[*]

---

[*] ≪법구경 *Dhammapāda*≫(옥스퍼드 대학 출판부, 뉴욕 & 런던, 1936)에 있는 어빙 배빗 Irving Babbitt의 번역과 차일더 Childer 교수의 번역에 기초하여 편집자가 교정한 것임. (≪숫타니파아타≫ 258~268쪽에 해당함—역자)

일러두기

1. 책 제목은 ≪ ≫, 논문이나 소론은 〈 〉로 표기한다.
2. 산스크리트, 티벳어 및 그 밖의 외래어는 한글 맞춤법통일안 외래어 표기법을 기준으로 하였으나 국내에서 이미 굳어진 일부 용어는 현행 표기를 그대로 따른다. 아직 국내에 소개되지 않은 현지 용어는 현지 발음을 원칙으로 표기한다.
3. 괄호 안에 있는 Tib.은 티벳어를, Skt.는 산스크리트를 의미한다.
4. '\' 뒤에 나오는 숫자는 참조할 쪽의 각주 번호를 나타낸다. 예를 들어 'p.257\3'은 257쪽의 각주 3)을 참조하라는 의미이다.
5. 원서의 각주 이외에 번역자가 추가한 것은 '(역주)'로, 원서의 각주에 번역자가 보충 설명한 경우에는 해당 부분에 '(~ - 역자)'로 표기한다.

≪티벳 해탈의 서≫ 해제

서문

심리학적 해설 · 칼 융

1. 동양식 사고와 서양식 사고의 차이

나는 에반츠 웬츠 박사에게서 동양 '심리학'의 중요한 내용이 담긴 이 책의 해설을 의뢰받았다. 방금 '심리학'이란 단어에 따옴표를 사용한 것은 이 단어를 사용하는 일이 현 상황에서 적합한지에 대해 나 스스로 자신이 없기 때문이다. 동양에는 우리가 심리학이라 부르는 것에 해당하는 학문은 없지만 그 대신 철학이나 형이상학이 있다고 말해도 좋다. 서양 현대 심리학의 어머니인 비판 철학은 동양인들에겐 중세 유럽인들에게와 마찬가지로 지극히 낯선 것이다. 따라서 '마음mind'이라고 하면 동양에서는 그것이 어떤 형이상학적 의미를 내포하게 된다. 마음에 대한 서양의 개념은 중세 이후 이런 언외(言外)의 의미를 잃어버렸고, 이제 그저 하나의 '정신적psychic 기능'을 가리키게 되었다. 우리는 '정신psyche'이 무엇인지 모르고 아는 체할 수도 없지만 '마음'의 현상을 논할 수는 있다. 우리는, 마음이 형이상학적 실체를 갖는다든가 개인적인 마음과 우주적인 마음(있는지 없는

지 모르는) 사이에 어떤 관계가 있다고 가정하진 않는다. 따라서 서양의 심리학은 어떤 형이상학적 내용을 갖지 않는 '단순한 현상들'의 과학인 것이다. 지난 두 세기 동안 발달한 서양 철학은 마음을 그 자신의 공간으로부터 분리시켜 우주와의 근원적 합일 상태에서 벗어나게 만들어버렸다. 인간 자신이 우주의 이상화된 존재로서의 소우주이기를 스스로 중단해버렸고, 인간의 '아니마(anima ; 魂)'는 더 이상 아니마 문디(Anima Mundi ; 世界魂)의 불씨, 즉 그것과 동질의 작은 불꽃일 수 없게 되었다.

따라서 심리학은 모든 형이상학적 주장을 정신 현상으로 취급하며, 그런 주장들을 마음과 마음의 구조(무의식의 어떤 특성으로부터 유래한)에 관한 진술로 간주한다. 심리학은 그런 주장들이 절대적으로 옳다든가 형이상학적 사실로 인정될 수 있다고 생각지 않는다. 이런 자세가 옳은지 그른지를 확인할 수 있는 어떤 지적 수단도 우리에겐 없다. 우리가 아는 것은 오직, '우주적인 마음'과 같은 형이상학적 가정의 정당성에 대한 어떤 증거도 없고, 그것을 입증할 수도 없다는 것뿐이다. 마음이 우주적인 마음의 존재를 주장한다면 우리는 그것이 단지 주장에 지나지 않을 뿐이라는 입장을 취한다. 그런 주장에 의해 우주적인 마음의 존재가 확실해진다고는 생각지 않는 것이다. 이런 추리에 대해 서구에는 어떤 논쟁도 없지만 한편으로는 우리의 결론이 궁극적으로 옳다는 증거도 없다. 달리 말하면, 우리의 마음은 우주적인 마음을 인지할 수 있는 어떤 것일 뿐 그 이외의 아무것도 아닐지 모르지만, 우리에겐 그것이 그런지 안 그런지 확인할 수 있는 방법이 없다. 그래서 심리학은 마음이 그 자신 너머의 어떤 것을 확인할 수도 주장할 수도 없다는 입장을 취한다.

심리학은 마음이 갖는 이런 한계를 인정하면서 상식을 내세운다. 상식은 마음에 의해 창조된 것들이 살아 움직이는 이 기적의 세계로부터 우리를 떠나게 하며, 나는 그것이 일종의 희생이라고 생각한다. 이 세계는 무생물들조차 생명과 치유의 기회와 마법적 힘을 부여받으면서 우리에게 참여하고 우리 또한 그들에게 참여하는 원초의 세계이다. 그들의 잠재력은 사실 우리의 것임을, 그들의 의미는 우리에게서 투사된 것임을 조만간 우리는 이해해야 한다. 서양의 인식론은 인류 역사의 유년기에 이룬 성과일 뿐이며, 마음에 의해 창조된 것들이 형이상학적 천국과 지옥을 차지했던 시대의 산물인 것이다.

이런 인식론적 약점에도 불구하고 우리는 신앙을 통해 신을 알 수 있다는 믿음을 굳게 유지해왔다. 그리하여 서양은 새로운 병을 낳았으니, 과학과 종교의 반목이 바로 그것이다. 과학적 비판 철학은 잘못된 판단 기반 위에서 부정적 형이상학으로—달리 말하면 유물론으로—발전했다. 과학에 의하면 물질은 유형적이고 인식 가능한 실체이다. 그러나 이것은 무비판적인 마음이 만들어낸 철저히 형이상학적인 개념이고, 물질은 사실 가정(假定)인 것이다. '물질'을 말할 때 우리는 사실 무언지 잘 모르는—어쩌면 '영(靈)'이나 그 외의 다른 것, 나아가 신(神)일지도 모르는—어떤 것에 대한 상징을 말하고 있는 것이다. 한편, 종교적 믿음은 비판 능력 발달 이전부터 갖고 있던 자신의 세계관을 고집한다. 신앙인들은 '어린이처럼 되라'고 가르친 그리스도의 말과는 반대로 '어린이에 머물려고' 애쓰며 어린 시절의 세계에 매달린다. 현대의 어떤 유명한 신학자는 자서전에서 예수가 '어린 시절부터 줄곧' 자신의 좋은 친구였다고 고백한다. 그러나 예수는 자기 조상들의 종교와는 다른 가르침을 설파한 사람이다. 예수를 본받으려는 사람들이 예수가 어려서부터 치러야 했던 희생(그것 없이는 구세주가 될 수 없었던 그의 정신적 희생)을 자신의 노력 속에 포함시키지 않는 것은 이상한 일이다.

과학과 종교의 반목은 사실 양자(兩者)의 오해에 의한 것이다. 과학적 물질주의는 단지 새로운 신을 하나 탄생시켰을 뿐이고 그것은 지적인 죄악이다. 물질과학은 실재의 최고 원리에 다른 이름을 부여했으며 그리하여 새것을 창조하고 낡은 것을 파괴했다고 생각했다. 존재의 원리를 '신'이라고 부르든 '물질'이나 '에너지', 또는 그 외의 어떤 것으로 부르든 당신은 아무것도 창조하는 것이 아니다. 당신은 단지 상징을 바꿀 뿐이다. 물질주의자는 자신의 뜻에 반(反)하는 형이상학자이다. 한편, 신앙은 단순한 감상주의적인 기반 위에서 원시적인 정신 여건을 계속 유지하려고 한다. 마음이 만들어내 실체시해온 형상들에 대한 원시적이고 유아적인 집착을 포기하려 하지 않는 것이다. 힘있고 자상한 부모가 지배하는 세계의 안전함과 그에 대한 신뢰감을 계속해서 즐기고 싶어하는 것이다. 신앙은 지성의 희생을 요구할지도 모르지만(희생할 지성이 있다면), 감정을 희생하도록 요구하지는 않는다. 그리하여 신앙인들은 '어린이처럼 되는' 것이 아니라 '어린이에 머물며', 자신의 낡은 삶을 잃지 않으므로 새 삶을 얻지도 못한다. 나아가 신앙은 이 시대의 정신 탐구에 참여하기를 거절함으로써 과학과 충돌하여 스스로 응분의 대가를 치른다.

솔직한 사상가라면 모든 형이상학이(특히 모든 신앙 체계가) 불안정한 것임을 인정해야 한다. 또한, 모든 형이상학적 주장이 본질적으로 정당성을 인정받기 어려우며, 구두가 자신의 구두끈으로 자신을 들어올릴 수 없듯이, 인간의 마음도 저 자신을 들어올릴 수—초월적인 어떤 것을 성립시킬 수—없다는 사실을 시인해야 한다.

　유물론은, 인식이 하나의 정신 기능이며 그것이 인간계를 넘어설 경우 하나의 투사(投射) 작용이 된다고 하는 뜻밖의 깨달음에 대한 형이상학적 반작용이다. 보통 수준의 철학 교육을 받은 사람이 숨겨진 실체를 꿰뚫어보지 못하고, '물질' 역시 최고 원리의 또 다른 이름일 뿐이라는 것을 깨닫지 못하는 한 이 반작용 역시 '형이상학적'이다. 이에 반하여 신앙주의는 사람들이 철학적 비판을 얼마나 싫어하는지 보여준다. 신앙주의는 또한 어린 시절의 안온함에서 벗어나 익숙지 못한 힘들 가득 찬 미지의 세계로 들어서는 일이 얼마나 두려운 것인가를 말해준다. 어느 경우든 실제로는 아무것도 변하지 않는다. 인간과 그들의 환경은 똑같은 상태로 남아 있다. 우리는 자신의 마음 속에 갇혀서 그 너머로 발을 내딛지 못하고 있음을, 이것은 정신병 상태에서조차 매한가지임을 알아야 한다. 우리는 자신의 세계나 자신의 신들의 모습이 자신의 정신 상태에 크게 의존하고 있음을 알아야 한다.

　형이상학적 주제에 대해 우리가 어떤 주장을 하든, 방금 말했듯이, 그 주장은 마음의 구조에 따른다. 우리는 또한, 지성이 그 자체로서 존재하는 독립적인 정신 기능이 아니라 정신 전체의 조건에 의존하는 기능임을 이해하기 시작했다. 어떤 철학적 견해는 특정 시기에 특정 장소에서 살고 있는 특정 인물의 것이지, 순수하게 논리적이고 비개성적인 추론의 결과가 아니며 따라서 상당 부분 주관적일 수밖에 없다. 그것의 객관적 타당성 여부는 같은 견해를 지닌 사람들이 많은가 적은가에 따라 정해진다. 인식론적 비판에 따른 개인의 분리감은 자연스럽게 심리학적 비판으로 나타나는데 이런 종류의 비판은 철학자들에겐 인기가 없다. 왜냐면 그들은 철학적 지성만을 철학의 완벽한 도구로 생각하고 싶기 때문이다. 그러나 그들의 그 지성은 개인의 정신에 의존하는 기능이며, 환경의 영향은 별도로 하더라도 주관적 조건에 의해 여러 측면에서 규정된 기능이다. '마음'이 자신의 보편성을 완전히 잃어버린 그러한 관점에 우리는 이미 너무나 익숙해져 버렸다. 서양의 마음은 개성을 주장하기에 이르렀고 이성적인 혼ani-ma rationalis으로서 과거에 지녔던 우주적인 측면은 이제 흔적도 없이 사라져버렸다. 오늘날 마음은 주관적인 것으로, 나아가 독단적인 것으로까지 이해되고 있다. 과거의 철학자들이 생각했던 '보편적 개념들'은 바뀌어 마음의 원리가 되었고, 이른바 우리의 모든 실재 체험이 어느 정도까지 정신적 영향을 받는지 우리는 이해하기 시작하고 있다. 사실상 우리가 생각하고 느끼고 인지한 모든 것은 정신적 이미지이며, 세상은 우리가 세상의 이미지를 만들어내고 있는 만큼만 존재한다. 우리는 스스로 갇히고자 하는 정신 속에 자신이 갇혀 제약받고 있다는 사실에 매우 깊은 인상을 받는다. 그 정신은 우리가 알지 못하는 정신으로 서양 심리학에서 '무의식'이라 불린다.[1]

그리하여 보편적 형이상학적 여지를 지닌 저 '마음'은 개인의식의 작은 범위로 좁혀지면서 자신의 거의 무한한 주관성과 오랜 유아적 성향―부주의한 투사(投射)와 환영(幻影)으로 치닫는―을 깊이 인식했다. 과학적인 마음을 지닌 많은 사람들은 자기 마음의 주관성을 통제하지 못할 것 같은 두려움에 자신의 종교적 철학적 지식을 희생

---

1) 융이 프로이트의 이론을 비판하면서 그것을 자신의 이론으로 발전시켜 설명하는 부분임(역주).

하기도 했다. 살아 숨쉬는 세계를 잃어버린 대가로 우리는 여러 가지 사실들을 열심히 수집했으며 그처럼 축적된 사실의 산더미는 어떤 한 인간이 개관할 수 없을 정도가 되었다. 우리는 이렇게 축적된 사실들이 어떤 의미 있는 전체를 이루리라는 경건한 희망을 갖지만 아무도 그것을 확신하지는 못한다. 왜냐면 그처럼 양산된 지식의 총화를 이해할 두뇌가 없을 것이기 때문이다. 사실들이 우리를 뒤덮지만, 누구든 감히 추측만으로 설명했다가는 떳떳지 못한 사람이 되어버린다. 왜냐면 사실들에 의해 즉시 흠이 잡힐 것이기 때문이다.

  서양의 심리학은 '마음mind'을 정신psyche 속의 지적인 기능으로 알고 있다. 그것은 개인의 '지성mentality'인 것이다. 개성을 초월한 보편적인 마음은 아직 철학의 영역에서 언급되고 있지만 그것은 그저 '혼'이라는 단어의 유물 정도인 것처럼 보인다. 서양의 현실에 대한 이런 관점은 약간 통렬하게 보일 수도 있으나 나는 그것이 사실과 거의 다르지 않다고 생각한다. 무엇보다도 동양의 지성을 마주하는 순간 서양의 이런 점이 곧바로 드러난다. 동양에서는 마음이 우주적인 것이자 존재의 핵심인 반면, 서양에서는 마음이 인식의(세계를 인식하는 삶의) 기본 조건임을 이제 겨우 이해하기 시작했다. 동양에서는 어떤 과학도 사실을 향한 열정에만 기반을 두고 있지 않으며 종교 또한 단순한 신앙에만 의존하지 않기 때문에, 종교와 과학 사이의 반목 같은 것은 찾아볼 수 없다. 다시 말하면 동양에는 종교적 인식론과 인식론적 종교가 있다.[2] 서양인에게 있어서는 인간이 지극히 미미한 존재이고 구원은 신의 은총에 의거하지만, 동양에서는 인간이

---

2) 현대화된 동양에 관해서는 말하지 않겠다.

신이고 인간 스스로가 자신을 구원한다. 티벳 불교의 신들은 실재가 아닌 환영(幻影)의 영역에 속해 있으며 마음이 만들어낸 투사물이다. 그들은 어쨌든 존재하지만 우리가 바르게 주의를 기울이는 한 환영은 환영으로 남고 그리하여 결국 아무것도 아닌 존재들인 것이다.

서양적 사고방식에 있어서는 사념은 실체가 아니다. 이것은 역설이지만 그럼에도 불구하고 사실이다. 우리는 사념을 아무것도 아닌 것처럼 취급하는 것이다. 설령 사념이 그 자체로서 참되더라도 그것을 구체화시키는 어떤 사실들이 있어야만 그것의 존재를 인정한다는 입장인 것이다. 사실상 존재를 인정받지 못하는 사념들의 이런 변화무쌍한 환상에 의해 원자 폭탄과 같은 파괴적인 사실을 만들어낼 수 있지만, 사념 그 자체의 실체성을 입증할 수 있느냐 하면 그것도 아니다.

'정신적 실체psychic reality'는 '정신psyche'이나 '마음mind'과 마찬가지로 논의의 여지가 있는 개념이다. 정신과 마음을 의식consciousness과 의식의 내용물로 이해하는 사람들이 있는가 하면, 거기에 '어두운' 또는 '잠재의식적인' 어떤 것을 추가하는 사람들도 있다. 어떤 사람들은 본능을 정신의 영역에 포함시키고 또 어떤 사람들은 거기서 제외시킨다. 대다수의 사람들은 뇌세포 속에서 진행되는 생화학적 공정의 결과가 정신이라고 생각한다. 또 어떤 사람들은 대뇌 피질 세포들로 하여금 기능을 발휘하게 만드는 것이 정신이라고 생각한다. 또 다른 어떤 사람들은 '생명'을 정신과 동일한 것으로 간주한다. 그러나 극소수의 사람들만이 정신 현상을 존재 그 자체의 범주로 간주하고 그에 따라 결론을 이끌어낸다. 존재의 범주가, 즉 모든 존재의 없어서는 안 될 필수 조건인 정신이 겨우 반쪼가리 존재인 것처럼 취급되어야 한다는 것은 참으로 역설이다. 정신적 존재는 우리가 직접적으로 지각하는 존재의 범주일 뿐이다. 왜냐면 그것이 어떤 정신적 이미지로 나타나기 전에는 아무것도 알 수 없기 때문이다. 각 개인의 지각에 있어서 오직 정신적 존재만이 직접적으로 입증된다. 만일 세계가 한 인간의 정신 속에 정신적 이미지를 만들어내지 못한다면 그 세계는 사실상 존재하지 않는 것이다.[3] 이것은 서양이 아직 충분히 깨닫지 못하고 있는 사실이며, 쇼펜하우어의 철학과 같은 극히 적은 예외가 있을 뿐이다. 쇼펜하우어는 불교와 우파니샤드 에 영향 받은 철학자였다.

　동양적 사고에 대해 조금만 공부하면 우리는 동서의 근본적 차이를 쉽게 알 수 있다. 동양은 정신적 실체를 기반으로 하여 존재한다. 다시 말하면, 정신이 존재의 중심이자 유일한 조건이라는 것이다. 동양의 이런 인식은 철학적 추론의 결과라기보다는 기질적 특성에서 오는 것처럼 보인다. 이것은 서양의 외향적인 시각과 대조되는 내향적인 시각의 전형이다. 내향성과 외향성은 보통의 경우 의도적으로 선택할 수 없는 거의 천부적인 것이다. 예외로 그 중 어느 쪽을 특별히 선택할 수 있을지 모르나 그것은 아주 특수한 여건하에서만 가능하다. 외향성이—우리가 이렇게 불러도 좋다면—서양의 '스타일'인 것과 마찬가지로, 내향성은 동양의 '스타일'이며 동양인들의 집단적 무의식에 의해 생겨난 그들의 습관이다. 내향성은 서양에선 비정상적이고 음울하거나 거부하고 싶어지는 어떤 것으로 느껴진다. 프로이트는 그것을 자가발정적이고 자기도취적인 마음 자세와 동일시했

---

[3] "세계는 나의 눈으로 본 세계다." 쇼펜하우어의 ≪의지와 표상으로서의 세계≫(역주).

다. 그는 존재의 내향성을 공동체 의식의 적으로 몰아붙였던 현대 독일의 국가 사회주의 철학에 자신의 부정적인 견해를 제공했다. 그러나 동양에서는 서양의 그 소중한 외향성이 속세의 헛된 욕망과 윤회계적 존재와 세상의 모든 고통으로 인도하는 원인 역할을 한다. 내향성과 외향성 사이의 상호간 가치 경시(輕視)에 대해 잘 아는 사람이라면 동양의 관점과 서양의 관점 사이의 감정적 대립을 이해할 것이다. 유럽 철학의 역사를 어느 정도 아는 사람은 플라톤으로부터 시작된 '보편자'의 존재론에 관한 격심한 논쟁에서 교훈을 얻을 수 있다. 내향성과 외향성 사이의 이러한 대립을 낱낱이 열거하고 싶진 않지만 종교적인 관점에서는 이 문제를 언급해야 한다. 기독교적인 서양은 인간이 완전히 신의 은총에 의지하거나, 아니면 적어도 인간 구원을 위해 존재하는 유일한 지상적 기구로서의 교회에 의지해야 한다고 생각한다. 그러나 동양은 '자기 해방'을 믿기 때문에 인간 자신이 그 자신의 보다 높은 발전을 위한 단 하나의 원인이라고 주장한다.

    종교적인 관점은 항시 자신의 특성에서 비롯된 심리적 자세 내지 그 나름의 특수한 선입견을 형성하여 드러낸다. 자신의 종교를 잊어버렸거나 그에 대해 전혀 들은 적이 없는 사람들의 경우에도 역시 그렇다. 그럼에도 불구하고 서양은 심리학에 관한 한 철저히 기독교적이다. 테르툴리아누스의 '나면서부터 기독교적인 혼'[4]은 종교적인 관점이 아니라 심리학적인 관점에서 서양의 모든 면을 말하고 있다. 은총은 어딘가 다른 곳으로부터, 외부적인 사건들을 통해서 온다. 그 외의 다른 관점은 모두 이단이다. 따라서 인간의 정신이 과소 평가

---

4) anima naturaliter christiana ; Christian soul by nature.

당하기 때문에 고통받고 있음을 쉽게 알 수 있다. 감히 인간의 정신과 신의 뜻 사이를 연결해보려고 하는 사람은 '심리학주의자'로 비난당하거나 병적인 '신비주의자'로 의심을 받는다. 한편, 인간이 카르마를 알지 못하고 죄에 관해 여전히 고민하면서 절대적인 신을 향한 믿음만으로 자신의 못된 상상력을 나무라는, 정신적으로 아직 '낮은' 이 단계를 동양은 너그럽게 보아준다. 절대적인 신이란 좀더 깊이 들여다보면 사실 자신의 어리석은 마음이 직조한 환영의 베일 이외의 아무것도 아니다. 따라서 정신psyche은 그 전체가 중요하며 모든 곳에 스며드는 숨결이고 불성(佛性)이다. 그것은 붓다의 마음이며, 유일자이며, 법신(法身)이다. 모든 존재는 그로부터 나왔고 분리된 모든 형상들은 그 속으로 용해되어 돌아간다. 이것은 동양인의—그가 어떤 주의를 따르든—온몸과 마음에 기본적으로 존재하며 그의 모든 사고와 느낌과 행위 속에 스며 있는 심리적 선입견이다.

마찬가지로 서양인은 그가 어떤 종파에 속해 있건 기독교적이다. 그에게 있어 인간은 지극히 작고 하찮은 내부의 존재이다. 나아가 키에르케고르가 말하듯이 '신 앞에서 인간은 항상 죄인이다'. 공포와 회개, 약속, 굴종, 자기 비하, 선행, 찬양을 통해 그는 저 위대한 힘의 비위를 맞춘다. 이 힘은 인간 자신에 속하지 않은 전적으로 다른 존재이며 모든 점에서 완벽한 '자기 바깥의' 유일한 실체이다. 만일 당신이 방식을 약간 바꿔 기독교의 이 신을 다른 어떤 힘으로—예컨대 금전이나 그 외의 세속적 가치로—치환한다면, 빈틈없고 근심 많으며 독실하고 자기 비하적이며 기업적이고 탐욕스러우며 이 세상의 좋은 것들을 맹렬히 추구하는 완벽한 서양인의 상(像)을 보게 된다. 재산과 건강, 지식, 기술 습득, 공공 복지, 권력, 정복 등등도 그의 추구 대상이다. 이 시대의 가장 큰 대중적 경향은 무엇인가? 아마 타인의 금전이나 재산을 집어삼키고 내 것은 보호하려는 노력의 흐름일 것이다. 서양의 마음은 진정한 동기를 숨기고 더 많은 전리품을 챙기기 위해 미묘한 '주의'들을 고안하면서 시간을 보낸다. 동양인이 불성(佛性)을 향한 그의 이상을 잃는다면 그에게 무슨 일이 일어날지에 관해서는 말하지 않겠다. 왜냐면 나의 서양식 선입견에 불공정한 이득을 주고 싶지 않기 때문이다. 그러나 나는 어느 쪽이든 다른 쪽의 관점을 모방하는 것이 가능한가, 또는 정말 바람직한가 하는 점에 대해 의문을 갖지 않을 수 없다. 동양과 서양 간의 차이는 너무 커서 가능성을 찾기가 쉽지 않고, 바람직한가에 있어서는 더욱 그러하다. 물과 불은 섞일 수 없다. 동양인의 자세는 서양인에게 바보처럼 보이고, 서양인의 자세 역시 동양인에게 그러하다. 착실한 기독교인이 스스로 자신을 구원하고, 불교도가 하느님을 숭배할 수 있을 것인가! 설사 그럴 수 있다 해도 그것은 오직 곤란한 결과만을 낳을 것이므로 차라리 대립을 인정하는 편이 훨씬 나을 것이다.

피치 못할 운명의 섭리에 따라 서양은 동양 정신의 특수한 측면들을 알게 되었지만, 이런 사실을 얕보거나 격차가 큰 양자(兩者) 사이에 허술한 가짜 다리를 놓는 일은 쓸데없는 짓이다. 철저한 기독교 방식을 따르면서 한편으로 동양의 정신 기법을 암기하고 억지로 그것을 모방하느니보다는, 동양인들의 정신과 비슷한 어떤 내향성이 서양인의 무의식 속에도 존재하는가를 찾아보는 일이 훨씬 바람직할 것이다. 그런 다음에 우리(서양인)는 우리 자신의 방식으로 우리 자신의 토대를 세워야 한다. 만일 우리가 이런 것들을 무턱대고 동양으로부터 나꿔챈다면 다시 한 번 서양식의 탐욕에 사로잡혀, '좋은 것은 항시 밖에 있으며' 따라서 밖으로부터 그것을 빼앗아 우리의 메마른 혼을 채워야 한다는 자세를 재확인하는 꼴이 되고 만다.[5] 바깥으로부터 얻지 않아도 정신은 충분히 풍요롭다는 것을 이해할 때, 그리하여 신성한 은총이 있든 없든 우리는 우리 이상의 존재로 진화할 수 있음을 알 때, 우리는 확실히 동양으로부터 무언가 배웠다고 할 수 있게 되는 것이 아닐까. 그러나 우리는 우리의 정신적 자만심과 불경스런 자기 주장을 바르게 관리할 수 있기 전에는 그런 야심적인 모험을 시작해선 안 된다. 동양의 자세는 기독교의 가치관과 크게 다르며, 이 사실을 간과하는 것은 좋지 않다. 우리의 새로운 자세가 참다운(서양인 자신의 역사에 기반을 둔) 것이라면, 기독교 가치관에 입각한 서양의 자세와 동양의 내향적 자세 사이의 모순을 완전히 의식하는 상태에서 동양의 가치관을 가져올 수 있을 것이다. 우리는 외부로부터가 아니라 내부로부터 동양적 가치에 도달해야 하며, 우리 자신 속에서, 무의식 속에서 그것을 탐구해야 한다. 그럴 때 우리는 무의식에 대한 자신의 두려움과 저항이 얼마나 크고 만만찮은지 알게 될 것이다. 이런 저항 때문에 우리는, 동양인들이 당연시하는 사실—내향적인 마음의 자기 해방 능력—을 의심하고 있는 것이다.

  무의식의 가장 중요한 특성인 마음의 이런 능력은 사실 서양에는 잘 알려져 있지 않다. 많은 사람들이 무의식을 부정하거나 본능과 동일시하고, 비교적 안다고 하는 사람들도 그것이 한때 의식의 일부였

---

5) "그러나 신을 안에 있다고 보지 않고 모든 수단을 빌려 밖에서 끄집어오는 사람은… 이런 사람은 신을 진정으로 소유하는 사람이 아니며 무슨 일이든 쉽게 고통을 당한다."(마이스터 에크하르트 《*Büttner*》 제2권 185쪽).

다가 억눌리고 잊혀진 기억들로 이루어져 있다고만 생각한다. 동양에서 '마음'이라 부르는 것은 우리가 보통 생각하는 (의식적인) 마음보다는 '무의식'에 더 가깝다. 서양인은 에고가 없는 의식을 상상할 수 없으며, 의식이 에고의 내용물이 되어준다. 만일 에고가 없다면 어떤 것을 의식하는 사람도 없다. 따라서 에고는 의식의 활동에 필요불가결한 존재이다. 그러나 동양적인 마음은 에고가 없는 의식을 어렵지 않게 상상할 수 있다. 의식은 자신의 에고를 초월할 수 있다. 사실 '보다 높은' 차원의 의식에서는 에고가 완전히 사라진다. 이와 같은 에고 부재의 정신 상태는 서양인이 의식하지 못할 수밖에 없다. 왜냐면 그것을 목격할 자가 없기 때문이다. 나는 의식을 초월한 정신 상태가 있음을 의심하지 않는다. 그러나 그 상태에서는 의식을 초월하는 바로 그만큼 자신의 의식이 사라진다. 나는 주체에 속하지 않은, 그러니까 에고에 속하지 않은 의식적 정신 상태를 상상할 수 없다. 에고는 힘을 빼앗길―예컨대 육체에 대한 자신의 의식을 잃어버릴―수 있을지 모르지만, 무언가에 대한 의식이 살아 있는 한 거기에는 의식하는 누군가가 있다. 그러나 무의식은 에고가 의식하지 못하는 정신 상태이며, 우리가 무의식의 존재를 확인하는 것은 간접적인 수단에 의해서이다. 우리는 비정상적 정신 상태에 있는 환자의 의식으로부터 약간 떨어져서 무의식의 단편들이 어떻게 나타나는가를 객관적으로 바라볼 수 있다. 그러나 이런 무의식의 내용물들이 에고를 닮은 무의식의 중심에 연결되어 있다고 볼 수는 없으며, 사실 이런 무의식의 중심이 있을 수조차 없는 데는 충분한 이유가 있다.

 동양인이 에고를 매우 쉽게 처리할 수 있다는 사실은 서양인의 '마음'과는 다른 어떤 마음에서 기인하는 것처럼 보인다. 확실히 동양인의 사고 속에서는 에고가 서양인에게 있어서와 같은 역할을 하지 않는다. 동양인의 마음은 덜 자기중심적인 것처럼, 그 내용물들이 에고와 별 관계가 없는 것처럼, 그래서 에고보다는 마음의 상태를 더 중요시하는 것처럼 보인다. 또한 하타 요가는 다스리기 힘든 충동들을 통제하여 에고를 소멸시키기 위한 수단으로 꽤 유용한 것처럼 보인다. 삼매(三昧 ; samādhi) 달성을 목표로 하는 보다 높은 차원의 요가들은 실제로 에고가 해체되어버린 정신 상태를 추구한다. 서양인의 어의에 입각한 '의식'은 아주 열등한 상태를 나타내는 단어로 무명(無明 ; avidyā)의 상태를 이르는 것인 반면, '의식의 어두운 배경'이라 부르는 것을 '보다 높은' 의식으로 이해한다.[6] 그리하여 서양의 '집단적 무의식collective unconscious' 개념은 깨달음의 마음인 붓디(buddhi ; 覺)와 같은 의미를 지니게 된다.

  이런 모든 견지에서 보면 동양이 말하는 정신의 '승화sublimation'는 정신적 중력의 중심이 에고 의식으로부터 떨어져 나와 정신 작용과 육체 사이의 중간에 자리잡는 것이 된다. 생리 기능에 가까운 좀 더 낮은 정신층들은 훈련을 거듭함으로써 통제할 수 있게 된다. 그들은 서양적인 승화에서처럼 부정(不定)당하거나 의지의 막대한 노력에 의해 억압되지 않으며, 보다 낮은 정신층들은 하타 요가의 꾸준한 실습을 통해 '보다 높은' 의식의 발달을 더 이상 방해하지 않도록 개선되면서 적절한 형태를 취한다. 이런 특수 과정은 무의식(동양에서

---

6) '보다 높은'과 '보다 낮은'이란 말이 의식의 범주 판정에 사용되는 한 서양의 심리학은 무의식의 내용물들을 이런 식으로 구분하진 않는다. 동양은 유인원적 정신 상태라든가 본능과 불수의적 정신 기능으로 이루어진 '잠재의식'을 인정하면서도 그들(무의식의 내용물들)을 '보다 높은 의식'으로 분류하는 것처럼 보인다.

'주관적 요소'로 보는 좀더 중요한 힘인 '의식의 어두운 배경')이 에고와 에고의 욕망을 관리함으로써 좀더 쉽게 진행된다.

내향적 자세는 첫인상을 중시한다. 지각 작용은 대상을 인식하는 단계와 그 인식 내용을 전부터 존재하던 패턴이나 개념에 동화시키는 단계로 구성된다. 정신은 아무런 특징도 없는 비실재물이 아니라 일정한 여건이 만들어낸 일정한 체계이며, 특수한 방식으로 반응한다. 지각에 의한 것이든 자연발생적 사념에 의한 것이든 모든 새로운 개념은 기억의 저장고로부터 솟아나는 자료들과 관념 연합을 일으키면서 의식 속으로 들어와 복합적 인상을 야기한다. 이때는 이미 일종의 해석 단계에 이른 것이다. 이 복합적 인상의 질을 좌우하는 개인의 무의식적 성향을 나는 '주관적 요소'라 부른다. 그것이 '주관적'인 이유는 첫인상에 객관성이 끼어들 여지가 거의 없기 때문이다. 주관적 요소의 즉각 반응이 조정 순응되기까지는 확인과 비교, 분석의 복잡한 과정이 필요하다.

주관적 요소을 강조하는 것은 '개인의 주관'이 중요해서가 아니다. 외향적 자세는 주관적 요소을 '단지 주관적일 뿐인 것'으로 간과해버리는 경향이 있지만, 정신psyche과 정신의 구조는 분명히 실재한다. 앞서 말했듯이 정신은 물질적 대상을 정신적 이미지로 변형시킬 수도 있다. 정신은 파도가 아니라 그것의 소리를, 파장이 아니라 색깔을 인식한다. 존재는 우리가 보고 이해하는 그대로이다. 세상에는 수없이 많은 것들이 널려 있으며 그것들을 보고 느끼고 이해할 수 있는 방식도 지극히 다양하다. 개인적 선입견은 접어두더라도, 정신은 외부의 사실들을 자기 방식으로 소화한다. 그것은 궁극적으로는 지각의 법칙(패턴)에 기반을 두고 있는 것이다. 이 법칙은 시대나 지역에 따라 다른 이름으로 불릴지언정 변하지 않는다. 원시적인 수준에서는 사람들이 마녀를 무서워한다. 현대의 수준에서 우리는 세균을 두렵게 생각한다. 그때는 모든 사람들이 유령을 믿었고 지금은 모든 사람들이 비타민을 믿는다. 과거 사람들은 악마에게 빙의당했으나, 현대인은 이념이라든가 그 외의 것들에 사로잡혀 있다.

주관적 요소는 정신 작용이 최후 수단으로서 만드는 영구적 패턴이다. 따라서 주관적 요소에 의존하는 사람은 영적인 법칙의 실체를 자신의 근거로 삼는 것이며, 잘못되었다는 말을 듣지 않아도 된다. 이 방법을 통해 그가 영적인 삶의 기본 법칙에 접촉하려고 자신의 의식을 아래쪽으로 확대할 수 있다면, 정신과 관계 없는 외부 세계가 숙명적으로 방해하지 않는 한 그는 정신이 자연스럽게 발달시킬 저 진실을 소유하게 된다. 그의 진실은 외부적인 것들의 연구를 통해 얻어진 모든 지식의 총화에 비추어 검토될 수 있다. 우리 서양인들은 외부적인 사실에 의해 입증될 수 있는 진실만을 인정하며, 자연에 대한 가장 정확한 관찰과 설명만을 믿는다. 우리의 진실은 외부 세계의 움직임과 일치해야 하며, 그렇지 않으면 단지 '주관적'인 것일 뿐이다. 동양이 프라크리티(prakriti ; 物質原理)의 무용(舞踊)과 마야(māyā ; 幻影)의 거대한 미망(迷妄)으로부터 눈을 돌리듯, 서양은 무의식과 그것의 무익한 환상들로부터 눈을 돌린다. 그러나 내향적인 자세에도 불구하고 동양은 외부 세계를 어떻게 다룰 것인가도 잘 알고 있다. 그리고 서양 역시 그 외향성에도 불구하고 정신과 정신의 요구를 다루는 방법을 지닌다. 서양에는 교회라 불리는 기구가 있고, 거기서 의례와 교리를 통해 알지 못할 인간의 정신을 표현한다.

자연과학과 현대 기술은 아무리 봐도 서양의 발명품이 아니다. 그에 상응하는 약간 낡았거나 좀더 근원적인 동양의 것들이 있다는 얘기다. 그러나 영적인 통찰력과 심리학적 기법의 수단에 있어서 서양이 보여줄 수 있는 것은, 요가에 비교하면, 서양 과학에 비교할 때의 동양 점성술과 동양 의학만큼이나 뒤떨어져 있는 것처럼 보인다. 나는 기독 교회의 유효성을 부정하려는 것이 아니다. 이그나시우스 로욜라의 ≪심령 수업 Exercitia≫을 요가와 비교한다면 독자는 내 말을 이해할 수 있을 것이다. 거기에는 커다란 차이가 있다. 그 수준에서 동양의 요가로 곧장 뛰어드는 것은 아시아인을 갑자기 유럽인으로 변형시키려는 것만큼 현명치 못한 일이다. 나는 서양 문명의 축복이라는 것을 크게 의심하며, 서양이 동양의 영성을 차용해오는 일에도 비슷한 우려를 금할 수 없다. 그러나 대립하는 두 세계는 이미 만났다. 동양은 크게 변하고 있으며, 숙명적으로 철저히 교란당하고 있다. 유럽식의 효율적인 전투 기술도 이미 배웠다. 서양인에게 있어서의 문제는 좀더 심리적인 것이다. 우리를 힘들게 만드는 것은 이데올로기들이며, 그것들은 오랫동안 예상되어온 안티 크리스트(악마)이다! 현대의 국가 사회주의는 서기 622년[7] 이후의 어떤 운동 못지않은 종교적인 운동을 방불케 한다. 공산주의는 지상에 다시 낙원이 온다고 부르짖는다. 서양은 흉작과 홍수, 전염병, 터키의 침입 등에는 큰 관심을 기울이지만, 자신의 정신적 열등 상태가 깊어지는 것은 별로 우려하지 않는 것처럼 보인다.

    종교적 자세 역시 서양은 외향적이다. 오늘날 기독교가 세상과 육체에 대해 적의를 지니고 있거나 냉담하기까지 한 점을 생각하면 이

---

7) 마호메트가 추종자들과 함께 메카에서 메디나로 도피한 회교 원년(역주).

유 없이 화가 난다. 한편 착한 기독교인은 명랑한 시민이고 근면한 실업가이며 훌륭한 군인이고 모든 직종에서 가장 적극적인 인물이다. 세상의 좋은 것들은 기독교적 행실에 따른 특별 보상으로 흔히 이해되며, 주기도문에서 '양식(糧食)'을 수식하는 형용사 '초실체적인su-persubstantialis'[8]은 실제의 음식에 어울리지 않는다는 이유로 오래 전에 생략되었다. 이 정도에까지 이른 외향성은 인간에게도 외부로부터 끌어들이지 않은 어떤 것을 함유한 정신이 있음을 믿을 수 없다. 이런 관점에서 볼 때, 인간이 자신을 구원할 정신을 자신 속에 이미 갖고 있다고 주장하는 것은 신성 모독에 해당한다. 서양의 종교는 마음이 스스로 자기를 해방할 수 있다고 하는 이념을 지지하지 않는다. 그러나 '분석' 심리학이라든가 '콤플렉스' 심리학과 같은 극히 최근의 심리학은 무의식 속의 어떤 기능들이 그 상징성에 의하여 의식적 자세의 결함과 굴곡을 치유할 수도 있다고 상상하게 되었다. 이런 무의식적 치유 작용이 분석 기법을 통해 의식화될 때 의식적 자세는 크게 변하기 때문에 우리는 새로운 차원의 의식을 말할 수 있게 된다. 그러나 이 방법은 무의식적 치유 작용을 의도적으로 야기하지는 못한다. 왜냐면 그것은 무의식적 정신이나 '신의 은총'—무어라 불러도 좋다—에 의지하기 때문이다. 그렇지만 무의식의 과정 자체는 분석 기법의 도움 없이는 의식화되기 어렵다. 표면으로 올라오면 그것은 의식적인 사고나 느낌의 일반적 흐름과는 완전히 반대되는 것들을 보여주기 때문이다. 만일 그렇지 않다면 그들은 치유 효과

---

[8] 이것은 히에로니무스에 의한 억지 번역이 아니라 테르툴리아누스와 오리게네스 등에 의한 고대의 영적인 해석이다.

를 갖지 않을 것이다. 어쨌든 첫번째 효과는 외관상 양립할 수 없는 이질적 성향이나 느낌, 사고 등의 간섭에 대한 의식의 저항으로 인하여 대개 갈등으로 나타난다. 정신분열증 환자는 너무나 이질적이어서 받아들이기 힘든 가장 놀라운 실례를 보여준다. 이것은 물론 병적으로 왜곡 과장되어 있는 경우이지만, 정상인의 인격 요소에 대해 약간의 지식을 갖는 사람이라면 환자든 정상인이든 기본 패턴은 똑같음을 쉽게 알 수 있다. 신화와 그 외 고대의 사고 체계들에서 우리가 발견하는 것도 사실은 같은 이미지이다.

보통 여건하에서는 갈등이 마음을 적당한 행위로 유도하여 만족스런 해답을 찾게 만든다. (서양에서는) 흔히 의식이 무의식을 무시하고 제멋대로 결정한다. 왜냐하면 무의식으로부터 솟아나는 모든 것이 열등하고 무언가 잘못된 것이기 쉽다는 느낌이 있기 때문이다. 그러나 우리가 지금 관심을 갖는 그런 경우에서는, 외관상 양립할 수 없어 보이는 내용물들이라도 또다시 억압되어서는 안 되며, 의식이 어떤 식으로든 갈등을 받아들이고 경험해야 한다는 견해가 심리학자들 간에 무언중 동의를 얻고 있다. 처음에는 어떤 해답도 불가능해 보이지만, 이런 사실 역시 인내심을 갖고 견뎌야만 한다. 그리하여, 일단 생겨난 의심은 무의식으로 하여금 덩어리를 형성하게 만든다. 달리 말하면 의식의 불안감이 무의식 속에 새로운 치유 작용을 야기한다는 뜻이다. (흔히 꿈 속에서 나타나는) 이런 무의식의 반응은 시간이 흐르면서 의식 표면으로 떠오른다. 그리하여 의식적인 마음은 정신 psyche의 새로운 면—다른 문제를 야기하거나 앞의 문제를 생각지도 않던 방식으로 조절하는—을 알게 된다. 이 과정은 원래의 갈등이 만족스럽게 해결될 때까지 계속되며, 이런 전 과정은 '초월적 기능

transcendent function'이라 불린다.[9] 이것은 과정인 동시에 방법이다. 무의식의 치유 작용이 일어나는 것은 자연스럽게 진행되는 '과정process'이고, 그것을 의식하는 것이 '방법method'이다. 이 기능은 서로 반대되는 것들을 대립시키는 방법에 의해 어떤 정신 상태가 다른 정신 상태로 바뀌도록 촉진하기 때문에 '초월적transcendent'이라 불린다.

이것은 초월적 기능을 아주 간단히 설명한 것이고, 자세한 내용은 주해(註解)에 언급한 문헌을 참고하기 바란다. 지금은 그런 '마음mind'—이 책의 핵심 주제—으로 통하는 길이 되어줄 수도 있는 심리학적 지식과 방법에 주의를 집중해야 한다. 이 마음은 이미지를 만들어내는 마음이며, 마음의 특수한 성질을 지각하는 저 모든 패턴들의 모체이다. 무의식적인 '마음'을 구성하는 이런 패턴들만으로도 세상에 거의 똑같은 신화적 주제들이 두루 존재하는 이유를 설명할 수 있다. 꿈과 환상과 정신병들은 주인공이 전혀 알지 못하는 신화적 주제들과 관련된 여러 가지 형태의 심상을 일으킨다. 주인공은 그런 주제에 대해서는 자기 주위에서 유행하는 얘기라든가 성서의 상징 언어 같은 것을 통한 간접적인 지식조차 없을 수 있다.[10] 무의식의 심리학과 분열증 환자의 정신병리학을 공부하면 현대인이 전혀 알지

---

9) ≪Psychological Types≫ pp.601 ff., s.v. Symbol, definition 51.
10) 이런 이야기를 믿을 수 없는 사람들도 있을 것이다. 그들은 심리학의 기본도 모르고 있거나 정신병리학의 연구 결과를 모르는 사람들이다. 칼 융의 ≪무의식의 심리학 Psychology of the Vnconscious≫, ≪심리학과 연금술 Psychology and Alchemy≫을 포함하여 넬켄 J. Nelken, 스필라인 S. Spielrein, 마이어 C. A. Meier 등의 책들이 그들 나름의 관찰 결과를 수록하고 있다.

못하는 고색 창연한 자료들이 지금도 여전히 나타나고 있음을 볼 수 있다. 따라서 무의식의 구조가 어떻든 이 점 하나만은 분명히 말할 수 있다. 즉, 무의식은 신화의 근본 개념들이나 그 비슷한 사념 형태들과 똑같은 고색 창연한 주제 및 패턴을 갖고 있다는 점이다.

무의식은 모체와 같은 마음으로서 창조성의 질을 결정한다. 무의식은 사념 형태들의 고향이며, 이 책에서 말하는 우주적인 마음이 바로 그것이다. 무의식 자체에 어떤 특별한 형태가 있다고 볼 수 없으므로, 우주적인 마음이 형태가 없으면서도 모든 형태의 근원이 되어 준다고 하는 동양의 주장 역시 타당한 것처럼 보인다. 무의식 속의 형태나 패턴들이 특별히 어느 시대에 속하지 않고 영원해 보이는 한, 의식의 관점에서 파악할 때 그 패턴들은 독특한 무시간성의 느낌을 갖게 한다. 우리는 기초 심리학에서 그와 비슷한 내용을 볼 수 있다. 예를 들면, 오스트레일리아 토착민의 '알지라aljira'라는 단어는 '유령의 땅'과 함께 '꿈'을, 그리고 조상들이 살았고 지금도 살고 있는 '시간'을 의미한다. 그것은 그들이 말하듯 '시간이 없던 때의 시간'인 것이다. 이 단어는 명백히 무의식과 그것의 모든 특성들―꿈과 사념으로 이루어진 선조들의 세계, 무시간성―을 함께 담아 구체화시킨 결과인 것처럼 보인다.

따라서 관심을 외부 세계(의식의 세계)로부터 거둬들여 주관적 요소(의식의 배경)에 두는 내향적인 자세는 반드시 무의식 고유의 표현을―즉, '조상 전래의' 느낌이나 '역사적인' 느낌과, 그것들을 넘어선 무한정·무시간·통일성의 감각으로 물든 고색 창연한 사념 형태들을―야기한다. 통일성의 느낌은 모든 형태의 '신비주의'에서 흔히 있는 체험이며, 아마 의식이 희미해지면서 무의식의 내용물이 전체적으로 혼합될 때 얻어질 것이다. 꿈 속에서라든가 특히 정신병의 상태에서 심상들이 거의 무한히 혼합될 수 있다는 사실은 그 심상들이 무의식에 기원을 두고 있음을 입증하는 것이다. 의식 속에서는 형태를 명료히 분별할 수 있음에 반하여 무의식의 내용물들은 지극히 모호하기 때문에 얼마든지 혼합이 가능하다. 만일 아무것도 명료한 것이 없는 상황에 처한다면 우리는 분명 전체를 하나로 느끼게 될 것이다. 그리하여, 무의식 속의 총체적 혼합에 대한 식역하(識閾下)의 인식으로부터 통일성의 체험이 얻어질 수 있는 것이다.

마음의 초월적 기능을 통해서, 우리는 '한마음'[11]에 접근할 수 있을 뿐만 아니라 마음이 스스로 자기를 해방할 수 있다고 믿는 동양을 이해하게 된다. 무의식의 치유 작용을 의식적으로 행하거나 내관에 의해 자신의 정신 상태를 변형시킬 수만 있다면, 그래서 고통스런 갈등을 해결할 수만 있다면, 그는 '스스로 자기를 해방한다'고 말할 자격이 있다. 그러나 내가 앞서 암시적으로 말했듯이, 자기 해방의 이런 자랑스런 외침 속에는 하나의 문제가 있다. 무의식의 치유 작용을 임의로 야기할 수 없다는 점이 바로 그것이니, 그와 같은 작용이 저절로 일어나기를 기다려야 하며, 그 치유의 방식을 변경할 수도 없다. 이런 중요한 사실을 동양 철학이 거의 모르고 있는 듯이 보이는 것은 신기한 일이다. 그리고 바로 이런 사실 때문에 심리학적으로는 서양의 관점이 정당화된다. 서양인들은 모든 것이 원만해지려면 인간이 어떤 어두운 힘과 숙명적으로 협동해야 함을 날카롭게 꿰뚫어 보고 있는 것처럼 보인다. 사실, 무의식과의 협동에 실패하면 가장

―――――――
11) 이 책의 핵심인 '마음 알기 요가'는 '한마음'이 그 주제이다(역주).

일상적인 행동에서조차 인간은 즉시 혼란에 빠진다. 기억이나 육체 활동 및 관심과 정신집중 등에서 장애가 생길 수 있고, 이런 장애는 심각한 문제나 치명적인 사고, 직무상의 실패, 명예 실추 등의 원인이 된다. 옛 사람들이 신의 저주로 생각했던 그것을 우리는 정신 신경증이라 부르면서 비타민 결핍이나 내분비 장애, 과로, 섹스 등에서 원인을 찾는다. 우리가 평소에 별로 생각지 않으면서 항시 당연한 것으로 여기는 '무의식과의 협동'은 무의식이 갑자기 실수를 저지를 때 매우 심각한 문제가 된다.

다른 민족(예컨대 중국인)과 비교할 때 백인의 합리적인 마음—그의 두뇌—은 오히려 그의 약점인 것처럼 보인다. 서양은 가능한 한 자신의 약점을 자연스럽게 외면하려고 노력하며, 그와 같은 사실은 주변 환경의 지배를 통해 안전을 확보하고자 하는 우리의 외향성을 설명해준다. 내적 인간을 어느 정도 의식한다 해도 외향성은 그것을 믿지 않으려 하고, 나아가 우리는 자신이 무서워하는 것들을 과소 평가하는 경향이 있다. 서양인의 절대적 확신에는 '지각되지 않는 것은 그 어떤 것도 인식되지 못한다'고 하는 것과 같은 이유가 있음이 분명하며, 그것이 서양적 외향성의 좌우명이다. 그리고 앞서 강조했듯이, 이 외향성은 무의식의 치유 작용을 인간이 마음대로 통어할 수 없다는 중요한 사실에 의해 심리학적으로 정당화된다. 내가 알기로, 요가는 자신이 무의식의 작용까지도 통어할 수 있음을, 그리하여 정신세계에서 일어나는 모든 일이 지고의식에 의해 다스려짐을 자랑한다. 이런 상태가 어느 정도 가능하다는 사실을 나는 전혀 의심하지 않는다. 그러나 이것은 무의식과 동화되는 대가를 치름으로써만 가능하다. 이러한 동화(同化)는 서양의 '완전한 객관성' 숭배—내면 생활의 모든 가치를 희생하는 대가를 치르면서 한 가지 목표나 이념에 따르는 기계적인 굴종—와 대응하는 일이다. 동양인의 관점에서 보면 서양식의 완전한 객관성은 윤회Sangsāra와의 완전한 동화(同化)를 의미하기 때문에 소름끼치는 것이지만, 서양인에게는 사마디(samādhi ; 定) 역시 무의미한 꿈의 상태에 지나지 않는다. 동양인에게 있어서는 내적 인간이 외적 인간을 지배하기 때문에 외부 세계가 그의 내적 근원으로부터 그를 분리시키지 못한다. 서양에서는 외적 인간이 지배권을 갖기 때문에 그 주인공은 자신의 가장 깊은 부분으로부터 거리가 멀어지고, 그리하여 한마음과 무한성·영원성·통일성은 유일신만의 특권으로 존재한다. 서양에서는 인간이 하찮고 왜소한 존재이며 근본적으로 악 속에 머문다.

 아무리 상반되더라도 동서양의 관점이 각각 그들 나름의 심리학적 정당성을 지닌다는 사실을 독자는 나의 논증에 의해 알게 되었을 것이다. 양자(兩者)는 제각기 자신의 관점으로 치우치며 자신이 소화하지 못하는 요소들에 대해서는 자기만의 자세로 고려한다. 동양은 표면의식의 세계를, 서양은 한마음의 세계를 과소 평가한다. 이것이 극단적일 경우, 양자는 각각 우주의 반쪽을 잃고, 삶은 실재로부터 차단되어 부자연스럽고 비인간적이게 된다. 서양에는 '객관성'에 대한 집착이 있고, 자기 나름의 이상적이거나 별로 이상적이랄 것도 없는 목표를 위해 삶의 아름다움과 보편성을 저버리는 고행자 같은 과학자나 주식 중매인의 삶들이 있다. 동양에는 존재의 기쁨과 슬픔을 있는 그대로 모두 남겨둔 채 어슴푸레한 근원으로 되돌아가는 느긋한 정신과 초연성과 평화와 지혜가 있다. 동양과 서양이 보여주는 각각의 편향성이 서로 매우 비슷한 형태의 수도원 제도(한 목표를 지향하는 은둔자·수도사·과학자가 기거하기 위한)를 낳게 되는 것도 이상한 일은 아니다. 이런 편향성에 대해서 나는 할 말이 없다. 자연의 위대한 실험물인 인간이나 인간 자신의 위대한 실험은 그가 견딜 수만 있다면 분명 이런 모든 일을 실험에 포함시킬 권리가 있다. 편향성이 없다면 인간의 정신은 다양하게 발전해나갈 수 없을 것이다. 그러나 양쪽을 함께 이해하려고 노력하는 일도 나쁘지 않다고 나는 생각한다.

서양의 외향적인 성향과 동양의 내향적인 성향은 하나의 중요한 목적을 공유한다. 양자는 삶의 단순한 자연성을 정복하려고 필사적으로 노력한다. 그것은 물질 위에 군림하려는 마음이고, 자연을 거스르는 일이며, 자연이 설계한 가장 강력한 무기를 사용하면서 즐기는 유년기적인 인간의 징후이고, 의식적인 마음이다. 먼 미래의 인류 역사 후반기에는 다른 종류의 이상(理想)이 나타나게 될지도 모른다. 때가 되면 정복욕까지도 사라질 것이다.

2. 원본에 대한 해설

해설을 시작하기에 앞서, 심리학적 논문과 신성한 원문 사이의 커다란 성격 차에 대하여 말하지 않으면 안 된다. 과학자는 주제를 공명 정대하게 다루는 일이 자칫하면 주제의 감정적 측면을 무시해버릴 수도 있다는 사실을 너무 쉽게 너무 자주 잊어버린다. 과학적 지성은 비인간적이며 그 이외의 다른 어떤 것이 될 수 없다. 동기 면에서 아무리 좋은 의도를 갖는다고 해도 효과 면에서는 냉혹해지지 않을 수 없는 것이다. 그러므로 이 책의 신성한 원본을 다룸에 있어, 심리학자는 자신의 주제가 세속적으로 더럽혀질 수 없는 커다란 종교적 철학적 가치를 지니고 있음을 알 필요가 있다. 내가 감히 이런 책을 다루는 것은 내가 이 책의 가치를 알고 높이 평가하기 때문일 뿐이다. 원본에 대해 설명하면서 무엇이 되었든 나는 어설픈 비판 정신으로 그 내용을 분석하려 하지 않을 것이며, 그와는 반대로 원본에 나오는 상징 언어들을 상세히 설명하여 우리가 좀더 쉽게 이해할 수 있도록 노력할 것이다. 그를 위해서는 우리가 알고 있는 어떤 철학적 사실들이 동양적 사고의 영역에서도 적용되는가, 아니면 최소한 거기에 근접하기라도 하는가를 알 수 있도록 원본의 심원한 형이상학적 개념들을 설명해야 한다. 이런 작업이 원본의 신선미를 빼앗거나 원본의 가치를 떨어뜨리기 위한 시도로 오해받지 않기를 바란다. 내 목표는 우리에게 이질적으로 느껴지기 쉬운 개념들을 서양 심리학의 영역으로 끌어들여 알기 쉽게 설명하는 것이다. 다음에 이어지는 내용은 각 제목이 가리키는 원본의 각 문단과 함께 읽어야 할 것이다.

【귀의】

동양의 경전들은 흔히, 서양에서 긴 논의 끝에 결어(結語)로 사용하는 문구를 제일 앞에 둔다. 서양은 일반적으로 알려지고 인정된 것들과 함께 시작하여, 알아야 할 것들 중 가장 중요한 내용을 제시하고 끝맺는다. 따라서 서양식 논문 같으면 다음 문장으로 마무리될 것이다. "그러므로 삼신(三身)은 모든 것을 비추는 마음이다." 이런 관점에서 볼 때 동양의 사고 방식은 서양의 중세와 크게 다르지 않다.

이 책의 원본에서처럼 서양에서도 18세기까지는 역사나 자연과학에 관한 책들마저 하느님의 천지 창조에 관한 문구로부터 시작했다. '우주적인 마음'의 개념은 내향적인 동양인의 기질을 적절히 나타내주기 때문에 동양에서는 전혀 새로운 것이 아니다. 심리학적으로 풀어쓰면, 앞의 문장은 이렇게 바뀐다. "무의식은 통일성(법신)에 관한 모든 체험의 근원이며, 모든 구조적 패턴과 원형들(보신)의 모체이며, 현상계(화신)의 필수 조건이다."

【서문】

여기에 나오는 존(尊)들은 보신(報身)에 속하는 원형적 사념체이다. ≪티벳 사자의 서≫ 명상에서 주된 역할을 하는 그들의 평화롭거나 분노하는 모습은 서로 반대되는 것들을 나타낸다. 서로 반대되는 이것들이 화신(化身)으로 나타나면 인간적 투쟁을 야기하겠지만, 보신은 하나의 형상 속에 결합된 긍정적인 원리와 부정적인 원리이다. 이것은 부정 없는 명제는 존재하지 않는다고 하는 심리 체험—노자의 ≪도덕경≫에도 공식화되어 있는—과 상응한다. 믿음이 있는 곳에 의심이 있고, 의심이 있는 곳에 경신(輕信)이 있으며, 윤리가 있는 곳에 유혹이 있다. 성자들은 악마의 상상력을 지니며, 폭군들은 자기가 부리는 종자(從者)의 노예이다. 우리가 자신의 기질을 세밀히 조사하면 결국 노자가 말한 것과 같이 '높은 것은 낮은 것 위에 서 있다'는 사실을 알게 된다. 이 말은 서로 반대되는 것들이 상대방을 조건지으며, 그들은 사실 하나이고 같은 것이라는 뜻이다. 이것은 열등 콤플렉스를 갖는 사람들에게서 쉽게 볼 수 있다. 그들은 어떤 점에서는 약간의 과대 망상증을 보인다. 서로 반대되는 것들이 신으로 나타난다는 사실은 그들이 매우 강력하다는 것을 알게 한다. 중국 철학은 그래서 그들을 우주적 원리로 보고 양(陽)과 음(陰)으로 명명했다. 그들의 힘은 그들을 분리하려고 하면 할수록 더욱 증가한다. "나무가 하늘을 바라고 자랄 때 그 뿌리는 지옥으로 내려간다"고 니체는 말했다. 그러나 위와 아래는 똑같은 나무이다. 이런 두 가지 측면을 상반되는 두 인격으로 분리시키는 것이 서양인들의 지성이 갖는 특징이다. 그리하여 그 둘은 결국 신과 악마로 나뉜다. 현대에 와서는, 여하튼 악마를 어떤 약삭빠른 요령으로 달랬어야 했다는 게 개신교의 세속적 낙천주의가 갖는 똑같은 특징이다. 그리하여 '모든 좋은 것은 신이고, 모든 나쁜 것은 인간이라 Omne bonum a Deo, omne malum ab homine'고 하는 거북한 결론에 도달한다.

"실재 보기"는 분명히 최고 실재로서의 '마음'과 관련된다. 그러나 서양에서는 무의식을 환상적인 비실재로 생각한다. '마음을 본다는 것'은 스스로 자기를 해방한다는 뜻이다. 심리학적으로 말하면 이것은, 무의식의 작용에 관심을 기울일수록 서로 반대되는 것들을 분리시키는 욕망의 세계로부터 우리가 벗어나며, 통일성·무한정성·무시간성을 특질로 하는 무의식의 상태에 가까워진다는 것을 의미한다. 이것은 투쟁과 고난에 묶인 상태에서 참으로 자신을 해방하는 일이다. "이 방법에 의해 자신의 마음을 알 수 있노라." 여기서의 마음은 분명 개인의 마음이며 그의 정신이다. 심리학은 무의식을 이해하는 일이 자신의 가장 중요한 작업들 중의 하나이므로 이 말에 동의할 수 있다.

【한마음에 대한 인사】

　이 문단은 한마음이 무의식임을 분명히 보여준다. 한마음은 "영원하지만 알려지지 않으며 보이지 않고 인식되지 않는다"고 되어 있기 때문이다. 그러나 이 문단은 또한 동양적 체험과 성격을 같이하는 긍정적인 모습들도 보여준다. "항시 투명하고 항시 존재하며, 빛나고 명료한" 속성이 그것이다. 이것은 인간이 자기 무의식의 내용물에 정신을 집중할수록 그것이 에너지로 충전된다고 하는 명백한 심리학적 사실을 가리킨다. 그것은 내부로부터 빛을 받기라도 하는 듯 활기를 얻는다. 사실 그것은 어떤 대역을 맡은 실체와 같은 것으로 변한다. 분석심리학에서 우리는 이 현상을 방법론적으로 사용한다. 그 방법을 나는 '능동적 심상active imagination'이라 명명했다. 이그나시우스 로욜라 역시 그의 ≪심령 수업≫에서 능동적 심상을 사용했다. 연금술 철학의 명상에서도 이와 비슷한 어떤 것이 사용되었다는 증거가 있다.

【한마음을 알지 못하는 결과】

　"세상에는 마음이라 불리는 것에 관한 지식이 만연되어 있지만"에서의 마음은 개인의 의식적인 마음을 가리키며, 알려지지 않은 한마음(무의식)과 대비되는 마음이다. "한마음을 모르고 자신을 모르는 평범한 사람들 역시 이 가르침을 찾게 되리라." 여기서는 자신을 아는 일이 '한마음을 아는 일'과 완전히 같은 것이며, 이것은 자기 개인의 심리를 조금이라도 이해하려면 반드시 무의식을 알아야 한다는 뜻이다. 이러한 앎에 대한 욕구는 이 시대 심리학의 흥기와 이런 자료들에 대한 관심 증가를 통하여 서양에서 충분히 확인되었다. 심리학 지식을 찾는 것은 기존의 종교에 대한 불신과 영적인 지침의 결여에서 오는 고뇌를 해결하기 위해서이다. "그들은 슬픔을 겪으며 삼계(三界)와 육도(六道)를 이리저리 헤매나니." 신경증이 어떤 정신적 고통을 의미하는지 우리가 잘 알고 있듯이 이 구절은 설명할 필요가 없다. 이 부분은 오늘날 우리에게 무의식의 심리학으로서 왜 이런 자료가 필요한지를 보여준다.

설사 누가 "그 마음을 있는 그대로 알고 싶어도 그럴 수 없노라." 이 글은 근본적인 마음에 접근하기가 얼마나 어려운지를 다시 강조한다. 그것은 무의식이기 때문이다.

【욕망의 결과들】

"욕망의 노예가 되어 있는 사람들 역시 투명한 빛을 감지할 수 없나니," '투명한 빛' 역시 한마음을 의미한다. 욕망은 외부 세계에서 충족을 구한다. 욕망은 의식의 세계에 인간을 결박하는 족쇄이므로, 욕망이 있는 상태에서는 무의식의 내용물들을 인식할 수 없는 것이 당연하다. 그리고 사실 어느 정도 의식의 세계로부터 물러난 곳에 치유력이 있다. 여기서 말하는 '어느 정도'는 개인에 따라 다르며 그 지점을 넘어서면 물러남은 치유가 아니라 태만과 억압의 상태에 있게 된다.

"중도(中道)"조차도 결국은 "욕망으로 인해 모호해지며," 이것은 유럽인들에게 아무리 되풀이하여 말해도 귀가 따갑지 않을 진실이다. 환자와 정상인들은 자신의 무의식적 자료를 알게 되면 과거의 외향적 자세 속에서 그랬던 것과 똑같이 탐욕적으로 거기 달려든다. 중요한 것은 욕망의 대상으로부터 물러서는 일이 아니라 그것으로부터 좀더 초연해지는 일이다. 우리는 통제되지 않은 욕망의 맹렬함을 통해서는 무의식의 치유 작용을 기대할 수 없다. 우리는 그것이 자발적으로 일어날 때까지 끈기 있게 기다리고 그것이 어떤 형태를 취하더라도 내버려두어야 한다. 우리에겐 일종의 관조적인 자세가 필요한 것이다. 이런 자세는 그 속에 치유하고 해방시키는 효과가 들어 있을 수 있다.

【초월적 합일】

"사실 이원성은 존재하지 않으며, 다원론은 진실이 아니니." 이것은 동양의 가장 기본적인 진리 중 하나이다. 세상에 서로 반대되는 것은 없다. 반대되는 것이란 같은 나무의 위와 아래일 뿐이다. ≪에메랄드 타블렛≫은 말한다. "아래에 있는 것은 위에 있는 것과 같다. 그리고 위에 있는 것은 아래에 있는 것과 같으니, 이것은 전일자(全一者)의 기적이다."[12] 다원성은 더욱더 환상이다. 외관상 분리되어 있는 모든 형체는 무의식에 깊이 뿌리박힌 정신적 모체의 서로 분리될 수 없는 통일성에 기원을 두고 있기 때문이다. 원본의 말은 심리학의 입장에서 보면 앞서 말했던 '주관적 요소'에 관련된다. 그것은 의심에 의해 덩어리를 형성하는 무의식 속의 자료이며, 모든 새로운

---

12) 러스카J. Ruska의 ≪Tabula Smaragdina≫ : Ein Beitrag zur Geschichte der Hermetischen Literatur, 1926, 2쪽.

지각(知覺)을 과거의 체험 내용에 입각하여 해석하는 첫인상이다. '과거의 체험'은 곧 본능으로 이어지고, 그리하여 물려받거나 타고난 정신의 작용 패턴이 거기 영향을 미친다. 그것은 조상으로부터 전해 온, 그리고 '영원한' 인간적인 마음의 법칙이다. 그러나 앞의 문장은 물질계를 초월한 실체가 그 나름으로 존재할 수 있음을 무시한다. 이 것은 상캬 철학도 모르고 있진 않았던 문제이다. 거기서는 프라크리티(prakriti ; 物質原理)와 푸루샤(purusha ; 精神原理)가 우주적 존재의 양 극을 이룬다고 생각한다. 개인은 삶의 일원론적 근원에 자신을 합치시키고자 한다면 그 즉시 이원성과 다원성을 쳐다보지 말고 세상의 존재에 관한 모든 것을 잊어야 한다. 여기서 자연히 문제가 발생한다. 구극적 실재가 모든 것이자 하나All-One일 때 하나가 왜 여럿으로 나타나는가? 다원성의 원인, 또는 다원론이 환상인 이유는 무엇인가? 하나가 그 자체로서 충분하다면 왜 자신을 여럿으로 반영하여 보여주는가? 자신을 여럿으로 반영해 보여주는 하나와 그것이 반영하는 여럿, 이 둘 중 어느 쪽이 더 진실인가? 여기에는 대답이 없을 것이므로 아마 우리는 이런 질문을 해서는 안 될 것이다.

의식의 세계로부터 마음을 거둬들일 때 합일이 이루어진다고 하는 것은 심리학적 견지에서 타당한 말이다. 무의식의 마지막 영역에서는 아무것도 분리되어 있지 않아 갈등이나 긴장이 없기 때문이다.

우리 마음의 궁극적 경지는 상충하는 것들(윤회와 열반)이 결합되어 있는 저 한마음이다. 이런 말은 깊은 겸양에서 나오는가, 지나친 오만에서 나오는가? 이 말은 한마음이 단지 우리의 마음일 뿐 그 외의 아무것도 아니란 뜻인가? 아니면 우리의 마음이 한마음이란 뜻인가? 그 말은 확실히 후자의 뜻이며, 동양의 관점에서 보면 여기에 오만은 없다. 오히려 이것은 완전히 용인될 수 있는 진실이며, 서양인에게 있어 그것은 '나는 신이다'라고 말하는 것에 상당한다. 이것은 분명한 '신비' 체험으로서 서양인에겐 상당한 거부 반응을 일으킬 수 있으나, 본능과 항시 연결되어 있는 마음으로부터 그것을 겪는 동양에서는 전혀 다른 가치를 지닌다. 동양의 내향적 자세에 있어서는 외부 세계에 대한 관심 따위가 무의식과의 활발한 연결 고리를 자를 수 없었으며, 이른바 물질주의적 사고에도 불구하고 정신의 존재 역시 크게 의문시되지 않았다. 이런 사실을 설명할 수 있는 단 하나의 비슷한 실례는 꿈과 현실을 혼동하는 원시인의 정신 상태이다. 그렇다고 동양의 마음이 원시적이라고 말할 수 있느냐면 그렇지는 않다. 왜냐면 우리는 동양 문명의 탁월성과 특수성을 인정하기 때문이다. 나아가 원시적인 마음은 그것(신비 체험)의 모체이고, 이 점은 귀신과 영혼으로 이어지는 듯한 정신 현상의 정당성을 강조한다는 그런 측면에서 특히 사실이다. 서양은 다만 원시성의 다른 측면을, 즉 추상화(抽象化)를 배제하고 자연계를 정밀 관찰하는 역량을 계발했을 뿐이다. 서양의 자연과학은 원시적인 인간의 놀라운 관찰력에서 비롯되었다. 다만, 우리는 사실들에 압도당하는 것을 두려워하여 거기에 어느 정도의 추상성을 첨가했을 뿐이다. 그러나 동양은 과도한 추상화와 함께 원시성의 정신적인 측면을 계발했다. 사실들은 훌륭한 이야기를 낳았지만 그 이상의 큰 의미는 없다.

    이리하여 동양의 한마음은 누구나 천부적으로 지니는 것이라고 말한다 해도 거기에 오만이나 겸양은 들어 있지 않다. 그것은 서양인이 인간 자신의 관찰이나 해석을 통해 알게 된 사실을 그저 믿는 것과 마찬가지이다. 서양인이 과도한 추상화를 두려워하는 것은 지극히 당연하다.

【위대한 자기 해방】
　개인적 자아에 대한 느낌이 느슨해질 때의 정신적 해방 효과에 대하여 나는 적어도 한 번 이상 말한 적이 있다. 또한 나는 인격의 변형을 야기하는 '초월적 기능'에 대해 간단히 설명하고, 무의식의 자발적 치유 작용이 중요함을 강조했으며, 나아가 이런 중요한 사실이 요가에서 무시된다는 점을 지적했다.
　이 문단은 나의 이런 견해를 확인시켜 준다. 이 "가르침의 핵심"을 이해하는 일이 곧 "자기 해방"의 완벽한 핵심인 것처럼 보인다. 서양인이라면 이것을 이런 뜻으로 받아들일 것이다. '교훈을 익히고 그것을 반복하라, 그러면 스스로 해방될 것이다.' 이런 자세를 실제로 서양의 많은 요가 수행자들에게서 볼 수 있다. 그들은 이 가르침의 핵심이 내향화된 마음에 있음을 잊어버리고 외향적인 자세로 요가를 '하고' 있는 것이다. 동양인들의 마음 속에는 '진실'이 원래부터 많은 부분 들어 있어서 수행자는 그 진실을 특별한 노력 없이 직관적으로 이해한다. 서양인이 만일 자신의 마음을 안쪽으로 향하게 하고 이런 수행에 요구되는 동양의 모든 사회적 도덕적 종교적 지적 심미적 의무를 따르면서 동양인처럼 살 수 있다면 그는 이 가르침을 통해 무언가를 이룰 수 있을지 모른다. 그렇지만 신앙이나 도덕 및 지적인 성향에 있어 충실한 기독교인으로서 진짜 요가를 실천할 수는 없다. 결과가 지극히 의심스러운 경우를 나는 많이 보았으니, 문제는 서양인이 자신의 역사에서 쉽게 벗어날 수 없다는 점이다. 역사는 피로 쓰여졌다고 말해도 좋다. 자신의 무의식적 반응을 조심스레 분석해보지 않고 요가를 가까이 하는 것은 바람직하지 못하다는 것이 내 마음이다. 무의식은 중세 기독교인으로 남아 있는데 요가를 흉내낸다면 그것이 무슨 소용이 있겠는가? 인도보리수 아래 가젤 영양(羚羊) 가죽을 깔고 앉는다든가 사회생활이나 일신상의 안정에 관한 별 걱정 없이 여생을 승원의 독방에서 보낼 여유가 있다면 나는 당신의 경우를 좀더 낙관적으로 볼 것이다. 그러나 메이페어[13]라든가 뉴욕의 5번가, 또는 전화벨이 수시로 울리는 어떤 장소에서의 요가는 정신적인 모조품일 뿐이다.

동양인의 정신 자세로라면 우리는 이 가르침이 효과가 있다고 생각해도 좋다. 그러나 세속으로부터 마음을 돌려 무의식 속으로 사라질 각오가 되어 있지 않는 한, 가르침 자체가 무의미하거나 우리의 희망을 충족시키지 않는다. 그를 위해서는 서로 반대되는 것들을 결합시켜야 하며, 그것은 초월적 기능에 의해 외향성과 내향성을 조화시키는 어려운 작업이다.

【마음의 본성】

이 문단에는 약간의 유용한 심리학적 지식이 들어 있다. "마음은 직관적(빠르게 아는) 지혜"라고 원문은 말하고 있는데, 여기서의 '마음'은 과거 체험의 총화에 입각하여 얻어진 '첫인상'의 직접적 인식과 같은 뜻으로 이해되며, 이것은 동양적 사고의 내향성에 관한 우리

---

13) Mayfair. 런던의 하이드 파크Hyde Park 동쪽에 있는 고급 주택지, 런던 사교계(역주).

의 견해를 뒷받침한다. 이 문구는 또한 동양적 직관의 중요한 특성을 알게 한다. 직관적인 마음은 가능성을 위해 외관상의 사실을 무시한다는 점에서 주목을 끈다.

한마음은 "존재를 갖지 않는다"고 하는 주장은 무의식 특유의 '잠재력'을 의미한다. 사물은 오직 인식되는 만큼만 존재하는 것처럼 보이며, 이 사실은 많은 사람들이 무의식의 존재를 믿고 싶어하지 않는 이유를 설명해준다. 내가 어떤 환자에게 "당신은 환상으로 가득 찬 초크[14]"라고 말하면 그는 크게 놀라면서도 자신이 살고 있는 환상적인 삶을 전혀 인식하지 못한다.

【그 마음에 주어진 이름들】

어렵고 모호한 개념을 나타내기 위한 여러 이름들은 그 개념을 이해할 수 있는 귀중한 수단이 되어주는 동시에, 그것을 탄생시킨 국가나 종교 및 철학 내부에서도 그것의 분명치 않은 의미가 논의되어야 함을 암시하기도 한다. 만일 그 개념이 아주 단순하고 보편적으로 받아들여지는 것이라면 여러 이름으로 불려야 할 이유가 없다. 그렇지만 거의 알려져 있지 않거나 모호한 것이라면 그것을 여러 관점에서 바라보고 그것 특유의 성질을 나타내기 위해 여러 이름을 붙일 필요가 있다. 이와 같은 경우의 좋은 예가 현자의 돌Philosopher's Stone인 바, 연금술에 관한 과거의 많은 문헌들은 그것에 여러 이름을 붙였다.

---

14) chock. 갑판이나 부두에 장치해 닻줄(사슬)을 고정시키는 쇠붙이나 받침 나무(역주).

"그것(그 마음)에 주어진 이름은 무수하다"고 하는 문장은 그 마음이 '현자의 돌' 못지않게 애매하고 무한한 어떤 것임을 입증한다. '무수한' 이름으로 불릴 수 있는 어떤 것은 분명 여러 가지 특질과 측면을 갖는 것이다. 이 이름이 정말 '무수하다'면 그 수를 헤아릴 수 없을 것이며, 따라서 거의 설명할 수도 알 수도 없다. 그것은 완전히 파악될 수 없다. 무의식도 분명 그러하며, 이 문장은 동양의 한마음이 서양의 무의식(집단적 무의식) 개념과 같은 것임을 또 한 번 입증한다.

이러한 가설하에 원문은 계속해서, 한마음은 또한 "정신적 자기(Mental Self ; 眞我)"로 불린다고 말한다.[15] '자기self'는 분석심리학(이에 대해 내가 말했던 많은 것을 여기서 반복할 필요는 없을 것이다)의 중요한 개념이다. 관심있는 독자는 아래에 든 문헌을 참고하기 바란다.[16] '자기'에 관한 상징들은 무의식의 활동에 의해 생겨나고 꿈 속에서 나타나지만 그 개념이 가리키는 사실들은 단순히 정신적이지만은 않으며, 육체적 측면도 포함한다. 이 원본과 동양의 다른 책들에서는 '진아(眞我 ; Self)'가 순전히 정신적 개념을 나타내는 말이지만, 서양의 심리학에서는 '자기self'가 본능과 생리적・반(半)생리적 현상들을 구성하는 모든 것을 나타낸다. 따라서 서양인들은 순수한 정신적

---

15) 칼 융의 심리학에서 Self와 self는 모두 '자기(自己)'이지만 전자는 '진정한 자기'이고 후자는 자아(自我, Ego)에 가까운 의미의 '자기'이다(프랑크 맥린Frank McLynn의 《융Jung》, Bantam Press, 308쪽 참조). 따라서 혼란을 피하기 위하여 이 책에서는 이후 Self를 '진아(眞我)'로 번역한다(역주).

16) 칼 융의 《Two Essays on Analitical Psychology》 p.268 ; 《Psycological Types》 def. 16, p.540 ; 《Psycology and Alchemy》, Part II ; 《Psycology and Religion》, passim.

전체성이라고 하는 것을 상상할 수조차 없다.

동양에도 진아Self와 에고ego를 동일시하는 '이교도'들이 있다는 것은 재미있다.[17] 서양에는 이런 이단이 널리 퍼져 있으며, 에고 의식이 영적인 삶의 모든 것이라고 굳게 믿는 모든 사람의 동의를 얻고 있다.

"피안(彼岸)에 이르는 수단"으로서의 그 마음은 '초월적 기능'과 '그 마음(진아)의 개념' 사이의 연접(連接)을 가리킨다. 그 마음(무의식)의 알려질 수 없는 요소들은 항시 상징의 형태(자기 역시 이런 상징들 중의 하나이다)로 의식되기 때문에 상징은 '피안에 이르는 수단(변형을 위한 수단)'으로서 기능을 발휘한다. 〈정신 에너지〉라는 소론에서 나는 상징이 에너지의 변압기로 작용한다고 적었다.

상징으로서의 그 마음이나 진아에 관한 나의 해석은 독단적인 것이 아니다. 원본 자체가 이미 그것을 "위대한 상징"이라 부르고 있지 않은가. 앞서 확실히 했듯이, 원본이 한마음을 "유일한 씨앗", "진리의 잠재력"이라 부름으로써 무의식의 '잠재력'을 인정하고 있음도 역시 주목할 만하다.

무의식이 갖는 모체로서의 특성은 "모든 것의 기반"이라는 어휘에서 알 수 있다.

【마음의 무시간성】
나는 이 무시간성을 집단적 무의식의 체험이 갖는 고유의 성질이

---

17) 참조의 예: ≪찬도갸 우파니샤드≫ 8절

라고 이미 설명한 바 있다. '자기 해방의 요가'에 전념하는 것은 의식으로부터 잊혀진 과거의 모든 경험을 되살리는 일이라고 한다. 이러한 복원(復元; restoration, restitution)의 주제는 많은 구원 신화에서 나타나며, 정상인과 비정상인의 자연발생적인 환상이나 꿈 속에 나타나는 고풍스런 수많은 자료들을 해석하는 무의식 심리학의 중요한 측면이기도 하다. 개인의 심리를 조직적으로 분석할 때 (하나의 치유 작용으로서) 조상 전래의 패턴들이 자연스럽게 일깨워지는 것은 복원의 결과이다. 우리가 예고적인 꿈을 비교적 자주 꾼다는 사실은 원본에서 '미래의 지식'이라 부른 것이 존재함을 입증해준다.

한마음 "자신의 시간"을 해석하기는 매우 어렵다. 심리학적 관점에서 볼 때 우리는 에반스 웬츠 박사가 여기 설명한 것에 동의하지 않을 수 없다. 무의식은 과거·현재·미래가 그 속에서 함께 뒤섞이는 한 그 '자신의 시간'을 지님이 분명하다. 논리적으로는 다음 날 밤에 꾸었어야 하는 꿈을 그 전날 밤에 꾸었던 던[18]의 꿈과 같은 것들은 자주 있는 것이 아니다.

【참다운 상태의 마음】
이 문단은 동양에선 흔한 체험인 초연한 의식 상태에 관해 말하고 있다.[19] 비슷한 서술을 중국의 문헌에서도 찾아볼 수 있는데, 예를

---

18) 존 윌리암 던(John William Dunne. 1875~1949). 영국의 항공기 설계자, 철학자. 영국의 첫 군용 항공기 설계 및 제작. ≪An Experiment with Time≫, ≪The Serial Universe≫, ≪The New Immortality≫, ≪Nothing Dies≫를 포함한 철학 서적들을 출간했음(역주).

들면 ≪혜명경(慧命經)≫에 이런 글이 있다.

하나의 빛이 법계를 두르고
서로 모든 것을 잊어 맑고 고요하니 영험하고 허허롭다.
허공은 환하게 밝고 천심(天心)은 빛나니
슬기가 선정(禪定)에 돌아와 둥근 달만 외롭다.
(一牛光輝周法界 雙忘寂淨最靈虛 虛空朗徹天心輝 慧歸禪定月輪孤)

"개인의 마음이 다른 마음들로부터 분리될 수 없다"는 말은 '총체적 혼합'의 사실을 달리 표현한 것이다. 무의식 상태에서는 모든 구별이 사라지므로 서로 분리된 마음들 사이의 구별 역시 사라진다. 의식층이 낮아진 곳에서 우리는 언제나 무의식의 동일시, 또는 레뷔브륄이 '신비적 참여participation mystique'[20]라 불렀던 것을 만나게 된다. 한마음의 인식은 원본이 말하듯이 '삼신(三身)의 합일'이며, 실제로 그것은 합일을 창출한다. 그러나 우리는 누가 어떻게 이런 인식

---

19) 나는 이것을 ≪황금꽃의 비밀The Secret of the Golden Flower≫ 앞 부분에 설명했다.
20) 최근 이 개념은 ≪논리학 이전의 상태etat prelogique≫의 동 개념과 함께 민족학자들의 혹심한 비판을 받았으며, 게다가 레뷔브륄L. Lévy-Bruhl 자신도 만년에 그런 개념들의 타당성을 의심하기 시작했다. 우선 '신비mystique'라는 형용사가 지식인들 사이에서 나쁜 평을 얻게 되는 것이 차츰 두려워져 그것을 철회했다. 그러나 '무의식의 동일시'가 지닌 특수성을 일컫는 데는 '신비'라는 단어가 가장 적절하며, 합리주의자들의 미신에 그가 이처럼 양보한 것은 오히려 유감스런 일이다. 무의식의 동일시에는 항시 초자연적인 어떤 것이 있다. 그것은 문명화된 마음보다 원시적인 마음에 더 두드러지는 잘 알려진 심리학적·정신병리학적 현상(사람, 물건, 기능, 역할, 위치, 신조 등과의 동일시)이다. 불행히도 심리학 지식이 없었던 레뷔브륄은 이 사실을 알지 못했고 반대자들은 그것을 무시했다.

에 완전히 도달할 수 있을지 상상할 수 없다. 인식을 얻기 위해서는, 항시 누구 또는 무엇인가가 있어야 한다. 다시 말해, 나는 '합일의 경지를 안다, 나는 구별 없음을 안다'고 말할 수 있는 누군가가 남아 있어야 한다는 뜻이다. 인식했다는 사실 그 자체가 이미 인식의 불완전성을 입증한다. 사람은 자신과 분리되어 있는 것만을 알 수 있다. '나는 자신을 안다'고 말할 때조차 '나'를 아는 극미한 에고가 '자신'으로부터 아직 분리된 상태에 있다. 그것은 극미한 에고이긴 하지만 그럼에도 불구하고 거기에는 완전히 사라지지 않은 다원론적 우주와 그것의 정복되지 않은 실체가 숨어 있는 것이다.

'합일'의 체험은 동양적 직관(어떤 것이 존재하는 동시에 존재하지 않을 때 가능)의 한 예이다. 만일 내가 이슬람교도였다면 신(神)의 연민은 무한하며 오직 그분만이 인간을 존재케 하는 동시에 존재하지 않게 할 수 있다고 주장했을 것이다. 그러나 나로서는 그런 가능성을 상상할 수 없으며, 따라서 이 점에 있어 나는 동양의 직관이 도가 지나쳤다고 생각한다.

【마음은 창조되지 않는다】

이 문단은 한마음에는 어떤 특성이 없으므로 그것이 창조된다고 할 수 없음을 강조한다. 그러나 그와 같은 한정이 어떤 '특성'이 되기 때문에, 그것이 창조되지 않는다고 주장하는 것은 비논리적일 수 있다. 사실, 뚜렷하지 않고 특성이 없으며 나아가 '알 수 없는' 어떤 것에 관해서는 아무것도 주장할 수 없다. 바로 이런 이유 때문에 서양 철학은 한마음을 말하지 않으며, 칸트의 철학을 인용하자면 그것을 물(物) 자체로—단지 이도 저도 아닌 어떤 부정적인 개념으로—간주하고 무의식을 말하는 것이다. 서양은 이런 부정적인 개념을 사용함에 대하여 자주 비난받아왔지만, 불행히도 솔직한 지성은 보다 긍정적인 어떤 개념을 인정할 수 없는 것이다.

【내관의 요가】
한마음과 무의식이 동일하다는 점에 대해 아직 어떤 의심이 남아 있다면 이 문단은 그것을 완전히 없애줄 것이다. "한마음은 진실로 공(空)이고 어떤 기반도 갖지 않으며, 그와 마찬가지로 개인의 마음도 하늘처럼 비어 있나니," 한마음과 개인의 마음은 똑같이 공(空)하고 비어 있다. 의식적인 마음은 어떤 경우에도 '비어 있지' 않으므로, 이 말은 집단적 무의식과 개인적 무의식에만 해당한다.
내가 이미 말했듯이 동양의 마음은 주관적 요소를, 특히 직관적인 '첫인상'이나 정신적 성벽(性癖)을 가장 중시한다. 이것은 "모든 현상이 사실 개인 자신의 개념이고 마음 속에서 스스로 상상한 것"이라는 문구에 의해 확실해진다.

【내면의 법】
달마, 법, 진리, 길은 "마음 속 아닌 어디에도 없다"고 말한다. 그리하여 서양에서 신에게 귀속시키는 저 모든 능력이 무의식으로부터 기인하는 것이라고 주장한다. 어쨌든 초월적 기능은 달마의 복합적 체험이 '내부'로부터, 즉 무의식으로부터 온다고 하는 동양의 생각이 얼마나 올바른가를 보여준다. 그것은 또한 인간의 통제를 넘어선 자발적 치유 작용이 서양에서 말하는 '은총'이라든가 '신의 뜻'과 결국은 같은 것임을 보여준다.

이 문단과 앞 문단은 내관만이 영적인 지식과 길잡이가 되어줌을 되풀이해서 주장한다. 어떤 서양인이 말하듯 내관이 병적으로 음울한 어떤 것이라면, 동양 전체가(또는 동양 중의 이런 부분이) 서양의 축복을 아직 받지 못했다는 이유로 정신병 수용소에 가야 할 것이다.

【이 가르침의 놀라움】

이 문단은 마음을 "자연적 지혜"라고 부른다. 이 어휘는 무의식이 야기하는 상징들에 대해 내가 사용했던 '자연적 상징'이란 표현과 아주 비슷하다. 나는 이 책을 전혀 알지 못하던 때에 그 어휘를 선택했었다. 내가 이 말을 하는 것은 동양과 서양의 심리학적 발견들 사이에 대응점이 있음을 알리기 위해서이다.

원본은 또한 '아는' 에고가 있을 수 없음에 관하여 우리가 앞서 했던 말을 확인시켜준다. "그것은 절대적 실재이지만 그것을 아는 자 없노라. 놀랍구나." 정말 놀랍고 불가사의하다. 어떻게 이런 것이 말 그대로 알아질 수 있을까? "그것은 악에 오염되지 않고," "선과 결탁하지 않노라." 이것은 니체의 '선과 악 너머 육천 피트'를 상기시킨다. 그러나 동양의 지혜를 모방하는 자들은 이런 말이 담고 있는 깊은 의미를 흔히 무시한다. 동양적인 신들의 호의 속에서 편안히 앉아 있는 동안 그들은 이 고상한 도덕적 중립을 마음껏 찬양한다. 그러나 그것이 서양인의 타고난 기질이라든가 설사 잊는다 해도 극복되지 않을 서양의 역사와 조화를 이루는가? 나는 그렇지 않다고 생각한다. 보다 높은 요가를 추구하는 사람은 악행자로서만이 아니라 악의 희생자로서 더 자신의 도덕적 중립 선언을 시험당할 것이다. 심리학자들이 잘 알고 있듯이 도덕적 갈등은 단지 비인간적인 것들을 멀리하면서 우월성을 외친다고 해서 해결되지 않는다. 오늘날 우리는 도덕 원리에 냉담한 초인(超人)의 몇몇 무서운 실례를 목격하고 있는 중이다.

미덕과 악덕으로부터의 해방이 모든 관점에서의 초연성으로 이어지고, 그리하여 수행자는 이 세상 너머로 나아가면서 어느 무엇에 대해서도 전혀 악의를 갖지 않는다는 점을 나는 의심하지 않는다. 그러나 단지 도덕적 문제에서의 해방을 목적으로 서양인이 초연성을 달성하려 한다면 나는 그것을 의심한다. 따라서 요가를 시도하는 사람은 나중에 나타날 효과를 의식해야 하며, 그렇지 않으면 이른바 그의 탐구는 무의미한 장난으로 끝나게 될 것이다.

【네 개의 위대한 길】

원본은 "정신집중이 없는 이 명상"이라고 말한다. 우리는 흔히 요가가 강렬한 정신집중을 필요로 한다고 생각한다. 또한 우리는 정신집중이 무엇인지 스스로 알고 있다고 생각하지만 동양의 정신집중을 바르게 이해하기는 매우 어렵다. 선(禪) 불교에 관해 공부할 때 알게 되듯이, 서양인이 생각하는 정신집중은 동양의 그것과 완전히 반대되는 것인지도 모른다. 그러나 "정신집중이 없고"라는 구절을 글자 그대로 이해하면, 그것은 명상이 아무것에도 정신을 집중하지 않은 마음 상태라는 것을 의미한다. 집중하지 않음으로써 오히려 의식이 소멸하고 무의식 상태에 직접 다가갈 수도 있을 것이다. 의식은 항상 어느 정도의 정신집중이 유지되도록 요구하며, 만일 그러지 않는다면 마음 속에 무엇이 있는지 알 수 없다. 정신집중이 없는 명상이란 잠든 상태와의 경계선에 존재하는, 깨어 있지만 비어 있는 정신 상태일 것이다. 원본은 이것이 "가장 탁월한 명상"이라고 말하는 관계상 그보다 못한 명상도 있다고 보아야 하며, 추론하자면 그것은 정신집중을 수반하는 명상일 것이다. 원본이 권하는 명상이야말로 무의식에 도달하는 일종의 지름길인 것처럼 보인다.

【위대한 빛】

대부분의 신비주의에서 깨달음과 관련된 체험은 빛으로 상징된다. 암흑으로 가득 차 있는 것처럼 보이는 영역에 접근하여 깨달음의 빛을 보게 된다고 하는 것은 이상한 역설이다. 그러나 이것은 보통 '어둠을 거쳐 빛으로 향하는 것'이다. 세상의 많은 입문 의례들[21]이 동굴 속으로 하강하거나 물 속 깊이 잠기거나 재탄생의 자궁으로 되돌아오는 의식을 갖는다. 재탄생의 상징주의는 현실적으로 유사한 수단에 의하여 서로 반대되는 것들—의식과 무의식—의 결합 상태를 체험하고자 하는 것일 뿐이다. 재탄생의 상징주의가 생겨난 근저에는 '초월적 기능'이 있다. 이 기능은 (무의식의 내용물을 첨가하여) 의식을 확대시킴으로써 더 밝은 빛에 의해 상징되는 좀더 깊은 통찰력

---

21) 이를테면, 엘레우시스 비의나 미트라 및 아티스의 의례.

을 가져다준다.[22] 그리하여 그것은 이전 상태의 상대적인 어둠에 비해 좀더 밝아진 상태인 것이다. 빛이 어떤 비전vision의 형태로 나타나는 경우도 자주 있다.

【열반의 길의 요가】

이 문단은 의식의 완전한 소멸―이 요가의 최종 목표인 것처럼 보이는―에 관한 최고의 계통적 서술들 중 하나이다. "행위와 행위자의 구분이 없으니, 행위자를 찾아도 어디서든 행위자가 발견되지 않을 때, 모든 성과 획득의 목표가 달성되고 또한 최후의 완성 그 자체에 이르도다."

방법과 그것의 목적에 관한 이 지극히 완전한 계통적 서술을 끝으로 나의 해설 역시 여기서 막을 내린다. 둘째권에 보인 글들은 위대한 지혜와 아름다움을 담고 있으며 더 이상의 해설이 필요 없다. 그것은 심리학의 언어로 번역될 수 있으며, 내가 여기 1부에 설명하고 2부에 예시한 원리를 지침 삼아 이해하면 된다.

---

22) 연금술에서 현자의 돌은 다른 것들과 비교하여 '최근의 빛', '빛의 빛', '광휘 중의 광휘' 등으로 불린다.

선(善)을 달성하기 위해 우리는 최고의 경지로 올라서야 하며,
거기에 시선을 고정하고 자신이 여기 아래로
내려올 때 걸쳤던 의복을 벗어야 한다. 비밀 의식에서 지성소(至聖所)의
보다 내밀한 곳에 들도록 허용된 자들이 자신을 정화한 후
모든 의복을 벗고 완전한 벌거숭이가 되어 나아가듯이.

— 플로티누스(*I. vi. 6*)

개론

1. 대승불교에서 본 실재(實在)

 '마음을 있는 그대로 아는 요가'[1]라는 제목의 둘째권은 '현상계의 속박으로부터 인간을 자연스럽게 해방시키는 가르침'으로도 알려져 있으며, 실재에 관한 대승불교의 근본 가르침을 경구 형식으로 요약하여 제시한다.

 동양의 모든 밀교 전통이 그렇듯이 대승불교 역시, 유한하고 세속적인 마음에서 비롯된 모든 이원론적 개념과 현상계를 초월한 보편편재 의식Universal All-Pervading Consciousness—또는 하나의 초세

---

1) 영역본에서는 이 책의 둘째권을 가리켜 주로 'Yoga of Knowing the Mind in Its Nakedness'라는 이름을 사용한다. 즉 '마음을 있는 그대로 아는 요가', 또는 '벌거벗은 (벌거숭이) 마음 알기의 요가'라는 이름이다. 그러나 둘째권의 주제가 그렇고, 본문에 "마음을 있는 그대로 알고 싶어도 그럴 수 없노라"라는 문장이 있긴 하지만, 본래의 제목은 '자기 해방이라 부르는 마음 알기와 실재 보기의 요가'이다. 독자는 이와 같은 사실을 참고로 알아두기 바라며, 이 책에서는 이후 '마음 알기 요가'로 줄여 기술한다 (역자).

속적인 마음One Supra-Mundane Mind—만이 진실이라고 가정한다. 공성(空性; Shūnyatā)이라 불리는 그것은 변화하지 않고 태어나지 않으며 만들어지지 않고 형상을 갖지 않으며 설명할 수 없는 원초적인 본질로서, 모든 유형의 것들을 탄생시키고 거둬들이는 심원한 우주적 근원이다. 형태나 특성이나 외관 없이 존재하는 그것은 무정형이고 무특성이며 비존재이다. 이처럼 그것은 불멸이며, 비어 있음의 초월적 충만이며, 시간과 공간 및 윤회하는(세속적) 마음의 용해자이며, 리시(Rish ; 仙)들의 창조주이며, 마야(Māyā ; 幻影)의 꿈을 꾸는 자이며, 현상계의 직조자이며, 끝없는 세월을 통해 무한의 우주를 호흡하는 자이다.

이 고대 동양 교의의 플라톤 학파 쪽 계승자인 플로티누스는 그것을 다음과 같이 간명하게 요약했다. "유일자인 첫째 원리는 잴 수 없고 셀 수 없다. …최고 원리는 본질적으로 하나이며 단순하지만 그로부터 파생된 요소들이 다수를 형성한다."[2] 원본의 저자인 위대한 스승 파드마삼바바는 대승불교의 관점에서 이와 똑같은 가르침을 둘째권의 326쪽에 제시한다. "윤회(밖으로 드러난 현상계)와 열반(밖으

---

[2] 이 글과 이후에 나오는 플로티누스의 모든 번역문은 1929년 런던에서 발행된 거스리 K. S. Guthrie의 ≪Plotinos's Complete Works≫에 의거한다. 여기서 플로티누스를 자주 인용하는 이유는 서양에서는 그가 이 책의 기반을 이루는 것과 똑같은 요가 교의의 가장 걸출한 대변자이기 때문이다. 그는 자신의 유럽인 스승 플라톤에게서만이 아니라 동양 현인들로부터도 많은 것을 배웠고 그 가르침들을 시험적으로 실천했으며, 그 결과 전(全) 기독교 사회에 커다란 영향을 미쳤다. 플로티누스 속에서 동양과 서양은 둘이기를 그만두고 하나가 된다. 그것은 사실 항상 그래 왔고 점점 더 그럴 것이다. 그때 르네상스의 태양이 다시 떠올라 온 세상을 비추면서 빛과 열을 더하여 무지의 어둠을 쫓아버릴 것이다.

로 드러나지 않은 실재계)은 분리될 수 없는 하나이며 자신의 마음(자연스럽고 한정되지 않은 공의 원초적 상태에 있는)이로다." 붓다도 열반은 '변화하고 태어나고 만들어지고 형성되는 것'들을 초월한 상태라고 가르쳤다.[3] 따라서 열반은 현상계의 소멸이며 윤회의 덫으로부터 빠져나오는 일이며 육체적 욕망의 불꽃이 꺼짐이며 마야의 꿈에서 깨어남이며 실재의 덮개를 벗기는 일이다.

붓다와 그 뒤를 이은 나가르주나(Nāgārjuna ; 龍樹)—초월적 지혜를 다룬 중요한 대승 논문인 ≪반야바라밀≫의 편집자—는 자신들의 가르침에서 맹신(盲信)과 불신(不信)의 양 극단을 피하려 노력했으므로 그들의 방법은 중도(中道)에 해당하며, 나가르주나 시대에 와서 그것은 중관(中觀 ; Mādhyamika) 학파로 불리게 되었다. 나가르주나 이전의 불교 형이상학은 현실의 존재를 가르치는 유파와 환영의 존재를 가르치는 유파의 양 극으로 나뉘어 있었다. 나가르주나는, 마음이 이원론의 관점에 있는 한 그 마음은 자신의 불멸이나 절멸 어느 쪽인가를 향한 그릇된 욕망의 노예 상태로서 아직 윤회에 묶여 있는 것이기 때문에, 모든 것이 존재한다고도 존재하지 않는다고도 말할 수 없음을 보여주었다. 실재(또는 절대, 또는 있는 그대로의 존재)는 존재와 비존재 및 다른 모든 이원론적 개념들을 초월한다. 나가르주나에 의하면 실재는 인간적 체험에 의거한 어떤 정의(定義)나 지적 개념을 넘어선 원초적 공(空)의 상태이다.

중관파에서 세상을 포기하는 이유는, 상좌부(上座部)에서처럼 세

---

3) 팔리어 경전 ≪우다나(Udāna ; 自說)≫ 8장 ; ≪티벳 사자의 서≫(정신세계사) 142쪽 참조.

상의 고통과 슬픔 때문이 아니라, 세상이 꿈과 마찬가지로 비현실이기 때문이다. 세상은 윤회계를 구성하는 꿈과 비슷한 몇 가지 상태들 중의 하나일 뿐이며, 전혀 만족을 주지 않는다. 인간은 꿈과 비슷한 윤회계의 모든 상태에서 벗어나 참다운 마음의 상태인 열반에 도달하기 위해, 윤회계의 매혹적인 환영과 신기루를 모두 극복해야 하며, 그럴 때에만 붓다와 같은 깨달음에 이를 수 있다.

공(空)의 가르침은 대승불교의 핵심 교의이다. 북방불교에서의 공(空)은 남방불교에서의 무아(無我 ; Anātmā)에 해당한다. 따라서 원본이 암시하듯이 존재하는 모든 것은 환영 아닌 것이 없으며 다른 모든 것들로부터 분리되거나 개별화되어 있지 않다.

≪아바탐사카 수트라≫[4]에 있듯이, 윤회하는 모든 것 뒤에 있는 본질은 깨끗한 거울에 비유되는 바, 이 거울이 모든 현상의 기반이고 기반 그 자체는 영원 진실하며 현상은 덧없고 비현실적이다. 그리고 거울이 모든 상(像)을 반영하듯 참다운 본질은 모든 현상을 포용하며, 모든 것은 그에 의하여 그 안에 존재한다. 모든 것의 참다운 본질은 붓다들 안에서 실현되며, 그로부터 생겨난 가시적 우주의 모든 곳에 불가시의 상태로 영원히 존재한다. 붓다의 본질이 존재하지 않는 곳은 우주 어디에도 없으며 그 존재가 끊어지는 일도 없다.

이 보편적인 실체는 삼신(三身)이 상징하는 세 가지 방식으로 나타난다. 첫번째 방식인 법신Dharma-Kāya—본질적인 몸—은 원초적이고 변하지 않으며 형태가 없고 영원히 자존하는 '깨달음의 본질'이

---

4) ≪*Avatamsaka Sūtra*≫. ≪대방광불화엄경(大方廣佛華嚴經 ; Buddāvatamsaka-mahā-vaipulya-sutra)≫의 약호(略號).

다. 두 번째 방식은 보신Sambhoga-Kāya―반영된 깨달음―이며, 그를 통하여 천계(天界)에서 선정불(禪定佛)과 다른 깨달은 존재들이 초인적 형태로 구체화된다. 세 번째 방식은 화신Nirmāna-Kāya―육화(肉化)한 몸, 인간의 관점에서 본 '실제적 깨달음'―이며 붓다들은 지상에 있을 때 그 속에서 존재한다.

삼신에 관한 중국식의 해석은 이렇다. 법신(法身)은 붓다의 변함없는 실체이자 전(全)우주의 본질적 근원이고, 보신(報身)은 법신이 천계에 외관을 지니고 나타난 첫번째 상(像)이며, 화신(化身)은 불성을 지상에서의 활동으로 연결하는 존재이다. 요한 복음의 서언에 '말씀' 또는 '마음'의 육화(肉化)를 암시하는 말이 있듯이(p.339\21 참조), 화신은 인간들 속에 나타난다.

우주적 실체의 총화인 한마음은 윤회하는 모든 존재의 무수한 마음들을 통하여 표현된다. 그것은 '불성(佛性)'이며 '위대한 상징'이며 '유일한 씨앗'이며 '진리의 잠재력'이며 '모든 것의 기반'이다. 원본이 가르치듯 열반의 축복과 윤회의 모든 슬픔은 거기서 비롯된다. 소우주적 측면의 마음은 에고ego나 혼soul이라 불리는 무지에 의해 여러 가지로 서술된다.

대승불교 최후의 양 극인 윤회와 열반이 본질적으로 하나임을 완전히 깨닫게 되면 불법의 목적이자 종착지인 마음의 해방에 이른다. 그것은 불교와 힌두교의 모든 유파, 그리고 모든 요가 체계의 목적이기도 하다.

2. 열반[5]

열반은 슬픔을 (그리하여 윤회를) 초월한 상태이며, 대승불교에서 말하는 공(空)의 상태—공성(空性)—이다. 왜냐면 열반은 인간이 상상할 수 있는 윤회계적인 어떤 특성도 갖지 않기 때문이다. 붓다가 가르치듯 열반은 있는 것도 아니고 없는 것도 아니며 존재도 비존재도 아니고, 나가르주나가 보여주듯 그 모든 것이 실체가 없는 이원성(二元性)일 뿐이다. 그리하여 윤회계의 모든 개념 저 너머에 있는 열반은 인간의 모든 추측을 초월한다.

열반은 지성 너머에 있기 때문에 지적으로는 알 수 없다. 어떤 것과도 관련되어 있지 않고, 모든 비교를 초월하며, 모든 개념을 넘어선 공(空)이다.

모든 이원성은 인간의 지성에 의존하는데, 지성이라고 하는 것은 진리의 그림자로서 현상계에 존재할 뿐이다. 태양은 빛과 열을 주지만 그 둘을 초월한 곳에 있다. 공성(空性)인 열반은 윤회계의 근원이지만 그를 초월한다. 태양이 빛과 열을 방출하면서도 변함없이 태양으로 남아 있듯이, 열반은 모든 세속 활동의 구극적 원인이면서도 움직이지 않고 남아 있다. 인간과 세속적 마음과 생명과 에너지들은 실체가 없으며, 모든 것의 합일 상태인 열반의 개별화된 측면(표현)이다. 그들은 모두 한마음이다. 인간은 원래 한마음에—공(空)에—속해 있으며 영원히 그렇다.

---

[5] 이 장(章)은 ≪티벳 밀교 요가≫ 개론의 열반에 대한 설명을 보충하는 것으로, 그와 관련해서 읽을 필요가 있다.

공(空)인 참다운 상태, 즉 열반은 태양과 같이 끊임없이 빛난다. 인간은 올바른 안내자 없이 현상계로 말려들어 세계를 오해하고 실체보다도 환영을, 영원보다도 순간을, 진짜보다도 가짜를 좇는다. 그의 마음은 자신의 본성을 잃어버린다. 마음은 무지 속에서 배워 스스로 만들어낸 썩어가는 것들 속에서 자만심을 부풀린다. 실재의 광휘를 덮어 가리는 마야의 안개와 구름이 현상계의 바다에서 피어오른다. 마야의 베일을 통하여 그 너머의 광채로부터 조명된 지상의 인간은 세속적인 마음 상태에서 미미한 빛을 받는다. 그림자 속을 더듬는 그는 완전한 진실을 감지할 수 없다. 붓다들이란 요가의 힘에 의하여 무지를 꿰뚫고 삶의 그림자와 신기루 위로 솟아오른 자들이며, 현상계를 덮은 안개와 구름 위의 특별히 높은 산 정상에 우뚝 서서 구름에 가리지 않은 태양을 바라본 자들이다.

인류가 의식적으로든 무의식적으로든 몸 담고 있는 영적인 진화 과정은 마야를 소산(消散)시키는 과정이다. 마야Māyā는 환영(幻影)을 의미한다. 붓다에게 있어서의 마야는 우주의 원초적 창조력이 윤회로 나타난 것이며, 탄트라에서는 그것을 우주모(母) 샥티(Shakti ; 모든 존재를 낳은 자궁의 주인)라고 부른다. 이 창조력이 잠복해 있을 때는 창조도 없고 따라서 마야도 없다. 마야의 초극(환영의 세계 밖으로 벗어나는 일)은 분별심(분리감)과 덧없음을 극복하는 일이며, 달리 말하면 근원적 합일 상태인 한마음(우주의식)의 깨달음으로 되돌아가는 일이다. 이것은 부분을 전체에 재결합하고, 시간과 공간과 인과율로부터 해방되며, 조건지어진 존재를 벗어나 조건 없는 원상의 존재인 붓다가 되는 일이다. 따라서 수행자는 현상계를 도피해야 할 어떤 것이 아니라, 요가차라(Yogāchāra ; 瑜伽行)의 길을 따르는 자들이 그렇듯, 영원히 진화하는 한마음의 저 전능하고 신성한 본질로 인식해야 할 것이다. 그러면 세상의 위대한 교사들이 공언하듯이, 여기 이 지구상에서의 삶은 커다란 행운이 되며 지각 있는 존재로 태어나는 최고의 기회인 것이다. 그러면 그들은 묻는다. "미망에 뒤덮인 자를 제외하고 신성한 지혜보다 무지를 선호할 사람이 누가 있겠는가?" (≪티벳 밀교 요가≫에 있는) '스승들의 교훈' 중 '크고 즐거운 깨달음 10가지'가 마야의 신비에 입문하는 일을 즐겁게 만들고, 인생 행로를 즐겁게 만들며, 피안으로부터의 귀환을 즐겁게 만들고, 타인을 위대한 해방으로 인도하는 일을 즐겁게 만든다.

대승불교에서는 인간만이 아니라 윤회계의 모든 유정(有情)이 언젠가는 이 진화 과정의 끝인 열반에 도달할 것이라고 생각한다. 그러나 수행자에게 있어서는 정상적인 진화 과정이 너무 길고 지루하며 고통스럽다. 그래서 그는 티벳의 위대한 요기 밀라레파가 그랬듯이, 단 한 번의 생애 동안에 최고의 목적을 달성하여 가급적 빨리 세상을 개선하고자 노력한다. 그는 혼자서 열반에 들지 않고 마야의 안개 뒤덮인 골짜기로 되돌아와 그곳 주민들이 태양을 경배할 수 있도록 그들을 최고의 높이로 인도하고자 하는 보살의 서원을 갖기 때문이다.

3. 시간과 공간

과거·현재·미래가 윤회적인 마음의 개념일 뿐이라고 하는 이 실재(實在)의 가르침은, 제한받지 않은 초세속적 마음의 참다운 상태에서는 아무것도 존재하지 않고 마찬가지로 시간도 존재하지 않는다고 하는 고대 인도의 시간관을 담고 있다. 이런 참다운 상태에서 수행자는, 시간이란 원래 시작도 끝도 없고 과거·현재·미래를 나눌 수 없음을 알게 되며, 마찬가지로 공간 역시 크기와 구분이 없고 한마음이나 공(空)을 떠나서는 존재하지 않음을 깨닫는다. 달리 말하면 참다운 상태에서는 마음이 물질과 형체의 그릇이 되고, 시간과 공간의 용기(容器)가 된다.

우주의 창성과 함께 시간은 생겨나고 우주의 정지와 함께 시간도 정지한다. 또한, 시간은 허망한 삶 속에서나 윤회가 지속되는 동안에만 존재하며 윤회가 멎을 때 시간도 멎는다. 시간을 낳는 것은 움직임이 아니다. 시간은 시계 바늘이나 천체의 움직임에 의해 표시되듯이 단지 움직임에 의해 표시될 뿐이다. 그리하여 플로티누스도 말했듯이 시간은 움직임을 계량하기 위한 표준 이상의 아무것도 아니다.

이처럼 속세에 한정된 마음의 개념인 시간은 오직 다른 무엇과의 상호 관계 속에서만 존재하며 실제로는 존재하지 않는다. 따라서 '시간의 시작과 끝' 역시 환영의 세계에서 살아가는 깨닫지 못한 인간들의 이원론일 뿐이다. 실재계에는 무시간성과 끝없는 현재만이 영원히 이어지며 과거와 미래가 없다. 과거와 미래는 윤회적으로 상상된 또 하나의 이원론일 뿐이다. 무시(無始)의 무시간성으로부터 공성(空性)에 완전히 병합되어 있는 윤회계의 모든 것들은 이 요가가 보여주듯이 본질적으로 거기서—그들의 참다운 존재 상태로부터, 시공을 초월한 완전한 정적(靜寂)으로부터—분리될 수 없다. 브라만이 꿈 없는 잠 속에 고요히 머물 때 거기에는 우주도 다양성도 마음도 의식도 없었고 오직 한마음만이 있었다. 시간과 공간은 거미집이 거미 입 속으로 들어가듯이 사라졌다. 그리고 브라만이 꿈을 꾸기 시작하자

모든 것이 이 꿈 속에 나타났다.[6]

무활동의 브라만에게는 시작도 끝도 없는 무시간성만이 있었다. 그러나 꿈꾸는 브라만에게는 과거와 현재와 미래가 있고 시간과 공간이 있다. 정적의 저 참다운 상태에서는 마음Mind은 하나One이다. 그러나 마음이 그 하나 상태를 벗어나 여럿으로 보이게 될 때 수면 · 몽환 · 각성 · 출생 · 일상 · 사망 · 사후의 상태라고 불리는 윤회계의 여러 가지 의식 상태가 생겨난다.

윤회계에서 수취되는 이 모든 상태들이 환영임을 이 책의 '마음 알기 요가'는 분명히 밝히고 있다. 그것은 ≪티벳 밀교 요가≫에 나오는 '환신(幻身)의 가르침'과 '꿈의 가르침'에 담긴 요가들도 마찬가지다. 거기서 가르치듯이, 시간에는 고정된 기준이 없다. 깨어 있는 상태에서의 시간 개념은 꿈꾸는 상태에서의 그것과 크게 다르다. 깨어 있는 상태로 치면 하룻밤 일순간의 꿈 속에서 우리는 몇 년이나 몇 세기, 몇 겁을 통과하며, 그것은 깨어 있는 상태에서의 체험만큼 '현실적'이다. 게다가 한 꿈 속에서 또 다른 꿈을 꿀 수도 있고, 그 꿈 속의 꿈 속에서 또 다른 꿈을 꿀 수도 있다. 우리가 시간이라 부르는 것이 환상이고 고정된 기준이 있을 수 없다는 명백한 증거가 바로 여기에 있다. 의식이 좀더 진화한 수행자는 상상 가능한 모든 상태가, 즉 몽환과 각성과 사후 등등 윤회계의 모든 상태가 비실재임을 안다. 그리하여 그는 그 모든 상태로부터 깨어나 시간과 공간을 초월

---

6) 브라마Brahma는 힌두교의 창조신 범천(梵天)을 가리키고, 브라만Brahman은 카스트의 최고 계급인 승려층을 의미하는 동시에 철학에서 말하는 우주적 근본 원리로서의 범(梵)을 나타낸다(역주).

한 진정한 의미의 '깨우친 자'가 된다.

인도와 티벳의 위대한 현인들은 시간과 공간에 관한 숨은 진실을 오래 전에 이해했고, 유럽의 사상가들은 겨우 지금에 와서야―아직도 부서지지 않은 암흑 시대의 연속인 20세기에 와서야―그것을 흘끗거리기 시작하고 있는 것이다.

4. 마음의 본성

서양 세계에서 어떤 위협에도 굴하지 않고 무지와 싸우는 몇몇 모험가들은 동양의 형제들이 과학적 연구를 통해 오래 전부터 인정해 온 '마음과 물질이 궁극적으로는 분리될 수 없다'는 이치를 과학화할 준비가 되어 있다. '마음 알기 요가'에서도 암시하고 있듯이 물질은 다만 구체화된 마음의 유형적이거나 환상적인 측면일 뿐인 것이다.[7] 마음 그 자체에 관하여 서양은 어떤 분명한 개념도 갖고 있지 않으나, 이 책의 원문은 이렇게 가르친다.

〔한정되거나 형상화되지 않은 근본적인〕참다운 상태의 마음은 꾸밈없고 순수하며 질료가 없는 공(空)이라 깨끗하고 비었으며 이원적이지 않고 투명하도다. 복합적이지 않고 가로막히지 아니하며 무시간성이고 무색〔또는 무특성〕이며 분리된 것으로가 아니라 모든 것의 통일체로 인식되지만 그들로 이루어져 있지 않으니 한 맛이고〔즉, 공성(空性), 진리, 또는

---

7) ≪티벳 밀교 요가≫ 개론 제6장 (B), (C) 참조.

구극적 실재이고], 차별이 없노라.

　서양 과학의 관점, 특히 역학과 물리학의 관점에서 보면 한마음은 모든 에너지의 유일한 근원이며, 모든 잠재력들의 잠재력이며, 우주적인 힘의 단 하나뿐인 발전기이며, 모든 진동의 시발자이며, 미지의 원인이며, 우주선(線)과 물질이 그 모든 전자기적 성질─빛과 열, 전기와 자기, 방사능, 가시·불가시의 갖가지 외관을 한 유기물과 무기물 등의─을 띠고 자연계의 전역에 존재하게 만든 모체이다. 그리하여 한마음은 자연법의 창시자이고 우주의 주인이자 관리자이며 원자 구조와 세계 구조의 건설자, 성운(星雲)을 우주 공간에 흩뿌린 자, 우주적 결실의 수확자, 존재해왔고 현재 존재하며 영원히 존재할 모든 것의 변치 않는 그릇인 것이다. 실재로서의 한마음은 존재의 혈류를 정화하여 뿜어내고 다시 수납하면서 끝없이 맥박치는 심장이다. 거대한 숨결이며, 헤아릴 수 없는 브라만이며, 영원히 베일에 가려진 태고의 신비들 중 신비이며, 모든 순례의 목표이며, 모든 존재의 결말이다.

　마음이 환영의 옷을 벗고 자신의 참다운 상태에 도달하여 벌거벗은 상태에 있을 때 그 마음은 무활동의 브라만과 같다. 그러면 그 마음은 장난감을 밀쳐버린 아이처럼, 일시의 꿈 없는 잠이나 사마디(samādhi ; 定) 속에서처럼 현상계와 우주 전체를 초월한다. 완전한 각성을 이룬 벌거벗은 마음에게 있어서는 세계가 꿈처럼 녹아버리고 더 이상 존재하지 않는다. 세계가 존재하지 않을 때 원래부터 실체가 없던 시간과 공간도 그를 따른다. 윤회계에서는 시간이 과거·현재·미래로 나뉘거나 또는 단일체로서보다 여러 시기들로 구분되어 느껴지듯이, 마음도 여러 개의 한정된 마음으로 구분된다. 태양이 한 궁전의 천 개 방에서 빛날지라도 그 태양의 단일성은 변함이 없듯이, 한마음은 한정된 수많은 마음들을 비추지만 그 자신은 분리될 수 없는 단일체로 존재한다. 한마음은 사람들이 아는 것과 같은 어떤 생각을 갖지 않는다. 한마음은 모든 것을 포함하지만 그 자체는 아무것도 아니다. 그것은 모든 존재를 이루지만 어떤 존재도 갖지 않는다.

만일 한마음이 시간의 속성을 지닌다면 그것은 덧없이 사라져갈 것이다. 만일 그것이 사념의 속성을 지닌다면 그것은 정지해 있지 않을 것이다. 만일 그것이 어떤 것이라면 모든 것을 초월할 수 없을 것이다. 만일 그것이 존재의 속성을 지닌다면 탄생과 죽음을 피할 수 없을 것이다.

그러므로 그것은 지성에 의해 알 수 없으며, 모든 것의 본질이며, 윤회와 함께하면서 그것이 환영이게 하는 그런 것이다.

대우주적인 마음에서 생겨난 소우주적인 마음은 요가를 통하여 자신이 유래한 대우주적인 마음의 법열 상태를 체험하고 본질적으로 그것과 하나가 될 수 있다. 물방울은 대양과 하나가 될 수 있는 것이다. 그때 물방울은 더 이상 물방울이기를 그만두는지, 대양이 개개의 물방울로 이루어져 있다고 보아야 하는지, 아니면 분리될 수 없는 물의 집합이라고 보아야 하는지에 대해서는 합일을 달성할 때까지 아무도 말할 수 없다. 그 이후 더 이상 인간이 아닌 그에게서—그를 한때 인간으로 존재하게 했던 의식의 소우주적 파편에게서—우주는 꿈처럼 신기루처럼 사라지고 존재하지 않게 된다.

이 궁극적인 문제에 관하여 고대의 버마인(人) 스승이었던 페구 Pegu의 왕자 쉬리 싱하는 파드마삼바바에게 이렇게 가르쳤다. "첫번째 원인이라든가 두 번째 원인을 발견한 사람은 아직 아무도 없고, 나 자신도 발견할 수 없었으며, 마찬가지로 너, 연꽃에서 태어난 자인 너도 발견할 수 없을 것이다."[8]

그러면 인간이 인간으로서 존재의 수수께끼를 어떻게 풀 수 있을 것인가? 가장 현명한 스승(붓다)은, 우리가 인간으로서의 존재를 초월할 때, 현상계의 안개 위 실재의 투명한 빛 속으로 들어서 윤회적 존재이기를 그만둘 때, 그것이 가능하다고 가르친다. 인간은 이전의 자유로운 의식 상태를 회복할 때까지는 자신이 왜 존재의 사슬에 묶여 있는가를 알 수 없다. 만일 그가 감옥에 오래 갇혀 있던 죄수처럼 자유를 이미 포기한 상태라면 그는 언제까지나 그렇게 묶여 있을 것이다. 만일 과거의 자유를 전혀 기억하지 못하고 따라서 그런 것이 없다고 믿는다면, 그는 부질없는 세속적 이상(理想)만을 꿈꾸면서 끊임없이 고통과 환멸을 겪을 것이다. 그리하여 언제일지 기약할 수 없는 먼 훗날 이승에 태어난 모든 사람을 비추는 저 참다운 빛의 신성한 지혜를 잉태하게 될 때, 그때에야 비로소 그는 광막한 황야에서 헤매던 사람이 길을 발견하듯이 제 길을 되찾게 될 것이다.

세상의 모든 위대한 교사들이 가르쳤듯이, 이상하게도 사람은 오직 자신의 삶을 잃을 때에만 더욱 풍부한 삶을 얻게 된다. 사람이 존재를 초월하는 것은 존재하기를 그만둘 때이다. 존재와 존재의 원인을 알 수 있게 되는 것은 소우주가 대우주와 하나로 될 때이다.

티루반나말라이의 스리 라마나 마하리쉬가 절대(초월적 아트만)에 관한 브라만들의 질문에 답했던 비유를 통해 대승불교의 절대에 관

---

8) 첫째권 237~238쪽 참조.

한 의문 역시 설명할 수 있을 것이다. "진주를 찾는 사람이 발에 무거운 돌을 달고 바다 밑으로 내려가 귀중한 진주를 얻듯이, 사람도 불굴의 의지를 갖고 자신 속으로 깊이 내려가 모든 보물들 중에서 가장 귀중한 보물을 얻는다."[9]

내관을 통해 인간 본유의 대우주적 측면인 한마음을 인식한다는 것은 바라문교의 해탈이나 대승불교의 열반, 불성의 완전한 자각과 같은 의미를 지니는 것이다.

5. 개인적인 마음과 집단적인 마음

정신이 계발되지 못하여 완전한 자각으로부터 멀리 떨어져 있는 사람은 자신이 자기만의 유일 무이한 개인적인 마음을 갖는다고 믿으며, 환상에서 비롯된 이런 믿음이 개인 혼의 신앙을 낳는다. 그러나 티벳의 위대한 교사들은 하나의 우주적인 마음만이 유일 무이하며, 그것이 거울에 비친 태양처럼 지구를 포함한 우주 공간의 수많은 천체들 하나하나에 존재하는 모든 생물체들로 하여금 각자 자기에게 단독적으로 존재하는 영혼인 듯한 착각과 환상을 야기한다고 가르친다.

한 발언자의 목소리가 지상의 수많은 주민들에게 방송되고 주민 하나하나가 개인적으로 그것을 들을 수 있다. 단 하나의 발전소에서

---

9) 157~158쪽 및 ≪나는 누구인가≫(청하) 21쪽 참조. 편집자는 1936년의 이른 봄 얼마 동안 티루반나말라이의 아슈람에 머물면서 매일 스승의 발 아래 앉을 수 있는 은덕을 누렸다. 이 스승의 자상한 가르침에 대한 감사의 말을 여기 적는다.

대도시의 수많은 가구나 건물들로 전류를 보내어 전등을 켜게 만든다. 태양계에 단 하나뿐인 태양이 무수히 많은 광선을 방사하여 모든 혹성의 수많은 생물체들 하나하나에 빛과 활력을 선사한다. 하나의 구름덩이로부터 셀 수 없이 많은 빗방울이 떨어진다.

그와 마찬가지로 인류는 정신적 환영(幻影)들의 한 덩어리이다. 만일 인간이 정신적으로 하나가 아니라면 집단적 환각도 없을 것이다. 외관상 개별화되어 있는 존재들 속의 소우주적인 마음들이 만일 서로 분리되어 있다면 그들은 제각기 서로 다른 환영의 세계를 지닐 것이다. 그리하여 두 사람이 똑같이 세상을 보는 일은 없을 것이다. 인류가 똑같은 현상계를, 같은 산을, 같은 강과 바다를, 같은 구름과 무지개를, 같은 색깔을 보고, 같은 소리를 듣고, 같은 냄새를 맡고, 같은 맛과 같은 감각을 느끼는 것은 인류의 마음(또는 의식)이 집단적인 하나이기 때문이다.

그리하여 모든 인간이 공유하고 인간 이하의 생물들도 포함하는 의식적이고 무의식적인 가공(架空)의 한마음이 있고, 이 집단적인 마음에 인간의 과학은 바탕을 두며, 그것이 인간의 모든 지식에 어느 정도의 일률성과 지속성을 선사한다.

인류가 공유하는 이 가공의 한마음은 그 자체의 의식적 무의식적 차원에서 인류의 행동과 개념을 지배하고 형성한다. 이 마음은 무의식적 동기 속에서 벌 떼나 개미 떼, 새 떼, 야수 떼 들의 삶을 다스리는 일원(一元)의 본능을 규제한다. 이 마음의 좀더 낮은(또는 동물적인) 차원은 격앙된 사고 및 행위로 하나가 된 혼란스런 군중의 그것처럼 나타난다.

지상에 존재하는 인간과 인간 이하의 생물들은 그 하나하나가 세포와 같이 작용하여 다세포적인 하나의 유기체―하나의 우주적인 마음에 의해 정신적으로 조명받는―를 만든다. 사도 바울이 깨달았듯이 우리는 한 몸의 구성원들이며, 대승불교가 가르치듯이 타인과 나는 하나이다. 인류가 황금률[10]을 실천하지 못하는 것은 붓다가 말한 '무명(無明)', 또는 구체화된 사실들에 대한 통찰력 부족 때문이다. 그리하여 인간들 상호간의 도움이나 협력보다도, 인간에 대한 인간의 몰인정이라든가 한 몸의 구성원들 사이에서 벌어져 오히려 몸 전체를 해치는 내전(內戰)이 존재하는 것이다.

인간을 헛됨과 덧없음과 비천함에 묶어두고 있는 인류의 집단적 환각과 조상 대대로 물려받은 민족 단위의 무지를 초월함으로써 현자는 인류를 포함한 지상의 모든 생물들과 하나가 될 수 있을 뿐만 아니라 우주 전체와도 절대적 합일을 달성한다. 이 모든 허망한 현상들 뒤에서, 모든 인격 뒤에서, 모든 마음과 물질 뒤에서, 무지에 묶인 자들이 혼이나 의식이나 존재라고 부르는 것 저 너머에서, 분화되지 않고 태어나지 않으며 형상화되지 않고 어떤 특성도 없으며 인식되지 않고 추측할 수 없는 그것을 우리는 찾아야 한다.

중관파의 개조인 나가르주나와 아슈바고사(Ashvagosha ; 馬鳴)는 이것을 공성(空性 ; Shūnyatā)이라 불렀고, 유가행(瑜伽行 ; Yogā-chāra) 학파의 창립자인 아상가(Asaṅga ; 無着)는 모든 것을 초월한 하나의 우주적인 의식이란 뜻으로 그것을 아뢰야식(阿賴耶識 ; Ālaya-Vijñāna)이라 이름 붙였다. 그것을 깨닫는 것은 무명(無明)의 꿈으로

---

10) 마태복음 7장 12절과 누가복음 6장 31절의 교훈, 흔히 '무엇이든지 남에게 대접받고자 하는 대로 너희도 남을 대접하라'는 문장으로 요약됨(역주).

부터 완전히 깨어나 전지(全知) 상태인 열반에 이르는 것이다.

'마음 알기 요가'가 가르치듯이, 개인의 소우주적이고 세속적인 의식이 초세속적 전체 의식과 하나가 되는 것은 델피의 신탁이 암시하는 것[11]과 같은 관점에서의 자기 인식을 통해서이다. 이때 그는 인간이기를 멎고 붓다가 되며, 모든 제한이 사라져 보편 광대 무변성 속에 존재하게 된다.

개별적으로 존재하는 이슬 방울은 많은 변화를 겪는다. 그것은 작고 약하며 보호막도 없고 존재 자체가 아주 위태롭다. 햇볕에 증발해 버리거나 바람에 흩어지거나 흙 속으로 흡수되어버릴 수 있다. 그러나 다른 모든 이슬 방울들과 합쳐지면 외부적 여건에 견디는 힘을 얻고 바다의 위력까지도 지닐 수 있게 된다. '대승의 수호자들'은 이렇게 선언한다.

> 현인들이 분리된 존재로 자기만의 이념을 지니고 자기만의 기능을 발휘하는 한 그들은 한정된 지성을 지니며 소수의 생물에게만 도움이 된다. 왜냐면 그들은 불성을 관철하지 못했기 때문이다. 그러나 일단 불성을 획득하면 그들은 한 존재가 되어 무한한 지혜와 한결같은 기능을 발휘하면서 다수의 생물들에게 영원히 도움을 줄 수 있다.[12]

---

11) '너 자신을 알라'(역주).
12) 레비Levi가 번역한 ≪대승장엄론 Mahayana Sutralamkara≫, 92쪽 및 프랫 J. B. Pratt 의 ≪The Pilgrimage of Buddhism≫(뉴욕, 1928) 258쪽 참조.

6. 지식과 지혜

불성을 획득하기 전에 수행자는 지식과 지혜, 가짜와 진짜, 덧없는 것과 영원한 것, 윤회와 열반을 구별할 줄 알아야 한다. 그리고 끝에 가서는 '마음 알기 요가'의 안내를 받게 된다. 이 요가의 가르침은 현상계를 무시하라는 것이 아니라 이해하라는 것이며, 윤회계의 이기적 지식 아닌 사심 없는 지혜와 자기 구제 아닌 중생 교화를 유도한다.

낮은 차원의 지식이나 세속적인 지혜는 윤회의 늪에 뿌리박은 육체적 감각으로부터 생겨나지만, 높은 차원의 지식이나 초세속적인 지혜는 인간의 내부 깊이 숨겨진 상태로 세속적 감각의 허망한 그림자 아래서 불법의 지팡이를 기다리며 잠자고 있다고 티벳 불교는 가르친다. 달빛이 햇빛의 불완전한 표현이듯 세속적인 지혜는 결국 불완전할 수밖에 없는 것이다.

티벳 불전은 다음과 같은 여덟 가지 보배로운 지식이 있다고 가르친다.

(1) 신성한 그릇인 한마음처럼 완전 무결하여 잊혀지지 않으면서 항존하는 천부적인 지식
(2) 세속적인 마음을 눈뜨게 만드는 요가의 지식
(3) 요가의 명상과 사색
(4) 듣거나 이해한 후 (본문에서처럼 때로는 교훈이나 요가적 신조의 형태로) 마음 속에 남아 있는 지식
(5) 배움을 굳건히 지키는 지식
(6) 비전(秘傳)의 지식

(7) 삼신(三身)에 대한 굳은 신뢰로부터 생겨난 보살의 거룩한 마음
(8) 영적인 완성.

대승불교에서는 절대적인 지혜가 세 가지 방식으로 나타나고 얻어진다. 불법을 들음으로써, 불법을 반추함으로써, 불법을 명상함으로써이다. 불법은 지식을 넘어선 지혜를 가르치며, 허위로부터 진실을, 덧없는 것들로부터 영원한 것을, 한정된 마음의 지성으로부터 초세속적 의식의 신성한 직관을, 머리의 가르침으로부터 가슴의 가르침을 분별해내도록 수행자를 훈련시킨다.

세속적 지식으로부터 생겨나는 자만심이 마왕의 독화살임을 아는 수행자는 자신을 자랑하지 않으며, 불멸을 가져다줄 지혜를 찾는다. 세속적 지식은 황금 알곡의 겉껍질에 지나지 않는다. 세속적 지식은 겉으로 드러난 현상에만 관련된 덧없는 것들이다. 신성한 지혜는 내밀한 가슴으로부터 온다. 그것은 보이지 않는 내면적 실재와 본체 및 근원에 관련된 것이다.

지혜는 환영의 안개를 흩어버린다. 지혜는 자신의 그릇인 한마음과 같아서 과거와 미래를 모른다. 지혜는 시간을 초월하며 영원하다. 지혜는 태양의 비밀스런 정수(精髓)로서 무지의 어둠을 타파한다. 지혜 앞에서는 밤이 달아나고 낮이 밝아온다. 현명한 사람은 지식을 거부하지만 우둔한 사람은 그것에 집착한다. 지식을 소중히 여기는 사람은 많으나 지혜를 소중히 여기는 사람은 적다.

지혜의 연금술은 죽음의 광석으로부터 삶의 황금을 분리시킨다. 지식은 환영을 양산하고 지혜는 그것을 초월한다. 살아 있어도 죽은 것과 마찬가지인 자들은 지식을, 깨우친 자들은 지혜를 소중히 여긴다. 지식은 그림자와 모호함을, 지혜는 그림자 없음과 명료함을 가르

친다. 지식은 변화로, 지혜는 불변으로 우리를 인도한다.

지혜의 길을 따르는 자는 세상의 모든 환영을 극복한다. 그가 환희와 고통의 어느 쪽에도 치우치지 않는 것은 그들이 단지 이원성의 양 극임을 알기 때문이다. 그는 지식과 무명(無明)에 대한 과거로부터의 집착을 버리고자 노력한다. 티벳의 스승들에게서 배운 어떤 수행자는 이렇게 가르쳤다. "지혜를 얻으려거든 겸손하라. 지혜를 얻은 뒤에는 더욱 겸손하라."

지혜를 지닌 사람들은 인류의 교사이며 문화의 관리자이다. 지식만을 지닌 사람들은 국가의 군사 지도자이며 암흑의 창조자이다.

지혜를 원하는 자는 세상의 잘못된 지식에 묶이면 안 된다. 윤회계의 모든 슬픔의 근원인 다섯 감각을 요가에 의해 훈련하고 모든 잘못된 정신적 개념들을 수정해야 한다. 개인적인 인격은 비개인화되어야 한다. 찬양도 비난도, 성공도 실패도, 선도 악도 그를 팔정도(八正道)의 하나인 정업(正業)의 길에서 떠나게 할 수 없다. 수행자는 환영의 영역을 통과하여 금강살타가 의미하는 저 참다운 불변의 상태에 도달해야 한다.

모든 것을 포함하는 실재(實在) 속에서는 지식과 지혜가 하나이며, 과거 동양의 현인들은 현대 서양의 과학이 현상 세계를 구분하는 것과 같은 방식으로 세상을 구분하진 않았다. 그러나 오늘날 과학자들이 주로 관심을 갖고 외부 세계에 대해 이해한 내용은 요가의 달인들이 추구하는 '지혜'와 상반된 의미로 '지식'이라 불리게 되었다.

지식은 구분될 수 있지만, 한마음과 하나가 됨으로써 초월적으로 얻어지는 지혜는 구분할 수 없는 동질의 통일체이다. 지식은 실용적이고 세속적이지만, 지혜는 실용성과 구체성을 초월하여 존재한다.

지식은 종족적이거나 국가적이어서 항시 한정되어 있지만, 지혜는 보편적이어서 만인에게 공통되어 있다. 지식은 일시적인 현상에만 의존하며 오류에 빠지기 쉬워 착각을 유도한다. 지식은 위대한 어머니인 마야의 산물이다. 지식은 사람을 미혹케 하며 실재를 덮어 가린다. 지식의 특징은 의존성과 불완전성이다. 그러나 지혜의 특징은 독립성과 완전성이다. 왜냐면 지혜는 독자적인 근거가 있고 모든 이해 내용이 하나로 된 것이기 때문이다. 현인들이 지식을 슬기롭게 적용할 수 있도록 하는 것이 바로 지혜이다.

인생 그 자체와 마찬가지로 지식도 바르게 사용하면 완전한 지혜로 나아가는 길이 되어준다. 그것은 자기 인식을 추구하는 서양인에게 등불이 되어줄 수 있다. 그러나 동양의 수행자가 볼 때는 지식의 길이 함정으로 가득 차 있으며 너무 멀고 피곤하다. 그는 티벳의 스승들이 '지름길'이라 부르는 것에 의해 지혜를 먼저 달성한 후 높은 산봉우리에서 지식의 왕국인 마야의 영토를 관망한다. 본질을 이해하면 현상계의 지식은 자동적으로 얻어진다. 그리하여 티벳의 현인들은 이렇게 묻는다. "누가 여의주보다 염소의 똥 알맹이를 더 원할 것인가?"

앞서 말했듯이 지혜를 구하는 자는 지식을 포기해야 한다. 플로티누스가 가르치듯이 지성을 넘어선 이해가 가능하려면 지성 편중의 마음을 청소해야 하기 때문이다. 지혜의 인도를 받지 못하는 지식은, 마치 삶이 우리를 죽음으로 인도하듯, 쓰라린 환멸로 우리를 인도할 것이다.

실용주의의 산물인 지식은 인류가 이기적으로 자연의 풍요를 갈취하여 윤회계의 쾌락을 더 많이 누리기 위해 고안한 세속적 교육 체계들의 기반이다. 그러나 지혜는, 붓다와 현인들이 가르치듯이, 세속적인 것의 포기와 사심 없음으로부터 생겨나며 수행자를 보살의 이타주의로 인도한다.

지식의 바퀴에 묶인 인간은 환멸에 이어 환멸을 끝없이 체험한다. 윤회계적 감각의 도깨비불을 좇으면서 덧없는 존재의 망상과 수렁에 빠지지 않는 자는 거의 없다. 지혜의 인도를 받지 못하고 지식에 열중하는 그들은 자만심에 가득 차서 마야 왕국의 쓸데없는 일들로 여러 생을 탕진한 후에야 겸손한 마음이 되어 자유를 갈구하게 된다. 그때 그들을 뒤덮은 동물적 본성의 어둠 속으로 새로운 태양의 한 줄기 햇살이 들어온다.

이 책은, 새벽 빛에 눈을 뜨고 일어난 사람들, 그리하여 지혜를 열망하는 사람들, 구도 여행에 더 이상 필요치 않은 지식을 포기할 준비가 되어 있는 사람들, 그런 사람들을 위해 쓰여졌다.

세속적 지식의 남용은 이 시대의 우리가 목격하는 저 파괴와 퇴보를 낳는다. 서양의 과학이 발견한 많은 힘들은 인간을 향상시키기보다는 타락시키는 데 사용되었다. 모든 것은 하나이며 외부 세계의 법칙들은 내면적 법칙의 반영일 뿐이라고 하는 이해와 그에 따른 마음의 연금술을 통하여 지식이 지혜로 바뀌지 않는 한, 인간은 여전히 마야와 무지에 속박당한 채 머물 것이다. 그러므로 미래의 과학이 할 일은 단순히 이기적이고 정신성이 결여된 실용적 목표를 위하여 현상계의 에너지를 채취하는 것이 아니라 인간 자신의 내부에 존재하는 훨씬 더 강한 힘인 원자력을 연구하고 이해하여 그것을 사회 개선에 사용하는 것이어야 한다.

미래에 인간이 결국 바른 법과 바른 사회, 바른 정치를 발견하게 되는 것은 지식이 아니라 지혜를 통해서일 것이다. 지식을 통한 행복 추구가 무익한 것임을 알고 그것을 포기할 때 우리는 지혜 속에서 슬픔을 초월할 수 있는 길을 발견할 것이다. 그때 우리는 오직 지혜 속에만 참다운 힘이 있고 지혜만이 참다운 진보의 원천이며, 지식은 흑철시대를 만들고 지혜는 황금시대를 만든다는 것을 이미 깨닫고 있을 것이다.

여기서 말하는 문제는 단지 유럽과 아메리카 대륙만의 것이 아니라, 지식 편중의 상업화된 국가 기관에 의해 서양식 교육을 받으며 자라난 모든 동양인에게도 해당되는 문제이다. 지금은 인도에서도 세상을 사로잡은 정치 악마들이 수호신으로 치켜세워지고 서양 과학이 제공하는 덧없는 기쁨과 안락을 많은 사람들이 갈망하게 되었다. 이제 막 들어서기 시작한 이 물병자리 시대에 인도가 만일, 이집트와 바빌론· 그리스· 로마· 스페인 등의 영고 성쇠를 목격하면서도 선사시대로부터 자신을 지켜올 수 있게 만들어준 저 위대한 지혜의 달인들에 대한 믿음을 그대로 유지해나간다면, 지식의 실패에 대한 현 인류의 깨우침을 통해 더욱 강화된 모습으로 다시 한 번 지금의 잿더미 속에서 불사조처럼 일어나 세상의 정신을 이끌게 될 것이다. 그러나 인도가 지식을 선택하고 지혜를 멀리한다면 세계사는 이 나라가 유혹에 빠져 타락했다고 기록할 것이다. 그리 되면 그 어느 시대에도 없었던 무지와 암흑이 온 세상을 덮고, 인류의 진화는 수백 년 아니 수천 년 동안 지체될 것이다. 지식의 요새인 대도시들은 그것을 건설한 자들의 묘지가 되고, 야만성이 한 나라 한 대륙의 차원을 넘어서 전 지구를 정복할 것이다. 길잡이가 되어주고 싶어도 거부당하여 그럴 수 없는 선각자들이 새로운 메신저, 새 시대의 영웅으로 인정받을

수 있을 때까지는 신성한 불길이 인간의 가슴 속에서 타오르지 못할
것이다.

7. 문맹과 실용주의

'마음 알기 요가'의 주요부는 "소 치는 사람〔또는 글을 모르는 사람〕일지라도 깨달음에 의해 해방을 얻을 수 있다"는 글로 끝난다. 붓다와 같이 위대한 스승도 식자(識字)를 버렸고 모든 현인들이 그랬듯이 지식은 중요치 않음을 단언했으며 제자들에게 그것을 강요하지 않았다. 이에 관한 좋은 실례가 뒤의 전기(傳記)에 나오는 목자(牧者) 훔카라의 이야기이다. 선지자와 위대한 교사들이라 해서 모두가 학자는 아니다. 이슬람의 고위 성직자들은 마호메트가 읽고 쓸 줄 몰랐으며 천사의 영감을 받아 코란을 구술(口述)했다고 믿는다. 그 역시 젊은 시절에는 목동이었고 아라비아의 산과 들에서 양 떼를 돌보며 요가와 명상을 실천하여 신성한 통찰력을 얻었다. 소년 예수 역시 유대 교회에서 가르쳐 학자들을 놀라게 하긴 했지만 그가 주로 실습한 것은 목수의 일이었다. 그가 손가락으로 무언가 '땅에다 썼다'고 하는—그것이 상징 기호인지 글자인지 또는 별 의미 없는 것인지 모르지만—요한복음의 불분명한 문구를 제의하면 그가 글을 알았었다고 하는 증거도 없다.

티벳의 위대한 요기 밀라레파는 배운 자들의 세속적 자만심을 대표하는 어떤 학자와 만났을 때 이렇게 말했다.

구전(口傳)된 진실의 명상에 오래도록 길들어
경전에 기록된 모든 것을 잊어버렸네.

공통 과학의 학습에 길들어
그릇된 무명(無明)의 지식을 잃어버렸네.
　　　　　…
태초의 자유에 오래도록 길들어
인습과 가식의 관례를 잊어버렸네.
　　　　　…
무언(無言)의 뜻에 오래도록 길들어
단어와 문장의 해석법을 잊어버렸네.

오, 그대 학자여,
경전 속에서 이런 것들을 찾아보시오.[13]

대부분의 서양인들은 문맹을 가장 두려운 악으로 간주한다. 이것은 그들이 현상의 세계에 묶여 순전히 실용적인 자세로 정신적 진보

---

13) 전체 이야기를 알려면 이 책에 제시된 가르침을 실제 적용한 후의 놀라운 결과를 전체적으로 보여주는 ≪히말라야의 성자 미라래빠 Tibet's Great Yogī Milarepa≫ 277쪽 이후를 참조할 것.
　이 책은 1992년 고려원에서 ≪히말라야의 성자 미라래빠≫로 번역되어 나왔으나 여기에는 원서의 개론(편집자의 해설)이라든가 도판들이 실려 있지 않다. 이후 본서에서 ≪Tibet's Great Yogī Milarepa≫를 참조하도록 권하는 경우 국역본에 있는 내용은 책 제목을 ≪히말라야의 성자 미라래빠≫로 적고, 없는 내용은 ≪티벳의 위대한 요기 밀라레파≫나 ≪Tibet's Great Yogī Milarepa≫로 적는다(역자).

에 별 도움이 안 되는 물질만을 양산하면서, 인간 그 자체를 알기보다는 지구의 천연 자원을 채취하는 데만 가치를 부여하기 때문이다. 학식이 정신적 통찰력(지혜)에 의해 인도되지 않을 때의 문제점을 오래 전부터 알고 있었던 동양의 사상가들은 참으로 높은 인격을 달성하는 데는 반드시 읽고 쓸 수 있거나 학위를 소지해야 할 필요는 없다고 생각해왔다. 나 역시 전 세계에 걸친 인간성 연구를 통하여 고귀하고 현명한 많은 남녀들이 전혀 글을 모를 수도 있다는 사실을 알게 되었으며, 에이레의 산간 벽지와 헤브리디스 제도, 유럽 대륙, 이집트, 실론(스리랑카), 인도, 티벳, 중국 등지에서 대학 졸업자들보다 더 사려 깊고 교양 있는 시골 농부들을 만났다. 백년 전쟁에서 조국을 구한 잔 다르크나 루르드의 성모를 환시했던 베르나데트 수비루 같은 프랑스의 시골 처녀들은 모든 시대 모든 종교가 가치를 부여한 많은 것들 중에서 '정신력'이야말로 우리가 '교육'이나 '문화'라고 자랑스레 들먹이는 것들보다 얼마나 더 값진 것인지를 보여주는 좋은 예이다. 시에나의 성 캐서린 역시 서민의 딸로 문맹이었으나 3년간의 은둔과 명상 끝에 영적인 각성을 체험하고 세속으로 복귀하여 이탈리아의 정치에 큰 영향을 미쳤다.

　서양은 사회적 경제적으로만이 아니라 교육적으로도 방향을 잘못 잡고 있다. 서양의 교육과 정치는 공연히 민간인의 일상적 필요와 소비를 부추김으로써 공장들이 계속 유지되도록 하여 경제적 번영을 촉진하는 데 그 주된 목적이 있는 것처럼 보인다. 미국인들이 세속적 지식을 넘어서기 위해 노력하지 않는다면, 헨리 데이비드 소로가 전파한 노자(老子)의 무위(無爲) 사상은 '잃어버린 지평선'[14]의 접근 불가능한 영역에만, 그리하여 주로 읽고 쓸 줄 모르는 농부와 목동들 사이에만 잔존하게 될 것이다.

　서양에서 생각하는 교육의 결과는 국가 간 경제 마찰의 심화라든 가 육체적 안락을 증가시키기 위한 기계 장치의 개발이 아니면 전쟁과 파괴 쪽으로 향하면서 더욱더 실용적인 쪽으로만 향하는 과학 만능주의 이상의 아무것도 아니다. 그리하여 서양의 진보란 인간이 계속해서 현상계의 비실재에 더욱 속박됨을 암시하고 있는 것이다.

　동양의 '교육'은 서양인의 눈에 수준이 높아 보이든 낮아 보이든 동양의 스승들이 스스로 인정하듯 사실 삶을 영위하기 위한 훈련 정도에 지나지 않으며, 그 자체로는 가장 낮은 수준이라고 할 수 있다. 참으로 수준 높은 교육은 현상계를 초월하여 인간적 존재 이상의 보다 만족스런 상태에 도달하려는 하나의 목적을 지향한다. 그러나 서양인들은 자신도 그런 상태에 도달할 수 있음을 믿게 되기 전에는 서로를 착취하면서 순전히 물질적 기준에서 '보다 높은' 교육과 인생을 추구할 것이다.

　과학도, 철학과 마찬가지로, 인간의 정신적 진보를 주된 목표로 삼고 삶의 물질적 수준 향상과 함께 인간의 정신적 수준 향상에 대해서도 기여하지 않는다면 동양적 관점에서 볼 때 과학이라고 불릴 자격이 없다. 그리하여 화학의 참다운 관심은 그것이 연금술이라 불렸을 때와 같이 '현자의 돌'을 발견하는 일이 되어야 한다. 비의적 관점에서 보면 그것은 이기적으로 사용하기 위한 것이 아니라 인간을

---

14) 1933년 발표된 제임스 힐튼의 소설 제목. 티벳에서의 신비로운 체험과 사랑 이야기를 담고 있다. 이 소설로 인해 소설에 나오는 샹그릴라(이상적 낙원)라는 말이 유명해졌고 웹스터 영어 사전에도 수록되었다. 정신세계사에 국역본이 있음(역주).

초인으로 변형시키기 위한 생명의 감로인 것이다. 천문학도 천체의 물질적 측면과 기계적 운행 법칙, 상호간의 거리 계산, 별들의 목록만을 다루면서 점성술의 관심 분야인 인간과 천체 운행 사이의 관계를 좀더 잘 이해하는 데 그 지식을 응용하지 않는다면 정신적으로 가치가 없기는 마찬가지다.

이에 반하여 우리의 위대한 스승 파드마삼바바는 현대와 같이 공식화되지 않은 원초적 형태의 점성술로 별들의 과학을 공부했고 인간을 이해하는 데 그것을 사용했다. 또한 종교적 이론과 같은 것을 지적으로 탐구하기보다는 응용 심리학적인 요가의 과학을 실천했다. 그는 세속적 풍요를 달성하기 위해서가 아니라 인간의 세속적 행동을 좀더 잘 이해하기 위해 기술을 연마했다. 그의 언어학 공부는 문헌 연구를 위한 것이 아니라 인간의 정신을 이해하고 윤회계의 신과 악마들 및 생명 있는 다른 존재들과 대화하여 삶의 수수께끼를 풀기 위한 것이었다. 그는 학자가 되기 위해서가 아니라 삶을 알기 위해서 철학을 공부하고 요가를 실천했다. 밀라레파의 경우와 마찬가지로 파드마삼바바의 목표는 단순한 세속적 지식이 아니라 세속을 넘어선 신성한 지혜였으며, 그는 인간계와 비인간계의 여러 스승 아래서 자신이 공부한 모든 것을 통하여 그것을 달성했다. 이 위대한 스승이 추구한 것은 지성의 힘이 아니라 실재(實在)—윤회계 너머 참다운 공(空)의 상태—에 대한 통찰력이었던 것이다.

여기 다시 티루반나말라이의 라마나 마하리쉬가 독자적으로 확실히 선언한다. "자신이 배운 것을 모두 잊어버려야 하는 때가 올 것이다. 쓸어 모아 쌓인 쓰레기는 버려진다. 거기서는 어떤 분석도 필요없다."[15]

유럽을 대표하여 플로티누스 역시 똑같은 진실을 표명했으니, 그것은 모든 시대의 선각자들이 국가와 민족, 신앙을 초월하여 비슷한 방식으로 설명해온 것이다. 그는 이렇게 말한다.

우리가 통일성을 이해하게 되는 것은 과학적 지식이나 사고(思考)에 의해서가 아니라 과학을 초월한 어떤 힘에 의해서이다. 인간이 무언가에 관한 과학적 지식을 획득할 때 그의 지식 획득 기능은 통일성으로부터 분리된다. 왜냐면 과학은 이론을 요구하고 이론은 복잡 다양하기 때문이다. 따라서 우리는 과학을 초월해야 하며 통일성으로부터 분리되어서는 안 된다. 우리는 과학과 과학의 목적과 그 외의 모든 지적인 탐구를 포기해야 한다. 아름다움 역시, 빛이 태양으로부터 연유하듯 통일성으로부터 연유하지만, 자신의 원인보다는 중요치 않으므로 젖혀놓아야 한다. 플라톤은 통일성을 말로 표현하거나 설명할 수 없다고 했다. 그럼에도 불구하고 우리가 말과 글로 그것을 설명하는 것은 오직 우리 내부의 좀더 높은 본성을 일깨워 그 신성한 상태를 지향하게 하기 위해서이다. 가르침은 길 안내로서 필요하다면 저절로 우리에게 주어질 것이다. 그 상태를 달성하는 것은 원하는 사람들 각자의 몫이다.

그리하여 플로티누스는 아름다움(또는 예술―한마음의 부산물)도 본바탕이나 중요성에 있어서는 미학(美學)에서 이따금 생각하는 것과 같은 근원적인 것이 아니라 부차적인 것임을 확실히 했다. 이것은 본 개론의 제9장 '선과 악'에서 제시하는 요가의 관점과 일치한다.

---

15) ≪나는 누구인가≫(청하) 23쪽 참조.

서양인들은 언어에 의존하지 않는 문화 계승 방법이 있음을 대체로 인정하지 않는다. 그러나 스승들은 언어를 가장 비능률적인 전달 수단으로 생각하고 있으며, 동양에서는 언어 이외의 네 가지 방법이 사용된다.
(1) 텔레파시나 심령적 감응 현상
(2) 무드라(육체의 여러 부위를 사용하는)와 만다라(땅바닥·종이·면포·판자 등에 그린) 같은 심원한 상징이라든가 기하학적 형상이나 이미지, 살아 있는 짐승과 그것의 조상(彫像), 천체, 주술적으로 그려진 형상 등의 보다 구체적인 상징들
(3) 속삭임으로 전해지는 말이나 만트라의 음성, 음악 소리
(4) 대개 상징적이고 또 지극히 난해한 전문적·형이상학적 성격을 지닌 문장.

높은 깨달음을 전함에 있어 이들 네 가지 중 첫번째 수단이 가장 고차원적인 것이고 네 번째 수단은 가장 뒤지는 것이다.

8. 위대한 스승

위대한 스승이자 티벳의 문화 영웅인 파드마삼바바를 설명한 다음 글은 그냥 읽어나가는 외에 그에 대한 파벌주의적 비판은 고려할 필요가 없다. 파드마삼바바가 창시한 닝마파 종에서 신교종으로 갈려 나간 게룩파의 어떤 이들은 그를 비판하기도 하지만 설령 그렇다 해도 그는 티벳 불교의 모든 종파에서 존중받고 있다. 그리고 홍모파(派)에서처럼 황모파(派)의 불당(佛堂)과 가정에서도, 세라와 드레풍,

간덴 같은 게룩파의 모든 중요한 승원에서도 그의 상(像)은 탁월한 위치를 점유하며 때로는 석가상과 나란히 안치된다. 예를 들면, 다르질링의 굼에 있는 게룩파(황모) 승원에서 내가 그 바로 바깥에 기거하는 동안 게룩파의 불화 제작자가 여러 불보살들의 프레스코 벽화를 그리고 있었는데, 그는 게룩파 종의 창시자 총카파의 상을 그린 벽 맞은편의 똑같이 눈에 띄는 위치에 파드마삼바바의 상을 그리면서 총카파를 그리는 것과 같은 정도의 희열을 느꼈다고 한다. 파드마삼바바에 대한 세상의 비판은 제9장에서, 밀교적인 그의 자세는 제10장에서 어느 정도 설명한다.

8세기 후반 인도의 가장 유명한 학자들 중 몇몇이 그때까지 알려진 밀교 과학의 첫째가는 달인으로 파드마삼바바를 티벳 왕에게 추천했었다고 하는 역사적 사실 자체가 그 시대 사람들이 그를 높이 평가하고 있었다는 점을 충분히 입증하고 있다.

서기 740년부터 786년까지 티벳을 다스린 티송데첸Thī-Srong-Detsan 왕은 파드마삼바바를 초청하여 불교의 중흥을 돕게 했다. 전기는 이 스승이 왕의 초청을 수락하여 746년 12월에 보드가야를 떠나서 다음 해 이른 봄 티벳에 도착하는 모습을 얘기하고 있다. 스승은 티벳에서 여러 해를 보냈는데, 수치(數値)를 과장하는 동양의 문장은 그가 거기서 111년을 보냈다고 적고 있다. 어쨌든 그는 삼예Sāmyé에서 티벳의 첫 불교 승원 건축을 지휘했으며 불교 이전의 민속 신앙인 뵌교Bön-pa를 제압하고 지극히 비의적인 티벳 밀교의 양식을 확립했다. 그리하여 파드마삼바바의 노력이 결실을 거둠으로써 티벳 민족은 미개 상태에서 최고의 정신 문화를 갖게 되었고, 그는 세계의 가장 위대한 문화 영웅들 중 한 사람이 된 것이다.

무비판적인 신봉자들은 전기에 나오는 그의 초현실적인 이야기들을 그냥 역사적인 사실로 생각하지만, 배운 사람일수록 그것들을 상징적인 관점에서 이해한다. 인류학자들은 파드마삼바바의 실체가 영국의 아서 왕과 마찬가지로 신화와 전설 속에 묻혀 있어서 바르게 분별하기가 쉽지 않다는 입장을 취한다. 기적의 대가인 파드마삼바바는 피타고라스 학파의 후예로 유명한 저 티아나의 아폴로니우스(A.D. 96년경 사망)와 비슷하며, 두 사람 모두가 마법의 달인이었음을 특별히 의심할 필요는 없을 것이다. 아폴로니우스와 꼭 닮은 그는 인간과 짐승의 언어를 이해했고 그들의 가장 내밀한 생각까지도 읽을 수 있었다고 한다. 두 사람 모두 악마들을 지배하고 죽은 자를 소생시켰으며, 상상을 초월한 여러 가지 방법으로 아직 계발되지 못한 자들을 무지에서 해방하기 위해 노력했다. 착한 마법사로서 그들은 항시 이타적이었으며 선한 결과만을 목표로 행동했다. 예수와 그의 사도들이 행했다고 하는 기적은 파드마삼바바나 아폴로니우스도 행할 수 있었을 것이다.[16] 그리스·로마식의 이야기와 비슷하게 파드마삼바바가 동물이나 사람의 상(像)을 움직이고 말하게 하는 모습들이

---

[16] 예수를 위대한 요기이자 보살로 간주하는 라마 카지 다와삼둡이 주장하듯이, 기독교 신학은 예수가 보여준 기적들만을 너무 중시한다는 점에서 비판을 면할 수 없다. 기독교 신학의 이런 자세가 일부 원인이 되어 현대 동양의 현인들은 기독교가 지극히 통속적인 종교라고 말한다. 그들은 덧붙여 기독교가 혼에 관한 정령 신앙과 윤회계(지상과 천국, 지옥)에 국한된 시야를 갖고 있으며, 윤회계적 종말론을 넘어선 어떤 교리―바라문교의 해탈이나 불교의 열반에 필적할 만한, 그리고 이단으로 규정된 그노시스적 기독교가 주장했던 것과 같은―가 부족하다고도 말한다. 예수 자신도 후임자들이 자신보다 더 위대한 일을 하게 될 것이라는 말에서 내비쳤듯이, 기적은 그들의 관점에서 보면 영적인 위대함의 증거가 아니다. 기적은 단지 선악 어느 쪽으로든 사

그의 전기에도 보인다.[17] 그가 지팡이로 바위를 두드려 물이 흘러나오게 했다는 이야기는 모세가 바닷물을 갈랐다는 이야기와 너무나 유사하다. 그 장소를 방문했던 현대 여행가들의 설명이라든가 믿을 만한 전통에 따르면 오늘날까지도 바위에서 물이 지속적으로 흘러나온다고 한다.

이 위대한 스승이 다나코샤 호수의 연꽃에서 태어난 시기는 역사적으로 정확히 말하기 어렵다. 그에 관한 예언들 중 하나로 이 책 속에 실린 약전(略傳)에 보면 불멸 후 12년이라고 하는 반면, 원본 전기에 기록된 다른 예언들은 제각기 다른 시기를 지정하고 있다. 원본의 제333면에는 파드마삼바바 자신이 불멸 후 8년이라고 말했다는 글이 적혀 있다. 전기는 파드마가 병들거나 늙지 않고 죽지도 않기 때문에 당연히 아직도 살아서 인간 아닌 존재들에게 불법을 설하고 있다는 믿음을 고수한다. 전기에 의하면 파드마는 기원전 5세기, 아마도 불멸 직후 역사가 기록되기 전의 시기에 초자연적인 방식으로 태어나 인간 세계에서 활약했고, 티벳에 도착한 지 3년 뒤(또는 서기 858년)에 나찰들의 세계로 떠났다고 되어 있다.[18] 전기에는 파드마

용될 수 있는 마법적 능력을 윤회계에 적용한 결과일 뿐이다. 기독교의 기적은 성 아우구스티누스를 개종시키고 영적으로 타락한 로마 제국 백성들이 회심하게 만드는 데 커다란 역할을 했다는 점이다.

17) 요가의 달인은 자기 몸 속에 축적했던 에너지를 무생물에 주입하여 그것을 마음대로 움직이게 할 수 있다. 전류가 축전지와의 유·무선 연결에 의해 기계로 흘러 그것을 작동할 수 있는 것과 마찬가지다. 먼 곳에 있는 스승이 심령 에너지를 보내어 제자를 격려하고 원조하는 것도 같은 원리에 의해서이다.

18) 티벳의 연대기에 의하면 파드마삼바바는 티벳에 약 15년간 살았고 서기 802년에 자신이 떠날 때가 다가왔음을 알렸다고 한다.

자신이 한 말로 그가 3천 년을 살았다고 되어 있으며, ≪스승 페마 중네의 예언≫ 속에는 그가 "나는 선택된 진실을 밝혔고, 신성한 법륜을 굴려 인도를 행복하게 만들었으며, 거기서 3천 6백 년을 살았다"고 말했다는 내용이 들어 있다.[19]

신구(新舊) 양 교파의 학식 있는 라마들은 붓다가 열반에 들면서 "나는 은밀한 법을 특별히 설하기 위해 파드마삼바바[蓮華生]로 다시 태어날 것"이라 말했다고 믿는다. 이런 믿음은 티벳 불전인 칸쥬르 Bkah-'gyur의 한 구절에 근거를 두고 있는 것으로 보인다. 그 내용은 붓다가 열반에 들기 전 탄트라의 비밀을 가르치지 않은 이유를 묻는 질문에, 자신이 인간의 자궁을 통해 태어나 그에 적합지 않으며 밀교를 알릴 수 있는 순수한 신체를 갖기 위해서는 초인적 탄생의 형태를 취해야 한다고 대답했다는 것이다. 붓다는 또 덧붙여, "나는 천상에서 시방(十方) 세계로부터 위대한 자들의 큰 모임을 소집할 것이고, 그에 따라 탄트라의 비밀이 세상에 유포될 것인지 말 것인지가 결정되리라"고 했다는 것이다. 그리하여 붓다가 열반에 든 후 신성한 집회가 열렸고 과거세의 여러 불보살들이 모여 긍정적인 결론에 도달했으며, 결국 티벳의 불교도들이 믿는 것과 같이 고타마 붓다가 파드마삼바바로 다시 한 번 지상에 출현했다는 것이다. 티벳 달력의 5월 10일은 이 위대한 스승의 환생 일자로 봉헌되어 있다.[20]

---

19) 이것은 편집자가 최근 라마 카지 다와삼둡의 필기장에서 발견한 그의 단편적인 번역문들 중 하나에서 인용한 것이다.
20) 티벳 달력의 5월 10일이 위대한 스승의 탄생일로 믿어지지만, 생일 축하 의식은 보름날인 15일에 치러진다. 위대한 스승의 신봉자들은 이날 15일을 '잠링 치상Jamling Chisang' 또는 '세상을 위한 경축일'이라고 부른다. 또한 진짜 생일인 5월 10일과 관

파드마삼바바가 보여준 연꽃에서의 탄생은 천부적 순결을, 다시 말해 인간의 자궁에 의해 더럽혀지지 않은 탄생을 의미한다. 티벳 불전은 이러한 탄생을 불성(佛性)의 밀교적 현현으로 간주한다. 연꽃에서의 탄생은 천계(天界)에 사는 천인들devas에게는 당연한 것이며, 비록 연꽃에서 태어났다고 전하는 사람이 오직 파드마삼바바 한 사람만은 아닐지 몰라도 그의 신봉자들은 지금까지 붓다로서 그런 식으로 태어난 존재는 없었다고 믿는다. 위대한 스승의 또 다른 특징은 도판 5가 암시하고 있듯이 요가를 통해 얻은 힘―티벳에서 지금까지 행해지고 있다는 변신술·분신술·은신술 등―을 실천했다는 점이다.[21] 도판의 그림은 인간과 신과 악마들의 다양한 유형 각각에 대해 가장 적절한 형태로 불법을 설하기 위하여 여덟 개의 육신이 사용되었음을 보여주고 있다. ≪대왕관경≫ 중의 고(故) 드와이트 고더드(1861~1939) 씨가 번역한 내용에 의하면 붓다는 모든 보살과 아라한들

련하여 티벳 달력의 매월 10일을 위대한 스승의 날로 여기고 티벳인들은 이날을 '열 번째'라는 뜻으로 '체추Tse-chu'라고 부른다(라마 카르마 숨돈 폴).

21) 몸의 형상을 마음대로 구사하는 이 요가에 대하여 티벳에서 믿고 있는 내용을 요약하면 다음과 같다.

생물(인간 포함)과 무생물의 모든 형태를 창조한 정묘한 정신 기능(심령에너지)을 요가의 힘에 의해 일시 무효화함으로써 몸을 해체하여 보이지 않게 하거나, 몸의 진동 비율을 변화시켜 타인이 지각하지 못하도록 할 수 있다. 파동을 방출하지 않는 마음은 다른 사람들의 마음을 자극하지 않으며, 따라서 사람들은 자신과 다른 진동 비율로 살고 있는 불가시의 존재들을 의식하지 못하기 때문에 그런 기술의 달인이 거기 있음을 의식하지 않게 된다. 마음이 현상의 세계를 창조하기 시작하면 그 마음은 자신이 원하는 어떤 특정 대상을 창조할 수 있다. 그 과정은, 건축가가 자기 머리 속의 구도를 2차원의 평면에 표현한 뒤 그것을 3차원 공간에 구체화하듯이, 심상(心象)을 구체화하는 일로 이루어진다. 티벳인들은 한마음이 구체화된 상(像)을 '코르바Hkhor-va'―윤회Sangsāra와 같은 의미―라 부르고, 달라이 라마나 타쉬 라마와 같이 불보살

이 모든 초월적 수단을 통해 마지막 겁(劫)에 다시 태어나서 중생을 해방시키도록 촉구했다고 한다. 파드마삼바바의 전기는 위대한 스승이 생물이건 무생물이건 상상 가능한 모든 종류의 형태를 취할 수 있는 것으로 서술한다. 이 책의 권두화는 위대한 스승을 사호르의 왕(또는 왕자)으로서 좀더 평범한 자태로 표현하고 있다. 지장본원경(地藏本願經)에서 붓다는, 타인 구제를 위해 여러 겁 동안 환생한 지장보살의 그 수많은 형체를 축복하며 이렇게 말한다.

이 화신으로 구체화된 상은 '툴쿠Sprul-sku'라 일컬으며, 마법사가 구체화한 상은 마법적으로 생산된 환영(또는 창조물)이란 뜻으로 '툴파Sprul-pa'라 부른다. 요가의 달인은 툴파를 창조할 수 있는 것과 마찬가지로 그것을 쉽게 해체할 수 있고, 그 자신의 허망한 육체(툴쿠)도 그와 똑같이 쉽게 해체할 수 있으며, 따라서 죽음을 속일 수도 있다. 밀라레파의 스승인 마르파의 아내가 남편의 몸 속으로 들어가서 자신의 삶을 마감했듯이, 이 마법에 의해 때로는 한 인간의 형태가 다른 인간의 형태와 융합해버릴 수도 있다.

티벳인들의 이러한 마법을 연구했던 알렉산드라 데이비드 닐 여사는 이렇게 말한다. "허깨비 말이 총총히 걷고 울음소리를 낸다. 그 말을 탄 허깨비 기수(騎手)가 말에서 내려 길 가는 여행자와 이야기하고 무엇이든 실제 사람과 똑같이 행동한다. 허깨비의 건물이 실제 여행자에게 휴식을 제공하며, 그와 같은 일들이 일어난다."(With Mystics and Magicians in Tibet 참조) 그와 마찬가지로 우리의 위대한 스승과 같은 마법의 달인은 자기 자신이나 다른 어떤 존재의 허망한 형체를 다중화(多重化)할 수 있다. 데이비드 닐 여사 자신도 몇 달 간의 실습 끝에 다른 사람들 눈에도 보이는 승려의 모습을 만들어낼 수 있었다. 그러나 그녀가 통제력을 잃으면서 그것은 점점 부담스런 존재가 되었고, 여섯 달 동안의 힘겨운 정신집중 노력 끝에야 사라졌다(같은 책). 마찬가지로 서양의 '영매들'도 입신 상태에서 자동적·무의식적으로 자기 몸에서 엑토플라즘을 방출하여 어떤 존재를 물질화하기도 한다. 그러나 이것은 의식적으로 만들어 낸 툴파보다는 훨씬 덜 명료하다. 또한, 심령 연구에 의해 보도된 살아 있는 환상들의 실례에서 보듯이, 한 사람이 다른 사람들의 눈에는 거의 보이지 않는 사념체를 만들어 방사하고 다른 사람이 환각에 의해 그것을 감지할 수도 있다.

나는 불행한 자들을 구하기 위해 끊임없이 다양한 형태를 취하고 무수히 많은 방법을 사용한다. 나는 범천의 모습이나 다른 어떤 신의 변한 모습으로, 왕으로, 장관의 친척 등으로 변한다. 나는 비구니로, 자신의 집에서 조용히 불교에 귀의하는 어떤 사내로, 가정에서 평화롭게 명상하는 한 여인으로 나타난다. 나는 나의 불신(佛身)만을 고집하지 않는다. 모든 존재를 구원하기 위해 나는 방금 말한 모든 형체들로 화현한다.

파드마삼바바 전기에서 보게 되겠지만 그는 항시 활발하고 어린애 같기조차 하다. 왕자로서의 초년의 삶과 왕위 포기 장면은 붓다의 경우와 비슷하다. 정신적 편력의 시초에 그는 교사라기보다는 학생이다. 인간과 비인간의 모든 스승으로부터 가르침을 얻고 많은 비전과 호칭을 받는다. 그 다음 그는 자신의 샥티와 수제자 만다라바를 동반하여 요가를 실습한다. 그보다 자주 그는 불법을 설하는 모습으로 나타난다. 인간계에서의 그의 사명은 인도 전역과 페르시아, 중국, 네팔, 부탄, 시킴, 티벳으로 그를 이끈다. 어떤 때 그는 비인간의 세계에 머물면서 붓다들이나 신과 악마, 아귀, 지옥의 거주자들에게서 배운다.

전기의 서론에서는 간단히 말하면 태양을 중심으로 태양계가 형성되듯이, 파드마삼바바 주변으로 신화와 전설과 교리 체계, 신들의 계보, 대승불교의 근본 가르침들이 몰려들어 동양적 이미지의 모든 화려한 매력으로 빛을 발한다. 그의 활동 영역은 우주이며, 그의 소임은 천상과 지옥을 포함한 모든 세계의 일체 유정을 포용하는 것이다. 인간의 모든 기술과 재주와 철학을 통달하고, 모든 유파의 밀교 과학을 전수받으며, 요가를 완성하고, 선과 악을 초월하며, 질병과 늙고 죽음에 영향받지 않고 태어나지 않는, 그리하여 고타마 붓다보다도 더 위대한 그는 신성한 지혜를 현실적으로 사용하는 이상화된 표본이다.

그렇게 보면 파드마삼바바는 이 세상 최고의 문화 영웅이다. 오시리스와 미트라, 오딘, 오디세우스, 아서 왕, 케찰코아틀, 그 외의 다른 존재들이 그와 어떤 점에서는 비슷하지만 전체적으로 보면 그렇지 않다.

전기의 대부분이 상징적인 언어로 쓰여졌기 때문에 그것을 바르게 해석하기 위해서는 모든 종파의 비전을 통과한 사람이 있어야 할 것이다. 이것은 제10장에서 좀더 자세히 설명하기로 하자.

옳고 그름의 일반적 기준을 무시한 위대한 스승의 밀교적 가르침에 반대하는 사람들이 제시할지도 모르는 비판은 제9장 '선과 악'에서 충분히 고려한다. 거기서는 또 다른 심각한 문제, 즉 위대한 스승이 상당한 애주가였고 제자들에게 술을 권했었다는 점도 언급한다. 이 문제에 대해 나와 논의했던 신봉자들은 이렇게 대답했다.

그렇다. 고귀한 스승은 중독될 정도로 술을 마셨고 제자들도 그렇게 하도록 가르쳤다. 그러나 그가 마신 것은 신들의 음료이며 생명의 영약이며 불사의 감로였다. 그것을 실컷 들이킨 사람들은 깊이 중독되었고 그리하여 현상 세계의 모든 의식을 잃어버렸다.

이 책의 권두화에서 보듯이 파드마삼바바의 그림이나 초상에서 흔히 그는 왼손에 윤회 거부의 상징으로 신성한 음료가 담긴 두개골 잔을 들고 있으며, 자신을 스승으로 선택한 모든 이에게 그것을 마시고 위대한 해방을 달성하도록 지시했다. 오마르 카이얌의 상징적인 시(詩)들에 나오듯 수피즘에서도 음주와 중독은 그와 똑같은 숨겨진 의미를 지닌다.

현대 벵골의 힌두 탄트라도 비슷한 비판을 받는다. 거기에는 안쪽 집단과 바깥쪽 집단이 있는데, 전자가 볼 때 후자는 비의를 깨닫지 못했으므로 아직 미숙한 집단이다. 이들은 진짜 술을 마시고 진짜 고기를 먹으며 샥타와 샥티의 진짜 성교를 치른다. 그러나 비의를 충분히 터득한 자들에게 있어서는 이 모든 것이 상징적으로 이루어진다. 왜냐하면 그들은 이미 비밀을 알고 있지만 바깥에 있는 자들은 모르고 있기 때문이다.[22] 위대한 스승이 부부의 도리를 지키지 않는다고 비난받았을 때(270쪽 참조) 그는 속으로 이렇게 생각하면서 상대를 용

---

22) 아서 아발론Arthur Avalon(존 우드로프 경Sir John Woodroffe의 필명)의 ≪위대한 해방의 탄트라Tantra of the Great Liberation≫(런던, 1913) pp.cxv-cxix 참조. 탄트라 신앙의 목적은 브라만과의 합일이다. 그것을 달성하기 위해 사람들은 자신의 성향에 맞는 탄트라의 특수 처방을 따른다. 여기서는 여성을 최고 샥티이자 위대한 어머니 상으로 간주하고 지·수·화·풍·공의 원소들(우주 자체를 상징함)과 함께 예배해야 한다. 술은 불의 원소를 활성화시키는 힘(샥티)이고 어육(魚肉)은 물과 흙의 모든 생물을 나타내며, 무드라(이 상징주의에서는 말린 곡식을 의미함)는 모든 식물성의 생명을 의미한다. 그리고 마이투나(성교)는 최고 물질원리의 샥티(창조 과정에 수반하는 저 격렬한 환희가 그로부터 생겨난다)에 관련된 의지ichchha와 행위kriyā와 지식jñāna을 상징한다. 그리하여 위대한 어머니는 자기 우주의 끊임없는 삶을 영위하는 것이다.
술madya은 '파라브라만Parabrahman의 요가(외부 세계에 대한 무감각을 선사한다)를 통해 얻어지는 저 황홀한 인식'이다. 고기māngsa는 살덩이가 아니라 귀의자 자신의 모든 행위를 자신Mam에게 위탁하는 바로 그 행위이다. 물고기matsya는 예배자가 모든 존재의 환희와 고통을 '내것'으로 느끼고 공감하기 위한 순수한 지식이다. 곡식mudrā은 속박을 낳는 악과의 모든 관계를 버리기 위한 행위이다. 그리고 성교maithuna는 예배자의 몸 속에서 일어나는 샥티 쿤달리니와 시바의 합일이다. 자신의 열정을 통제할 수 있는 사람들에게는 이것이 모든 합일 중 최상의 것이라고 ≪요기니

서했다. '이들이 대승의 깊은 의미와 세 주요 기도(氣道)에 관한 요가 행법을 모르니 내가 용서하리라.'

이러한 밀교(密敎)와 현교(顯敎) 사이의 오랜 분쟁은 불교에서나 힌두교에서나 지금도 혼란의 요소를 안고 있다. 이슬람 역시 '이단적' 신비주의 유파인 수피들과 정통파의 일반 교도들이 그로 인해 불편한 관계에 있다. 기독교에서는 이런 분쟁이 초기 교회를 완전히 갈라놓았다. 대부분 교화되지 못한 노예 계층 사람들로 이루어진 일반 기독교도들이 그노시스에서 유래하는 교화된 양가(良家) 출신의 비밀 기독교도들에 대항하여 종교적 반란을 일으킨 것이다. 그 반란은 성공했고 일반 교도들은 종교 회의를 통해 비밀 교도들을 모두 파문시켰으며, 그리하여 오늘날 교계를 좌우하고 있는 기독교 양식은 거

탄트라≫는 말한다. ≪아가마사라*Agamasāra*≫에 의하면 술은 브라마의 동굴brāh-marandhra에서 방울져 떨어지는 소마다라(somadhāra ; 달의 神酒)이다. 고기는 혀mā이며 말과 관련된다. 귀의자는 고기를 먹음으로써 자신의 말을 다스린다. 물고기는 이다와 핑갈라의 두 강에서 끊임없이 움직이는 것들이다. 프라나야마(prānāyāma ; 調息)에 의해 자신의 호흡을 다스리는 자는 쿰바카(kumbhaka ; 止息)에 의해 물고기를 먹는다. 곡식은 위대한 사하스라라(Sahasrāra ; 千輻) 차크라, 저 천 개의 꽃잎이 달린 연꽃 과피(果皮) 속에서 깨어나는 지식이다. 그 속에서 만 개의 태양처럼 찬란하고 천만 개의 달처럼 청량한 수은(水銀) 같은 아트마가 쿤달리니 데비와 하나가 된다. ≪아가마*Āgama*≫의 풀이에 의하면 "성교Maithuna의 숨은 뜻은 사트바(sāttva ; 純質) 차원의 합일이고, 이것은 라자스(rājas ; 激質) 차원에서 인간적으로 행해지는 시바와 샥티의 합일에 상응"한다. 시바와 샥티의 이런 합일이 참다운 요가이며 ≪야말라*Yāmala*≫가 말하듯이 그로부터 지고의 축복으로 알려진 저 환희가 생겨난다.

그리하여 이 5대 원소의 올바른 사용은 신성한 행위이고 남용과 오용은 신성 모독인 것이다. 벵골과 그 부근 지역들에서는 '좌도(左道)'를 따르는 위선자들이 이러한 상징주의를 잘못 사용하여 단순한 감각적 쾌락의 도구로 전락시키는 것을 어렵지 않게 볼 수 있다. 많지는 않으나 '우도(右道)'를 따르는 사람들도 있으며 그들에게는 탄트라의 방법이 사실상 금욕과 고행으로 점철된 삶의 버팀목이 되어준다.

의가 대중적이고 통속적인 면모를 보여주고 있다.[23]

교회 안팎에서 그노시스 전통을 선호하거나 따르는 현대의 기독교도들은 신약 성서의 대부분을 비의적으로 이해하고 싶어하며, 그들에게는 요한복음이 기독교 전체의 본바탕을 이루고 있던 비의의 증거가 되어준다.[24] 그리하여 그들은 고대의 신비가 담긴 상징주의를 고수하면서 '성찬식에서의 음주'를 파드마삼바바의 신봉자나 수피들과 똑같은 방식으로 이해한다. 그들은 예수가 행했다고 하는 많은 기적들 역시 그노시스적으로 해석하며, 여기에는 물로 포도주를 만든 기적도 당연히 포함된다.[25] 일반 기독교 쪽에서는 오늘날 이 기적을 인용하여 기독교 세계의 알코올성 음료 유통이라든가 교회 수익을 위한 수도사들의 희귀 음료 및 고급 포도주 제조 판매를 정당화시킨다.

그리하여 위대한 스승을 올바로 이해하기 위해서는 비판자들―그들이 밀교의 바깥쪽 집단에 속하건 완전히 현교의 수준에 머물건―의 관점에서가 아니라 스승 자신의 관점에서 판단할 필요가 있다. 그

---

23) 미드G. R. S. Mead의 《Fragments of Faith Forgotten》(런던, 1931) 참조. 그노시스주의가 기독교 이전 문명에 근원을 두고 있으며 그것의 기독교화된 양식은 본래 비기독교적이라고 하는 일반 기독교도들의 주장을 편집자는 잘 알고 있다. 그러나 성 아우구스티누스가 시사했듯이 일반 기독교 자체에 대해서도 똑같은 입론이 가능하다. 왜냐면 기독교 신앙에는 기독교의 독자적인 교리라든가 유사한 이교가 섞이지 않은 고유의 근본 교의가 없기 때문이다. 그노시스주의자들('아는 자들')―'정통' 기독교에서 '이단'으로 규정한―의 가르침을 이루는 몇 가지 주요 원리나 행법을 제시하면 다음과 같다.

(1) 예수로 육화한 그리스도는 원초적 인간인 아담의 신비한 원형이다. 모든 인간은 날 때부터 자기 안에 그리스도를 간직하며, 그를 인식하고 구현할 수 있다. '마음 알기 요가' 역시 불성은 천부적인 것이며 누구나 인식 구현할 수 있다고 말한다.

(2) 생각과 언어와 행위, 그리고 그로부터 비롯되는 재탄생에 관한 인과(因果)의 교의.

(3) 인간이 연결점이 되어 일련의 존재계를 구성하는 신성한 위계 조직에 관한 교의.

러나 우리가 잘 알고 있듯이 스승 자신의 관점은 서양식 사고와 사회적 종교적 선입관을 지닌 압도적 대다수에 의해 철저히 거부당하거나 의문시될지도 모른다.

이 장을 마무리하면서 나는 스승들 중의 한 사람으로부터 들은 말의 일부를 여기에 인용한다.

고귀한 스승에 대한 일반의 견해는 그다지 우려할 필요가 없다. 요가의 위대한 달인 파드마삼바바를 제외한 어느 누구도 '마음 알기 요가'를 남길 수 없었다. 이 책의 저자는 그로 알려져 있다. 욕망과 열정이 통제되지 않은 사람은 이런 최상의 가르침을 언어로 표현할 수 없었을 것이다. 또한 티송데첸 왕의 특별 초청인으로서 파드마삼바바가 티벳인들에게 '깨달은 자'의 가르침을 전한 첫번째 위대한 교사이고, 그가 미개 상태의 티벳인들에게 뛰어난 종교적 식견을 부여했으며, 티벳 불교의 모든 종파가 그를 존중한다고 하는 역사적 사실을 고려할 때, 우리의 고귀한 스승을

> 그리고 '한 몸'의 구성원인 모든 생물은 그노시스를 앎으로써 결국 해방되리라는 가르침.
> (4) 대승불교의 가르침에서 그렇듯이, 신성(神性)은 세습적으로 하강(화현)한다는, 알렉산드리아의 오리게네스가 주장했다가 파문당한, 영혼 선재(先在)의 교의.
> (5) 지극히 발달한 신비로운 상징주의.
> (6) 만트라 또는 힘의 언어를 사용.
> (7) 일반 기독교에서 생각하는 것과는 다른 초(超)윤회적 종말론(다른 글과 관련하여 앞서도 언급했음). 일반 기독교의 종말론은 완전히 윤회적이다. 출생 이전에는 의식이 존재하지 않고 인간은 이 지상에 단 한 번만 살며, 죽은 후에는 천국의 축복이나 지옥의 고통 속에서 영원히 지낸다고 가르치기 때문이다.

24) 미드G. R. S. Mead의 ≪The Gnostic John the Baptizer≫(런던, 1924) 123~126쪽 참조. 이로부터 발췌한 내용이 이 책 둘째권의 주해(p.339\21)에 삽입되어 있다.
25) 요한복음 2장 1~11절(역주).

중요한 문화 영웅의 한 사람이자 전 인류의 계몽자로 간주하지 않을 수 없다.

9. 선과 악

다른 모든 문화 영웅이나 예언자, 위대한 교사들과 마찬가지로 파드마삼바바도 깨닫지 못한 많은 사람들의 비판과 비난을 면할 수 없었다. 이것은 그가 일반인의 선악관에서 비롯된 사회적 도덕적 종교적 인습과 행동 규범을 철저히 무시한 데 주원인이 있으며, 그런 실례는 이 책의 첫째권(그의 요약 전기)에 수시로 등장한다. 따라서 위대한 스승을 올바로 이해하려면 선과 악에 관한 베단타적 관점, 특히 탄트라적 관점을 적당히 고려할 필요가 있다.

≪바가바드 기타≫에서 크리슈나가 가르치듯이, 삶은 서로 대립하는 두 힘인 선과 악의(또는 마하바라타가 암시하듯이 빛과 어둠, 쿠루바스와 판다바스의) 투쟁으로 이루어져 있다. ≪라마야나≫ 역시 라마(화신)로 의인화된 정의와 라바나(악의 왕)로 의인화된 불의 사이의 끝없는 싸움을 이야기한다. 고대 이집트의 신화도 신성한 오시리스를 그의 악한 동생 세트가 살해하는 이야기에 의하여 같은 가르침을 제시하고 있다. 위대한 어머니인 이시스는 우주 자체가 본래부터 갖고 있는 이 불가해한 비극을 보고 크게 탄식한다. 모든 생물이 숙명적으로 치러야 하는 이러한 투쟁을 다룬 이야기는 티탄족 형제(죽음과 파괴의 상징)가 디오니소스 자그레우스(삶과 재탄생의 상징)를 살해하는 내용의 (오르페우스를 시조로 하는) 디오니소스 숭배 밀의(密義)

에 극적으로 표현되어 있다.

　삶은 왼쪽에서 오른쪽으로 갔다가 오른쪽에서 왼쪽으로 오기를 끊임없이 반복하는 베틀의 북과 같다. 이 북은 개인의 소우주적 의식인 운명의 도안에 따라 날실과 씨실로 감각의 피륙을 짜는 존재의 실을 운반한다. 붓다 역시 이 끊임없는 진동을 보았고 자연의 심장이 뛰는 소리를 들었으며, 파괴자(개혁자)인 저 시바와 유지자(복구자)인 비슈누의 춤을, 브라마로 신격화되는 그 둘을 넘어선 상태를 깨달았다. 모든 것이 하나인 지고의 상태는 초월적 평형의 탈세속적 상태인 바, 그 안에서는 긍정과 부정이 구분되지 않고 원자를 구성하는 음양의 두 전하가 원초적 단일체 속에서 융합하며 선도 악도 존재하지 않는다.

　파드마삼바바의 불교 탄트라는 힌두교 탄트라와 마찬가지로 모든 탄트라 유파의 기반인 좀더 오랜 가르침에 따라서 선과 악은 서로 분리되지 않는 단일체임을 주장한다. 악을 떠난 선은 상상할 수 없으며 선과 악이 제각기 따로 존재할 수 없다. 이 가르침은 '마음 알기 요가'의 제2부에 있는 '지적 개념의 요가 과학'에서 자세히 설명한다. 거기서 가르치는 바는 이렇다. "사물에 대한 다양한 관점들은 단지 서로 다른 지적 개념들에서 생겨난다. …깨닫지 못한 사람들은 외부를 보며 덧없는 것들의 외관만을 이원적으로 이해한다. …사물은 보는 관점에 따라 다르게 나타난다."

　그리하여 위대한 스승 자신이 본문에서 가르치듯, 삶은 상관적이고 상호 의존적이며 상호 작용하는 두 가지로 이루어져 있기 때문에 이원성(二元性)의 양쪽 관점을 알지 못하면 삶을 이해할 수 없다. 그리고 모든 이원성이 무분별의 지혜로 바뀌는 초월 상태에 도달할 때 위대한 해방이 있다. 의문의 양 측면을 알지 못하면 공명 정대한 판단을 내릴 수 없으며, 삶을 전체적으로 바르게 알고자 한다면 악은 선과 함께 철학적으로 이해 검토되어야 한다. 화학자나 물리학자로서 어떤 화합물이나 물질, 또는 에너지의 여러 가지 가능성을 시험해 보지 않는 사람은 없을 것이다. 흑마술과 백마술에 관하여 많은 논의가 있어왔지만 모든 마법이 똑같으며, 그것을 선하고 악하게 만드는 것은 단지 그 마법적 힘을 어떻게 사용하느냐에 달린 것이다. 이 책에서 말하듯이 선과 악, 백과 흑, 양과 음이 분리될 수 없다고 하는 최고의 법칙을 우리는 너무 자주 망각한다. 그 망각 상태가 바로 무명(無明; Avidyā)이다.

유럽인들이 거의 알지 못하는 밀교는, 고대와 현대의 모든 비의가 그렇듯이, 구극적 진실(적어도 인간의 관점에서 본)은 이것도 아니고 저것도 아니며 윤회도 열반도 아니고 선과 악의 모든 대립을 초월한 통일성의 상태에 있다고 가르친다. 그리하여 모든 이원성이 그 하나로부터 생겨나고 그 하나 속에 무분별의 상태로 용해되며, 수행자는 이원적으로 존재하는 모든 것을 요술 환등으로 마음의 도깨비불로 마야의 산물로 인식하게 된다.

어느 시대나 깨달음을 얻은 선지자들은 이 책에서 제시하는 것과 본질적으로 거의 똑같은 요가의 가르침을 펴왔지만 우리는 그런 사실을 잘 모르고 있다. 스리 라마나 마하리쉬가 가르치듯이, 구원을 얻기 위해서는 마음을 통어해야 한다고 모든 경전은 한 목소리로 주장한다. 따라서 마음을 통어하는 일이 우리의 목표이다.[26] 선과 악에

---

26) 티루반나말라이의 아슈람에서 1932년에 발간된, 마하리쉬의 가르침을 요약한 소책자 ≪Who Am I?≫(13쪽) 참조.

관한 요가의 교의를 마하리쉬는 이렇게 요약한다.

선한 마음과 악한 마음은 따로 존재하지 않는다. 그것은 하나이고 같은 마음이다. 훈습(熏習; Vāsanā)에 따라 선할 수도 있고 악할 수도 있는 욕망과 유혹이 생겨난다. 마음은 좋은 습(習)의 영향을 받을 때 선을 생각하고 나쁜 습의 영향하에 있을 때 악을 생각한다. 이따금 어떤 것이 아무리 악하게 보일지라도 그것을 혐오해서는 안 되며, 일시적으로 친숙하고 좋아 보이는 것들에 호의를 갖는 식의 편견을 지녀서는 안 된다. 좋고 싫음을 모두 피하도록 하라.[27]

요가의 달인이 여기 있다. 그는 최근까지 남인도에서 살았으며 이 책의 논문에 관해 아무것도 몰랐다. 그러나 자신의 오랜 요가 수련과 궁극적 깨달음에 의해 거의 12세기 전 북인도에서 파드마삼바바가 도달했던 것과 똑같은 최고의 결론을 내렸다.

플로티누스 역시 악은 선과 똑같이 필수적이라고 가르친다. 그는 이렇게 말한다. "악조차도 어떤 방식으로는 유용하며 많은 아름다운 것들을 낳을 수 있다. 예를 들면, 악은 유용한 발명을 낳고 사려와 분별을 가르치며, 의식이 잠들어 나태한 안정에 머무는 것을 막는다."

현상계에 속박되어 있는 한, 인류는 도덕과 부도덕, 옳음과 그름, 선과 악 등의 용어를 사용할 것이며, 미덕을 보존하고 악덕을 없애기 위해 법을 만들 것이다. 대부분의 인간들은 사도 바울이 깨달았던 것

---

27) 《나는 누구인가》(청하) 20쪽 참조.

과 같이 일체 유정이 한 몸의 구성원임을, 그리하여 어느 일부에 어떤 징벌이 내려지든 그것이 사회 조직의 모든 부분에 영향을 미치지 않을 수 없음을 알지 못한다. 이 점에 관하여 필자는 고(故) 윌리엄 제임스 교수[28]의 학생이었을 때, 북극권의 인적 드문 곳에 사는 에스키모인이 고통과 불행을 당해도 그것이 지구상의 다른 모든 인류에게 무의식적이긴 하지만 필연적으로 영향을 미친다고 그가 가르쳤었던 것을 기억한다. 그리고 다른 저명한 심리학자가 그의 가르침을 빌려, 아주 작은 조약돌 하나를 원래 있던 곳에서 지극히 가까운 장소에 옮겨놓아도 지구 중력의 전체 중심이 이동할 것이라고 말하기도 했다.

따라서 완전한 깨달음에 이른 위대한 교사들은 타인에게 고통과 죽음의 형벌을 가하는 일에 대하여, 대부분의 사람들이 생각하는 것과는 다른 자세를 보인다. 태고적부터 지금까지, 세속에 묶여 깨닫지 못한 사람들은 깨달은 자의 그런 가르침이 실행 불가능하며, 사람들이 모여 사회가 구성되면 약육 강식의 원칙이 지배하게 마련이라고 생각해왔다. 인류는 신성한 지혜의 빛으로 자신의 법전을 다시 쓰는 데 실패했고, 오늘날의 세계는 유사 이래 어느 시대보다도 더 심각한 범죄를, 특히 전쟁의 적법화를 허용해버렸다. 인간적 견지에서 제정된 법이 그 오랜 세월 동안 인간을 착하거나 현명하거나 서로 화합하게 만들지 못했으며, 무지는 여전히 요지 부동으로 남아 있다. 위대한 스승이 가르치듯, 사람들이 법정이나 전쟁터에서 뿌린 씨앗은 항시 새로운 결과를 낳고, 그런 어리석은 파종과 수확은 그들이 개인

---

28) William James(1842~1910). 미국의 심리학자·철학자, 하버드 대학 교수(역주).

적으로든 집단적으로든 신성한 통일성(국가와 민족, 종교, 사회적 신분, 살아 있는 모든 것의 개성을 망라한)의 높은 율법을 깨달을 때까지 반복될 것이다.

붓다가 법을 설한 것은 정신적 족쇄인 이원성의 개념과 현상계의 속박으로부터 벗어나는 법을 인류에게 가르치기 위해서였다. 그는 보드가야의 보리수 아래서 영적인 통찰력이 깨어났고, 인간의 눈을 매혹하는 최면술적인 꿈이 곧 삶임을 알았으며, 그리하여 완전한 깨달음에 이른 자로 불려왔다. 그는 살인자와 강도, 매춘부들도 제자로 받아들여 인도하기를 거부하지 않았다.[29]

어떤 젊은 제자가 인간계에서 가장 아름답게 느껴지는 한 처녀 모습이 자꾸 떠올라 정신을 집중할 수 없었을 때, 붓다는 그를 더 아름다운 천상의 처녀와 마주하게 만들었고, 결국 그는 요가를 통해 미몽에서 깨어났다. 남자든 여자든 모든 인간이 그렇듯 환영에 의해 정신적으로 혼란을 겪는 어리석음을 알게 되었던 것이다.

비슷한 이야기로, 현대 인도의 어떤 스승에게 한 제자가 있었는데, 그는 어떤 고급 매춘부에 대한 욕정 때문에 괴로워하고 있었다. 그녀는 권력과 재산을 지닌 많은 사람들에게 둘러싸여 있었으므로 그가 도저히 가까이할 수 없었다. 스승은 그 매춘부의 이름을 넣어 특별히

---

[29] 라마나 마하리쉬 역시 선악에 구애받지 않았으며 이렇게 가르쳤다. "죄가 크고 많다고 해서 '나는 죄인이다. 죄인이 어떻게 구원을 얻을 수 있겠는가?' 하고 울거나 한탄해서는 안 된다. 자신이 죄인이라는 생각을 모두 떨쳐버리고 스바루파 디아나(Swarūpa dhyāna ; 自色禪)—이 책의 논문과 '마하무드라의 요가'에 제시된 것과 같은 내관(內觀)의 요가—를 열심히 행하면 그는 곧 완전해질 것이다." ≪나는 누구인가≫(청하) 20쪽 참조.

만트라를 지은 후 상사병에 걸린 제자를 찾아가 일렀다. "내 아들아, 너는 혼자 지내며 다른 모든 것을 잊고 오직 그 여자만을 생각하면서 밤낮으로 끊임없이 이 만트라를 외우라." 며칠 후 스승이 제자가 어찌 되었는지 보려고 찾아갔을 때는 문제가 완전히 해결되어 있었다. 제자는 살아 있는 모든 것이 하나임을 깨닫는 황홀한 직관에 도달하여, 자신과 그녀가 이름이나 형체를 떠나서 사실상 하나이며 서로 분리되어 있지 않음을 깨달았던 것이다. 이처럼 억압이 아닌 이해를 통하여, 그리고 필요한 경우 승화를 통하여 수행자는 마음을 다스릴 수 있게 된다. 스승 파담파 상게는 이렇게 말한다.

> 무애(無碍)로부터 힘을 얻고 자연의 순리에 따르라,
> 억압과 무관심이 있어서는 안 되나니.[30]

이와 반대되거나 잘못 된 방법은 현대의 정신분석가들이 최근 발견했듯이 정신적·육체적·심령적 장애를 야기할 수 있다.

수행자가 실습을 통해 이해와 각성으로부터 오는 힘을 얻고 삶을 초월하게 되는 것은 선과 악의 여러 각도에서 삶을 철학적으로 음미함으로써이다. 신성한 지혜의 인도가 없는 한 수행자는 삶을 실험할 수 없다고 탄트라는 가르친다.

방탕자는 그런 지혜의 인도도 없고 존재의 참다운 목적에 관한 의식도 없는 자이다. 그는 나침반도 키도 없는 바다의 배와 같아서 피안에 도달할 수 없다. 그리고 변덕스런 동물적 열정의 제물이 되어

---

30) p.381\11에 있는 이 구절의 주해를 참고할 것.

진화가 늦어지면서 더욱더 현상계에 속박된다. 그러나 만일 철학에 의해 선하고 악한 자신의 모든 행위에서 인도를 받는다면 그는 삶의 체험들로부터 불사의 감로를 추출할 수 있으며, 결국 완전한 깨달음이 찾아오고 자유를 얻게 될 것이다.

심신의 훈련과 통어를 결코 포기해서는 안 된다. 수행자는 아무리 오랜 시간이 걸리든 자신의 마음 속에서 모든 이원성이 사라질 때까지 꾸준히 노력해야 한다. 정의보다 불의를 선호해서도 안 된다. 왜냐면 팔정도(八正道)가 암시하듯 열반(거기서는 선과 악이 마야의 산물인 지적 개념 이상의 아무것도 아니다)에 도달할 때까지 사람은 옳은 것에 매달림으로써 그른 것을 좀더 쉽게 극복할 수 있기 때문이다. 그러나 만일 인도가 없어서 악에 빠졌다 해도 그로 인해 구원의 가능성 밖으로 던져지거나 영원한 죽음에 이르는 자는 없다. 왜냐면 개인적 특성이 어떻든 그는 분리될 수 없는 전체의 한 부분이며, 전체가 모두 깨달음에 도달할 때까지는 어느 누구에게도 완전한 깨달음은 있을 수 없기 때문이다. 살아 있는 모든 것이 서로 분리되지 않음은 어쩔 수 없는 것이고 또 당연한 것이다. 존재의 이런 법칙을 아는 수행자는 자기만의 충족과 자기만의 구원을 위한 노력은 하지 않는다. 그리고 커다란 깨달음을 통해 '대자비의 길'로 들어서면서 중생의 무지 극복을 돕고자 하는 단 하나의 서원을 세우는 것이다.

이처럼 모든 이원성을 초월한 마음으로 삶을 바라보는 사람은 성공했다고 우쭐대거나 실패했다고 낙심하지 않는다. 왜냐면 성공과 실패 역시 또 하나의 이원성일 뿐이기 때문이다. 그는 자기 혼자만을 위하여 무슨 일을 하는 것이 아니라 모든 생명체의 정신적 향상을 위해 노력하고, 선과 악의 그 어느 쪽에도 매이지 않으면서 중도(中

道)를 간다. '마음 알기 요가'에서 가르치듯이 그는 결국 악에 의한 오염도 선과의 결탁도 없는 초월적 통일성의 상태를 향해 나아간다.

아직 불완전한 인간의 상태에 있으므로 그 역시 잘못을 저지를 수 있다. 그러나 일단 인간 이하의 영역으로부터 크게 진보한 이상 동물의 삶이 아닌 구도자의 삶을 영위해야 한다. 동물적이고 관능적인 삶을 선택하는 것은 진보를 가로막을 뿐 아니라 퇴보를 의미하는 것이며, 만일 그렇게 될 경우 그 상태에서 인격의 퇴행적 해체를 피하려면 숙명적으로 부과되는 많은 고통의 생애를 겪어야 한다. 그러나 악을 체험하는 것이 숙명이라면, 그리하여 그것이 환영이고 전혀 만족스럽지 못함을 직접 깨달아 초월해야 한다면, 악에 집착해서는 안 된다. 악 그 자체를 즐겨 거기 집착하는 것은 범죄를 낳고, 범죄는 길을 가로막는 모든 장애물 중에서 가장 무서운 것이다. 그러나 악행의 과보가 두려워 선에 집착하는 일 역시 마찬가지로 장애가 된다.

중도는 양 극의 어느 쪽으로도 치우치지 않는다. 붓다는 유덕한 왕의 초청에 응했듯이 매춘부의 접대도 받아들였고, 두 사람을 다 무지로부터 일깨웠다. 정작 중요한 것은 외양도 아니고 무지에서 생겨난 선악 어느 쪽으로의 집착도 아니며 육욕에 빠지거나 유덕하게 되는 일도 아님을 그는 알았다. 그가 가리킨 목표는 '마음의 해방'이었던 것이다.

≪티벳 사자의 서≫에서 강조하듯이 몸짓만이 아니라 생각도 통제되어야 한다. 아무것에도 집착하지 않고 중도를 유지함으로써 생각은 양 극의 어느 쪽으로도 흐르지 않고 뿌리를 내려 성장하게 된다. 그 외의 다른 길에서는 생각이 악에 고정되고 나그네는 악마에게 넋을 빼앗겨 그의 무리에 가담하게 되며, 여러 생애 동안 모든 영적인

진보가 중단될 수도 있다.

이미 감각에 속박되어 있다 해도 두려움 없이 바라봄으로써 그것을 이해하고 통어하면서 변화시켜야 한다. 삶의 여정과 목적에 모든 생각을 집중함으로써 이런저런 장애물은 극복된다. 과거의 도덕적이거나 부도덕적이었던 무지한 행동들로부터 기인하는 습관이 있다면 그것은 사라질 때까지 계속해서 족쇄로 작용할 것이다. 악덕은 거기에 묵종(默從)하거나 양보함으로써가 아니라, 그것이 끝내 만족을 가져다주지 않고 철저히 윤회적이며 초월의 길을 크게 방해한다는 사실을 앎으로써 정복된다. 장애물임을 일단 알게 되면 그 악덕은 장애물 제거의 동기가 되고, 결국은 보다 높은 의식을 향한 디딤돌이 된다. 따라서 지혜가 지배하는 악덕은 악을 통찰케 한다는 점에서 선과 마찬가지의 가치를 지닌다.

〈마음 알기 요가〉에서 암시적으로 말하듯이, 무지로부터 연유하는 장애물(그것이 선업에 의한 것이든 악업에 의한 것이든)이 신성한 지혜에 의하여 모두 제거되지 않는 한, 진보는 정체되고 혼돈에 빠지며 또 한 번의 인생이 실패로 끝난다. 무지의 차가운 바람이 봄 약속을 꺾어버리고, 나그네는 죽음의 겨울을 견디면서 다시 새로이 노력할 수 있게 될 때까지 기다려야 한다.

외부 세계의 모든 것이 최면술적 매력을 발산하면서 모습과 소리와 냄새와 그 외의 여러 가지 자극물로 인간을 유혹하여 선하고 악한 느낌과 생각과 행위로 유도한다. 수행자는 이 외부 세계의 모든 것을 초월해야 하며, 중립의 내면적 고요 속에서 살아가야 한다.

많은 사람들이 선이라고 생각하는 예술조차도 회화건 조각이건 음악이건 연극이건 세속에 대한 감각적 집착을 수반하면 장애가 된다.

이런 이유로 저 아라비아의 예언자 마호메트는 신(神)이 상(像)으로 표현되는 것을 다른 어떤 종교 개창자들보다도 더 엄격히 금지했다. 영적으로 우둔한 사람들은 초(超)윤회적 존재를 윤회적 형상에 담아 시각화함으로써 그것의 품위를 하락시킨다. 그리하여 마호메트의 관점에서 보면, 인간은 자신의 우둔한 마음이 만들어낸 것들을 숭배하거나 미화하면서 자신만이 아니라 주변의 다른 많은 사람들까지도 윤회계에 더욱더 단단히 묶이게 만든다. 붓다도, 인간이 세간의 구경거리를 관람하고 거기에 참여하며 음악과 춤에 매료되는 일들은 깨달음이 아니라 속박을 낳는다고 가르치면서, 특히 승려들에게는 그런 모든 감각적 오락을 금지시켰다.

  선과 악을 포함한 모든 이원성의 문제에서와 마찬가지로 이런 문제들에 있어서도 수행자는 일반인의 의견을 따르지 않는다. 그는 '스승들의 교훈'에 제시되어 있는 것과 같은 가르침들을 숙고하고 위대한 인간은 일반 대중과 모든 생각이나 몸짓에서 다르다는 것을 깨달아야 한다.[31]

  죽음은 나쁘고 삶은 좋다는 식의 개념은 모든 정신적 개념과 모든 이원성이 헛된 것임을 그 어떤 이원적 개념보다도 잘 보여주고 있다. 왜냐면 깨달은 자에게는 원래 죽음도 없고 삶도 없기 때문이다. 깨닫지 못한 자들이 삶과 죽음이라고 부르는 현상은 생사를 초월하여 열반에 이르게 될 영원한 실체―인간이 나면서부터 소우주적으로 지니

---

31) ≪티벳 밀교 요가≫ 첫째권 참조. 이 점에 대하여 편집자는, 서양에서 무작정 요가를 실습하면서 최고의 도덕적 중립―악에 의한 오염도 선과의 결탁도 없는 순수한―을 추구하지 않는 사람들에 대한 융 박사의 적절한 경고를 다시 상기하게 된다(68~69쪽 참조).

는—의 변화하는 두 가지 마음 상태일 뿐이다. 달리 말하면, 삶과 죽음은 세속적으로 한정된 육체 속에서는 개념상 의식의 변화로 나타나지만, 초세속적 의식 상태인 열반에서는 다른 모든 이원성과 마찬가지로 존재하지 않는다. 따라서 오직 한정된 사고의 틀에 갇힌 사람들만이 죽음은 나쁘고 삶은 좋다고 이해하는 것이다.

인간은 잠들 때마다 죽지만 실제로 그는 죽어 있지 않다. 그리고 각 생애의 끝에 오는 죽음은 매일 밤 찾아오는 죽음보다 좀더 긴 잠일 뿐이다. 밤에 잠자면서 꿈꾸는 내용은 대개가 낮 동안 깨어 있을 때 생각하고 경험한 것들의 산물이다. 죽음 저편의 상태에서 겪게 되는 것은 그와 마찬가지로 살아 생전에 느끼고 겪었던 체험들의 산물이다. 죽음이건 삶이건 그 당사자가 이렇게 저렇게 상상하고 만들지 않는 한 근본적으로는 좋거나 나쁘지 않다. 그 둘은 똑같이 윤회적 성질과 내용을 지니며 지극히 덧없고 불만족스러운 꿈과 같은 상태이다. 살아 있건 죽어 있건 깨닫지 못한 사람은 계속해서 무지의 잠에 싸여 있다. 그를 잠에서 깨어나게 만드는 일, 모든 이원성에서 벗어난 위대한 스승의 단 한 가지 목적은 바로 그것이다. 그것을 〈마음 알기 요가〉는 가르치고 있다.

위대한 스승과 같은 요가의 달인은 무슨 일을 하든 단순히 인습적인 선악의 기준에만 따르진 않는다. 왜냐면 행위를 옳거나 그르게 만드는 것은 그 행위의 외부적인 관점이 아니라 내면적 의도임을 알기 때문이다. 예를 들면, 법을 집행하도록 임명된 관리가 어쩔 수 없이 일반 시민이 저지르는 것과 비슷한 죄를 범하게 될 수도 있다. 도둑질을 벌하기 위해 사회는 도둑에게서 개인적 자유를 빼앗는다. 노예 제도를 벌하기 위해 국가는 노예 주인에게 강제 노역을 선고하여 그를 노예로 만들고 생명 유지에 필요한 것 이상의 아무것도 주지 않는다. 어떤 경우에는 미국 경찰이 앞잡이를 고용할 때처럼, 국가의 수사관들이 용의자를 구금하기 위해 일부러 그가 반칙을 범하도록 유도하기도 한다. 또는 억지 자백을 받기 위하여 중세 스페인의 종교재판에 맞먹을 정도의 지독한 고문이 사용되기도 한다. 그리하여 자발적으로 법을 위반한 사람들의 행위는 악으로, 법 집행을 위한 관리들의 똑같은 행위는 선으로 간주되며 각각의 행위 뒤에서 작용한 동기가 결과를 결정한다.

사회심리학과 인류학의 관점에서 말하면, 사회적 종교적 전통적으로 확고하게 고정되어 있는 도덕의 기준 같은 것은 지금까지 없었다. 어떤 시대·종교·사회에서 도덕적으로 옳다고 생각되었던 것이 다른 시대·종교·사회에서는 그릇된 것으로 판정된다. 플라톤(427~345 B.C.) 시대 이후 유럽 도덕의 역사는 한 쪽 극에서 다른 쪽 극으로 심하게 진동해왔다. 그리고 짐승의 상태에서 짐승 이상의 상태로 진화한 인간이 아직 완성 단계에 이르지 못한 것을 보면, 이런저런 사회가 지금까지 시도했던 도덕적 기준들 중에서 어느 하나가 확고히 고정되기는 어려울 것으로 보인다. 실례를 들어 입증하자면 다음과 같다.

그 시대 사람들에게 지혜와 정의의 화신으로 알려졌던 솔로몬 왕은 "700명의 아내와 공주들, 300명의 첩을 거느렸다."[32] 일부 다처

---

32) 열왕기상 11장 3절. 700명의 아내와 300명의 첩은 느낌과 열정과 숨은 힘 같은 인간적 속성의 의인화이며, 7과 3이라는 카발라의 숫자를 비밀의 열쇠로 보는 비의적 해석도 있다. '솔로몬 그 자신은 또한 태양Sol의 상징이기도 하다'.—블라바츠키H. P. Bla-vatsky의 ≪Lucifer≫(런던, 1888)에서.

는 그 시대 유대인들 사이에서 합법적인 것이었으며, 비록 "아내들이 그의 마음을 (신에게서) 돌려놓을지라도" 야훼가 일부 다처제를 금지했다는 이야기는 구약(舊約)에 없다. 유대 신앙으로부터 발전한 이슬람 세계에서는 아직도 일부 다처가 합법적인 관습이다. 그러나 오늘날 대부분의 서양 국가들에서는 일부 다처나 일부 이처는 감옥행의 처벌을 받기 십상이다. 유타 주 사막에 모르몬 교회가 생겨나 구약 성서의 위인들과 마찬가지로 일부 다처제를 실천하기 시작했을 때, 부근의 시골 기독교도들은 일부 다처제를 금하는 새로운 법을 통과시켰다. 지금은 둘 이상의 아내를 가진 이민은 미국에서 받아들이지 않는다. 불교 국가인 티벳에서는 둘 이상의 남편을 갖는 것이 합법적이지만, 기독교 국가인 영국에서는 하나 이상의 남편을 원하는 여인은 고발당한다. 유럽과 남북 아메리카 전역에서는 간통이 이혼 사유가 되긴 해도 처벌받지는 않지만, 아라비아에서는 중벌을 면치 못한다.

고대 그리스에서 남색(男色)은 묵인되고 합법화되었을 뿐만 아니라(아테네에서는 남자들끼리의 혼인을 법으로 인정했다) 영적인 가치를 지닌 것으로 간주하고 사회적 미덕으로 삼으려 하기도 했었다. 도리스 지방의 국가들과 스파르타인들 사이에서는 그것이 군인들의 관례로 확립되었다. 제우스와 가니메데스의 신화라든가 그 비슷한 이야기들이 상징하듯이, 그리스 전역에서 그것은 종교적으로 지지를 얻었다. 시인들은 그것을 널리 노래했고 아이스킬로스나 소포클레스 같은 위대한 극작가들은 그것을 극의 주제로 삼았다. 그러다가 약 7세기 후에 유럽은 선과 악의 다른 기준을 실험하기 시작했다. 그리고 콘스탄티누스 대제(서기 288?~337)에 이르러 남색은 사형(死刑)으로 다스려지게 되었다. 남색이 역병과 기근 및 지진의 직접적 원인이 된다고 믿었던 동로마 제국의 유스티니아누스 1세는 콘스탄티누스 대제의 선례를 철저히 기독교적인 것으로 받아들여 서기 538년에 남색을 중대한 범죄로 지정했다.[33] 그것은 기독교 왕국들의 비인도적인 법전에 대한 반감으로 인해 나폴레옹 법전이 탄생할 때까지 대부분의 유럽 국가들에 그대로 남아 있었고, 그 이후 다시 도덕의 기준이 바뀌었다. 1889년에 이탈리아는 남색에 관련된 나폴레옹 법의 일부를 채택했지만, 영국과 미국을 위시한 몇몇 다른 나라들에서는 그것이 여러 해 동안의 감금이나 일생의 가혹한 노역으로 처벌받을 만큼 여전히 중죄로 다스려지고 있었다.

이처럼 종교적(또는 사회적 정치적) 시각에 따라 도덕의 기준 역시 (최소한 어느 한도 내에서라도) 변화한다. 긴 안목으로 본다면 이 변화는 좌에서 우로 또는 우에서 좌로 움직이는 의회 정치에서처럼 클 것이다. 그리고 그 변화가 우를 향한 것일지 좌를 향한 것일지는 정치나 종교에서처럼 당파 관계에 의존한다. 이런 성격의 변화는 소비에트 러시아에서 그랬던 것처럼 종교적(정치적) 영향력이 작용하지 않을 때라면 지배 정당의 사적인 견해에 의존할 수도 있다. 그들은 세력을 잡은 교회 당파처럼 민중에게 독단적으로 자신의 견해를 강요한다. 이를테면, 러시아 혁명 직후 사회 개혁을 향한 최초의 열망으로 과거에 교회가 제정했던 성(性) 관련법이 폐지되었으며, 동성애

---

33) 시먼즈 J. A. Symonds의 ≪현대 윤리의 문제점 A Problem in Mordern Ethics≫(런던, 1896) 참조. 유스티니아누스는 그의 ≪Novella≫ 서문에서 이렇게 언급한다. "기근과 지진이 발생하고 또 역병이 퍼지는 것도 이런 범죄 때문이다." 이것은 현대 유럽의 범죄 처리 방식에 작용한 비과학적 영향력의 여러 실례 중 하나이다.

에 관한 것도 거기 포함되었다. 그러나 최근, 프랑스 대혁명 이후의 상황과 비슷한 퇴보가 있었으며, 처음에 올바르고 합법적인 것으로 간주되었던 것이 그르고 불법적인 것이 되었다.

인간이 의지하여 살아갈 수 있는 옳고 그름의 보편적이고 확고한 기준은 세상에 없으며, 대다수의 인간은 종교와 정치가 제시하는 두 가지 기준에 예속되어 있다. 그러나 종교법과 민간법은 서로 조화되기 어려우며, 종교법도 이슬람과 기독교와 힌두교가 서로 다르듯이 각 종교들 간에 너무 큰 차이가 있다. 나아가 한 종교 안에서조차 많은 분파가 생겨난다. 우리가 잘 알고 있듯이, 로마 교회와 그 외 교회들의 법규가 다르고, 서로 적대적인 이슬람 분파들의 이념이 다르고, 힌두교의 카스트나 종파 사이에도 어느 정도의 견해 차이가 있다.

그리하여 로마 교회와 네덜란드 국교의 도덕 기준에 따르면 교회 울타리 밖에서 행해진 결혼은 무효이며 거기서 태어난 자녀는 사생아일 수밖에 없다. 네덜란드가 실론(스리랑카)을 점령했을 때 그들의 교회는 성체 배령을 하지 않은 싱할라족(Singhalese ; 스리랑카의 주요 민족)을 모두 추방하고 싱할라 사람들이 공직에 부적합하다고 선언했으며 그들 자녀의 신분을 법으로 보장하지 않았다. 스페인에서 종교 재판소가 집행 기관이 되어 로마 교회의 선악 기준을 실제로 적용했을 때 그것이 사회에 미친 결과는 더욱 컸다. 다른 도덕 기준을 고수하려는 사람들은 고문과 수족 절단 및 죽음과 같은 혹독한 대가를 치러야 했다. 오늘날 그러한 선악 기준이 영국이나 미국과 같은 신교국에 적용된다면 커다란 전쟁이 벌어질 것이다.

기독교 세계 자체 내에 세 가지의 도덕 기준이 존재한다. 속인들의 기준, 교회들의 기준, 신약 성서에 나오는 산상 수훈(마 5 : 7)과 황금률(마 7 : 12, 누 6 : 31)의 기준이다. 이 중 로마 제국의 법에 기반을 두고 있는 첫번째는 이교적이고, 세속적 편의와 종교 회의들의 판정에 기반을 두고 있는 두 번째는 교회적이며, 예수의 가르침에 기반을 두고 있는 세 번째는 기독교적이다. 이 세 가지 도덕 기준은 제각기 서로 간에 조화를 이루지 못한다. 인도 지역에는 더 다양한 옳고 그름의 기준이 있다. 거기서는 힌두교와 이슬람교, 자이나교, 불교, 배화교, 유대교, 원시적 정령 신앙 등과 같은 여러 종교들이 서로 다른 기준을 제시하고 있다.

더욱 중요한 사실을 말하자면, 인간이 정한 선악 기준의 이론과 실천 사이에 커다란 불일치가 있다. 이것이 결국 전쟁이라는 사회 현상을 낳으며, 전시에는 그런 불일치가 극에 달한다. 평화시에 국가는 위조·위증·절도·방화·구타·살인·강간·타인의 자산 파괴 및 이런 행위들과 관련된 위협까지도 유죄로 선고한다. 그러나 전시에는 국가가 그런 행위들을, 군사 훈련을 받은 국민에게 승리하고자 하는 모든 곳에서 저지르도록 강요하고 불응하면 사형에 처하기까지 한다. 국가는 젊고 영리한 남녀를 선별하여 책략과 사기에 관한 모든 기술을 훈련시킨 후 필요하다면 호색성과 변절 및 동성애 등의 갖가지 수단을 동원하여 이웃 국가의 군사 기밀을 탐지케 한다.[34] 그러나 그처럼 훈련된 외국인을 자국 영토 내에서 체포할 경우 감옥에 가두거나 총살한다. 한 국가의 비밀 기관이 적국의 그것을 능가할 수만 있다면 암흑가에서 벌어지는 어떤 종류의 범죄 행위도 마다하지 않는

---

34) 마그누스Dr. Magnus Hirschfeld의 ≪*The Sexual History of World War*≫ (뉴욕, 1941), 125, 239, 252, 258~264쪽 참조.

다. 이것은 전시에 더욱 그러하다. 전쟁은 윤리 제도와 문화 체계를 폐기 처분하며, 선악의 어떤 기준도 인정하지 않는다.

인류가 이 점을 진지하게 생각한다면 아직 깨닫지 못한 대다수 사람들의 도덕 기준은 불합리하고 비현실적임이 자명해질 것이며, 인간 사회는 좀더 빨리 정신적 야만을 극복하고 약육 강식의 원칙을 초월하게 될 것이다.

그리스의 위대한 현인 플라톤은 정의(正義)―인도의 현인들이 달마(Dharma ; 法)라고 부르는 것―가 무엇인지를 밝히기 위해 오랫동안 고심했었다. 그는 민주 정치를 좌우하는 것은 정의가 아니라 철학적으로 도야되지 않은 일반 대중의 뜻이며, 소수의 의견이 항상 그르지만은 않음을 이해했다. 위대한 사람이 사고와 행위에서 대다수의 사람들과 크게 다를 수 있다고 하는 것은 플라톤의 이런 관점에서이다. 다수(의지할 데 없는 소수에게 자신들의 선악 기준을 적용하는)에 의해 희생되거나 추방당하는 것은 대체로 진취적인 사상가, 새 시대의 파종자, 전쟁광이 아닌 평화의 사도, 현인의 제자일지도 모르는 소수이다.

많은 현대 국가들에서 오늘날 당연시되고 있지만, 법정의 배심원들에 의한 것이든 비밀 투표에 의한 것이든 무엇이 공정한가에 대한 일반인의 판정을 무조건 받아들이는 것은 매우 현명하지 못하다. 인류가 이기적인 자세를 버리지 못하는 한, 다수는 훨씬 더 착한 시민일지도 모르는 소수를 다스릴 자격이 없다. 플라톤과 동양의 현인들이 가르치듯이 도덕성 여부에 대한 이른바 민주주의적인 다수의 판단은 신뢰할 수 없는 것이다.[35]

평상시의 관점에서 말하는 '도덕'은 어떤 특수 사회가 발달시켜 관례로 따르고 받아들이는 행동 규범과 같은 것이다. 따라서 영아 살해나 인간 사냥, 불구자나 노인을 죽이는 일이 어떤 사회에서는 옳은 짓이고 다른 사회에서는 나쁜 짓이다. 따라서 모든 민족이 하나의 습속에 동의하지 않는 한, 세상의 도덕 기준이 하나로 일치할 수는 없다. 어떤 행위의 동기와 환경에 대한 설명 없이는 그 행위가 옳은지 그른지에 대한 올바른 판단도 있을 수 없다.

미(美)의 기준도 선악의 기준 못지않게 혼돈스럽다. 고대 그리스의 철학에서는 자연의 모든 형태 중에서 남성의 신체가 가장 아름답다고 생각했으나, 지금 서양에서는 일반 대중의 뜻에 의해 여성의 신체가 그것을 대신한다. 파드마삼바바가 스스로 원할 때 그랬던 것처럼, 인도에서는 지금도 벌거벗고 공공 장소에 앉아 있는 자이나교의 성자들을 볼 수 있으며 그들은 존중을 받는다. 캐나다에서는 러시아 출신의 두호보르[36]들이 알몸으로 공중 앞에 나타났을 때 강제로 옷이 입혀져 눈에 띄지 않는 곳에 감금되었다. 남근 모습을 한 오시리스의 상(像)들이 나일 강변을 따라 지어진 그의 옛 사당들에 풍요의 신으로 지금도 안치되어 있다. 힌두교에서는 오늘날도 시바 신의 링감(생식기 상)을 숭배하고 있으며, 시바 사원의 조각된 바위들에는 ≪카마 샤스트라Kama Shastra≫에 나오는 글이 적혀 있다. 티벳을 포함하

---

35) 그렇다고 현대의 독재 국가가 그 대안이라는 것은 아니며, 민족·국가·종교·전통의 한계를 넘어서서 세계의 분할이 아니라 연합을 추구하는, 신성한 의지와 이타적인 마음을 지니고 올바른 정치 과학을 익힌 정치가 — 플라톤의 ≪국가≫에 나오는 정치가의 원형을 닮은 — 가 인도하는 영감에 넘치는 사회 질서가 바람직하다고 할 수 있을 것이다.
36) Doukhobor(靈魂의 戰士). 18세기 후반 남러시아의 무정부주의적·무교회적 기독교도(역주).

여 탄트라가 보급된 나라들에서는 얍윰(yab-yum ; 父母合歡)의 자세를 한 샥티-샥타의 조각과 회화가 신성시된다. 그러나 이러한 동양 예술품들 중의 어떤 것이 들어온다면 서양에서는 일반에 공개하지 않고 사진을 통해서만 보여줄 것이며, 그것을 묘사하는 책들은 도색의 딱지가 붙고 합당한 변명이나 어떤 고관의 서면 허가가 없는 한 관람도 불가능할 것이다. 바티칸의 도서관과 화랑을 장식하는 고대 그리스의 나체 조각상들은 현재 이탈리아산(産) 소석고로 만든 무화과 잎을 두르고 있다.

자신의 민족적 종교적 선악과 도덕 기준을 자랑하는 사람들은, 영 허즈번드[37] 원정군이 라사에 침입했을 때 그곳 사람들이 손뼉을 치며 환영했다고 일기장에 적고 아마 아직도 그렇게 믿고 있을 그 원정군의 몇몇 단원들과 비슷하다. 외국의 침입자들이 그 신성한 도시에 들어왔을 때 시민들은 손뼉을 쳤지만 그것은 환영의 표시가 아니었다. 대부분의 유럽인들은 모르고 있는 일로서, 티벳 사람들은 감사나 존경을 표시하기 위해 손뼉을 치지 않는다. 손뼉은 악령이나 마귀를 쫓는 그들의 주술적 의식이다.

이 세상의 문제들 중 많은 것이 도덕과 미학의 이러한 기준 차이에서 기인한다. 인간의 품행을 판단하는 가장 적절한 기준은 위대한

---

37) Sir Francis Edward Younghusband(1863~1942). 인도에서 태어난 영국의 탐험가. 1882년 입대하여 중국과 카쉬미르 사이의 산악 장벽을 탐험. 1890년 군에서 행정 분야로 옮긴 후 1891년까지 파미르 고원 답사. 1902~1904년 티벳 담당 행정관. 1904년 영국 원정군을 이끌고 금단의 도시 라사 입성. 1904년 9월 영국과 티벳 간의 통상 조약 강제 체결. 1906~1909년 카쉬미르 거주. ≪대륙의 심장 Heart of Continent≫, ≪인도와 티벳 India and Tibet≫ 등의 책을 저술(역주).

스승의 사고와 행위 속에 담긴 의도에서 그 뿌리를 찾을 수 있을 것처럼 보인다.

선한 결과는 악한 수단을 정당화한다고 하는 이론은 오직 선만이 옳다는 생각에서 비롯된 것이기 때문에 잘못이며, 진정 바람직한 것은 선이 아니고 선악의 초월이다. 자연계에는 부정적인 요소가 긍정적인 요소 못지않게 필요하다. 긍정적인 요소만으로는 우주가 존재할 수 없다. 원자는 음(陰)의 요소 없이는 원자일 수 없다. 그래서 플로티누스가 말하듯이, "악이 없는 우주는 불완전하다"는 것이다.

결국, 세상에는 도덕이나 미학의 확고한 기준 같은 것은 존재하지 않으며, 인류가 하거나 하지 말아야 할 것이라든가 옳고 적절하다고 믿을 수 있는 것에 전체적인 혼돈이 있음을 알 수 있다. 따라서 위대한 스승을 어떻게 판단하든 그 결과는 판단자의 책임이며, 그 판단 기준이 과거로부터 현대에 이르기까지 인간 사회를 다스려온 다른 모든 기준들보다 과연 훌륭한가를 입증하는 것도 그들의 몫이다.

꽤 많은 비판이 파드마삼바바에게 가해질 수 있으며, 그의 종파에 속하지 않는 불교도들이 제일 먼저 그를 비판할 것이다. 왜냐면 전기에 기록돼 있거나 전통을 통해 알려진 그의 많은 행적들이 팔정도(八正道)와 십선계(十善戒)[38]에 어긋나기 때문이다. 그러나 그의 신봉자들은 이렇게 대답한다. 그런 식으로 표현된 이야기들은 순전히 전설적이고 상징적인 것이며, 그 이야기들 전부는 아닐지라도 그들 중의 어떤 것들은 분명히 붓다의 가르침을 거역하기보다는 오히려 강조하고 있다는 것이다. 이를테면 푸주한들을 죽인 우스운 이야기와 술마

---

38) p.210\8 참조(역주).

시는 헤루카의 이야기가 그 예이다(243, 272~273쪽).

팔리어 경전만이 올바르고 티벳 불교의 경전과 의궤경(儀軌經)들이 대부분 이단이라고 하는 남방 불교도들의 주장을 지금의 '선과 악' 논의에서 고려할 필요는 없다. 그노시스 경전이 이단이라고 하는 현대 기독 교회들의 비난도 마찬가지다. 어쨌든 파드마삼바바의 신봉자들은 불성(佛性)의 밀교적 현현인 그가 고타마 붓다보다 더 초월적인 가르침을 편다는 내용이 티벳 불전에 담겨 있다고 믿는다. 그리고 팔리어 불전은 일반 신도들을 위해 순전히 현교적인 관점만을 설명하는 반면, 거의가 경궤로 되어 있는 티벳 불전은 보다 수준 높은 입문자를 위한 밀교적인 관점까지도 설하고 있다고 생각한다. 따라서 위대한 스승의 도덕 기준은 불법(佛法)에 정확히 일치하지만 현교와 밀교의 양 관점에서 볼 때 역시 초월적이다.

어찌 보면, 악은 자기 인식을 방해하는 요소이며 인간이 무지에서 벗어나는 것을 가로막는다. 악은 악마니 마왕이니 유혹자니 하는 존재로 의인화되어왔던 바, 이들은 매혹적인 환영을 만들고 거기 홀린 사람은 일종의 최면술에 의해 정신을 잃으며 자신의 지혜로 그 마법을 부수지 못하는 한 마야의 그물에서 벗어나지 못한다.

창조되지 않은 근원의 상태인 열반에서는 모든 것이 하나이며, 그로 향한 길을 가로막는 것은 모두 악이고 촉진하는 것은 모두 선이다. 그러나 악도 선도 절대적일 수 없으며, 그 자체로는 진실이 아니고, 둘 다 의식의 어떤 상태일 뿐이다. 전자는 덧없는 것들에 대한 집착이고 후자는 덧없는 것들로부터의 자유이다. 이 자유를 얻을 때 선과 악은 목적을 잃고 더 이상 작용하지 않게 된다. 자유를 얻은 자는 선악을 초월하여 윤회계의 모든 대립이 사라진 상태에 도달한다.

깨달음을 이루는 데 악은 방해가 되고 선은 도움이 된다. 세상의 위대한 교사들이 유덕한 행실을 가르친 것은 덕 그 자체가 목적이 아니고 그보다 훨씬 큰 목적을 위해서였다. 이것은 운동 선수의 단순한 육체 단련이 그 이상의 어떤 것을 목표로 하는 것과 마찬가지다. 그리고 순결이 실재에 대한 영적 통찰력을 얻는 데 필수적이듯이 그런 목적을 위한 수단으로서이긴 하지만 유덕한 행실 역시 윤회적 존재로부터의 자유, 속세와 동물적 감각에 대한 집착의 열악한 상황으로부터의 자유를 원하는 모든 구도자들에게 되풀이해서 설파되었던 것이며, 그런 관점에서 유덕한 행위는 선이고 방탕한 행위는 악이다.

팔정도(八正道)나 산상 수훈과 같은 가르침은 우리가 흔히 생각하는 외관상의 목적을 위해서가 아니라 범인의 상태 너머로 진화하기 위한 수단으로서 존재한다. 건너야 할 물이 있을 때 배가 필요하며, 정신적 노예 상태가 있기 때문에 정신의 훈련이 필요한 것이다. 해방이 달성되면 더 이상 걸어야 할 길도 지켜야 할 계율도 없다. 구도자는 이미 피안에 도달해버린 것이다.

무지의 골짜기에 머무는 자가 깨달음의 정상에 오르기를 바란다면 그는 산기슭에서부터 시작하여 피로를 견디고 때로는 절망과 싸우면서 목표를 향해 한 발 한 발 끈기 있게 나아가야 한다. 그리하여 결국 정상에 올라서면 안개나 구름 속을 통과하도록 돕고 위험에 처할 때 버팀목이 되어준 나침반과 지팡이는 이제 버려도 된다. 그것들은 처음엔 필요했지만 이제 필요치 않게 되었다. 목적을 달성했을 때 수단은 버려도 좋다. 지상에 태어난 존재가 위대한 목적을 성취하는 것은 그처럼 선이나 미덕, 또는 올바른 행실의 도움에 의해서이다.

선과 악은 하나의 씨앗으로부터 자라난 생명 나무의 두 갈래 줄기이다. 양 줄기는 한 뿌리로부터 양분을 얻는다. 같은 수액이 양 줄기로 흘러 그들을 똑같이 자라게 한다.

선과 악은 한 부모에게서 태어난 쌍둥이로 볼 수도 있다. 그들은 심장의 좌심실과 우심실이 그렇듯이 하나가 다른 하나를 위해서 존재하며 서로를 보완한다. 그들은 우주신(身)의 작업을 행하는 두 손이고, 열반시(市)로 뚫린 삶의 큰길을 가는 두 발이다. 만일 어느 한 쪽이 손상되면 목적을 달성하기 어려울 정도의 큰 타격이 있다. 미덕은 자연히 좋은 결과를 낳고 악덕은 나쁜 결과를 낳는다. 선과 악이 서로 분리될 수 없음을 아는 사람은 둘을 함께 초월한다. 대립은 오직 윤회계에서만 작용한다. 자연계 너머의 공(空) 속에는 한정되지 않고 형성되지 않으며 만들어지지 않고 태어나지 않는 원초의 자궁만이 있으며, 그것은 구체화된 우주의 모든 것을 포용한다. 초세속적 법칙인 달마는 서로 대립하는 이원성의 왕관을 쓰고 합일의 홀(笏)을 들었으며 금빛과 자줏빛으로 수놓은 정의의 법복을 걸치고 카르마의 불변하는 왕좌에 앉아서 선과 악을 수단으로 하여 중생을 이해와 지혜로 인도한다.

본 개론 중 가장 길고 또 어떤 의미에서 가장 중요하다고 할 수 있는 이 장(章)에서 끝으로 동양의 현인들이 제시하는 도덕 기준의 골자를 열 가지로 요약하여 제시하니, 오직 그에 의해서만 우리는 위대한 스승을 판단해야 할 것이다.

(1) 현교적으로 볼 때 선과 악은 이원적이며, 둘 중 어느 쪽도 다른 쪽 없이 존재할 수 없다. 이처럼 분리될 수 없는 선과 악은 밀교적으로 볼 때 원래 하나이다.
(2) 어떤 사물이든 그것을 보는 마음의 상태(민족적·사회적·종교

적 환경과 전통에 의해 결정되는)에 따라서 선하거나 악하게 보인다. 달리 말하면, 셰익스피어가 그랬듯이, "세상에는 선도 악도 없고 그것을 그렇게 만드는 생각만이 있다."[39]

(3) 세속적인 마음 속에는 환영만이 존재하며, 본질적으로는 아무 것도 선하거나 악하지 않다.

(4) 행위의 품격을 결정하는 것은 그 행위를 유발한 의도나 동기이므로 행위 그 자체는 선하지도 악하지도 않다. 왜냐면 이타적인 동기와 이기적인 동기를 지닌 두 사람이 똑같은 행위를 할 경우 그 행위 자체는 선과 악 양자(兩者)이기 때문이다.

(5) 선과 악은 모든 이원성과 마찬가지로 지각자의 윤회적인 마음이 만들어낸 착각이다. (단지 윤회적인 개념들의 집괴일 뿐인) 현상계와 마찬가지로, 그들은 절대적이지 않으며 상호 관계에 의해 존재한다.

(6) 따라서 지옥이라 불리는 절대 악과 천국이라 불리는 절대 선에 관련된 교의는 윤회적 개념에 기반을 두고 있으며 상호 의존적이고 환영이다. 열반은 선과 악을 넘어선다.

(7) 따라서 이런 세속적 교의에 기반을 둔 도덕 기준들은 불안정하며, 윤회(그들을 포함하고 그들을 탄생시키며 그들의 의지처가 되어주는) 그 자체와 마찬가지로 변덕스럽고 허망하며, 세속적 마음(그들의 창조자이자 대변자인)과 같이 불만스럽다.

(8) 인간은 이원성과 현상계를 초월하여 일체 유정의 원초적 합일 상태를 알게 될 때에만 올바른 도덕 기준을 확립할 수 있다.

---

39) 이것은 융 박사도 심리학적 해설문의 제2장 둘째 문단에서 시사했다.

(9) 이러한 기준은, 일반의 도덕 기준과 같이 부분적으로가 아니라, 전체적으로 보살의 보편적 이타주의에 기반을 두게 될 것이다.
(10) 이 기준의 황금률은 다음과 같을 수 있다. "신성한 지혜를 밝혀 중생이 윤회를 극복하고 무지에서 해방되는 데 도움이 될 일만을 하라."[40]

10. 비밀 불교

티벳과 몽고, 중국, 네팔, 카쉬미르, 부탄, 시킴의 많은 신봉자들이 고타마 붓다의 환생(또는 밀교적 현현)으로 간주하는 파드마삼바바는 대승불교의 형성에 커다란 영향을 미쳤으며, 이것이 밀교 자체 내에서 갖는 의미는 공(空)의 교의를 형성하는 데 미친 나가르주나의 영향만큼이나 중요한 위치를 점유한다.

힌두교와 불교의 탄트라들이 현재 거의 연구되어 있지 않기 때문에[41] 지극히 복잡해 보이는 그 기원에 관해서는 자세히 말할 수 없다. 다소 피상적으로라도 그 문제를 연구한 몇몇 학자들에 의하면, 아상가[42]를 개조로 하는 유가행 학파가 대략 서기 500년경에 대승불

---

40) '다른 사람들이 자신에게 해주기 바라는 것을 타인에게 해야 한다'고 하는 가르침은 그 의도는 분명히 옳지만 오해를 낳을 수도 있다. 왜냐면 누구든 윤회에 묶여 매혹적인 신기루를 좇으면서 무지로부터 벗어나지 못하는 한 자기 자신에게나 타인에게나 무엇이 옳은 행동인지 전혀 알 수 없기 때문이다.
41) 이 책의 첫 발간 연도는 1954년이다(역주).

교를 총괄적으로 발효시킨 것처럼 보인다. 달리 말하면 한마음(절대의식)과의 황홀한 합일에 이르는 수단으로서의 요가[43]가 유가행파의 기반이며, 확실히 요가는 탄트라의 중요한 근거들 중 하나이다. 이런 관점에서 탄트라는 바라문교와 불교 양쪽의 비의적 전통에 실제 적용된 요가로부터 유래한 절충적 밀교 유파라고 정의해도 좋을 것이다. 탄트라가 현존하는 다른 모든 종파들과 다른 또 한 가지 특징은 자연 속의 생식력이 지닌 이원적 관점을 샥타(남성 에너지의 상징)와 샥티(여성 에너지의 상징)로 의인화한다는 점이다. 이런 사고 방식의 직접적인 결과로 대승불교에서는 진언승(眞言乘)과 금강승(金剛乘) 학파들이 발달했으며 그들은 초기의 유가행 학파와 뒤섞여 있었던 것처럼 보인다. 7세기 중엽에는 탄트라가 힌두교와 불교 양쪽에서 제대로 자리를 잡았고, 많은 불보살과 그에 상응하는 힌두교의 신들이 존재하게 되었으며, 그들은 적당한 여성 에너지(또는 샥티)와 짝을 이루었다. 그리고 탄트라의 특징인 비밀주의가 크게 발달했으니, 8세기 후반에 파드마삼바바가 티벳에 소개한 것은 이런 형태의 탄트라적 불교였다.

---

42) 북서 인도의 간다라(현대의 페샤와르) 출신 불교 승려.
43) B.C. 150년경에 파탄잘리가 《요가 수트라 Yoga Sutras》로서 처음 완성한 체계.
44) 와델 L. A. Waddel의 《티벳 불교 The Buddhism of Tibet》(캠브리지, 1934), 13~17쪽 참조. 비밀 불교의 '신비주의는 무의미한 소리들의 어리석은 무언극이 되었다'고 한 와델의 견해에는 동의할 수 없지만 편집자는 어쨌든 이 책으로부터 많은 도움을 얻었다. 비의(秘義)를 모르는 유럽인으로서는 당연한 견해일 수 있으나, 존 우드로프 경이 한때 편집자에게 말했듯이 그것은 단지 그들의 견해일 뿐이다. 존 경은 탄트라의 입문자였으며 탄트라에 관한 한 서양의 으뜸가는 저술가였다. 그의 저작은 대부분 '아서 아발론'이라는 필명으로 출간되었고, 연구가들이 탄트라를 바르게 이해하는 데 참

그리고 믿어지는 바에 의하면, 10세기 후반의 초기에 칼라차크라(Kālachakra ; 時輪) 탄트라가 북인도와 카쉬미르, 네팔에서 어느 정도 발전했다. 칼라차크라 교의는 수수께끼의 땅 샴발라에서 생겨났다고 한다.[44] 사라트 찬드라 다스에 의하면 샴발라는 '중앙 아시아의 옥수스Oxus 강[45] 부근에 위치'하는 도시이다. 그리고 칼라차크라는 11세기에 명백히 하나의 불교 체계가 되었으며, 아디붓다(AdiBuddha ; 本初佛)의 사상을 도입했다. 힌두교에서는 시바나 가네샤(힌두교의 지혜의 신)가 아디붓다의 지위를 차지했다.[46]

과감한 주장으로 느껴질지 모르지만, 칼라차크라 체계는 그것의 한 기원(근본적인 기원은 아닐지라도)이 불교 이전의 티벳 뵌Bön교에 있을지도 모른다. 만일 그렇다면 칼라차크라가 티벳 인근의 국가들에서 불교의 한 독자적인 형태로 발생했다고 믿어지기 오래 전부터 이 체계의 종자가 이미 티벳인들의 마음 속에 들어 있다가 파드마삼바바의 밀교 형태에서 바람직한 환경을 발견했다는 것이 된다. 칼라차크라 체계와 샴발라의 관련성은 그런 관점에서 의미가 깊다.[47] 더욱 중요한 것은 ≪바르도 퇴돌Bardo Thödol≫이라든가 '최Chöd'의

고가 되어준다. 그의 저술을 토대로 탄트라에 관해서 ≪티벳 사자의 서≫(정신세계사) 487쪽에 간단히 설명해두었는 바 그것이 현재의 역사 설명을 보충해줄 것이다.
45) 옥수스는 옛 이름이고, 현재는 아무 다르야Amu Dar'ya임. 아시아 중부와 서부에 걸친 강으로, 아프가니스탄의 힌두쿠시 산맥에서 발원, 서쪽으로 옛 소련의 투르크멘과 우즈베크 국경 부근을 흘러 아랄 해(海)에 들어감. 유역에 호르무즈, 소그디아나, 박트리아 등 고대 국가들의 유적이 있음(역주).
46) 사라트 찬드라 다스S. C. Dās의 ≪티벳어 - 영어 사전≫ 632쪽 참조.
47) 많은 라마들은 샴발라가 티벳 영토 내부나 티벳 북쪽의 알려지지 않은 어딘가에 있다고 말한다.

식을 다룬 티벳 기원의 자료에 나타난 문서상의 증거이다. 최 의식은 비밀 불교가 정착되기 오래 전 티벳 고대의 신앙인 뵌교에서 발달한 격노하는 악마들의 의식으로 힌두교 탄트라의 바이라바Bhairava와 헤루카Heruka에 해당하는 토오To-wo와 닥포Drag-po를 중시한다. 뵌 신앙의 지극히 정교한 악마론 속에는 티벳 밀교가 지닌 분노의 신[忿怒尊]들의 원형뿐만 아니라 평화의 신[靜寂尊]들의 원형도 들어 있었을 것이다.

칼라차크라에서는 우주를 가시화하고 흡수하며 인간을 살게 하고 죽게 하면서 자연계를 통해 작용하는 불가해한 힘들이, 그 이전의 밀교에서처럼 샥타와 샥티를 통해 남녀의 이원적 측면으로만이 아니라, 유지와 파괴(힌두교의 비슈누와 시바가 의미하는)의 이원적 기능으로도 신격화된다. 그리하여 두 그룹의 새로운 신격들이 밀교 속으로 들어오게 되었으니, 그 하나는 유지하는 평화의 신들이고 또 하나는 파괴하는 분노의 신들이다. 그리고 파드마삼바바의 전기에 나오듯 티벳 불교에서는 모든 불보살과 남녀 신 및 귀신들이 평화와 분노의 두 관점에서 시각화되거나 묘사된다. 오늘날 티벳에서 가장 우세한 밀교는 금강승(金剛乘)의 형태를 취하고 있다.

파드마와 동시대의 티벳 여인이자 그의 제자인 예셰 쵸걜가 전기를 편집한 것이 정말 사실이라면, 전기 내의 자료가 암시하듯이 금강승 형태의 밀교는 8세기 후반인 그때 이미 충분히 발달해 있었고, 진언승과 금강승의 전통을 받아들여 소화한 칼라차크라 역시 마찬가지였을 것이다. 그러나 만일 전기가 그 끝에 적힌 날짜보다 늦은 시대에 쓰여졌다면 10세기 이전까지는 칼라차크라가 밀교에 도입되지 않았다는 추측이 정당하며, 따라서 전기에 나타난 밀교는 파드마삼바바가 티벳에 전한 것보다 훨씬 발달한 형태의 것으로 보아야 한다. 전기가 제작된 실제 시기는 언젠가는 결국 확실해질 것이다. 그리고 위대한 스승의 일대기와 그 비슷한 기록들을 꼼꼼히 살펴보고 나면 새로운 많은 증거들이 나타나 밀교의 기원에 관련된 현재의 불확실한 추측을 좀더 명료하게 해줄 것이다.

밀교의 기원이 무엇이고 시대가 언제이든, 대승불교가 유포된 전 지역에 그것은 큰 영향을 미쳤다. 문수보살을 분노존으로 표현한 중국 밀교의 도판은 중국에 이러한 영향력이 작용했음을 의미하며, 문수보살을 평화로운 모습으로 표현하는 방식은 인도와 티벳, 네팔, 그리고 문화적으로 가까운 그 외의 히말라야 지역에도 같은 영향력이 작용했음을 의미한다.

철학적으로 볼 때 탄트라는 힌두교와 불교 모두에서 인간성을 실천적으로 해석하고자 노력한다. 이런 이유로 인해 가장 후대의 샤스트라(Shastra ; 論)인 탄트라 샤스트라 는 현재의 칼리 유가 시대에 가장 적합한 샤스트라로 주장된다.

여느 신앙 체계들과 달리 탄트라는 인간 내부에서 작용하는 주된 힘인 성에너지를 이해하고 승화시키도록 가르치면서, 그것의 억압을 강요하는 일반의 비과학적인 가르침에 반대한다. 자연 속의 그 중요한 힘에 의해 출생은 사망과 조화를 이루고, 온 세상과 태양을 유지시키는 생명의 기운이 지속적으로 흐르며, 낮은 의식 상태에서 높은 의식 상태로 나아가 결국은 궁극적 의식 해방에 이를 수 있게 된다. 그리하여 탄트라는, 존 우드로프 경이 그의 저서 ≪위대한 해방의 탄트라≫, ≪뱀의 힘≫, ≪샥티와 샥타≫[48]에서 암시하듯이, 성(性)의 과학을 제시하고 있는 것이다.

동양의 과학은 오래 전부터 알고 있었던 것이지만, 지금은 서양의 과학에서도 다음과 같은 사실을 밝혀냈다. 즉 가장 높은 정신적 심령적 힘들은 생식선(腺)과 직접적으로 관련이 있으며 육체적 젊음과 활기는 성호르몬의 분비에 의존한다는 것이다. 세상의 모든 종교들이 가장 원시적인 종교들까지도 성에너지와 정신적 진화 사이에 불가분의 관계가 있음을 알고 있었다. 초기 기독교 교회에서는 성적으로 불완전한 사람은 사제의 임무를 바르게 수행할 수 없다는 판정이 알렉산드리아의 박학한 성자 오리게네스를 장로직에서 물러나게 만드는 근거가 되었다. 육체에서 죄를 범하게 만드는 부분을 잘라버리라고 하는 신약 성서의 말을 글자 그대로 받아들인 오리게네스는 21세의 나이에 스스로 자신을 거세해버렸던 것이다. 인도의 스승들 역시 지금은 삼매(三昧)를 달성하려면 성 기능이 완전하고 활발해야 한다고, 그러나 조종사의 비행술과 같은 완전한 제어 기술을 통해 그것이 승화되어야 한다고 가르친다. 서양의 예수회 역시 사제가 되려는 사람은 자신의 성에너지를 완전히 다스릴 수 있어야 한다는 입장을 취한다. 그러나 동양의 요기들에게 있어서는 '뱀의 힘'을 다스리는 일이 기독교 수사들의 독신 생활과 같은 것을 의미하지는 않는다. 인도의 위대한 리시(Rishi ; 仙人)들 중에는 자식을 둔 이들도 많다. 파드마삼바바의 시대와 마찬가지로 오늘날의 밀교 승려나 라마들도 결혼을 할 수 있고 또 하지 않을 수도 있으며 독신 여부는 자신의 선택에 의존한다. 그러나 대체로 결혼을 하는 것은 파드마삼바바의 종파

---

48) ≪*The Tantra of the Great Liberation*≫, ≪*The Serpent Power*≫, ≪*Shaki and Shakta*≫.

인 닝마파 라마들 중에서 악파(Ngag-pas ; Skt. Mandar)들뿐이다.[49] 예를 들면, 밀라레파의 스승인 마르파도 결혼하여 자식을 두었으며, 보살 고타마 역시 붓다가 되기 전에 결혼하여 자식을 가졌고 아내와 아들이 모두 충실한 제자가 되었다.

밀교를 오해하는 많은 사람들이 파드마삼바바를 성자의 표준에 맞지 않는 존재로 보는 것은 후세에 전하는 그의 다채로운 이야기들이 성(性)에 관한 많은 내용을 담고 있기 때문이다. 그들의 판단 기준은 깨닫지 못한 자들의 기준이며 대부분 서양적인 기준이다. 파드마의 친구로 자처한 자에 관한 에피소드(270쪽)에서 보듯이, 그의 시대에도 이러한 비판자들이 적지 않았다. 따라서 파드마삼바바의 밀교에 대해 최소한 이 개론에서 설명하는 것과 같은 어느 정도의 이해가 없다면 독자가 이 책 전체를 오해할 확률이 높아진다.

11. 점성술

파드마삼바바의 전기는, 대승불교가 배출한 다른 많은 성자들의 삶을 통해 알려져 있듯이, 그리고 지혜로운 조상의 유산을 진실로 받아들이는 모든 동양인들의 삶 속에서 아직도 그렇듯이, 그의 삶에 있어서도 점성술이 중요한 영향력을 발휘했다고 분명히 전한다.

학식 있는 인도의 점성가들은 모든 과학 중에서 점성술이 가장 중

---

49) 악파 라마들은 마법에 능한 것으로 알려져 있으며, 모든 종파의 티벳인들을 위해 가물 때 비를 내리게 하거나 우박의 피해로부터 작물을 보호하는 일을 한다.

요하다고 주장한다. 왜냐면 그것을 떠나서는 진정한 삶의 기술이 불가능하다고 생각하기 때문이다. 그러나 서양에 전하는 점성술의 대부분과 동양에서 대중들 사이에 성행하는 점성술의 많은 부분을 그들은 올바르다고 인정하지 않는다.

점성술에서는, 인간이 대우주를 반영하는 소우주이며 (윤회하는 다른 모든 존재들과 마찬가지로) 별들의 기운과 우주에 존재하는 수많은 영향력의 산물이라고 생각한다. 왜냐면 인간은 이런 영향력들의 초점이며 그들이 인간의 육체적 정신적 심령적 환경을 형성하기 때문이다. 그러나 점성술은 숙명론과는 다르다. 왜냐면 요가의 달인(達人)은 점성학적 영향력을 잘 알고 있으며, '존재의 바다'를 건너는 '구원의 배'가 암초와 소용돌이를 피하고 유혹과 역류(逆流)를 극복하여 결국 안전한 '피안(彼岸)'에 이르게 되는 항로를 그 지식에 의해 과학적으로 파악할 수 있기 때문이다. 육체적 정신적 성향과 주변 환경이 점성학적 영향력과 관계가 깊지만, 현인은 그처럼 자기 운명의 주인으로 존재한다. 대양을 항해하는 배가 인간의 발명 기술과 노력의 결실로서 아무리 약점이 있고 불완전하며 형태나 크기가 다양하더라도, 선장은 자신의 의사로 진로를 결정할 수 있으며 모든 위험을 통과하여 원하는 항구에 도달하는 것과 마찬가지 이치이다.

끝없이 흐르는 세월의 모든 순간들은 나무의 한 잎이 나머지 모든 잎과 다르듯이 제각기 서로 다르다. 이 무수한 순간들이 지닌 점성학적 영향력의 효과는 연속된 두 순간의 경우에도 정확히 같을 수는 없다. 천체와 지구의 끊임없는 움직임에 의해 초점의 각도가 끊임없이 바뀌고 따라서 영향력의 질도 변화한다. 점성술이 성립하는 것은 이와 같은 전제 위에서이다.

인간과 짐승, 식물과 광물, 유기물과 무기물, 액체와 기체, 가시 불가시를 막론한 모든 것이 이러한 영향력에 응답하며, 윤회하는 시간의 관점에서 그 영향력의 소인이 찍힌다. 이것은 흥미롭게도 포도주 맛 감정이나 차 맛 감정에 비유된다. 포도주 맛 감정의 대가는 원산지나 수확 시기를 전혀 모르고도 오직 맛에 의해 그 재료의 원산지·품종·품질·압착 시기 등을 정확히 지적한다.[50] 차 맛 감정도 완전히 숙달되면 감정가가 그 차의 질만이 아니라 산지와 생산 가공 날짜까지 정확히 추정할 수 있다.

맛이라고 하는 것은 지극히 미묘하고 전혀 보이지 않으며 오직 경험에 의해서만 알 수 있는 것인 바, 이런 의미에서 그 기술은 일종의 심령술과도 비슷한 것이다. 우리는 그것을 살아 있는 유기체의 핵이 지닌 심령적 특성이라 불러도 좋을 것이다. 세상의 모든 유기물과 무기물 하나하나가 자신만의 점성학적 특성을 갖는다고 하는 것은 그와 같은 이치에 의해서이며, 점성가는 주어진 순간의 점성학적 특징을 '맛보는' 감정가이다. 출생 당시에 작용한 점성학적 영향력을 앎으로써 개인의 육체적 정신적 심령적 특성을 확인할 수 있고, 나아가 해와 달과 별들의 운행 및 우주 공간에 가득 찬 전자파와 심령적 물질적 영향력들의 변화가 출생시의 소인에 어떤 효과를 야기할지 알 수 있는 것이다.

이런 점성학적 영향력에 대한 연구가 식물학자와 동물학자에게도

---

50) 포도주 맛 감정에 관한 이 시사적인 언급은 편집자가 융 박사에게서 개인적으로 들은 내용이다. 박사는 1938년 여름 옥스퍼드에서 개최된 제10회 국제 심리요법 대회 기간 동안 베일리얼 칼리지Balliol College에서의 오찬 때 있었던 점성술 관련 대화 중에 이 말을 했다.

역시 중요할 것임을 암시하는 충분한 과학적 자료가 있다. 나는 미국의 어떤 나이 든 교사가 학창 시절에, 달의 변화하는 위상이 식물의 성장과 결실뿐만 아니라 가축의 번식에도 영향을 미친다는 증거를 실험에 의해 몇 번이고 입증했음을 기억한다. 이와 비슷한 이야기로, 실론(스리랑카의 옛 이름)에서는 시변 점성술[51]이 크게 발달해 있어서, 그곳 점성가들은 행성들이 어떤 특수한 구조를 이루는 순간에 망고 씨를 심을 경우 빨리 싹이 트고, 어린 나무에 서너 개의 잎이 나타나는 즉시 열매가 생겨남을 내게 확인시켰다.

마찬가지로 생물학 연구를 통해 발견된 흥미 있는 현상들 중 몇 가지는 점성학으로도 설명할 수 있는 것처럼 보인다. 예를 들면, 1928~1929년 오스트레일리아 북동부의 퀸즐랜드 해안에 서식하는 큰 산호초를 조사했던 탐험대는 진주 조개가 6개월 간격으로 일 년에 두 번, 5월과 11월의 만월에 알을 낳는다는 사실을 발견했다. 오스트레일리아 로우 제도Low Isles의 얕은 물에 사는 포실로포라 불보사Pocillopora bulbosa 산호는 일 년에 세 번 번식함이 발견되었는데 그 처음은 12~4월 동안의 합삭 때이고, 두 번째는 대략 7~8월의 만월 때이며, 세 번째는 5~6월의 합삭에서 만월까지 사이다. 사모아와 피지의 원주민들이 먹는 바다 팔롤로Palolo viridis 벌레는 10월과 11월 연중 두 번 하현달이 뜨는 날과 그 전날 이틀 동안씩 산호초의 갈라진 틈 속에 있는 자신의 집을 떠나 부근 섬들의 해변으로 무수히 떼를 지어 이동한다. 3년에 한 번씩 음력으로 13개월 만에 팔롤

---

51) Horary Astrology. 일상적인 사건 및 행위와 그 순간의 행성들의 위치를 관련시키는 점성술(역주).

로가 다시 나타나는데, 이것은 팔롤로의 움직임이 좀더 긴 주기의 태양력에도 부합된다는 것을 의미한다. 이것을 발견한 휘트미S. J. Whitmee 씨는 다음과 같이 말한다. "태음력과 태양력의 차이를 가장 훌륭히 보정(補整)하는 예가 이런 미미한 환형(環形) 동물의 자연스런 성장 과정 속에도 나타난다. 이것이 어떤 의미를 갖는 것인지 현재로서는 무어라 말할 수 없다."

바다 깊은 곳으로부터 해변의 얕은 곳이나 강 어구로, 또는 신선한 담수를 찾아 헤엄치는 산란기의 물고기라든가 영국 연안의 청어 떼, 뉴펀들랜드의 그랜드뱅크에 모이는 대구 떼 등 달의 위상과 관련하여 주기적으로 활동하는 다른 해양 생물들의 비슷한 사례도 우리는 찾아볼 수 있다. 야생 동물의 발정기나 새와 나비들의 집단 이동에 뒤이은 짝짓기 역시 행성들의 운행과 무관하지 않은 것처럼 보인다. 샌프란시스코 산 후앙 카피스트라노 선교 본부의 저 유명한 제비들Hirundo erythrogaster은 남쪽 지방에서 겨울을 지낸 뒤 매년 3월 19일에 자신의 둥지로 돌아왔다가 정확히 10월 23일에 떠난다. 신부들은 여러 해 동안 제비가 돌아오고 떠나는 것을 기록했으며 제비들은 지금까지 윤년의 경우조차도 이 날짜를 어긴 일이 없다.[52] 왜냐면 팔롤로 벌레처럼 제비들도 자신의 주기적 이동 시기를 지상의 시간보다는 태양의 시간에 맞추기 때문이다.

물론 여기서 우리는 본능의 문제로 다가서게 되는데, 점성가들의 주장에 의하면 그런 본능 역시 점성학의 관점에서 본 진화의 결과이

---

52) 선교 본부 관리인이었던 허친슨A. J. Hutchinson 신부의 1938년 9월 19일자 편지에 있는 내용임.

거나 또는 번식 시기에서 보는 것과 같은 점성학적 주기성이라고 부를 만한 것이다. 몇몇 학식 있는 점성가들의 견해에 따르면, 생물 진화의 법칙 및 종(種)의 기원과 변이조차도 점성학적으로 아주 잘 설명될 수 있다.

기온과 위도, 광선, 강수량 등 번식 시기 결정에 영향을 미치는 일상의 외부적인 자극들이 있지만, 옥스퍼드 대학의 존 베이커 박사가 〈번식 시기의 진화〉라는 자신의 소론에서 말하듯이, 모든 새와 짐승들이 반드시 거기에 따르지는 않는다. 다른 영향력들도 고려해야 하는 것이다. 또한 "생체 내부의 리듬만이 전적으로 번식 시기를 결정하는 것은 아니다. 왜냐면 내부의 리듬은 시간이 흐를수록 태양과 조화를 이루기 때문이다. 그러나 생체 리듬은 많은 생물 종(種)들이 외부적 요인에 재빨리 적응하도록 만드는 것처럼 보인다."[53] 베이커 박사는 생체 리듬이 지상의 환경 자극에 별로 응답하지 않는 것들 중에서 몇몇 재미있는 실례를 예증했다.

"실론의 이쪽과 저쪽 해안에서 비교해보면 어떤 종(種)의 새들은 같은 종이라도 부화 시기가 서로 크게 다르며, 따라서 낮의 길이가 그들을 지배하지 않음이 분명하다. 가시광선이나 자외선의 조도(照度)가 원인일 수 있다." 뉴질랜드의 넬슨 지방에 사는 네스토 노타빌리스Nestor notabilis 앵무새는 혹심한 추위에도 불구하고 한겨울에 알을 깐다. 옥스퍼드 대학 탐사대가 뉴헤브리디스에서 알게 되었듯이, 기온이 일정하게 유지되는 열대 지방에서조차 새들의 부화 시기가 정해져 있는 것이 보통이다. "이것은 식충 박쥐 미니옵테루스

---

53) J. R. Baker, 〈The Evolution of Breeding Seasons〉 166쪽.

오스트랄리스Miniopterus australis에서 절정에 이른다. 기후가 일정하고 온도가 거의 자동으로 조절되는 어두운 동굴 속에 온종일 매달려 있음에도 불구하고 성숙한 암컷은 모두 일 년에 한 번 9월 초에 임신한다." 따라서 기온 역시 결정적으로 영향을 미치지는 않는 것처럼 보인다. 나아가 어떤 새들은 위도(緯度)에 거의 영향을 받지 않는 듯하다. 강수량(점성가들에 의하면 강수량 자체가 점성학적 영향력의 직접적인 결과이다)은 좀더 중요하긴 하지만, 그 역시 어떤 짐승들이 번식 시기를 일정하게 선택하는 결정적인 요인은 아니다.

인간과 가축은 다른 짐승들보다 자연계의 이런 모든 분명한 외부 자극에 영향을 덜 받는 것으로 보이며, 불가시의 점성학적 영향력에 대해서도 역시 그러하다. 진주조개와 산호충, 바다 벌레들의 실례에서처럼, 생물의 진화 단계가 낮고 환경이 원시적일수록 반응은 더 직접적이다. 무기물의 경우는 방사능 연구를 통해 언젠가 밝혀지겠지만 반응이 완전히 자동적이라고 한다.

천문학 역시 점성학의 가설들 중 적어도 일부가 타당함을 인정하지 않을 수 없는 자료를 이미 확보했다. 그리고 최근에 시작된 우주선(線)의 근원에 관한 천문학의 연구와 그에 관련된 물리학의 방사능 연구가 진보할수록, 두 학문은 점성학이 주장하는 영역으로 들어서게 될 것이다. 그래서 그들이 지구와 지상의 생물계에 쏟아지는 이런 방사선들의 효과를 연구하기 시작할 때 점성 과학을 위한 기반이 서양에 마련될 것이다.

오늘날의 지성인들 중, 태양 흑점이 지상의 자기(磁氣)와 기후 조건에 영향을 미치고, 달의 인력으로 바다와 대륙의 지표면(움직이지 않는 것처럼 보이는)에서 조수와 지각 변동이 생겨난다는 사실을 의심하는 이는 아무도 없다. 인간 자신에게 더 중요한 이 모든 점성학적 영향력의 효과를 부인하거나 당당히 무시하거나 협잡꾼(과학자들의 연구 의욕을 상실케 만드는)들의 손아귀에 내맡겨두는 것은 오직 서양에서만 볼 수 있는 일이다.[54] 중력의 법칙 하나만으로도 동양 점성술의 내용들 중 어떤 것이 타당함을 보여주는 증거를 제시할 수 있다. 최근에 이르기까지 서양 과학은 인간 내부의 불가시적인 우주보다 외부의 가시적인 우주에만 관심을 쏟아왔다. 그러나 다행히 서양의 과학은 차츰 인간을 중시하는 쪽으로 향하도록 운명지어져 있는 것처럼 보인다.

과학자들과 달리 로저 베이컨이나 셰익스피어를 포함한 서양의 많은 철학자 및 시인들은 점성술에 큰 관심을 가졌었다. 베들레헴의 별을 따라서 아기 예수를 경배하러 찾아온 동방 박사의 이야기가 말해주듯이 기독교도 사실은 점성술의 영향력에서 벗어나지 못했다. 좀 더 전 시대의 것으로 고타마 붓다의 탄생에 관해서도 그와 비슷한 이야기가 있다. 점성술에 능통한 현인들이 찾아와 갓 태어난 왕자의 출생천궁도를 작성하고 그가 전륜성왕(轉輪聖王)이 아니면 붓다가 될 것임을 예언했다는 이야기이다. 그들은 갓난아이의 몸에서 그가 위대하게 될 32개의 징조―많은 과거생으로부터 누적되어온 점성학적 시표(時表)―를 보았던 것이다.

점성술은 역사적으로나 학문적으로나 너무 방대하여 여기서 더 길게 논하기 어렵고, 파드마삼바바의 전기 속에 좀더 많은 내용이 들어

---

54) 지금은 세월이 흘러 서양에서도 점성학의 참다운 가치를 인정하고 탐구하면서 발전시키는 진지한 연구가들이 많이 생겨났다(역주).

있다. 지금 이렇게 피상적으로나마 이야기하는 것은 단 한 가지 목적 때문이다. 연금술로부터 화학과 현대 심리학이 발달했듯이 점성술에서 천문학(이것은 점성술로부터 나왔다)과는 별개의 새로운 과학이 생겨날 수 있음을 서양의 학자들에게 알리기 위해서이다. 그리하여 서양 문명이 올바르게 잘 발전해나간다면 결국 유럽과 남북 아메리카의 대학들이 동양의 불교 대학을 위시한 다른 대학들(고대 인도의 옥스퍼드였던 나란다 승원과 같은)의 빛나는 전통에 따라 점성학과를 개설하는 날이 오게 될지도 모른다. 티벳의 모든 주요 승원들에서는 점성학이 오늘날에도 불교학과 형이상학 다음으로 중요한 위치를 점유하며, 인도에는 지금도 점성학만을 가르치는 단과 대학이 있다. 서양인의 관점에서, 중국인들처럼 현실적이거나 인도인과 티벳인들처럼 과학적으로 종교를 믿는 사람들이 점성술의 낡은 신앙에 묶여 바보처럼 속아 산다고 생각하는 것은 잘못이다.[55]

12. 요가

'마음 알기 요가'는 가장 순수한 형태의 즈냐나Jñāna 요가이다. 따라서 호흡과 명상에 의지하는 복잡하고 위험하기도 한 다른 많은 요가들과 달리, 수행자가 정상적이고 잘 절제된 삶을 영위한다면 이 요가는 스승 없이도 안전하게 실습할 수 있다. 그러나 결국 발생하는 여러 요가적인 문제를 해결하고 수행자가 오류에 빠지지 않도록 보

---

55) ≪티벳 밀교 요가≫의 '점성술' 관련 문항 참조.

호하며 개인적으로 그를 지도하기 위해 살아 있는 스승이 있으면 좋다. 그렇다고 믿을 만한 스승이 없음을 이유로 망설일 필요는 없으며, '제자가 준비될 때 스승이 나타난다'는 격언을 상기하면서 혼자서라도 시작하여 나아가면 좋다. 그러나 이 요가를 가장 잘 소화할 수 있는 사람은 이번 생이나 전생에 예비적인 요가 수행을 이미 끝낸 사람들이다. 이 요가 논문의 저자가 둘째권 맨 끝의 문장에 적힌 대로 파드마삼바바이든 알려지지 않은 다른 사람이든 그 내용을 보면, 그가 진실을 깊이 통찰한 요가의 달인임을 알 수 있다. 지금으로서는 위대한 스승이 자신의 깨달음을 그대로 전하기 위해 직접 이 논문을 썼다고 하는 맨 끝의 주장을 의심할 만한 이유가 없다.

둘째권의 가르침은 간명하지만 깊은 뜻을 담고 있기 때문에 그 하나하나를 지속적으로 철저히 명상해야 한다. 그렇지 않으면 오직 지적인 이해만으로 끝나게 될 것이다. 따라서 이 요가는 '철학을 가르치는 것이 스푼으로 커스터드[56]를 떠먹는 것처럼 쉽다'고 하는 그런 사람들에겐 별 의미가 없다. 그리고 자유보다 세속적 안락과 풍요와 명예를 구하는 사람들도 여기에 별 관심을 갖지 않을 것이다. 대승불교의 진수를 지극히 간결한 문체로 서술한 이런 취지의 논문은 충분한 수양을 거쳐 심원한 통찰력을 획득한 사람들만이 이해할 수 있다.

이 요가의 목표는 윤회에서 깨어나 열반에 이르는 것이며, (그와 동시에 찾아오는) 윤회와 열반이 하나임에 대한 지고의 깨달음인 바, 이것이 바로 위대한 해방을 달성하는 일이다.

모든 존재의 영원한 의지처인 열반, 이 열반의 체험은 세속적인

---

56) 우유와 계란에 설탕과 향료를 넣어서 찌거나 구운 과자(역주).

마음을 초세속적인 마음으로 바꾸는 요가에 의해 얻어진다. 이것은 중세의 연금술사들이 현자의 돌을 얻는 것과 마찬가지의 성공이며, 무쇠가 황금으로 바뀌는 비밀을 터득하는 일이다. 그 과정은 보통 3단계로 이루어져 있는데, 첫번째는 공부하여 신성한 지혜를 지적으로 이해하는 일이고, 두 번째는 직관적 통찰력을 얻는 일이며, 세 번째는 '있는 그대로'의 상태와 마주하는 일이다.

이 책이 제시하는 것과 같은 방식의 즈냐나 요가를 힌두교의 관점에서 설명한 라마나 마하리쉬의 가르침을 참고하면 수행자는 도움과 격려를 얻을 수 있을 것이다.

올바른 탐구vichāra만이 마음을 효과적으로 안정시킬 수 있다. 호흡조절prāṇāyāma과 같은 수단에 의해 마음을 통어할 수도 있으나 그것은 일시적이다. 호흡을 조절하는 동안은 마음이 안정 상태에 있지만, 호흡이 흐트러질 때 마음은 튀어오르고 과거의 업karma로부터 연유하는 훈습vāsanā[57)]에 따라 요동한다.

마음과 프라나(prāṇa ; 氣)는 같은 근원을 갖는다. 사고(思考)는 마음의 표현이며, '나'라는 개념은 마음의 사고작용으로부터 맨 먼저 생겨나는 가장 근본적인 개념이고, 이것이 자기의식ahamkāra이다. 프라나 역시 자기의식과 같은 근원으로부터 생겨난다. 따라서 프라나가 조절되면 마음이 조절되고, 마음이 조절되면 호흡이 조절된다. 호흡(프라나)은 마음의 표현, 또는 마음의 지표sthūla이다. 마음은 살아 있는 동안 프라나를 몸 속에 유지하고, 죽을 때 프라나와 함께 몸을 떠난다.

---

57) 기질적 성향(역주).

호흡조절은 마음의 사고작용을 다스릴 수는 있지만 근절할 수 없다. 마찬가지로 식이요법을 동반한 신상관(神像觀 ; mūrti-dhyānam)이나 만트라 염송mantra-japam도 마음을 다스리기 위한 중간 단계에 지나지 않는다. 신상관이나 만트라 염송을 통해 마음은 하나의 대상에 고정될 수 있지만, 그것은 움직이던 코끼리의 몸통이 쇠사슬에 묶여 진정되면서 다른 대상을 향하려고 하지 않는 것과 마찬가지다.

마음은 끊임없이 변하는 수많은 사념들로 혼란스럽기 때문에 각각의 사념 자체는 지극히 허약하다. 사념이 통제될수록 마음은 응집되면서 힘을 얻는다. 마음이 아트마비차라(ātmā-vichāra ; 自我探究)에 숙달되면 성공은 확실하다.

모든 수행 중에서 식이요법이, 즉 순수한 식물성 음식을 적당량 취하는 일이 가장 중요하다. 이를 통하여 마음이 점점 더 순수해지고 아트마비차라가 점점 더 효과를 얻게 된다.

마음 속에는 과거의 업(業)으로부터 연유하는 수많은 훈습(熏習)이 존재한다. 이들은 기억할 수 없던 과거로부터 수많은 생애를 거쳐 축적되어 왔으며, 대양의 파도처럼 끊임없이 마음 위로 떠오른다.

이런 훈습들이 아무리 오래고 깊더라도 스바루파 디아나[또는 진리에 대한 명상]가 진보하면 그들은 진압되어 사라진다. 수행자는 꾸준히 스바루파 디아나를 실천해야 하며, 모든 훈습이 소멸하고 마음이 아트마 스바루팜[또는 구극적 진리]으로 변형될 수 있음을 의심해서는 안 된다.

훈습이 마음 속에 존재하는 한 '나는 누구인가' 하는 의문을 가져야 하고, 이 질문을 계속하면서 사념이 생겨나는 즉시 그것을 진압해야 한다. 외부적인 모든 것에 대한 욕망으로부터의 자유는 바이라걈(Vairāgyam ; 無慾)이고, 아트마 스바루팜의 상태에 머뭄은 즈냐남(Jñānam ; 知識)이다.

바이라갸과 즈냐남은 결국 같은 목표로 인도한다.[58]

　윤회계 전체의 모든 생명체를 통한 마음의 표현 양상이 가지 각색인 만큼 수행자는 수없이 많은 마음의 측면이 있음을 안다. 그는 기독교 신학의 방식과 같은 인간 중심의 우주가 아니라 마음 중심의 우주를 생각한다. 아비달마[59]에서는 마음을 크게 넷으로 분류한다.
　(1) 욕망을 통해 나타나는 마음(kāma-vicāra)
　(2) 형태를 통해 나타나는 마음(rūpa-vicāra)
　(3) 형태에 의존하지 않고 나타나는 마음(arūpa-vicāra)
　(4) 원초적이고 한정되지 않은 있는 그대로의 마음(lokottara-vicāra)
　마음은 윤회적으로 나타나는 양상에 따라서 더 자세히 나눌 수 있다. 또는 마음에 윤회와 열반의 두 상태가 있다고도 할 수 있지만, 마음 그 자체(한정되지 않은 의식 chit)는 양자를 초월한다.
　윤회적인 마음이 존재하는 한 거기에는 고통이 있다. 왜냐면 무지와 환영과 덧없음이 고통을 선사하기 때문이다. 윤회적인 마음을 초월할 때 비로소 고통도 사라진다.
　윤회적 관점에서의 모든 것, 육체의 형태라든가 감각·지식·개념·분별·마음·의식 등은 실재를 반영하는 허상이고, 여럿으로 나타난 하나이며, 진실이 아니다. 달빛은 햇빛이 반사된 것이며 그렇지 않은 것처럼 자신을 보여주지만, 달빛은 햇빛 그 자체가 아니다. 마찬가지

---

58) 《나는 누구인가》(청하) 18~19쪽 참조. 위 글은 역자가 영역본 인용문을 옮긴 것임.
59) Abhidharma. 불교의 경전을 경·율·논으로 나눈 가운데 논부(論部)의 총칭(역주).

로 윤회적인 모든 것은 잔잔한 호수면에 비친 영상들처럼 사실인 것처럼 보이지만 사실이 아니다. 진실의 허상이 아니라 진실 그 자체를 아는 사람은 결국 진실에 도달한다. 빛의 근원인 해를 찾는 사람은 달에서는 그것을 찾지 않는다. 마찬가지로 한마음(구극적 의식)은 오직 그 자체만이 알 수 있으며, 그것이 윤회적으로 나타난 존재들은 그것을 알 수 없다. 플로티누스는 이렇게 말했다. "외부적인 것들의 도움을 빌려 이 원리를 알려 하지 마라. 그렇지 않으면 원리 자체가 아니라 그것의 허상만을 보게 될 것이다."

따라서 수행자는 마음의 참다운 상태를 알기 위해 자기 마음의 소우주적 관점을 이해해야 한다. 선(禪)불교의 대가인 스즈끼D. T. Suzuki 교수는 이것이 자기 존재의 내적 본성 속에서 '한마음'을 보는 일이라고 말한다. 이 책의 본문에서 "개인의 마음은 다른 마음들로부터 분리될 수 없다"고 가르치듯이, 소우주적인 마음은 대우주적인 마음으로부터 분리될 수 없으며, 둘은 초세속적인 마음으로 이루어진 하나의 실체이다. 수행자의 모든 목적은 무지의 짙은 안개 속에 가린 소우주적인 마음을 그것의 근원인 대우주적인 마음과 결합하여 모든 이원성과 환영에서 벗어나는 것이다. 플로티누스는 이것을 다음과 같이 설명한다.

지성의 본질을 알기 위해 우리는 마음의 가장 초월적인 측면을 명상해야 한다. 그것은 다음과 같이 진행될 수 있다. 인간으로부터, 너 자신으로부터 육체를 벗겨내라. 그리고 그 육체를 형성하고 있던 저 미묘한 힘을 잊어라. 그 다음 세속적인 것들을 향하게 만드는 저급한 열정과 감각·욕망·분노에서 떠나라. 그런 후 의식 속에 남는 것을 우리는 '지성의 상

image of intelligence'이라 부른다. 불타는 태양이 광명을 발산하듯 마음은 그 빛을 발산한다. 지성 위에서 우리는 '선의 본질 nature of Good'이라 불리는 것을 만난다. 선은 미(美)를 초월하며 미의 근원이자 핵심이다. 인간은 자신이 천부적으로 지니는 그것과 융합되어야 한다. 그때 그는 여럿으로부터 하나가 된다.

불교 그 자체를 이해할 때와 마찬가지로, 이 책의 요가를 이해하려면 단순한 지적 방법이 아니라 깊은 내관에 의지해야 한다. 붓다는 이렇게 말했다. "지식 없이 명상 없고, 명상 없이 지식 없다. 지식과 명상을 함께 지닌 자는 열반이 가깝다."[60]

13. 진아(또는 혼)의 문제

한마음에 관한 경구적 가르침을 명상하면서 우리는 인간이 무엇인가 하는 지극히 오랜 의문과 필연적으로 맞닥뜨리게 된다. 우리는 직감적으로 자신에게 묻는다. 나는 왜 존재하는가? 나는 무엇인가? 내 주변에 보이는 여러 존재 상태의 비슷비슷한 수많은 생물 무생물들과 영원히 분리된 어떤 혼, 하나의 자기, 하나의 어떤 것이 나인가? 저 매혹적인 현상계는 정말로 존재하는가? 생명 없는 이 모든 것과 살아 숨쉬는 이 모든 생물의 총중에서 나는 자신을 발견한다. 이 모든 것이 정말로 존재하는가? 아니면 붓다가 말했듯이 카르마에 의한

---

[60] ≪법구경≫ 372절.

신기루이며 생명의 꿈을 이루는 환영인가?

약에 취한 잠에서 깨어나는 사람의 의식처럼, 동쪽 하늘에 밝아오는 첫 새벽의 여명처럼, 아주 서서히 아주 희미하게 내부로부터 진실이 밝혀질 때 수행자는 차츰 깨닫는다. 분리된 영역을 초월하여 모든 생물과 무생물이 하나인 초의식을 체험함으로써만 그 오랜 의문이 풀릴 수 있음을 알게 되는 것이다. 자기self가 다른 자기들selves과 공유하는 것에 대한 느낌이 자라날수록 그는 모든 자기들과 공통되는 비개인적인 자기를 점점 더 발견하게 된다. 그리하여 그는 다음과 같은 결론에 도달한다. 즉, "각 개성들의 본바탕이 동일한 것이라면 어느 누구도 본질적으로는 개성을 갖지 않는다. 세상에 '나의' 자기(自己; self)와 같은 것은 없고 오직 진아(眞我; Self)만이 존재한다."[61]

현인들이 역설적 경구를 통해 강조하듯이, 우리가 자신을 발견하는 것은 오직 자신을 버림으로써이고, 자기 승리를 달성하는 것은 자기 포기에 의해서이며, 보다 풍부한 삶을 성취하여 어둠 속의 빛이 되는 것은 윤회의 십자가에서 죽음으로써이다. 수행자가 이 책의 인도에 의해 자기를 이해하게 되는 것은 개성의 비개성화에 의해서, 자기 소멸에 의해서, 우주의 모든 것이 비어 있음을 깨달음에 의해서이다.

이 길을 성공적으로 나아가기 위해서는 세속적 행위의 결과에 대한 집착과 자기중심적 성향이 사라져야 한다. 자기를 과장하고 미화하는 버릇은 자기를 내세우지 않는 완전한 수동성으로 바뀌어야 한다.[62] 바람이 멎을 때 파도가 가라앉듯이, 그와 같이 될 때 자기와 현

---

61) 에드워드 콘즈Dr. Edward Conze의 《*Contradiction and Reality*》(런던, 1939) 13~14쪽.

상계 사이의 모든 대립이 사라진다. 그것은 다음과 같은 상태이다.

    자기self는 모든 대책을 잃고 한계도 기반도 수단도 없는 무대책 속으로 가라앉는다. 더 이상 대립이 없는 존재가 자기를 삼켜버린다. 그리하여 상대할 아무것도 존재하지 않게 된다. 닥쳐오고 존재하는 모든 사건 사물들이 자신과 하나가 된다. 자기는 긴장을 풀고 느슨해져서 텅 비게 된다. 그리하여 진실을 왜곡할 수 있는 개인 특유의 성벽(性癖)이 실재를 가로막지 않는다. 맑고 잔잔한 물을 통해 호수 밑바닥이 들여다보이듯 모든 것이 있는 그대로 체험된다.[63]

무아(無我)에 관한 불교도들 자신의 논의도 산만하거나 빗나갈 때가 자주 있다. 붓다는 자기나 혼이 없다고 가르친 것은 아니며, 영원히 분리된 채로 존재하는 독자적인 자기나 혼이 없음을 말했던 것이다. 불교에서 추구하는 것은 '개별적 자기(혼)의 구원'이 아니라 '윤회적 노예 상태에서 해방된 마음'이다. 이를 위해서는 현상계의 비실재성을 깨닫고 개별적 자기(혼)가 영원하다는 잘못된 믿음으로부터 벗어나야 한다.
    자기에 더 이상 매달리지 않을 때, 윤회하는 에너지들의 모든 외부적 유희가 가라앉도록 내버려둘 때, 그들 중의 어느 것에도 더 이상 집착하지 않을 때, 마음의 작용이 완전히 정지한 상태가 찾아온

---

62) 인류의 참다운 길로 인도하는 '정견자(正見者)', '자기 초극자'들의 이 가르침은 윤회의 사슬에 묶여 걱정과 투쟁에 마음을 빼앗기고 있는 보통 인간들의 가르침을 완전히 뒤집는 것이다.
63) 에드워드 콘즈의 같은 책 16~17쪽에서 인용.

다. 범인의 세속적 의식이 아라한의 초세속적 의식 속으로 녹아들 때, 수행자는 윤회적 존재의 한계를 초월하여 끝없는 이해와 신성한 지혜의 길에 들어선다. 이 길에서 그는 자기 너머의 상태로 나아간다. 그는 자신을 잊는다. 정화된 물방울은 존재의 대양과 하나가 된다. 소우주적인 환영의 마음은 녹아버리고 오직 한마음만이 존재한다. 거기에 궁극적 해방이, 완전한 불성(佛性)이 있다.

무지가 사라질 때에만, 한정된 자기(또는 혼)가 분해되어 그것의 구성 원소들로 되돌아갈 때에만, 인간의 왜소함이 붓다의 위대함으로 바뀔 때에만, 목표는 달성된다.

붓다의 모든 가르침 중에서 무아(無我 ; anātma)는 최고의 중요성을 지닌다.

> 개성과 영속하는 개체를 부정하면서 그는 어떤 사람이나 어떤 개체도 구속하지 않는 도덕률을 가르쳤고, 올바른 정진에 의해 가능한 구원을 선언했으니, 그것은 목표에 도달한다고 하는 누군가의 존재를 전혀 인정치 않았으며, 천국과 같은 환락 속에서의 행복한 영생이 아니라, 보통 사람들이 일반적으로 가치를 부여하는 모든 것을 초월한 정적(靜寂)으로 이루어져 있었다.[64]

그리하여 한마음의 요가를 바르게 실천함으로써 수행자는, 사물을 분리시켜 자기의식을 갖게 만드는 잘못된 시각이 실재를 덮어 가리

---

64) Cf. *The Buddhist Doctrine of Anattā* by Dr. G. P. Malalasekara, in the Vaisaka Number of *The Mahā-Bodhi*(Calcutta, May and June 1940), pp.222~223.

고 그로부터 무지가 생겨남을 알게 된다. 이 지극한 깨달음은 바로 다음 장에서 이어 설명한다.

14. 심리학과 마음의 치료

심리학적으로 볼 때, 이 책의 〈마음 알기 요가〉는 팔정도(八正道)에 따라 생명의 초월적 승화를 실천하기 위한 체계이다. 아이들의 마음을 연구하면 알 수 있듯이, 다종 다양한 것들로 가득 찬 외부 세계를 초월하여 순수하고 자연스런 마음을 요가적으로 인식할 때 체험하는 초세속적 합일경과 같은 동질성의 상태를 추구하는 경향이 인간에게는 선천적으로 갖추어져 있다. 아이들이 동질성의 상태인 열반에서처럼 조화와 축복이 넘치는 자기만의 환상 세계를 창조할 수 있는 것은 그 마음 속에 무(無)의 영역이 있기 때문이며, 이것은 대승불교에서 말하는 공(空)의 개념에 유사하다.

동질성을 추구하는 것은 아이들만이 아니라 모든 시대 모든 민족의 어른들도 마찬가지다. 고대 사회가 우리에게 남긴 신화와 전설들을 보면 모든 것을 포용하는 초월적 마법의 동질 상태 속에서 보통은 불가능한 여러 가지 일이 실현된다. 문화적으로 진보한 사회는 플라톤의 ≪국가≫나 기독교의 지상 천국, 이슬람교의 낙원, 토머스 모어와 칼 마르크스의 유토피아 등과 같은 이상 국가의 꿈을 통해 그것을 보여준다.

마찬가지로, 그리스의 철학자들이 '신은 기하학적으로 세계를 창조했다' 또는 '우주는 수(數)에 토대를 두고 있다'고 말했듯이, 모든 것을 포용하는 기하학적 대칭과 완전한 균형과 신성한 아름다움이 우리의 무의식 깊은 곳에 숨겨져 의식화되기를 기다리고 있는 것처럼 보인다. 또한, 흔들리지 않는 지조와 불굴의 의지, 세계를 변형시키려는 힘이 인간의 생명으로 태어나기를 기다리면서 자라고 있다. 칼 융 박사는 1938년 7월 29일부터 8월 2일까지 옥스퍼드에서 개최된 제10회 국제 심리요법 대회의 진행을 마무리하는 연설에서 고대인들의 사고를 올바로 이해하기 위한 철학적 자세가 중요함을 강조했다. 그의 주장이 온당함은 의문의 여지가 없다. 우리들 자신의 연구를 통해서도 사회는 원시적이거나 문명의 금기에 속박당하지 않을수록 더 자연스럽다는 것을 발견했다. 따라서 원시인의 마음은 환영으로부터 가장 자유로웠고, 런던이나 뉴욕·파리·베를린에 사는 20세기 현대인의 마음은 환영에 가장 속박당하고 있는 것이다. 오늘날 사회적 진보라고 일컬어지는 것은 사실상 원시적 자연스러움으로부터 멀어지고 있는 것이다. 앞의 제7장에서 암시했듯이, 심리학자가 (인류학자와 더불어) 우리의 논문에 언급된 '마음을 있는 그대로 아는' 상태에 지적으로나마 접근할 수 있는 것은 단순하고 소박한 이른바 원시 사회를 연구함으로써이다. 달리 말하면 '문명화되지 않은' 인간이 진실을 더 명료하게 지각할 수 있으며, 따라서 '문명화된' 사람보다 삶을 더 올바르게 이해할 수 있다는 뜻이다. 나는 이것을 아일랜드와 스코틀랜드, 맨 섬,[65] 웨일스, 콘월, 브르타뉴의 켈트족 소작농들 사이에서의 4년에 걸친 연구를 통해 알았고 ≪켈트 민족의 요정 신앙≫[66]'에 그것을 밝혔다.

---

65) Isle of Man. 영국 아일랜드 해Irish Sea에 있는 섬(역주).

실용적 교육을 받은 문명인일수록, '너 자신을 알라'고 하는 그리스 잠언의 관점에서 자신을 이해하기가 쉽지 않다. 어린이는 원시인이나 글을 모르는 농부와 같아서 일반 문명인보다 더 나은 관찰력을 지닌다. 어린이처럼 될 때에만 진리의 영역으로 들어설 수 있다고 가르쳤던 세상의 위대한 교사들은 훌륭한 심리학자들이었다. 세속을 포기하고 지성 편중을 경계하면서 보다 높은 인식의 상태로 다시 태어나야 한다고 그들이 가르친 이유, 아이들의 지혜가 학자들의 지혜보다 더 위대한 이유가 여기에 있다.

대다수 사람들의 삶을 인도하고 결정하는 동물적 본능을 우리는 초월해야 한다. 마음을 있는 그대로 앎으로써 가능한 초월적 승화는 낮은 차원의 동물적 성향이 그대로 작용하는 동안은 불가능하며, 무의식 속에 잠재하는 보다 높은 차원의 성향이 지배권을 행사할 수 있어야 한다. 마음의 연금술을 터득하려는 사람은 자제력과 불굴의 의지를 갖추어야 한다. 자제력이 없으면 인간 속의 짐승을 다스릴 수 없고 불굴의 의지 없이는 생명의 승화가 불가능하기 때문이다.

우리가 보통 알고 있는 심리학은 그 술어와 방법론이 서양적이지만, 그보다 초월적이고 오래 된 좀더 성숙한 심리학이 동양에는 존재한다. 이 동양의 심리학은 요가라는 이름으로 알려져 있고, 따라서 이 책이 제시하는 가르침을 이해하려면 요가에 대해 어느 정도 미리 알고 있어야 한다. 그를 위해서는 이 책 이전에 출간된 세 권의 티벳

---

66) ≪The Fairy-Faith in Celtic Countries≫. 편집자의 첫번째 중요한 저술인 이 책은 오랫동안 절판된 상태였으나 새로운 판이 준비중이어서 우리의 티벳 총서 독자들이 참고할 수 있게 되었다. 이 책은 본서에 나오는 다키니를 비롯한 여러 요정 같은 존재들을 조명한다.

총서를 참고할 수 있다. 거기에 요가를 여러 관점에서 설명해두었고, 이 책의 제12장과 제13장은 그것을 보충한 것이다.

이 책에 제시된 요가의 개념들은 ≪티벳 사자의 서≫에 나오는 그것들과 취지를 같이한다. 헤아릴 수 없이 오랜 세월 동안 마음은 자신의 세속 생활을 통해 윤회적 감각을 경험해왔고, 잉크를 빨아들이는 압지처럼 수많은 개념을 흡수했다. 마음은 원래 깨끗한 물과 같이 무색 투명했으나, 밝고 어두운 다양한 색깔의 개념들을 받아들였고 원래의 상태를 잃어버렸다. 요가를 통해 우리가 마음에서 제거하고자 하는 것은 무지라 불리는 이런 구름 낀 몽롱함의 상태이다.

압지에서 잉크를 제거하고 원래의 물에서 이물질을 제거하는 과정의 첫 단계는 다양한 개념들의 비실재성을 인식하는 일이다. 우주가 대우주적인 마음의 산물이듯이 개념의 세계는 단지 소우주적인 마음의 산물에 지나지 않음을 수행자는 깨달아야 한다. 그는 기계 기술자가 기계를 다루듯 자기 마음의 장치를 다스리고 자신의 의지로 사고작용이 완전히 사라지게 할 수 있어야 한다.

사고작용이 없고 마음이 활동하지 않을 때 마음은 '전일자One'이다. 그러나 마음이 지성intelligence을 발산할 때 지성은 존재들을 생각하고 그들을 구체화시켜 그들이 된다. 플로티누스는 이렇게 말한다. "보편적 지성Intelligence은 모든 실체들을 포함한다. 그것은 속(屬)이 모든 종(種)을 포함하고 전체가 모든 부분을 포함하는 것과 같다. 지성은 자신 안에 존재하며 자신을 고요히 소유함으로써 영원히 모든 것으로 가득 차 있다." 그러나 사고thought는 스스로 생각할 수 없다.

다른 어떤 존재로 하여금 생각하게 만드는 것은 원인이다. 원인은 어쨌든 결과와 동일시될 수 없다. 이 모든 존재하는 것들의 원인이 그들 중의 어떤 것일 수 없다고 말하는 훨씬 큰 이유가 거기에 있다. 따라서 이 '원인'은 자신이 방출한 덕(德)이 아니라 그보다 높은 차원의 덕이며, 이 '덕'은 다른 모든 덕을 초월한다. '전일자One'는 어떤 차별도 용납하지 않으므로 그는 영원히 존재하며, 우리가 더 이상 차별을 용납하지 않을 때 우리는 영원히 전일자 속에 존재하게 된다.

이 무차별의 상태에 도달하려는 사람은 자신의 정신을 분석해야 한다. "너 자신 속으로 들어가서 너 자신을 분석하라."[67]

"정신집중의 목적이 무엇이냐"는 질문을 필자는 자주 받는다. 대답은 이것이다. 기계 장치를 공부하여 그것을 다룰 수 있게 된 사람처럼, 정신집중을 통해 수행자는 자신의 사고작용을 다스릴 수 있게 된다. 요가에 의해 통제되지 않는 마음은 야생마처럼 다루기 힘들다. 밀라레파가 말했듯이 그것은 붙잡아서 묶어야 한다. 정신집중의 밧줄로 그것을 묶을 때 비로소 그것을 길들일 수 있으며 우리 속에 넣고 자세히 관찰할 수 있다.

심리학적 특성을 지닌 이 요가의 목적은 마음의 근원과 본성을 탐구하는 것이다. 몸을 주관하는 에너지인 이 마음을 요가적으로 해부하여 구분할 수 있게 될 때, 수행자는 자신의 마음을 알 수 있으며 자신을 알게 된다.

동양 심리학의 가장 훌륭한 경구들 중에 이런 것이 있다. "마음이

---

67) Cf. *Plotinus*, V. ix. 6, 8 ; VI. ix. 6, 8 ; I. vi. 9.

어디로 흐르든 마음은 그것이 된다." 즉, 누군가의 마음이 농사에 고정되면 그는 농부가 되고, 화학에 고정되면 화학자가 되며, 악에 고정되면 범죄자가 되고, 선에 고정되면 성자가 된다. 농부는 단지 그 농부가 의도적으로 농사라 불리는 정신적 개념을 축적한 결과이며, 화학자와 범죄자와 성자의 경우도 마찬가지다. 그들은 제각기 자신의 마음이 향했던 그것이 되었다. ≪마이트리 우파니샤드≫(vi. 34)는 이렇게 가르친다.

> 윤회는 단지 자신의 생각일 뿐이다.
> 그러므로 노력을 통해 그 생각을 지워야 한다.
> 사람은 자신이 생각하는 것, 그것이 된다.
> 이것은 영원한 수수께끼이다.

이런 심리학은 ≪티벳 사자의 서≫에 명료히 나타난다. 거기서 가르치듯, 사후 존재의 특징은 죽은 자의 정신적 내용물이 무엇인가에 따라 결정된다. 이것은 살아 있는 사람의 특징이 그의 정신적 내용물에 의해 결정되는 것과 똑같다. 그러나 양자 간에는 약간의 차이가 있다. 사후의 상태는 수동의 상태이고 살아있던 동안의 체험들을 소화한 상태임에 반하여, 살아 있는 상태는 능동의 상태이고 개념들이 정신적 내용물로 저장되고 있는 상태라는 것이다. 사후의 마음은 개념 축적의 온상이었던 육체를 박탈당하면서 지상에서의 생명 활동이 낳은 정신적 긴장으로부터 풀려나 저절로 이완된다. 그 마음은 태엽이 감긴 시계처럼 기계적으로 움직이기 시작하여 태엽이 다 풀릴 때까지 카르마에 쫓기면서 활동한 후 새로운 에너지를 저장하기 위해 다시 육체를 부여받는다. 감긴 태엽은 살아 있던 동안 행한 것들의 결과이고, 사후의 정신 작용은 그런 행위들에 의해 저장되었던 에너지가 사후의 수동적 상태에서 활성화되는 결과이다. 석탄은 식물의 생명 활동의 결과이고, 석탄이 타면서 방출하는 빛과 열과 가스는 식물의 생명 활동에 의해 저장되었던 에너지가 사후의 수동적 상태에서 활성화되는 결과이다.

사후의 잠복성과 생전의 활동성 사이를 끝없이 왕래하는 마음의 진자 운동에 종지부를 찍는 것이 우리의 궁극적 목표이며, 이것은 육체를 가동할 새로운 에너지를 축적하지 못하도록 마음의 동력원을 정지시킴으로써 달성된다. 그리고 이를 위해 우리는 이 책의 〈마음 알기 요가〉를 적용하여 심리학적으로 자기를 분석해야 하는 것이다.

그러면 다음과 같은 정신의 단계들이 차례로 나타난다.
(1) 마음의 유한성은 오랜 세월 동안의 잘못된 개념 형성에서 비롯되었음을 처음으로 이해함.
(2) 사고작용의 정지와 정신적 내용물의 요가적 분석.
(3) 정신적 내용물을 형성하는 개념들이 전혀 가공의 것임을 깨달음.
(4) 현상계에 대한 환멸.
(5) 무지한 마음을 정화하여 본래의 상태로 복귀하려는 불굴의 결의.
(6) 모든 사물과 마음들이 심령적으로 분리되어 있지 않으며 원래 하나임을 깨달음. 이것은 인간의 근원적 동질성을 깨닫는 것이며, 아이들의 마음 속에서 더 분명히 발견되는 것으로 서양 심리학은 가정함.
(7) 요가의 초월적 성과인 한마음과의 신성한 합일, 또는 소우주와 대우주와의 신성한 결합, 생명의 완전한 승화, 지혜로 변형

되는 무지.

이 심리학적 요가 속에는 서양의 몇몇 진취적인 과학자들이 이제야 관심을 기울이기 시작한 참다운 치료의 기본 원리가 숨어 있다. 무지가 치유되지 않는 한 건강은 있을 수 없다. 개인 혼의 신앙이 가르치는 개별성과 다원론을 믿거나 현상계가 실재한다고 믿는 한 온전한 정신은 있을 수 없다.

융 박사도 서문에서 시사했듯이, 좀더 높은 수준의 이 치료 기술은 사실 수집에만 관심을 기울이고 단순한 정신적 현상들의 지식에만 의존하는 서양 일반 심리학보다는 분석심리학의 기법에 더 가깝다. 그리스도와 마찬가지로 붓다 역시 위대한 의사였다. 그러나 그의 치료법은 밖으로부터 강제로 행하는 기법이 아니라 요가적 내관을 통해 환자 스스로 적용할 수 있는 기법이었다.

마음의 치료는 활동중이거나 잠복해 있는 욕망의 종자와 무지의 원소들을 의식 속에서 제거함으로써 이루어진다. 이것이 끝날 때까지 인간은 정신적 건강을 향유할 수 없으며, 그의 눈이 윤회적 편견으로 가득 차 있기 때문에 사물을 있는 그대로 볼 수 없다. 그는 마음의 도깨비불인 무수한 환영에 사로잡혀서 살아간다. 불교적 관점에서 보면 그는 무분별하며, 실재와 관련해서 말할 때 그것은 가히 정신이상의 지경에까지 이른다.

그렇다면 헛된 자아인 의식적 정신을 알고 초월하는 것만이 올바른 심리학이고 올바른 치료법이다. 그것은 '마음 알기 요가'이며, 실재를 명료하게 바라보는 일이다. 붓다가 불법(佛法)의 목적으로 선언한 '마음의 해방'이 그것이며, 그것이 바로 위대한 해방이다.

15. 원전의 출처

〈마음 알기 요가〉의 티벳어 원본은 무지 극복의 여러 방법을 다룬 요가서(書)인 '바르도 퇴돌 총서'에 속해 있다. 그것의 음역(音譯) 제목을 ≪티벳 사자의 서≫ 속에 있는 '바르도 퇴돌' 자체의 음역 제목과 비교하면 그것이 분명해진다.[68] 이 총서는 대승불교의 탄트라 유파에 속하며 8세기에 처음 쓰여졌다고 전한다. 저자는 파드마삼바바로 알려졌고, 원본은 감춰졌다가 테르퇸(tertön ; 감춰진 문헌과 보배들을 끄집어내는 자) 릭진 카르마 링파에 의해 발견되었다.[69]

우리가 사용한 것은 ≪티벳 사자의 서≫(정신세계사, 146쪽)에 언급한 목판본이고 이것은 17개의 논문으로 이루어져 있는데, 그 중 10번째 것이 〈마음 알기 요가〉이다. 목판본의 맨 마지막 문장은 다음과 같다. "(이 목판본의) 활자체는 탄계링Tan-gye-ling 승원의 것이다." 이 승원은 라사 시(市)의 성벽 안 북쪽에 위치하며, 대승원장은 환생하는 네 명의 툴쿠 라마(큰 스승)들 중 하나로 '데모Demo 린포체', 또는 '소중한 평화의 존재'라는 칭호를 지닌다. 그는 유명한 티벳 왕 송첸감포의 대신이었던 뢴포 가르Lon-po Gar의 환생이라고 한다.[70]

---

68) 〈마음 알기 요가〉의 제목 음역은 '잡최 시토 공파 랑될 레 릭파 고퇴 체르통 랑될 셰자와 주소'이고, ≪티벳 사자의 서≫ 중 '바르도 퇴돌'의 음역은 '잡최 시토 공파 랑될 레 바르도 퇴돌 첸모 초니 바르도 고퇴 주소'이다(역주).
69) ≪티벳 사자의 서≫ 147~152쪽 참조.
70) 환생하는 나머지 세 명의 툴쿠 라마들은 각각 라사의 중요한 네 승원 중 퀸데링, 초모링, 체촉링이라 불리는 나머지 셋의 대승원장이 된다. '네 링(Ling ; 장소)'이라 불리는 이들 네 승원은 티벳 정부를 통제하며, 달라이 라마가 공위(空位)중이거나 18

파드마삼바바의 전기를 다룬 목판본의 역사는 첫째권의 맨 끝에, 스승 파담파 상게의 가르침을 담은 필사본의 역사는 셋째권의 표제 페이지에 나와 있다.

16. 번역자들

첫째권의 번역자인 사르다르 바하두르 씨는 번역을 끝내고 1년이 채 지나지 않은 1936년 12월 26일 칼림퐁에서 숨을 거두었다. 그는 티벳의 유서 깊은 가문 출신으로 1876년 6월 16일 다르질링에서 태어나 거기서 교육을 받았으며, 1898년에 다르질링 경찰이 되었고 얼마 후 공직의 서열에 들었다. 1903~1904년에 영허즈번드 대령의 티벳 사절단 참모로 임명되었고, 그 후 그는 타쉬 라마의 인도 여행과

> 세의 성년이 될 때까지는 네 명의 툴쿠 라마들 중 가장 연장자가 섭정이 되어 티벳을 다스린다. 이들 네 승원장의 환생을 찾아내고 선별하는 일은 달라이 라마의 환생을 찾을 때와 거의 같다. 원본 번역자의 한 사람인 라마 카르마 숨돈 폴은 자신이 라사의 탄게링 승원에서 1909년 10월 13일에 목격한 데모 린포체의 취임식을 내게 말해 주었다. 국가의 중요 행사인 그 취임식에는 라사 정부의 모든 고관과 고승들이 참석했고 여러 날 동안 이 성도(聖都)는 종교적 축제가 이어졌다. 그런데 지금은 고인이 된 달라이 라마와 소중한 데모 린포체 사이에 의견 차이가 생겨났고, 달라이 라마가 탄게링의 재정과 수입 관리권을 접수하면서 데모 린포체의 환생을 더 이상 인정하지 않을 것이라고 선언했다. 데모 린포체는 자신이 달라이 라마의 가문에 환생하여 달라이 라마로 하여금 린포체 자신을 인정하지 않을 수 없게 할 것이라고 응답했다. 데모 린포체가 사망한 지 얼마 안 되어 달라이 라마의 누이에게 고(故) 데모 린포체의 정신적 육체적 특징들을 그대로 지닌 아들이 하나 태어났다. 이 소년이 실제로 데모 린포체의 환생임을 인정하지 않을 수 없었던 달라이 라마는 앞서의 선언을 취소하고 그가 탄게링의 대승원장으로 취임할 것임을 인정했다.

관련하여 오코너 대령을 보좌했으며, 1906년 티벳과의 중요한 조약 및 보상금 문제를 티벳측 대신과 논의하게 되었을 때 영국 정부를 보좌했다. 1907년에 다르질링 지역의 '재가 불교도(평신도) 협회'를 설립하고 초대 회장을 역임했으며, 1909년에는 그 전부터 600명이 넘는 고아나 가난한 어린이들을 보살피고 교육했던 '히말라야 어린이 발전 협회'의 설립자 겸 회장이 되었다. 이 일에 그는 2만 5천 루피가 넘는 개인 재산을 지출했다고 한다. 1910년에 인도 정부의 행정 당국은 달라이 라마의 인도 총독 면담 및 불교 성지 순례와 관련하여 그의 협조를 요청했고, 후에 그는 영국 정부를 대표하여 티벳과 중국 사이의 타협 체결을 위한 티벳 측 대리자로 임명되었다.

티벳인들은 사르다르 바하두르가 영허스번드 사절단을 위해 일한 것을 알고 크게 분노했다고 한다. 소문에 의하면, 그의 사절단 재직 시절인 1904년에 티벳 정부는 그의 머리와 양 손을 자르는 대가로 1만 루피의 현상금을 제안했다고 한다. 그러나 몇 년 후에 이 모든 것이 슬그머니 자취를 감추었고, 티벳 정부는 좋은 가문의 티벳 소년 넷을 선별하여 정부 비용으로 그와 함께 영국에 가서 새로운 지식과 기술을 습득하고 돌아와 고국 사람들을 가르치도록 했다. 그리하여 그는 달라이 라마의 사절로 신임장을 수여받고 영국으로 건너갔으며 버킹엄 궁전에 편지와 선물을 전하기도 했다. 영국에서 돌아와 1914년 시믈라에서 티벳과 중국의 회담에 참석했고 시킴까지 티벳 수상(首相)을 수행했다.

1차 세계 대전 동안 사르다르 바하두르는 전시 공채 모집과 고산족 신병 모집을 거들었다. 그는 수훈(殊勳) 보고서에 이름이 올랐으며 1917년에 사르다르 바하두르라는 군용 직함을 얻었다. 그 후

1921년 찰즈 벨 경이 티벳 정부와의 우의를 돈독히 하려는 목적으로 라사에 갔을 때 그의 개인 보좌역을 맡았다.

1923년 티벳 정부는 다시 인도 정부에 그의 도움을 요청했고, 2년 동안 그는 라사에 경찰대를 조직했으며 군대도 편성했다. 그 다음 해에는 달라이 라마가 그를 귀족 반열에 들게 하여 티벳 최고의 영예를 선사했다. 그보다 앞서 그는 1912년 달라이 라마와 타쉬 라마 사이에 약간의 오해가 있었을 때 그것을 우호적인 합의로 이끌었고, 이에 대해 달라이 라마는 장군의 칭호와 황금 사자 등급의 최고급 금메달을 수여했으며, 타쉬 라마는 금메달을 선물하고 타쉬 룬포 궁정의 시종장 직함을 수여했다.

티벳 불교의 속인으로 인도 티벳 국경 지대에 사는 히말라야 민족들의 불교를 유지하고 지원하기 위해 가장 활발히 움직였던 사르다르 바하두르는 굼과 쿠르송, 다르질링, 롭추 등지에 있는 10개 불교 승원의 대표이자 후원자였다. 굼 승원은 거의 그의 재정 지원에 의해 부활했고, 1934년의 지진 이후 보수되면서 대승 법당도 들어섰다.

1927년 벨기에 왕 부부는 그에게 레오폴드 2세 훈위를 수여했다. 1930년 1월 인도 정부는 티벳과 네팔 사이의 분쟁을 막기 위해 그를 라사로 보냈고, 그는 외교 수완을 발휘하여 양국의 전쟁을 예방했으며, 영국 정부는 그에게 상급 훈작을 수여했다. 같은 해 후반기에 그는 마지막으로 라사를 방문했는데, 이것은 시킴의 고위직에 있던 위어Weir 대령과 대령 부인을 달라이 라마에게 사적으로 소개하기 위해서였고, 그리하여 위어 부인은 라사의 달라이 라마 궁전을 처음 방문한 영국 여성이 되었다.

1931년 6월에 사르다르 바하두르는 33년의 공직 생활을 끝내고 정부 기관에서 물러났으나, 죽는 날까지 참다운 보살 정신으로 다른 사람들의 이익을 위해 자신을 바쳤다. 그리하여 그 해에 고산인 협회의 회장직을 얻었고 보이스카우트 클럽에서 활동했다. 1923년에 그는 다르질링의 부시장으로 선출되었고 이어서 완전한 시장 권한이 주어졌다. 수많은 교육적 종교적 박애적 활동을 보여주었던 그는 굼 승원까지 이어진 길다란 장례 행렬이 말해주듯이 아마 다르질링의 가장 사랑받는 시민이었을 것이다. 그는 벵골 총독의 명예 부관이었다. 그가 왕립 지리학회의 특별 회원으로 선출된 것은 세 번의 에베레스트 원정에 제공한 자원 봉사를 학회측에서 고맙게 생각한 때문이었다.[71] 이 시대 참다운 불교도들 중의 한 사람으로서 '깨달은 자'의 가르침을 수호하고 적용했던 사르다르 바하두르는 위대한 스승 파드마삼바바의 열렬한 신봉자였다. 그는 영어, 티벳어, 힌디어, 캬티어, 벵골어, 네팔어, 렙차어와 그 외의 히말라야어들을 포함한 10개 언어를 구사했다. 그의 도움이 없었더라면 이 책의 첫째권은 쓰여질 수 없었을 것이다. 대승의 길을 멀리 나아간 위대한 스승의 전기에 대하여 나는 사르다르 바하두르 씨에게 개인적으로 깊이 감사하고 있지만, 이 책을 읽는 독자 역시 그의 덕을 누리게 된 것이다.

이제 둘째권을 번역한 두 사람을 간략히 소개할 차례이다.

티벳 가문 출신의 라마 카르마 숨돈 폴은 1891년 9월 4일 굼에서 태어났다. 그는 소년 시절 굼 승원의 몽고인 라마 쉐랍 갸쵸에게서 3

---

71) 사르다르 바하두르의 이 약전(略傳)은 대부분 1937년 1월 2일 발행된 ≪다르질링 타임스≫에 의한 것이다. 여기에는 그의 죽음에 관한 4쪽 분량의 특별 기사가 '참되고 위대한 인간의 죽음'이라는 제목으로 실려 있다.

년간 공부했고, 그 후 정부 장학금으로 다르질링 고등학교에 입학하여 16세에 졸업했다. 그가 맡은 첫 직무는 다르질링의 부(副)판무관 사무실 고용인이었다.

1905~1906년 동안 그는 타쉬 라마의 참모에게 통역자로 배속되어 있었고 성하(聖下)의 인도 여행과 타쉬 룬포 승원행(行)을 수행했다. 약 7달 동안 그는 타쉬 라마의 이 승원에 거주하면서 성하를 사적으로 직접 모셨다. 나의 질문에 답하여 그는 이렇게 말했다. "내 느낌에 타쉬 라마 성하는 자신이 실제로 아미타불의 화신이라고 믿고 있는 것 같았다. 그의 관리들은 성하가 여러 가지 비상한 심령 능력을 지니고 있다고 내게 말했고, 티벳의 모든 성직자들은 그를 최고의 비전가(秘傳家)로 인정하고 있었다." 성하의 일상 생활에 대해 그는 덧붙여 말했다.

그는 새벽이 되기 전에 일어나 기도하고 자신의 종교 의례를 치른 후, 5시 30분경에 차와 가벼운 음식을 들었다. 이른 아침 시간은 주로 성직에 있는 관리들의 배알로 채워졌고 10시경에 정상적인 식사를 했으며, 그 다음 이곳 저곳의 불당에 들르거나 순례자들을 축복하거나 방문객들과 만났다. 나는 언제나 해가 진 후에 그에게서 물러나 나의 처소로 갔지만, 들은 바에 의하면 성하는 매우 긴 일과 후 늦게야 잠자리에 들었다고 한다.

성하는 인도의 보드가야와 베나레스(현재의 바라나시), 탁실라에서 많은 설법을 행했으며 사람들의 머리를 어루만져 그들을 축복했다. 대중을 축복하는 자리에서는 보통 여러 가지 색깔의 깃장식들을 묶은 화살을 하나 소지했다가 이 장식 부분을 예배자의 머리에 가볍게 대었고, 개인적으로 축복할 때는 자신의 손을 사용했다. 그는 특히 미륵불의 출현에 관해 우리를 가르쳤고 그에 관련된 성구(聖句)들을 읽었으며 그를 위해 기도했다.

1908년에 라마 카르마 숨돈 폴은 라사로 가서 불당과 승원을 방문하고 순례하며 거의 1년간 거기 머물렀는데, 당시 달라이 라마는 중국에 가서 자리를 비운 상태였다. 다르질링으로 돌아온 그는 굼 중등 영어학교 교장을 지냈고, 1924년에는 캘커타 대학의 티벳어 학과에서 라마 카지 다와삼둡의 첫번째 후계자가 되었으며, 1933년 물러날 때까지 그 자리를 지킨 후 1935년에 다르질링 시립 고등학교의 수석 라마로 지명되었다. 1934년에는 캘커타 대학에서 출판된 ≪디메퀸덴 남타르 *Dri-med-Kun-lDen's Namthar*≫ 또는 ≪신앙의 왕, 사르바-비말라 탄생기 *Birth-Story of Sarva-Vimala, King of Religion*≫는 그가 영역한 것이다.

라마 롭상 밍규르 도르제도 티벳인 부모 슬하에 1875년 굼에서 태어났으며, 역시 덕망 있는 대승원장 라마 쉐랍 갸쵸(몇 년 전 몽고에서 와 굼 승원을 창건한)를 스승으로 모셨다. 그는 10살 때부터 15년 동안 이 박학한 라마 밑에서 공부했고 25세가 되었을 때 승원을 떠났으며, 첫 학술 작업으로 고(故) 라이 바하두르 사라트 찬드라 다스를 도와 그의 ≪티벳어-영어 사전≫(캘커타, 1902)을 편집했다. 이 사전 편찬 작업을 위해 라마 롭상 밍규르 도르제는 굼 승원에 있는 스승의 도움을 받으면서 5년 가까이 일했고 사전이 정확히 편집된 것은 라이 바하두르보다도 그런 그에게 더 큰 공이 있지만, 유감스럽게도 사전의 서문에서 그와 그의 스승의 공적은 정당히 인정받지 못했다.

사전이 완성된 후 그는 다르질링 시립 고등학교의 수석 라마로 지명되었고, 30년 동안 이 자리를 지킨 후 관례에 따라 연금을 받고 퇴직했다. 그러나 그는 아직 원기 왕성했고 진정한 학자로서 퇴직 후 더 널리 사회를 위해 봉사했다. 그는 우루스바티 히말라야 로에리히[72] 연구 학회에서 또 하나의 티벳어-영어 사전 제작과 암(癌)을 비롯한 질병들의 티벳식 치료법 실험을 위해 일했으며, 1935년 8월 1일에는 캘커타 대학의 티벳어 연구 교수로 지명되어 라마 카지 다와삼둡의 두 번째 후계자가 되었다.

둘째권을 번역한 이들 두 라마는 티벳어 연구의 기준을 확립하기 위해 다르질링 고등학교만이 아니라 캘커타 대학에서도 많은 일을 했으며, 두 사람 다 라마 카지 다와삼둡과 가까운 사이였다. 라마 롭상 밍규르 도르제는 1935년 라마 카지 다와삼둡의 스승인 노르부(그에 관해서는 《티벳 밀교 요가》에 약간의 설명이 있다)에 관해 내게 이렇게 말했다.

이십여 년 전 북사두아르에서 그를 만났을 때 나는 그가 카큐 종(宗)의 가장 뛰어난 라마임을 알았다. 벵골의 교육장이 나에게 그의 승원 학교를 둘러보도록 위임한 것은 정부가 그에게 보조금 지급을 추진중이었기 때문이었다. 나는 이 스승과 이틀 동안 함께 지냈고 매우 호의적인 보고서를 작성했다.

---

72) 로에리히Roerich는 독일계 러시아인으로 저명한 불교학자였음(역주).

17. 번역과 편집

〈마음 알기 요가〉는 원래의 목판본에서는 395개의 운문체 시구(詩句)로 나뉘는 143줄의 티벳어 원문이 15개 지면에, 또는 제목 페이지를 포함한 30페이지의 티벳산 종이(36.8×8.9cm)에 나뉘어 찍혀있다. 395개 시구 중 389개는 규칙적인 9음절 운율이고, 만트라로 이루어진 나머지 시구들 중에서 셋은 6음절, 하나는 3음절, 둘은 2음절로 각각 이루어져 있다. 143줄 하나하나는 대개 9단어로 이루어져 있어서 합계는 대략 1287단어이다. 규칙적인 9음절 시구의 운율을 예로 들면, 37~38번째 시구의 로마자 음역은 다음과 같다.

Kri-yog bsnyen bsgrub mthah la zhen pas bsgribs.
Ma-hā a-nu dbyings rig zhen pas bsgribs.
(발음: Kri-yog nyen drub thah la zhen pe drib.
Ma-hā ah-nu ying rig zhen pe drib.)

이들 시구의 번역문은 둘째권의 '욕망의 결과들' 맨 마지막 구절(326쪽)에 있다.

Kri-yog는 산스크리트의 Kriyā-Yoga를 줄인 것인 바, 여기 보인 두 시구처럼 운율을 맞추기 위해 원본 전반에 걸쳐서 많은 단어들이 축약되었다. 어떤 시구들에서는 단어나 음절들만 있고 서술어나 접속사가 없는 경우도 있다. 문장이 이렇게 축약된 데다 원문 전체가 경구 형식으로 되어 있어서, 지극히 전문적·관용적 표현을 곁들인 철학적·고전적인 티벳어를 문어체적 영어로 정확히 옮기기 위하여 두 번역자와 편집자의 숙달된 노력이 모두 요구되었다. 이처럼 어렵게 이루어진 번역이 오류가 전혀 없기를 기대할 수는 없는 일이며, 사실상 개척 단계에 있는 우리의 티벳어 작업에 있어서는 더욱 그러하다. 그러나 편집자와 번역자들은 이 번역물이 비교적 성실하고 신중하기 때문에 학식 있는 라마가 원문을 읽고 깨닫게 되는 것과 거의 같은 내용을 전할 수 있으리라 믿는다.

영역에 있어서 티벳어 원문의 운율을 따르기 위해 특별히 애쓰지는 않았고, 엄격한 직역을 고집하지도 않았으며, 티벳어의 관용구가 지닌 속뜻을 영어로 옮기기 위해 필요할 경우(특히 밀교적인 문장에서) 오히려 자유로운 번역을 택했다.

고 사르다르 바하두르 씨가 티벳 사캬 승원의 티벳어 문법 학사인 라마 소남 셍게와 편집자의 도움을 빌려 파드마삼바바 전기 목판본의 발췌분을 번역함에 있어서도 같은 방법이 사용되었다. 이 발췌분의 번역 작업은 1935년 11월 22일에 다르질링에서 시작하여 1936년 1월 21일에 캘커타에서 끝났다. 사용된 목판본은 397개의 큰 지면 또는 제목 페이지를 포함한 794쪽으로 이루어져 있다.

〈마음 알기 요가〉의 원본 번역은 라마 카르마 숨돈 폴의 44번째 생일인 1935년 9월 4일에 내가 기거하고 있던 방갈로(다르질링의 굼 승원 입구 바로 바깥쪽에 위치함)에서 시작했다. 다음 달 2일에 필사본 형태의 번역 초고가 완성되었고, 여러 가지 수정 작업은 거기 굼에서 대략 5주일 뒤에 완료되었다.

'마음 알기 요가'는 ≪티벳 밀교 요가≫에 제시된 '마하무드라 요가'와 마찬가지로 엄격한 의미의 밀교는 아니지만, 어쨌든 비의의 산물임에는 변함이 없다.

첫째권의 파드마삼바바 약전(略傳)은 794쪽에 달하는 지극히 방대하고 장황한 원본의 자료 모음을 말 그대로 요약한 것이다. 원본의 자료들은 역사적으로 어느 정도 실존했던 여러 전통들과 불가분의 관련을 맺고 있어서 문맥상의 모순도 있고 파드마삼바바의 실제 인생과는 거리가 먼 신화적인 요소들(전기 시작 문단들에서와 같은)을 많이 포함하고 있다. 그리하여 요약분은 지면 40(실제의 전기는 여기서 시작된다)에 있는 '파드마의 탄생에 관한 붓다의 예언'으로부터 시작하여 티벳어 원본의 끝까지 이어진다. 원본의 자료들에 대해 우리는 역사적으로든 철학적으로든 비판하지 않았다. 우리는 다만 인류학적 관점에서 그것을 제시할 뿐이다. 비판은 미래의 학자들이 할 일이고, 그때는 전기의 완역본도 출간되어 있을 것이다.

셋째권에 실린 스승 파담파 상게의 가르침은 1919년에 라마 카지 다와삼둡이 어떤 필사본(셋째권 제목 페이지의 주해 참조)으로부터 번역한 것이다.

글의 앞뒤가 논리에 맞게 이어지는 한 (둘째권에서 특히) 모난 괄호 '〔 〕'를 사용하지 않았지만, 생략된 어휘나 간결한 경구, 관용적이거나 전문적인 표현, 불명료한 어구들의 의미를 보충할 필요가 있다고 생각될 때는 그것을 사용했다.

이들 세 권의 내용을 연구하는 일은 '인간에 대한 앎(지식)'을 추구하는 엄밀한 의미에서의 인류학적 고찰이다. 역사적 철학적 문헌학적 관점에서 비판적으로 검토하는 것은 그들 학술 분야의 전문가 몫이고, 독자의 입장에서는 내용의 당위성을 판단함에 있어 붓다가 말한 이성주의의 자세를 따르는 것이 바람직하다고 생각한다. 붓다는 자신의 제자들에게 말하기를, 경전에 적혀 있든 성인이 가르치든 요가적으로 음미하여 진실로 밝혀진 것이 아니면 아무것도 믿거나 받아들이지 말라고 했다.

파드마삼바바 자신과 그를 다룬 방대한 티벳·몽고·중국어 자료들에 관한 연구는 서양에서는 아직까지 극히 미미하게밖에 시도되지 않았다. 우리의 이 전기를 제하면 그를 주인공으로 다룬 영문 서적은 하나도 없다. 파드마삼바바에 관해 간단히 언급한 글들은 이 책이 이따금 참조한 와델 박사의 《티벳 불교 The Buddhism of Tibet》와 토머스 박사의 《중국의 투르케스탄에 관한 티벳의 문서들 Tibetan Literary Texts and Documents Concerning Chinese Turkestan》에, 그리고 우리의 티벳 총서 중 앞서 출간된 세 권을 포함하여 찰즈 벨 경과 다른 필자들의 티벳 관련 저술들에 나온다.[73]

18. 영역(英譯)

영어는 원래 유럽 대륙에서 영국으로 들어온 것이며, 다른 언어의 낱말들을 흡수하는 능력으로 인해 탁월한 지위를 얻었다. 영어의 뿌리를 이루는 잉글랜드와 켈트의 어휘는 원래 게르만어이지만, 로마 치세 아래 라틴어를 위주로 한 고전어로부터 단어를 받아들이기 시작했고 기독교와 함께 큰 세력을 확보했다. 노르만 정복자들이 프랑

---

73) 원주에는 독일과 프랑스의 저술들이 비교적 자세히 소개되어 있는데 이것을 간추리면, 파드마삼바바에 관한 독일의 주요 저술은 가장 이른 것이 1896년이고 프랑스의 것은 1933년이다(역주).

스어를 궁중 언어로 만들었을 때 영국의 라틴어는 신선한 자극을 받았고, 르네상스는 고전어에 뿌리를 둔 많은 단어들을 창조했다. 아메리카 대륙이 발견된 후 세월이 흐르면서 영국은 점차 제국화되어갔고 광범위한 영토의 모든 언어들을 이용하게 되었다. 현대에 와서는 물질과학의 발달에 따라 새로운 용어들이 필요하게 되자 그리스와 로마의 언어를 다시 끌어들이고 있다.

지금은 외국어에서 들어온 단어의 수가 너무 많아 그들이 전체 영어 어휘의 3/4 내지 4/5를 구성한다. 단어 흡수는 계속될 것으로 보이지만 어쨌든 이대로 가면 영어는 인류의 모든 언어를 소화하여 결국 세계 공용어가 될 것이다.

영국의 인도 점유 이래, 특히 19세기 말이 지나고 20세기가 시작되는 동안 영어는 산스크리트로부터 정신의 초월적인 면을 나타내는 새로운 단어들을 무수히 흡수해왔다. 그리고 과학과 교역 및 기술 분야는 주로 프랑스어와 라틴어, 그리스어로부터 적절한 어휘들을 창조해오고 있지만, 고대 현인들의 고등 심리학에 기반을 둔 새로운 철학은 이제 서양의 정신을 15세기의 르네상스 시대보다 훨씬 심원한 것으로 재형성하면서 서양인에게 무한한 가치를 부여할 또 다른 어휘 체계를 확립하고 있는 중이다. 산스크리트의 붓다, 니르바나, 카르마, 요가, 구루, 리시, 탄트라, 만트라와 같은 단어들은 이미 영어에 이식되어 옥스퍼드 ≪신(新)영어 사전≫에 수록되었다. 이러한 이식 과정을 단축하기 위하여, 최대한 영어 발음을 유지하면서 (영어화하기 쉽도록) 산스크리트로부터 어휘를 음역하는 것은 (언어학적 정확성을 중시하는) 전문 언어학자보다도 신성한 지혜를 구하는 초월 과학 연구가들의 몫이다. 예컨대, ≪신영어 사전≫에 보이는 Nirvana는

Nirvāṇa가 영어화하면서 (영문법상의 이유로 어쩔 수 없이) 두 개의 식별 부호가 빠져버렸고 엄밀히 따지면 더 이상 산스크리트가 아니다.

따라서 편집자는 언어학적 정확성과 완전한 영어화의 양 극단을 피하고 그 중간을 선택했으며, 먼저 출간된 본 총서의 다른 책들과 보조를 같이하여, 산스크리트와 티벳어 및 (동양이나 외국의 언어들로부터의) 다른 음역 단어들 모두를 이탤릭체로 표기하고 식별 부호를 그대로 두었다. 그러나 한편으로는 영어화를 편들어 산스크리트식의 Śiva가 아니라 영어식의 Shiva로 표기했고, 마찬가지로 Aṣoka와 Upaniṣad가 아닌 Ashoka와 Upanishad를 사용했으며, Saṇsāra(Saṃsāra)가 아니라 벵골식 산스크리트 로마자 표기법에 따라 Sangsāra를 썼다. 이 점은 티벳어의 경우도 마찬가지이다. 양 극의 어느 쪽도 따르지 않은 이런 자세는 물론 학자들의 비판을 받을 터이지만, 지금은 영어화의 과도기적 상황이고 이 책과 같은 성격의 대중 지향적 논문에서는 정당화될 수 있을 것이다.

중요한 것은 영어화된 단어의 엄격한 발음이 아니라 정확한 의미이며, 후에 가서 표준 언어의 형태를 결정하는 것은 철자나 발음이 아니라 일반의 어법이다. 붓다가 가르치듯이 언어는 달마를 설명하는 윤회적 수단에 지나지 않으므로, 그 속에 담긴 뜻이 바르게 전달되어 인류가 위대한 해방을 달성하도록 도울 수 있다면 그것의 철자나 발음은 그리 중요한 것이 아니다.

19. 비판자들의 비판

　본 개론은 이 책의 첫째권과 둘째권을 해설하기 위한 것이고, 이 책의 셋째권은 둘째권에 대한 그 나름의 독자적 해설서이다. 각 권의 본문에 붙은 주해들은 해설로서의 본 개론을 보충한다. 요점을 강조하려는 각 스승들의 방식에 따라 서로 다른 문맥이나 관점에서 어느 정도의 반복이 있지만 이것은 동양의 심원한 가르침을 소개함에 있어 불가피한 일일 수도 있다.
　둘째권에 수록된 요가 논문은 그 자체가 원래 경구체로 된 일련의 암시적인 추론이며, 증명이 뒤따르지 않는다. 비판자들은 응당 이 점을 지적하겠지만, 실재에 관한 논문은 사실 지성에 호소하는 서술문 이상의 어떤 것일 수 없다. 그러나 그렇다 해도 정말 그것이 실현 가능한 진실이라면, 그 내용을 엄정한 과학적 자세로 실제 적용하여 시험해봄으로써 증거를 확보할 수 있다. 사람이 자신의 몸을 지탱하려면 스스로 음식을 먹고 소화시켜야 하며, 자신 아닌 어느 누구도 이것을 대신할 수 없다. 마찬가지로 참다운 진실은 비판자의 생각이나 믿음이 만드는 진실이 아니라 직접 경험이 입증하는 진실이다. 따라서 누구든 비판하고자 한다면 '마음 알기 요가'를 철저히 실습한 뒤에 그리해야 할 것이다.
　이 논문의 저자로 알려진 파드마삼바바는 역사적 검증 자료에 따르면 논문에 주장된 내용을 본인 자신이 구체적으로 입증한 자일 수 있다. 이것은 논문의 마지막 부분에 나오는 '꿀을 맛본 자'에 관한 문장으로도 명백하다. 화학식은 H_2O(물)와 같은 아주 간단한 물질의 화학식일지라도 모든 화학자에게 통용되는 부호가 아니면 화학적 표현일 수 없고, 화학자가 아닌 사람은 그것을 제대로 이해하지 못한다. 세속을 넘어선 심원한 가르침 역시 인간의 문자를 통하지 않으면 문서로 전달될 수 없고, 만일 그것이 혼의 화학인 연금술의 상징 언어로 쓰여질 경우, 밀교 과학의 연구가가 아닌 사람은 그것을 공부하기에 적합지 않으며, 해석이나 비판을 가할 자격은 더욱 없는 것이다.

20. 결론

개론을 마무리하면서 편집자의 마음 속에 떠오르는 것이 있다. 스승들의 모든 가르침 중에서 실제로 가장 중요한 것은, 인생이 덧없고 '구원의 그릇'이라는 인체는 사실 고통을 낳는 카르마의 집괴(集塊)일 뿐임을 달마를 듣고 적용하는 사람이라면 지속적으로 상기해야 한다는 점이다. 따라서 삶과 형상과 윤회계의 감각에 집착하지 않도록 주의해야 할 일이다. 그러나 그와 동시에 수행자는 자신의 육체를 잘 돌보아야 하며, 이것은 세속적 향락이 아니라 오직 위대한 해방을 달성하기 위해서이다.

이 순수하고 얻기 어려운 자유와 인간의 몸을 얻고서 불경한 속인으로 생을 마감하는 것은 후회의 원인이 된다.
이 칼리 유가〔또는 암흑 시대〕의 인생은 너무나 짧고 불확실하니 그것을 세속적인 일로 소비하는 것은 후회의 원인이 된다.
생각하고 행동함에 있어 자비와 연민이 깃든 마음은 항시 일체유정에

게 봉사하는 쪽으로 나아간다.[74]

잘 알려진 위대한 스승들 중 한 사람인 나가르주나는 자신의 친구인 데최장포De-chöd Zang-po 왕에게 보내는 편지에 이렇게 적었다.

> 세상에는 밝음에서 밝음으로 나아가는 사람들과 어둠에서 어둠으로 나아가는 사람들, 밝음에서 어둠으로 나아가는 사람들, 어둠에서 밝음으로 나아가는 사람들이 있으니, 이 넷 중에서 당신은 첫째이기를…….
> 위대한 스승은 신념, 순결, 자비, 지식, 겸허한 성실, 악행 거부, 지혜를 일곱 가지 신성한 재보라 불렀으니, 다른 재보는 당신에게 도움이 되지 않음을 알기를…….
> 삶의 은덕을 오용하는 자는 보석이 박힌 금항아리를 오물 그릇으로 사용하는 자보다 훨씬 어리석으니…….
> 성자들과의 교제가 모든 덕의 근원이라고 붓다는 말했나니…….
> 정견(正見), 정사유(正思惟), 정어(正語), 정업(正業), 정명(正命), 정정진(正精進), 정념(正念), 정정(正定)은 팔정도(八正道)이니, 이들을 명상하는 자 평화를 얻도다.[75]

이 책을 읽는 독자도 신심 깊은 티벳의 팅리 사람들처럼 그들의

---

74) ≪티벳 밀교 요가≫ 첫째권에 있는 '스승들의 교훈'(제1장 2~3절, 제2장 9절)에 나오는 이 세 문장은 스승을 대신하여 수행자를 인도해줄 수 있다.
75) 이 인용문은 라마 카지 다와삼둡이 'Bshes-pahi-hphrin-yig(Skt. Suttri〔da〕Lekha ; 親書)'라는 티벳어 제목의 편지를 1919년에 영역하여 지금은 편집자가 갖고 있는 내용을 교정한 것이다.

스승 파담파 상게가 한 말(이 책의 셋째권)의 의미를 완전히 이해하게 되길 바란다. 그는 이렇게 속삭였다.

    달마는 구름 사이의 투명한 허공에서 비치는 햇살과 같으니,
    지금 그런 햇살이 있음을 알고 그것을 현명하게 사용하라, 팅리 사람들이여.

티벳 解脫의 書

도판 4. 신성한 지혜의 보살 문수사리(400쪽 해설 참조)

첫째권

위대한 스승 파드마삼바바의 삶과 가르침

위대한 스승 파드마삼바바의 삶과 가르침을 담은 첫째권은 스승의 수제자이자 사라스바티의 화신인 티벳 여인 예셰 쵸걔의 글에 의거하였고, 고(故) 사르다르 바하두르가 라마 소남 셍게의 도움을 빌려 영역한 발췌본에 근거하였다.*

---

* 전기에 붙은 여러 가지 제목이 첫째권 맨 뒷장에 나와 있다. 목판본의 첫 장에 있는 좀 더 일반적인 제목은 다음과 같다.
"우겐 스승 파드마삼바바의 완전한 일대기가 여기 실려 있다 : '해방의 길을 비추는 〔가르침의〕 황금 기도서'(U-rgyān Guru Pad-ma Hbyung-gnas gyi Rnam-thar Rgyas-pa Gser-gyi Phreng-ba Thar-lam Gsal-byed Bzhu-so)".

도판 5. 여덟 스승(404쪽 해설 참조)

도판 6. 방출(408쪽 해설 참조)

완전히 깨달은 자

"바세타야, 알아라, 여래는 이따금 완전히 깨달은 자로서, 축복받고 훌륭하며 지혜와 덕이 풍부하고 행복한 자로서, 세간의 지식을 지니고 그릇된 사람들을 인도함에 있어 비길 데 없는 자로서, 신과 인간들의 교사이자 축복받은 붓다로서 세상에 태어난다. 그는 혼자서 이 우주(모든 정신적 존재를 포함한 아래 세계와, 마군과 범천이 사는 윗 세계)와 모든 생물, 지성인과 브라만들, 신과 인간들을 얼굴을 마주 보듯이 철저히 이해하고 본다. 그리고 그는 자신의 지식을 다른 사람들에게 전한다. 그가 진리를 말하면 처음과 중간과 끝이 다 원만하다. 그는 가장 순수하고 가장 완전한 수준 높은 삶을 보여준다."

―《테비가 숫탄타》(I, 46)

서론

이 책에서 파드마삼바바는 티벳인들의 이상을 대표하는 신성한 화신이자 고타마 붓다보다도 더 위대한 문화 영웅으로 등장한다. 그리하여 동양 전설의 경이로움과 대승불교의 비밀스런 가르침이 그를 둘러싼 수수께끼 같은 마법의 세계 속에서 펼쳐진다. 켈트족의 아서 왕과 쿠훌라인Cuchullain[1], 스칸디나비아의 오딘Odin과 토르Thor, 그리스의 오르페우스와 오디세우스, 이집트의 오시리스와 헤르메스, 그들과 마찬가지로 이 연꽃에서 태어난 자 역시 초인의 계보에 속하며 이 세상의 환경과 인습 및 겉치레를 넘어선 존재이다.

중앙 아시아의 대 서사시인 ≪게사르의 전설≫에는 파드마삼바바의 영웅적 성격이 그와 비슷하게 강조되어 있다.[2] 비범한 능력을 지닌 용사이며 왕인 게사르Gesar는 폭력과 불의를 평정하지만, 위대한 스승의 소임은 불공정성을 타도하고 법Dharma을 확립하는 것이다.

세상의 종교 문학 어디에서도 파드마삼바바와 멜기세덱(창14 : 18)

---

1) 아일랜드의 서사시 전설 4부분 중 하나인 울스터권(圈)에 속하는 전설의 주인공으로, 모든 기술에 통달한 주권신(主權神) 루그가 환생한 용사임(역주).
2) 알렉산드라 데이비드 닐Alexandra David-Neel과 라마 용덴Lāma Yongden의 ≪The Superhuman Life of Gesar of Ling≫(런던, 1933) 참조.

에게 주어진 비범함보다 더 두드러지는 것은 찾을 수 없을 것이다. 그들은 정의의 왕이고 평화의 왕이었으며 최고 사제였다. 멜기세덱이 "아비도 없고 어미도 없고 족보도 없고 시작한 날도 없고 생명의 끝도 없으며 항상 제사장으로"[3] 있듯이 파드마삼바바도 역시 그렇다. 둘이 다 위대한 교사들의 계승자로서 신비의 영적 공동체를 설립했으니, 멜기세덱은 기원전 6세기까지 거슬러 올라가고 파드마삼바바는 기원후 8세기 중엽쯤이다. 이들 두 영웅의 기원과 끝 어느 쪽도 알려진 바가 없고, 전통에 의하면 둘 다 죽은 적이 없다고 믿어진다.[4]

역사가와 종교가, 인류학자들에게 이 위대한 스승의 전기는 독자적인 가치를 선사할 것이다. 역사적으로 실존했던 인물이 신격화되는 과정을 보여줄 뿐만 아니라, 1,200년 전 인도의 놀라운 문화상을 일별할 수 있게 해주며, 실재(實在)의 개념과 관련하여 대승불교의 성자들이 도달한 결론을 제시한다는 점에서 그렇다.

신화라든가 민족적 전통 및 스승들에 관한 전설을 떠나서 이 전기는 모든 종파의 불교도들이 일반적으로 관심을 갖는 내용 이상의 많은 것을 담고 있다. 파드마삼바바가 아난다에게서 계를 받는 장면이라든가 불성실한 승려의 이야기, 아난다가 수제자로 선별된 방법, 붓다와 불경에 관한 아난다의 증언, 보드가야에서 논전과 마법에 패한 이교도들의 이야기 등이 그렇다. 붓다의 삶과 가르침에 관한 대승불교의 이런 이야기들을 소승불교가 인정하든 어떻든 이를 통해서 불

---

3) 히브리서 7장 2~3절.
3) 히브리서 6장 20절, 7장 17절.

교에도 기독교를 위시한 다른 종교들처럼 외전(外典)이 존재한다는 것을 보여준다. 그런 이야기들은 그 자체로서 불교도의 발단(發端)을 연구하는 데 가치가 있는 자료이다.

　전기에 보이는 이상한 사건이나 다양한 가르침들은 독자 자신이 판단하고 이해해야 한다. 이 전기 속에는 확실히 합리적인 것과 비합리적인 것, 현교적인 것과 밀교적인 것이 뒤섞여 있다. 그러나 전체적으로 볼 때 위대한 스승의 전기에는 티벳어 원전의 마지막 장에 기록되어 있는 티벳 여인 예셰 쵸걜의 건전한 의도가 숨어 있음을 알 수 있다. 그녀는 약 1,200년 전에 전기를 필사본의 형태로 편집하여 티벳의 어느 동굴 속에 감추었고 그것은 거기 안치되어 있다가 복원되어 우리 시대에 전해진 것이다. 이제부터 시작될 전기를 읽는 독자는, 충실한 학생이 교사의 은덕을 입듯이, 그녀의 은덕을 입게 되는 것이다.

도판 7. 삼신(411쪽 해설 참조)

위대한 스승의 전기 요약

파드마삼바바의 탄생에 관한 붓다의 예언

붓다가 쿠시나가라[1]에서 막 입멸하려고 할 때 울고 있는 제자들에게 그는 이렇게 말했다. "세상은 덧없고 살아 있는 모든 것은 죽음을 피할 수 없으니, 나도 이제 세상을 떠날 때가 되었다. 그러나 울지 말아라. 내가 죽고 12년 뒤 우겐국(國)[2] 북서쪽 변경에 있는 다나코샤 호수[3]의 연꽃에서 나보다 훨씬 현명하고 강한 존재가 태어날 것이다. 그는 파드마삼바바라는 이름으로 불릴 것이며, 비밀의 교리를 확립할 것이다."

인드라보디 왕

보드가야 서쪽에 위치한 우겐국(國)의 자투마티 시(市)에 에메랄

---

1) 붓다가 열반에 든 쿠시나가라는 현(現) 고라크푸르의 동쪽 약 56킬로미터 지점에 있다. Kushinagara는 'Kusha-풀밭(요기들을 모신)의 마을'이라는 뜻이다.
2) Urgyān(또는 Udyāna)은 카슈미르 북서쪽의 가즈니Gazni 부근 지역에 해당했었다고 한다.
3) 연꽃 호수(Tib. Tsho-Padma-chan)라고도 불림. 보통 우겐(또는 우댜나) 지방에 있다고 하지만, 어떤 설명에 의하면 인도의 하르드와르 근처에 위치한다.

드 궁전이라 불리는 왕궁이 있고 그 안에 인드라보디 왕이 살고 있었다. 재산과 권력을 지니고 100명의 불교도와 100명의 이교도로 이루어진 신하들을 거느렸으며 500명의 왕비를 두었지만 그는 맹인이었으므로 백성들에게 '눈이 없는 가장 부유한 왕'이라 불렸다. 왕위를 계승할 외아들이 죽고 이어서 기근이 닥쳐와 왕국이 피폐해지자 인드라보디는 자신의 불행을 크게 한탄했다. 이때 어떤 요기가 찾아와 그를 위로하면서 사제들을 소집하여 신에게 공물을 바치고 신성한 경전을 낭송하라고 조언했다. 왕은 자신의 전 재산을 신에게 바치기로 맹세했고, 그리하여 보물과 곡식을 모아두었던 창고는 텅텅 비게 되었으며, 그의 백성들은 너무 가난해져서 아직 익지 않은 곡식이나 꽃까지도 따먹지 않을 수 없게 되었다.

왕의 낙심

후계자가 없음에 초조해진 왕은 공물을 바치고 여러 신에게 기도했으나 효험이 나타나지 않자 신앙심을 완전히 잃어버렸다. 어느 날 왕은 궁전의 옥상으로 올라가 북을 쳐서 모든 사람들을 소집한 뒤 그 자리에 모인 사제들을 향해 이렇게 말했다. "그대들은 내 말을 잘 들으시오. 나는 이 땅의 신과 수호령들께 기도하고 삼보(三寶)[4]에 공물을 바쳤으나 자식을 얻지 못했소. 이를 보면 종교에는 진실이 없음을 알 수 있으니, 그대들은 7일 이내로 모든 신과 수호령들의 상(像)을 철거하시오. 이를 어기면 그대들은 나의 벌을 면치 못할 것이오."

---

4) 불(佛)·법(法)·승(僧)

관세음보살이 아미타불을 찾아감

깜짝 놀란 사제들은 불에 탄 공물과 의례에 필요한 물건들을 거둬들였고, 화가 난 신과 수호령들은 우박과 폭풍우와 피를 마구 내려보냈으며, 주민들은 뭍에 오른 물고기처럼 당황하여 어쩔 줄 모르고 허둥거렸다. 이를 본 관세음보살은 커다란 슬픔에 젖어서 극락의 아미타불을 찾아가 고통받는 주민들을 보호해주도록 간청했다.

아미타불의 응답과 방광(放光)

보살의 청을 들은 아미타불이 '내가 다나코샤 호수에서 태어나리라'고 생각하여 자신의 혀에서 붉은 광선을 방사했고 그것이 유성과 같이 호수 가운데로 들어갔다. 그러자 광선이 들어간 자리에 황금색 풀로 뒤덮인 작은 섬이 생겨났고 거기 세 줄기의 하늘색 샘물이 흘렀으며 섬의 중심부에서 연꽃이 솟아났다. 연이어 아미타불은 자신의 가슴으로부터 강렬한 빛의 오고금강저(五鈷金剛杵)[5]를 방출했고 그것이 연꽃 한가운데로 떨어져 들어갔다.

---

5) 티벳 불교의 주요 법구(法具) 중 하나인 금강저(金剛杵)는 라마들의 주권(主權)을 상징하는 물건이다. '금강'이라는 단어는 여러 가지 비밀스런 의미를 지닌다. 그것은 신과 붓다들, 밀교 귀의자, 특별히 신성한 장소, 경전과 철학 체계 등을 가리키는 데 사용된다. 예를 들면, 금강승(金剛乘)은 북방 불교의 밀교 유파들 중 하나를 가리키는 이름이다. 그리하여 금강저는 영속하거나 부서지지 않거나 비밀의 불가항력을 지니는 등 고귀한 종교적 성격을 지니는 것들과 관련된다('五鈷杵'는 양쪽 끝이 다섯 갈래로 된 금강저를 가리킴—역자).

왕과 사제들의 꿈

이를 본 신과 수호령들은 더 이상 주민을 해치지 않고 호숫가를 서성이면서 거기에 경의를 표했다. 왕은 나라 전체가 밝아질 만큼 빛나는 오고저(五鈷杵)가 자신의 손에 들려 있는 꿈을 꾸었다. 꿈에서 깨어난 왕이 기쁜 마음으로 삼보를 공양하자 신과 수호령들이 나타나 그에게 공손히 예를 올렸다. 불교 승려들 역시 상서로운 꿈을 꾸었고 그 꿈은 이교 사제들을 불안하게 만들었다. 그들은 천 개의 태양이 세상에 비치는 것을 보았다.

아미타불의 화현에 관한 예언

왕이 궁전 앞 연못에서 기적처럼 솟아오른 구층탑을 경건한 마음으로 돌고 있을 때 하늘에 신들이 나타나서 외쳤다. "만세! 만세! 인류의 보호자인 아미타불께서 보석의 호수 가운데 거룩한 화신으로 태어나리니, 그는 왕의 아들이 되기에 충분하도다. 그가 어떤 손상도 입지 않도록 보호하라. 그러면 왕에게 갖가지 좋은 일이 있으리라."

왕은 국가 대신인 트리구나다라에게 이 예언을 알려 약속된 아들을 찾아오도록 했다. 대신은 즉시 호수로 갔고 호수 가운데 피어오른 커다란 연꽃 속에서 한 살쯤 되어 보이는 아름다운 사내아이가 앉아 있는 것을 보았다. 아이의 얼굴에 땀방울이 있었고 후광이 그를 두르고 있었다. 인간의 자식이 아닌 것 같은 이런 진귀한 아이를 왕의 양자로 만드는 일이 지혜로운 일인지 의심한 대신은 발견 사실을 천천히 보고하기로 마음먹었다.

여의주(如意珠)

왕국이 메말라 있었으므로 왕은 대신들을 불러 모아 조언을 구했다. 그들 중 몇몇은 농업을 제안하고 또 몇몇은 무역을 건의했으며 또 어떤 이들은 다른 나라와 싸워 재물을 약탈할 것을 주장했다. 왕은 불법(佛法)에 어긋나는 어떤 정책을 채택하기보다는 자신의 목숨을 걸더라도 백성을 위해 바다 밑의 용왕에게서 여의주를 얻어보기로 결심했다. 그는 이렇게 말했다. "내가 여의주를 얻어 돌아오면 모든 백성과 승려들을 먹일 수 있을 것이다."

왕은 용왕의 궁전으로 가서 그곳의 공주로부터 여의주를 선사받았다. 여의주가 용왕의 손에 놓이자 왕은 자신의 왼쪽 눈에 시력이 되돌아오기를 원했고 그의 소망은 이루어졌다.

왕이 연꽃에서 태어난 아이를 발견함

우겐국(國)으로 돌아온 왕을 트리구나다라 대신이 맞이했을 때 왕은 하늘에 구름도 없고 해가 밝게 비추는데도 다나코샤 호수 위에 오색 무지개가 떠 있음을 보았다. 그래서 왕은 대신에게 당부했다. "저기 저 호수에 무엇이 있는지 가서 확인해보시오."

그러자 대신은 "눈 먼 폐하께서 그것을 볼 수 있음은 어찌 된 일입니까?" 하고 왕에게 여쭈었다. "나는 여의주를 얻어 시력을 회복했소." 왕이 이렇게 대답했다. 그리하여 대신은 자신이 놀라운 아이를 보았다는 사실을 밝히고, "소인은 감히 지금까지 그 사실을 보고하지 않았나이다"라고 말한 뒤 왕에게 그 호수로 가서 직접 확인하도록 청했다. 그러자 왕은 이렇게 대답했다. "어젯밤 나는 하늘에서 구고

(九鈷) 금강저가 내려와 내 손으로 들어오는 꿈을 꾸었고, 그 전에는 내 가슴에서 해가 하나 나와 그 빛이 온 세상을 비추는 꿈을 꾸었소."

왕과 대신은 호수로 가서 작은 배를 타고 무지개가 서린 장소에 이르렀다. 거기서 그들은 한 아름이 약간 더 되는 향기로운 연꽃을 보았는데, 그 가운데에는 장밋빛 뺨에 흰 얼굴을 한 붓다를 닮은 사내아이가 오른손과 왼손에 각각 작은 연꽃과 작은 감로수 병을 들고 왼쪽 겨드랑이에 작은 삼고극(三鈷戟)을 낀 자세로 앉아 있었다.

왕은 저 혼자서 태어난 아이에게 커다란 존경심을 느꼈고 기뻐 어쩔 줄 몰라서 눈물을 흘렸다. 왕은 아이에게 물었다. "네 부모는 누구이고, 너는 어느 나라 무슨 계급 출신인가? 너는 무슨 음식을 먹으며 왜 여기에 있는가?" 아이가 대답했다. "내 아버지는 지혜(知慧)이고 어머니는 공(空)이다. 내 나라는 불법(佛法)의 나라이고 나에겐 계급도 경전도 없다. 나는 혼란을 먹고 살며 탐욕과 분노와 무지를 없애기 위해 여기에 있다." 아이가 말을 마쳤을 때 왕의 오른쪽 눈이 시력을 회복했다. 왕은 기쁨에 넘쳐 아이를 '호수에서 태어난 금강저'라 이름짓고 대신과 함께 아이에게 절을 올렸다.

아이를 왕궁으로 데려옴

왕은 아이에게 자신과 함께 갈 것인가를 물었고, 아이는 이렇게 대답했다. "그러겠소, 나는 모든 생물을 이롭게 하고 해로운 것들을 다스리기 위해, 붓다의 교의를 펴기 위해 이 세상에 왔으니." 그러자 연꽃이 완전히 열리고 아이는 마치 활시위를 떠나는 화살처럼 호숫가로 껑충 뛰었다. 아이가 땅에 닿자 그곳에 즉시 연꽃이 피어났고 그 위에 아이가 앉았을 때 왕은 그를 '연화생(蓮華生)'이라 이름지었으며, 속으로 '저 아이는 나의 후계자이자 스승이 될 것'이라고 생각했다. 왕은 아이가 앉아 있는 연꽃을 꺾어서 손에 들고 대신과 함께 왕궁으로 돌아왔다.

학과 물오리들은 아이를 잃는 슬픔에 어쩔 줄 모르고 푸덕였다. 그 중 몇몇은 아이의 어깨에 앉았고 또 몇몇은 정면으로 날아와 머리를 숙였으며 또 다른 몇 마리는 땅에 떨어져 죽은 듯이 누웠다. 또 다른 몇몇은 부리를 땅에 박고 울었으며 몇 마리는 울면서 호수 주변을 맴돌았다. 나무와 가시덤불들조차 슬픔에 차서 아이를 향해 몸을 숙였고, 까치와 앵무새와 공작을 비롯한 다른 새들은 앞으로 날아가 자기들끼리 날개를 이어 왕의 행렬을 가로막았다. 독수리와 솔개들은 왕과 대신을 부리로 쪼았고 작은 새들은 그냥 울부짖었다. 사자와 호랑이를 비롯한 맹수들이 주변을 이리저리 달리면서 위협적인 몸짓을 했으며, 코끼리와 들소와 나귀들이 밀림에서 나와 다른 짐승들과 함께 항거했다. 호수 지역의 수호신과 정령들은 천둥과 번개와 우박을 일으켰다.

행렬이 마을에 당도했을 때 마을의 주민들이 거기 가담했다. 그때 마침 길가에 낚시를 하고 있던 노인이 있었는데 그를 본 연화생은 혼자서 이렇게 생각했다. '이것은 내가 이 나라의 왕이 되면 잡힌 물고기처럼 고통을 당할 것임을 알리는 징조이다.' 잠시 후 연화생은 까마귀에게 쫓겨 산딸기 덤불 속으로 피신하는 자고새를 보고 다시 속으로 이렇게 생각했다. '산딸기 덤불은 왕국이고 까마귀는 왕이며 자고새는 나다. 이것은 내가 차츰 왕위에서 물러나야 함을 암시한다.'

왕자와 운동가와 왕으로서의 연화생

행렬이 왕궁에 당도하자 왕은 여의주를 꺼내 천개(天蓋)가 딸리고 칠보(七寶)로 이루어진 왕좌를 주문했다. 즉시 왕좌가 나타났고 왕은 아이를 거기에 앉힌 뒤 자식 겸 후계자로 인정했다. 연화생은 보살[6] 왕자로 알려지게 되었고, 왕으로 선포되었다. 열 세 살이 되었을 때 그는 황금과 옥으로 장식된 왕좌에 앉았고, 사제들은 왕국의 번영을 위한 종교 의식을 치렀다. 이때 아미타불과 관세음보살 및 시방(十方) 세계의 수호신들이 찾아와 그에게 성수(聖水)를 부어 축복하고 그를 '연꽃 왕'[7]이라 불렀다.

연꽃 왕은 열 가지 계율[8]에 의거한 새로운 법전을 만들었으며, 왕국은 번성했고 백성은 행복했다. 그는 열심히 공부하여 학식이 풍부해졌고 특히 시와 철학에 뛰어났으며, 씨름과 운동에도 그를 당할 자가 없었다. 그는 바늘귀 만큼의 틈을 통해서 화살을 날릴 수 있었다. 열세 개의 화살을 연이어 쏘는데 그 동작이 얼마나 빠른지 두 번째

---

6) 보디사트바(Bodhisattva ; 覺有情), 즉 보살은 붓다의 길을 멀리 나아간 자이다. 고타마는 보리수 아래서 무상정등각(無上正等覺)을 얻는 순간까지는 보살이었고 그 이후 붓다가 되었다.
7) 파드마 갈포Padma Gyalpo. 위대한 스승의 여덟 가지 모습 중 하나. 도판 5의 해설 참조.
8) 열 가지 계율(Dasha-Shīla ; 十戒)은 다음과 같다. (1)죽이지 말 것 (2)훔치지 말 것 (3)음행(淫行)하지 말 것 (4)거짓말하지 말 것 (5)술 마시지 말 것 (6)아무 때나 먹지 말 것 (7)화환과 장식과 향료를 사용치 말 것 (8)'앉고 눕는 데' 높은 깔개나 좌석을 사용치 말 것 (9)노래하고 춤추는 일과 세속적 구경거리를 멀리할 것 (10)금과 은을 소유하지 말고 아무것도 받지 말 것. 이들 중 앞의 다섯 계율(Pancha-Shīla ; 五戒)은 속인들을 위한 것이고, 열 가지 전체는 승려들을 위한 것이다. 그러나 이따금 속인들도 특정 금식일에 (6)~(9) 중 하나 이상의 계율을 준수하겠다는 경건한 서원을 세우기도 한다.

화살이 첫번째 것의 꽁무니를 맞혀 그것을 더 높이 날게 하고, 세 번째 것이 두 번째 것을 또 그렇게 하며, 그리하여 이런 일이 열세 번째 것까지 이어졌다. 그가 활을 쏠 때의 힘이 너무 강하여 화살은 일곱 개의 가죽 문과 일곱 개의 철문을 꿰뚫었고, 위로 쏘아올릴 때는 화살이 얼마나 높이 올라가는지 볼 수 있는 사람이 아무도 없었다. 그래서 사람들은 그를 '지극히 강한 영웅 왕'이라 불렀다.

한때 그는 야크[9]만한 바위를 들어올려 그것을 얼마나 멀리 던졌는지 간신히 눈에 보일 정도였던 적도 있었다. 그는 아홉 개의 모루를 투석기에 넣고 커다란 표석(漂石)[10]을 향해 쏘아 그것을 뒤집어버렸다. 화살과 같은 속도로 달려 단숨에 도시를 세 바퀴 돌 수 있었고, 물고기보다 헤엄을 더 잘 쳤으며, 올가미를 던져 나는 매를 잡을 수도 있었다. 그는 또한 음악의 달인이었으며, 이제 '무적(無敵)의 사자 왕'이라 불렀다.

아라한들의 내방(來訪)

어느 날 그는 명상을 위해 아무도 거느리지 않고 궁전에서 약 3킬로미터 떨어진 곳에 있는 '슬픔의 숲'으로 갔다. 그가 거기에 붓다 자세로 앉았을 때 머리 위 하늘을 지나고 있던 아라한[11]들이 내려와

---

9) 소과(科)에 속하는 머리털이 긴 티벳 짐승으로, 수컷은 짐을 나르거나 농사 일을 돕고 암컷은 젖을 얻는 데 사용된다.
10) 빙하의 작용으로 운반되었다가 빙하가 녹은 뒤에 그대로 남아 있는 바윗돌(역주).
11) 아라한(Arhant ; 應供)은 팔정도(八正道)를 달성하여 죽을 때 열반에 들 자격을 얻은 불교 성자를 가리킨다. 흔히 보살과 같은 뜻으로 쓰이고 힌두교의 리시(Rishi ; 仙)에

그를 찬탄하면서 이렇게 말했다. "만세! 만세! 당신이야말로 연꽃 왕이 분명하니, 새 시대를 선도하고 세상을 구원할 두 번째 붓다이십니다. 우리가 수백의 혀를 지니고 겁(怯)[12]에서 겁으로 나아갈지라도 당신이 지닌 광대한 지식의 한 조각을 얻기가 어려울 것입니다." 그들은 왕의 주위를 일곱 바퀴 돈 후 올라가 사라졌다.

결혼으로 파드마를 붙들려는 계획

인드라보디 왕과 대신들은 명상에 관심을 갖는 왕자를 보고 그가 왕국을 포기할 것을 우려하여 회의를 열고서 그를 위한 신부감을 찾기로 결정했다. 이런 계획이 가족 관계로 자신을 묶어두기 위한 것임을 안 왕자는 우겐의 모든 지역에서 엄선된 많은 처녀들 중에서 아무도 선택하지 않았지만, 인드라보디 왕은 왕자가 7일 이내에 선택하여 결혼하도록 종용했다. 얼마 동안 깊이 생각한 왕자는 아버지처럼 보호하고 길러준 늙은 왕의 뜻을 거부하지 않기로 작정하고 자신이 원하는 타입의 처녀를 글로 써서 왕에게 전했다.

왕은 이 글이 담긴 쪽지를 트리구나다라 대신에게 주면서 지체없이 그와 같은 처녀를 찾도록 명령했다. 대신은 붓다의 영광을 기리는 축제가 한창인 싱갈라로 가서 거기에 있던 500명의 처녀들 중 가장 매력이 뛰어난 한 소녀를 보았다. 소녀의 이름이 바사다라Bhasa-

---

견줄 수 있다. 만일 아라한이 중생 구제를 위해 열반에 들 자신의 권리를 포기하면 자동적으로 보살이 된다.

12) 한 겁(怯; kalpa)은 브라마의 하루이며, 일천 유가yuga의 기간에 해당한다. 우주는 브라마의 낮 동안 유지되다가 브라마의 밤 동안 해체된다.

dhara이고 찬드라 쿠마르 왕의 딸이며 이미 어떤 왕자와 약혼했음을 알게 된 대신은 급히 왕에게로 돌아가 사실을 보고했다.

바사다라의 선택과 결혼식

인드라보디 왕은 귀한 선물을 주고 싶다는 구실로 바사다라와 나머지 499명의 처녀들을 초대했다. 바사다라를 본 왕자는 기뻐서 그녀에게 여의주를 주었고 그녀는 그의 아내가 되기를 원했다. 바사다라와 나머지 처녀들은 싱갈라로 돌아왔고, 찬드라 쿠마르 왕은 바사다라와 연화생 왕자의 결혼을 청하는 한 통의 편지를 받았다. 그러나 찬드라 왕은, 그와 같은 청은 기쁘지만 바사다라가 싱갈라의 한 왕자와 곧 결혼해야 하므로 거절할 수밖에 없다는 내용의 답장을 보냈다.

회신을 읽은 연화생 왕자는 "오직 그녀만이 적합하고 내가 그녀를 가져야 한다"고 말했다. 인드라보디 왕은 요기 한 사람을 불러 이 사실을 알리고, "하룻밤 동안은 시간이 있으니 그 궁전으로 가서 그 소녀의 손톱 끝 밑에다 물에 적신 쇳가루를 넣으라"[13]고 말했다.

요기가 사명을 갖고 출발한 뒤 왕은 궁전의 옥상으로 가서 승리의 기(旗)[14]에 여의주를 높이 매달고 사방을 향해 절하며 바사다라가 나머지 모든 처녀들과 함께 나타나기를 빌었다. 그러자 흡사 바람과 같이 그들이 왕에게로 왔다.

---

13) 쇠는 세상의 악령들이 대체로 꺼리는 물질이며 주술의 효과를 방해한다. 여기서 쇳가루를 사용하는 것은 바사다라의 유괴를 막기 위해 사용될지도 모르는 마법의 힘을 중화시키기 위한 예방책인 것처럼 보인다.
14) ≪Tibet's Great Yogī Milarepa≫ 30쪽 맞은편 참조.

왕은 즉시 연화생 왕자와 바사다라의 결혼을 준비하도록 지시했다. 바사다라는 목욕을 한 뒤 아름다운 장신구와 보석으로 치장하여 연화생 왕자 옆의 좌석에 앉혀졌고 그들은 혼인을 치렀다. 우겐의 10만 여인들은 바사다라를 왕비로 선포했다.[15] 이어 나머지 499명의 처녀들도 왕자와 결혼했는데 이것은 우겐의 왕이 500명의 아내를 갖는 관례에 따른 것이었다. 이로부터 5년 동안 왕자는 세속적 행복을 누렸다.

세속의 포기

그러자 선정불(禪定佛) 금강살타가 나타나 결혼생활과 왕위를 버릴 때가 되었음을 왕자에게 알렸다. 인드라보디 왕은 해와 달이 동시에 지고 왕궁이 탄식으로 뒤덮인 가운데 모든 대신들이 울고 있는 꿈을 꾸었다. 꿈에서 깨어난 왕의 마음에 불길한 예감과 슬픔이 밀려왔다. 그로부터 잠시 후 왕자는 대신들을 거느리고 '슬픔의 숲'으로 산책을 갔다가 거기서 아라한들을 만났다. 이때 남쪽 하늘에 왕자가 세상의 지배자가 될 것임을 예시하는 불교의 여러 가지 표상이 나타났고, 연이어 많은 왕들이 그에게 고개를 숙이는 모습이 보였다.

세속적 권력과 감각의 즐거움을 최대로 누린 연화생은 세상의 모든 것이 환영이어서 완전한 만족을 선사하지 못함을 알았다. 그리하여 붓다의 위대한 출가를 생각하면서 부왕(父王)에게 나아가 왕위를

---

15) 우겐과 같은 고대 인도의 어떤 나라들에서는 남자들이 왕의 즉위를 선포하고 여인들이 왕비(여왕)의 지위를 승인하는 것이 관례였다.

버리고 승려가 되고 싶다는 자신의 의사를 밝혔다. 부왕의 반대에 마주친 그는 "만일 허락하지 않으신다면 여기 아버님이 계신 자리에서 죽으렵니다" 하고 말하면서 당장 자살할 듯한 자세로 단검을 매단 자신의 오른쪽 옆구리를 두드렸다. 왕자가 실제로 자살해버릴 수도 있다고 생각한 왕은 '왕자가 죽게 만드는 것보다는 승려가 되도록 허락하는 것이 나으리라'고 생각했다. 대신들의 간청도, 왕의 절친한 친구인 '황금빛'(싱갈라에서 일부러 달려온)의 만류도, 500명 왕비들의 탄식도 연화생의 굳어진 마음을 되돌릴 수 없었고, 그리하여 그는 '막을 수 없는 금강 왕'이라 불렸다.

이별

연화생이 떠나려 하자 왕비들은 흐느끼면서 이렇게 말했다. "주인이신 당신은 저희 이마 밑의 두 눈과 같아서 저희는 한시도 당신과 떨어질 수 없습니다. 정녕 저희를 묘지의 송장처럼 버리시럽니까? 어디를 가시든 당신 곁으로 저희를 부르소서. 그러지 않으면 저희는 주인 없는 개와 같이 될 것입니다. 저희가 가엾지 않사옵니까?"

연화생은 이렇게 대답했다. "이승의 삶은 덧없고 이별은 피할 수 없소. 장터에서처럼 사람들은 만나고 또 헤어지오. 그러니 헤어짐을 괴로워 마시오. 윤회의 수레바퀴를 벗어나 해방을 얻는 일에 마음을 쏟도록 합시다. 나는 깨달음의 길을 가기로 결심했고, 장차 그대들이 해탈하여 나와 함께 할 수 있는 방도를 마련하겠소. 지금은 여기 남으시오." 떠날 때 그는 진리를 얻어 돌아오리라고 약속했으므로 사람들은 그를 '마음 속에 하나를 지키는 왕'이라 불렀다.

숙명

연화생이 찾아간 우겐의 다른 지방에는 승려의 신분으로 매춘부와 동거하여 독신의 서약을 깨뜨린 전생의 업보 때문에 온몸에 생식기를 달고 태어난 한 남자가 있었다. 매춘부는 한 왕의 아들로 다시 태어났고, 그 남자는 파리의 모습으로 변하여 왕의 갓난 아들 이마에 앉았다. 연화생이 작은 돌멩이를 힘껏 던지자 돌멩이는 파리를 죽이고 죽은 파리와 함께 그 갓난아이의 머리 속으로 들이박혀 결국 파리와 아이는 함께 죽었다.

범죄자로 고발당한 연화생은 다음과 같이 설명했다. 전생에 자신은 고타마라는 이름으로 매춘부와 동시대에 살았는데, 그녀의 정부 파드마 찰락이 그녀의 하녀를 통해 그녀가 '하리'라는 이름의 상인을 몰래 받아들인 사실을 알았고, 질투심에 못이겨 그녀를 죽인 후 고타마에게 살인 누명을 씌워 죽게 만들었다는 것이었다. 파리는 파드마 찰락[16]이고, 왕의 아들은 매춘부이며, 연화생은 고타마이므로 연화생은 인과율에 의해 이런 일을 저지른 것이 된다. 그는 말했다. "그것이 만일 카르마가 아니었다면 돌멩이가 파리와 아이를 함께 죽이지 못했을 것이다." 연화생은 인드라보디 왕에게 이 지방의 법을 따르게 해달라고 간청하여 스스로 왕궁에 갇히는 몸이 되었다.

---

16) 환생에 관한 교의는 현교적인 관점과 밀교적인 관점에서 이해할 수 있다. 전자는 이 이야기가 보여주는 것과 같은 경우이고, 후자는 인간이 인간 이하의 존재로 윤회할 수도 있다고 하는 항간의 이야기를 인정하지 않는다. ≪티벳 사자의 서≫ 102~133쪽 참조. 현교적인 입장의 많은 사람들은 이 이상한 이야기를 글자 그대로 받아들일지 모르지만, 위대한 스승의 신봉자들 중에서 정신적으로 좀더 진화한 사람들은 전기의 여러 곳에 나오는 이런 이야기들을 상징주의의 관점에서 이해한다. 이 이야기의 경우 파리는 파드마 찰락이 유출한 음란성을 상징한다.

이 즈음 왕도(王都)에는 연화생이 위대한 사제가 되어 자신들의 위세를 꺾게 될 것을 두려워한 악령들이 일 만(萬)이나 몰려들었다. 왕궁과 성곽의 문들이 악령들의 공격을 막기 위해 엄중 경비되고 있었으므로 연화생은 도망칠 방법을 궁리했다. 그는 옷을 벗고 자신의 알몸에다 인골로 만든 마법의 장신구들을 걸친 후 금강저와 삼고극[17]을 들고 궁전의 옥상으로 가서 미친 사람처럼 춤을 추었다. 그러다가 그는 삼고극과 금강저를 아래로 떨어뜨렸는데, 삼고극의 창날이 한 국가 대신의 아내의 심장을 꿰뚫었고, 금강저는 그녀의 어린 아들의 머리에 맞아서 모자(母子)가 함께 죽어버렸다.

추방

대신들은 연화생을 교수형에 처해야 한다고 했지만 왕은 이렇게 말했다. "이 아들은 인간의 자손이 아니다. 육화한 신일지도 모르는 그에게 치명적인 형벌을 가할 수 없으니 나는 그를 추방하도록 선언한다."

왕은 연화생을 어전으로 불러 판결이 3개월 후부터 효력을 발휘할 것이라고 말했다. 연화생은 앞서 아이와 파리를 죽였을 때처럼 대신의 아내와 그 아들의 죽음도 카르마에 의한 것이라고 설명했다. 대신의 아들은 과거세에 매춘부와 상인 하리의 은밀한 관계를 파드마 찰락에게 누설한 하녀였고, 대신의 아내는 상인 하리의 환생이었다는

---

17) 삼고극(三鈷戟 ; triśūla)은 권두화에서 그가 끼고 있는 삼지창과 같이 생긴 법구(法具)로, 숨겨진 힘의 지배를 상징한다.

것이다. 연화생은 자신의 잘못을 인정하지 않았지만 그렇다고 어느 누구에게도 악의를 갖지는 않았다.

인도의 다른 지역들과 중국, 페르시아, 샴발라라고 불린 수수께끼의 나라 등이 왕자의 유형지로 거론되었지만 왕은 그에게 원하는 곳 어디든지 가도 좋다고 했고, 왕자는 이렇게 대답했다. "내게는 모든 나라가 다 좋습니다. 나는 오직 신성한 일을 할 뿐이며 모든 곳이 나의 수행처가 됩니다."

왕은 남 몰래 왕자에게 여의주를 넘겨주면서 이렇게 말했다. "이것이 너의 모든 소망을 만족시켜줄 것이다." 왕자는 그것을 거절하고 이렇게 말했다. "내가 바라보는 모든 것이 나의 여의주입니다." 그리고 왕자가 왕에게 손바닥을 펼치도록 요청하여 거기에 침을 뱉자 그 침은 즉시 또 하나의 여의주가 되었다.

바사다라는 왕자의 손을 붙잡고 울면서 그와 함께 추방되기를 빌었다가 다시 그를 추방하지 말아달라고 왕에게 호소했다. 그러는 동안 왕자는 자리를 떠나 어떤 공원으로 가서 많은 사람들에게 자신을 따르도록 설법했다.

"육체는 영원하지 않습니다. 그것은 절벽의 가장자리와 같습니다.[18] 호흡은 영원하지 않습니다. 그것은 구름과 같습니다. 마음은 영원하지 않습니다. 그것은 번갯불과 같습니다. 생명은 영원하지 않습니다. 그것은 풀잎의 이슬과 같습니다."

이때 동서남북으로부터 사천왕(四天王)이 자신의 권속들과 함께 나타나 왕자 앞에 엎드려 그를 찬탄했다. 또한 네 명의 다키니 Dākinī[19]

---

18) 육체는 사람을 죽음으로 이끌고, 절벽의 가장자리도 역시 그렇다.

가 음악에 맞춰 노래를 부르며 찾아와 왕자를 천마(天馬)에 태웠고 그는 남쪽 하늘 속으로 사라져 갔다. 해질녘에 그는 땅으로 내려와 어떤 동굴로 가서 7일 동안 명상에 들었는데 이때 마치 거울에 비치듯 평화의 신[靜寂尊]들이 모두 나타나 그에게 생사를 초월할 수 있는 힘을 주었다.

송장들의 신

그는 보드가야에서 약 16킬로미터 떨어진 '서늘한 백단(白檀)' 묘지[20]로 가서 송장들을 깔고 앉아 명상하며 5년을 지냈다. 그는 수의를 걸치고 죽은 자들에게 주어진 음식을 먹었으며,[21] 사람들은 그를 '송장들의 신'이라 불렀다. 그는 여기서 다키니들에게 '위대한 길'의 아홉 단계를 처음 설했다.

기근이 찾아와 묘지에 음식도 수의도 없는 송장이 쌓이자 파드마는(이제 그를 위대한 스승으로 불러야 하리라) 송장의 살을 음식으로 변형시켜 먹고 송장의 가죽을 벗겨 그것을 의복으로 삼았다. 그는 묘지

---

19) 만다라의 동쪽에는 바즈라[金剛] 다키니, 남쪽 라트나[寶] 다키니, 서쪽 파드마[蓮華] 다키니, 북쪽 카르마[業] 다키니, 만다라의 중심에는 붓다 다키니가 위치한다.
20) 붓다가 대승 교리의 일부를 설했다고 전하는 이곳은 인도의 여덟 공동묘지 중 하나이다. 연화생은 이 여덟 묘지 모두에서 차례로 소사니카sosānika 요가를 실천했다. 소사니카(塚間住 ; 무덤 곁에 거주함)는 비구승이 치러야 하는 십이두타행(十二頭陀行)의 하나로 장례와 조객들의 슬픔과 야수들의 먹이 쟁탈을 목격하고 송장 썩는 냄새를 맡으면서 윤회계의 세 가지 주된 특징인 무상(無常)·비애(悲哀)·환영(幻影)을 깨닫기 위한 것이다. 붓다 역시 소사니카를 행했다고 전한다.
21) 당시는 고인의 친척들이 묘지에 시신을 놓고 갈 때 밥을 가득 담은 커다란 질그릇 항아리를 함께 두고 가는 것이 관습이었다.

에 사는 영들을 제압하여 자신의 시종으로 만들었다.

무신앙의 타도

우겐국의 하급 왕 인드라라자가 신앙을 버리고 신하들도 그를 따르게 되자 파드마는 분노의 신이 되어 그리로 가서 왕과 무신앙자들의 육체를 빼앗아 더 이상 나쁜 업을 짓지 못하게 했다. 그리고 마법으로 그들의 육체를 변형시킨 뒤 그 피를 마시고 살을 먹었다.[22] 그는 그들의 의식체[23]를 해방하여 지옥에 떨어지지 않도록 한 것이었다.[24] 그는 만나는 모든 여인을 취하여 신앙심 있는 자녀를 낳기에 적합하도록 그 정신을 정화했다.[25]

---

22) 이런 마법은 '술이 피가 되고 빵이 살이 되는' 일의 역전(逆轉)으로 보아야 할 것이다.
23) 불교는 서양에서 말하는 '혼soul'과 같은 개념을 갖지 않으며, 개인적 실체의 영속성을 부인한다. 따라서 의식체(Tib. pho, nam-she)라고 하는 어휘를 사용한다. ≪티벳 사자의 서≫ p.231\9, p.243\17 참조.
24) 티벳인들의 이해 방식에 의하면, 위대한 요기는 악행자의 육체를 제거하여 그의 의식체(이것은 서양 신학의 '혼'과 크게 다르다)가 신앙심 있는 환경에서 다시 태어나도록 인도할 수 있다. 그러나 요가 능력 없이 생명을 취하여 의식체를 인도하는 것은 가장 큰 죄이다.
25) 다른 많은 문화 영웅들과 마찬가지로 파드마삼바바도 자신의 남성을 우생학적 차원에서 자연스럽게 과시했다. 그가 일반적인 성 도덕을 완전히 무시했음은 앞서의 개론에서 시사한 바 있지만, 닝마파에서는 그가 인간이나 다키니 계급의 여성들과 벌인 탄트라식 애정 행각이 밀교적 의미를 지니며, 그와 같은 행위들을 통하여 결국 교의를 발전시켰다고 생각한다. 이 행위 자체는 티벳어로 쩨파Dze-pa라 불린다.

도망친 젊은 악마

아루타 왕의 왕비가 임신 상태로 죽자 이 왕비의 시신이 파드마가 명상중이던 한 묘지에 맡겨졌고 그는 시신의 자궁에서 아직 살아 있는 여아를 끄집어냈다. 그 아이와는 과거세로부터 인연이 있었기 때문에 파드마는 아이를 양육하기로 결심했다. 아루타 왕은 군사들을 보내어 파드마를 공격했고 와르마쉬리 왕은 용맹하기로 이름난 무사를 보내 공격을 돕도록 했다. 파드마는 그 무사에게 활을 쏘고 도망쳤으므로 '도망친 젊은 악마'라는 이름이 붙었다.

참회의 탑stūpa[26]을 하나 건립한 뒤 파드마는 '행복의 묘지'에 자리를 잡았고, 거기에 '악마들의 정복자'로 알려진 분노의 다키니가 찾아와 그를 축복했다. 그 뒤 우겐국의 남쪽에 있는 소살링Sosaling 묘지에서 명상하고 있을 때 그는 평화의 다키니들의 축복을 받았다.

호수의 다키니의 굴복

자신이 태어난 다나코샤 호수로 간 그는 다키니들에게 그들의 언어[27]로 대승 교리를 설했다. 그리하여 그들과 그 지방의 다른 신들이

---

26) 공물 저장소를 의미하는 티벳의 초르텐Ch'orten이 인도 불교의 스투파stūpa에 해당한다. 스투파는 원뿔 모양의 석조 건축물로 고분(古墳)처럼 대개 그 가운데에 작은 공간이 있고 그 안에 화장(火葬)한 성자의 유골이나 초상 및 경전과 같은 것을 안치한다. 고대 인도의 몇몇 스투파에서 붓다의 것으로 확인된 유품들이 발견되기도 했다. 지금 여기서처럼 스투파는 참회를 위한 것일 수도 있고 보드가야에 있는 것들처럼 축원(祝願)을 위한 것일 수도 있다. 일반적으로 스투파는 붓다나 위대한 보살 및 아라한을 기억하기 위한 기념비이다.
27) 이것은 티벳의 비밀 언어들 중 하나이며, 카지 다와삼둡의 말에 따르면 현재는 고급

파드마의 지배를 받아들여 그의 사업을 돕기로 맹세했다.

바즈라바라히의 축복

파드마의 다음 거처였던 '매우 두려운 묘지'에서는 바즈라바라히 Vajra-Varāhi[28]가 나타나 그를 축복했다. 또한 세 비밀 장소(지하와 지상과 허공)의 다키니와 남성 다키니라고 하는 네 그룹의 다키니들이 나타나 다른 존재들을 다스릴 수 있는 힘을 선사한 후 그를 '도르제 닥포Dorje Dragpo'[29]로 불렀다.

스승을 찾기로 결심함

파드마는 보드가야[30]로 가서 사원을 참배했다. 그는 분신술을 행하여 코끼리 떼로 모습을 나타내기도 하고 또 동시에 여러 사람의 요기가 되기도 했다. 사람들이 이름과 스승을 묻자 그는 이렇게 대답했다. "나는 아버지도 어머니도 스승도 승원장도 계급도 이름도 없

비전(秘傳)을 간직한 극소수의 라마들만이 알고 있다.
28) 티벳인들은 바즈라바라히가 '얌독Yam-dok 호수' 승원의 비구니 승원장으로 계속해서 환생한다고 믿는다. 바라히는 암퇘지라는 뜻으로, 이 이름은 금강승 유파에 전하는 다른 금강부(연화부의 반대임—역자) 신들의 이름과 같이 비밀의 힘을 암시한다.
29) '불굴의 분노자', 닥포는 가장 무서운 형태의 악마적 신격으로, 밀교에서 자연의 파괴력을 나타낸다. 닥포(Skt. Bhairava) 그룹은 대부분 불교의 수호존들로 이루어져 있다.
30) Bodh-Gaya. 원전에는 도르제 덴Dorje-dān으로 되어 있는데, 이것은 붓다가 깨달음을 성취한 금강좌(金剛座 ; Vajrāsana)를 가리킨다. Bodh-Gayā는 Buddha-Gayā라고도 적지만 이것은 잘못이다.

다. 나는 스스로 태어난 붓다이다." 사람들은 그를 믿지 못하고 이렇게 말했다. "스승이 없다면 귀신이 아닐까?"[31] 이 말은 파드마로 하여금 다음과 같은 생각을 갖게 했다. '나는 자생한 붓다의 화신이므로 스승이 필요 없지만, 이들과 다음 세대 사람들에게 필요한 정신적 지침을 알기 위해 박식한 학자들을 찾아가서 '세 가지 비밀스런 가르침'[32]을 공부함이 현명할 것이다.'

점성술과 의학·어학·예술·공예의 습득

파드마는 우선 베나레스의 거룩한 스승 로카싯다[33]를 찾아가서 점성술을 배웠다. 이 스승은 붓다가 잉태되던 해와 붓다의 어머니가 자신의 자궁 속으로 흰 코끼리가 들어오는 꿈을 꾼 해, 붓다가 태어난 해, 그리고 비밀스런 의미를 지닌 이런 시기들이 티벳 달력과 어떻게 상응하는가를 모두 가르쳤다. 그는 또한 일식과 월식에 대해 배웠고, 그리하여 이제 '칼라차크라[34]의 점성가'로 불리게 되었다.

---

31) 스승도 없고 생명 과학과 생사의 기술에 관한 올바른 지침도 없는 오늘날의 수백만 서양인에게 신앙심 깊은 많은 인도인들이 그와 똑같은 의문을 던질 것이다. 일찍감치 서양화되어버린 사람들을 제하면 인도와 티벳에는 신앙을 갖지 않은 사람이 없으며, 모든 남녀 어린이들과 천민들까지도 스승이 있고 종교적 가르침을 듣는다. 미국으로부터 특히 두드러지는 세상의 서양화 물결에 대해 티벳 네팔인들은 주의 깊은 무관심의 자세를 유지한다.
32) 진리의 외부적(현교적)·내부적(밀교적)·초월적(현교적이지도 밀교적이지도 않은) 측면과 관련하여 전수되는 가르침. 첫번째는 소승(小乘), 두 번째는 대승(大乘), 세 번째는 ≪반야바라밀≫에 나타난 공성(空性)의 가르침과 관련된다.
33) Loka-Siddha(世成就者)는 정신과 육체 양면에서 모든 요가를 성취하여 인간적 존재를 다스릴 수 있는 힘을 얻은 자이며, 여기서 보듯이 점성술의 달인이기도 하다.

점성술을 터득한 뒤 파드마는 '치유할 수 있는 젊은이'로 알려진 어떤 유명한 의사의 아들 밑에서 의약학을 공부했고, 그리하여 '생명을 구하는 의술의 존재'로 알려지게 되었다.

파드마의 다음 스승은 철자법과 글쓰기에 통달한 한 요기였으며, 그는 산스크리트와 거기서 파생된 지방어, 악마의 언어, 부호와 상징, 신과 야수를 포함한 육도(六道)[35]에 존재하는 모든 것들의 언어를 가르쳤다. 그리하여 파드마는 모두 64개의 서체와 360가지 언어를 익혔고, 그에게 주어진 이름은 '언어의 사자(獅子) 스승'이었다.

그 다음 그는 비쉬바카르마Vishvakarma라는 이름의 80살 난 위대한 장인(匠人)에게 가서 보석과 금·은·동·철·돌을 다루는 법, 조상(彫像) 제작과 그림 그리기, 점토로 모형 빚기, 조판술(彫版術), 목공과 석공의 기술, 밧줄 만들기, 구두·의복·모자 만들기, 그 외 모든 기술을 배웠다. 한 여자 거지는 그에게 도기를 만들고 거기에 유약을 칠하는 법을 가르쳤다. 이때 주어진 그의 이름은 '모든 응용 미술의 대가'였다.

스승 프라바하스티('빛의 코끼리')

그 후 잠시 방랑하는 동안 파드마는 스승을 찾아가고 있던 두 사람의 수도승을 만났다. 파드마가 그들에게 인사하고 종교적인 가르

---

34) 칼라차크라(Kālachakra ; 時輪) 교의는 밀교의 가장 심오한 부분으로, 라마 소남 셍게는 거기에 모든 종류의 천문 점성학이 담겨 있다고 했으며, 교의 그 자체는 천 년 이상 동안 티벳에 전해왔다고 덧붙였다.
35) 지옥, 아귀, 축생, 인간, 아수라, 천(天)의 세계들.

침을 청하자 그의 무기와 거치른 행색에 놀란 수도승들은 그가 인간의 살을 먹는 악귀인 줄 알고 도망쳤다. 그는 도망치는 두 승려를 불러 이렇게 말했다. "나는 악행을 끊고 종교적인 삶을 받아들였으니, 아무쪼록 가르침을 주시오." 요청에 따라 파드마는 철 화살이 든 전통(箭桶)과 활을 그들에게 건네주고 아디붓다(Ādi-Buddha ; 本初佛)의 화신으로 아홉 개의 문[36]이 달린 통나무 집에 사는 스승 프라바하스티를 찾아 그들을 따라갔다. 목적지에 당도하여 스승 앞에 절한 후 파드마는 이렇게 말했다. "만세! 만세! 고귀한 스승이시여, 부디 제 말씀에 귀를 기울여주옵소서. 저는 우겐국에서 태어난 왕자로서 대신의 아들을 죽이는 죄를 범하고 추방당했습니다. 가진 것이 없어 빈 손으로 찾아온 저를 널리 용서하시고[37] 스승께서 알고 계신 모든 것을 제게 가르쳐주시기 바라나이다."

스승은 대답했다. "착하고, 착하도다! 그대 훌륭한 젊은이여! 그대야말로 가르침의 진수를 담을 귀중한 그릇이로다. 대승(大乘)의 그릇으로 태어난 그대에게 나는 모든 것을 가르치리라."

파드마가 이렇게 말했다. "무엇보다도 먼저 브라마차리아[38]의 상태를 제게 수여해주옵소서." 그러자 스승은 이렇게 말했다. "나는 여러 가지 요가 체계를 알고 있으니, 그대가 대승 교리에 포함시키기 위해 그것들을 배우고자 한다면 나는 가르칠 것이로되, 브라마차리아의 상

---

36) 이것은 많은 전설 속에 담긴 비의(秘義)의 한 예로 인체의 아홉 구멍(눈, 코, 귀, 입, 항문, 생식기)을 나타낸다.
37) 스승을 처음 찾을 때 정신적 가르침을 구하는 표시로 선물을 바치는 것이 제자의 관례이다.
38) 브라마차리아(brahmachārya ; 성욕의 제어)는 요가를 성취하는 데 필수적이다.

태는 수여하지 못한다.[39] 그를 위해서는 '아수라 동굴'의 아난다에게 가야 하리라. 대승을 배우기 전에 우선 나의 축복을 받으라."

프라바하스티는 불성을 얻는 법과 영적 퇴보를 막는 법, 삼계(三界)[40]의 지배권을 획득하는 법, 바라밀[41]과 요가에 관한 것들을 파드마에게 가르쳤다. 파드마는 한 번 배운 것은 무엇이든 이해하고 기억할 수 있었지만 이 스승은 파드마의 죄를 정화하기 위해 모든 가르침을 열여덟 번 복습하도록 했다.

아난다에게 수계받은 파드마

아수라 동굴로 간 파드마는 아난다에게 독신(獨身)을 맹세하고 계를 받았으며, 아난다는 그를 붓다의 섭정으로 만들었다. 흙의 여신이 황색 법복을 가져와 파드마에게 입혔고, 시방(十方) 세계로부터 과거세의 모든 붓다들이 나타나 파드마를 '샤카족의 사자, 대승 교리의 소유주'로 이름지었다.

---

39) 파드마는 붓다의 사촌이자 수제자인 아난다 앞에서 독신을 맹세하고 그로부터 수계를 받도록 운명지어져 있었다. 프라바하스티가 파드마에게 준 가르침은 다소 현교적이거나 나중에 아난다에게서 받을 것들을 예비하는 것이었던 듯하며, 따라서 실질적이기보다는 이지적인 것이라 해도 좋을 것이다. 이렇게 생각하면 프라바하스티는 파드마에게 비전(秘傳)이 아니라 단지 축복만을 선사한 것이 분명하다.

40) p.325\12 참조.

41) pp.285\179, 358\82 참조.

아난다의 탁월성에 관한 파드마의 질문

세상의 악을 무찌를 대승의 힘을 소유하여 정식 수도승이 된 파드마는 과거의 붓다들처럼 밖으로 나가 교리를 가르치고 보살들과 그것을 논의했다. 스스로 보살이 된 그는 아난다에게 돌아와, 아난다가 불법(佛法)을 논하고 있을 때 그가 어떻게 붓다의 수제자가 되었는가를 물었다. 아난다는 깊은 믿음을 갖고 교훈을 실천했던 데서 자신의 탁월성이 비롯되었다고 대답하면서 다음과 같은 이야기를 들려주었다.

불성실한 승려의 이야기

보드가야에 선성(善星)[42]이라는 한 승려가 있었는데 그는 열두 권에 달하는 가르침을 암기했으나 아무것도 실천하지 않았으므로 어느 날 붓다가 그를 타일러 이렇게 말했다. "그대는 이 모든 가르침을 암송하면서 그것을 실천하지 않으니 배운 사람이 아니다." 이 말은 들은 승려는 크게 화가 나서 대꾸했다. "당신이 나와 다른 점은 딱 세 가지뿐이니, 그것은 32상(相)과 80종호(好)와 양 팔을 편 크기의 후광을 갖추었다는 점이오. 나 역시 배운 사람인 바, 24년 동안 당신을 받들었지만 당신에게서 겨자씨만한 어떤 지식도 발견하지 못하였소." 그러고도 승려는 더욱 화가 치밀어 목청껏 소리를 질렀다. "나

---

42) 인도 사람. 출가한 후 12부경을 독송하여 욕계의 번뇌를 끊고 제4선정을 얻었다가 나쁜 친구와 사귀어 퇴실하고 사견(邪見)을 일으켜 부처님께 나쁜 마음을 가졌기 때문에 니련선하 언덕에서 대지가 갈라져 산 몸으로 아비 지옥에 떨어졌다 함(역주).

는 더 이상 당신을 섬기지 않겠소. 당신은 보잘것없는 거지요. 나는 교리를 당신보다 훨씬 더 잘 이해할 수 있지만, 당신은 자신의 왕국으로부터 도망친 건달일 뿐이오." 이렇게 소리치면서 그는 가버렸다.

아난다가 어떻게 수제자로 선택되었는가

붓다는 제자들을 모아놓고 이렇게 말했다. "선성은 크게 화가 나서 나를 떠났다. 그를 대신해서 누가 내게 봉사할 것인지 알고 싶다." 제자들은 모두 엎드려 절하면서 제각기 자신이 봉사하겠다고 말했다. "제가 하겠나이다. 제가 하겠나이다." 붓다는 다시 물었다. "내가 이제 늙었음을 알면서 그대들은 왜 내게 봉사하기를 원하는가?" 붓다는 아무도 선택하지 않았고 그들은 고요히 명상에 들었다. 이때 목건련은 아난다를 선택하는 것이 가장 적절하다고 생각했으며 여러 보살들을 포함한 5백 명의 박식한 승려 집단도 거기에 동의했다. 붓다는 빙그레 웃으면서 승락했고 아난다는 이렇게 말했다. "스승님을 받들기에 저는 크게 모자라지만 만일 제가 해야 한다면 세 가지 사항을 약속해주시기 바랍니다. 저의 음식과 의복은 제가 조달하도록 허락하시고, 제가 원하는 어떤 가르침이든 주실 것이며, 제가 자리에 없을 때 새로운 가르침을 설하시지 않는 것입니다." 붓다는 또다시 빙그레 웃으면서, "아주 좋다, 아주 좋다, 아주 좋다"고 대답했다.

붓다가 불성실한 승려의 죽음을 예언함

아난다의 첫번째 요청은 선성의 사건을 알기 때문이었으며, 붓다는 선성이 7일 이내에 죽어 승원 안뜰의 유령이 될 것임을 예언했다. 아난다에게서 붓다의 예언을 들은 선성은 얼마간 혼란스러워져서 이렇게 말했다. "이따금 그의 거짓말은 들어맞는다. 만일 내가 7일 후에 살아 있다면 그에 대해 할 말이 더 많을 것이다. 어쨌든 나는 여기에 머물겠다."

여덟 번째 날 아침에 아난다는 선성이 죽어서 그의 유령이 뜰에 나타나는 것을 보았다. 그 후 붓다가 뜰에서 법을 설할 때면 이 유령은 얼굴을 돌리고 자신의 손으로 귀를 막았다.

붓다에 관한 아난다의 증언

아난다는 자신이 21년 동안 붓다를 충실히 받든 것은 그 때문이었다고 말했다. 그리고 그는 붓다가 35세의 나이로 보드가야에서 어떻게 성불했으며, 베나레스 부근의 사르나트에서 제자들에게 고·집·멸·도의 사제(四諦)를 가르쳐 어떻게 법륜을 굴렸는가를 설명했다. 아난다는 또한 붓다가 7년 가까이 사르나트에서 가르친 것은 '선성'이 기억했던 12권 분량과 다른 10권에 담긴 분량이었다고 말했다. 이들 10권 각각의 내용을 아난다는 다음과 같이 설명했다. 제1권은 선악(善惡), 제2·제3·제4권은 백 가지 계율, 제5권은 계율의 실천법, 제6권은 무아(無我), 제7권은 요가, 제8권은 선행의 과보, 제9권은 지혜, 제10권은 마음과 사고(思考)이다. 그 외에도 탐욕·분노·무지, 승려를 위한 교훈, 스승과 제자, 설법의 요령, 공성(空性), 교훈

실천의 결과, 해방 달성법 등에 대한 많은 가르침들이 있었다.[43]

10여 년에 걸친 두 번째 설법 기간 동안 고타마 붓다는 마가다국(國)의 그리드라쿠타[44]와 제타바나[45] 등지에서 대승을 설했다. 그는 또한 미륵과 관음을 위시한 천상의 다른 보살들이나 신과 악마들에게도 여러 경전에 보이는 불법의 핵심을 가르쳤고 자신의 실론 방문에 대해 말했다.

13년이 넘는 세 번째 기간 동안은 주로 신과 용왕, 아라한을 비롯한 여러 영적인 무리들을 상대했고, 7년에 걸친 네 번째 기간 동안은 탄트라를 설하긴 했으나 피상적인 데 그쳤다.

붓다는 탄트라의 비밀을 가르치기 위해 바즈라파니(Vajra-Pāni ; 金剛手)[46]를 지명하여 그에게 권능을 부여하고 이렇게 말했다. "같은 나라 같은 시대에 보드가야의 두 붓다가 가르침을 설할 수 없다. 만일 다른 붓다가 있다면 그는 오직 현재의 붓다가 떠난 뒤에만 올 수 있다."

고타마 붓다가 경(經)·율(律)·논(論)[47]과 법문(法門 ; Shloka)을

---

43) 티벳 불교도들은 붓다가 사르나트에서 설한 가르침들은 소승불교이고 그 이후 다른 곳에서 설한 것이 대승불교라고 믿는다.
44) Gridhrakūta. 음역하여 기사굴산이라고도 하고, 독수리가 많아 영취산(靈鷲産)이라고도 한다(역주).
45) 중인도 사위성에서 남쪽으로 1마일 지점에 있는 기수급고독원으로 기원정사가 있던 곳(역주).
46) 비밀 불교의 바즈라파니는 힌두 신화의 인드라, 그리스 신화의 제우스, 로마 신화의 주피터, 히브리 신화의 야훼가 지니는 힘을 상징한다. 그는 다섯 선정불(禪定佛) 중 두 번째 붓다인 아축(阿閦 ; Akshobhya)의 권속이다.
47) 이들 삼장(三藏 ; Tri-Pitaka)은 남방 불교의 정전(正典)을 구성한다. 경(藏 ; Sūtra)은 붓다의 강론이고, 율(律 ; Vinaya)은 승직의 규범이며, 논(論 ; Abhidarma)은 심리학과

설했던 것은 이때였고, 열반에 든 82세 때까지였다.[48]

아난다 밑에서 공부한 파드마

파드마는 아난다의 [여기서는 요약된] 긴 강론을 듣고 기뻐서 5년 동안 그와 함께 지내며 선성이 기억했던 12권 분량의 법문을 익혔다.

공부가 끝나갈 때쯤 파드마는 현교적인 교리의 한계를 깨닫고 속으로 이렇게 생각했다. '신성한 지혜와 공(空)에 관한 가르침을 통하여 좀더 완전한 길을 발견해야 한다.'[49]

경전에 관한 아난다의 증언

그는 아난다에게 물었다. "얼마 동안이나 경문(經文)과 진언(眞言)들이 기록되었고, 셀 수 있다면 그들이 몇 권이나 되며, 그 원본은 어디에 있습니까?" 이에 대해 아난다는 대답했다. "세존께서 열반에

형이상학이다.
48) p.323\8 참조. 붓다가 가르침을 편 시기들에 관해 여기 제시된 티벳의 전통은 붓다의 설법 기간을 크게 다섯으로 구분한 중국 천태종의 개조 지의(智顗 ; 538~597)의 교상판석 이론을 상기시킨다.
49) 구극적 진실을 발견하려는 위대한 스승의 이 커다란 결심을 요약된 형태로 보여주는 것이 둘째권의 〈마음 알기 요가〉이다. 모든 종교의 경전은 깨닫지 못한 다수의 사람들을 보다 높은 가르침으로 인도하기 위해 만들어진다. 성자들의 가르침은 붓다가 말했듯이 설사 그것이 가장 현명한 스승의 가르침이라 해도 제자 자신이 스스로 하나의 등불 내지 지팡이일 수 있게 하기 위한 목적을 갖는다. 스승은 세속적 존재의 모호함에서 열반으로 향하는 밝은 길을 가리킬 수는 있지만 여행은 제자 자신이 해야 하며 어느 누구도 그것을 대신할 수 없다.

든 후 그의 모든 말씀이 기록되었다. 인드라의 코끼리[50]로 운반한다면 그것은 5백 짐은 족히 될 것이다." 그러나 천인(天人)과 용(龍)들 사이에 분쟁이 일어나서 제각각 자신들의 세계로 경전을 가져가고자 했다. 그리하여 ≪붐≫[51]의 경전은 용의 왕국에, ≪반야바라밀≫은 인드라의 하늘[帝釋天]에, 대부분의 경(經)은 보드가야에, 논(論)은 나란다 승원에, 대승 문헌의 대부분은 우겐에 숨겨졌고, 다른 책자들은 나란다의 탑 속에 안치되었다. 이 모든 기록은 곤충과 습기의 피해를 입지 않도록 되어 있다.

파드마의 가르침과 여러 가지 공부

아난다에게서 공부를 마친 뒤 파드마는 어떤 묘지로 갔는데 거기에는 야크의 몸과 사자 머리와 뱀의 다리를 한 마하칼라[52]가 살고 있었다. 이 묘지에는 값진 보석들로 만든 탑이 있었고 파드마는 거기에 등을 기댄 자세로 법을 설하곤 했다. 여기서 5년 동안 다키니들을 가르쳤으며 그는 '햇빛과 같은 자'[53]로 불렸다.

---

50) 인도 문헌에 자주 인용되는 신화 속의 코끼리로 상상을 초월한 힘을 지니며, 동양식의 과장법에 사용된다.
51) 10만〔의 (초월적 지혜) 법문〕을 의미하는 붐(Boom ; Skt. Sata Sahasrikā)은 산스크리트 원전 ≪반야바라밀(Prajñā-Paramitā)≫이 10만송으로 전해진 것—남방 불교의 논(論 ; Abhidharma)에 해당—으로 21권의 티벳 불전 쉐르친Sher-chin 중 앞쪽의 12권을 이룬다.
52) 마하칼라(Mahākāla ; 大黑)는 남성신으로, 모든 것을 해체하고 분해하는 우주력과 시간을 나타내며, 여성형은 칼리Kāli이다. 그는 죽음의 신이고 달마라자(Dharma-Rāja ; 法王)와 비슷하며, 지상에 달라이 라마로 육화한 관세음보살의 분노형이다.

중요한 몇 마디로 설명이 가능하며 떠오른 태양이 어둠과 추위를 몰아내듯 즉시 효과가 나타나는 가르침을 찾고자 파드마는 색구경천(色究竟天)[54]의 아디붓다에게 가서 대완성의 교의를 배웠다.[55] 그리하여 파드마는 밀교(密敎)의 바즈라다라[56]로 불리게 되었다.

그 후 파드마는 카슈미르에 있는 '큰 행복'의 묘지로 가서 5년 동안 마녀 가우리마Gaurima와 많은 다키니들에게 불법을 설했고, '온 세상에 지혜를 전하는 자'[57]라는 이름을 얻었다. 다시 그는 천상의 금강살타[58]를 찾아가 요가와 탄트라 교의를 터득했고, 현교(顯敎)의 바즈라다라로 불리게 되었다.

파드마는 또한 네팔에 있는 '자생봉(自生峰)' 묘지에서 5년을 살았는데, 거기서 악마들을 포함한 여러 계층의 영적인 무리를 가르치고 다스려 삼계(三界)의 지배권을 획득한 후 '사자후로 가르치는 자'[59]라는 이름을 얻었다.

---

53) 파드마삼바바의 여덟 화신 중 하나인 니마 회제르Nyi-ma Hod-zer. 도판 5와 그 해설 참조.
54) 색구경천(Akanishtha ; Tib. 'Og-min Heaven)은 색계(色界) 18천의 맨 위 천국(역주).
55) '대완성'의 교의는 파드마삼바바가 설립한 닝마 종(宗)의 근본 교의이다(≪티벳 밀교 요가≫ 다섯째권 서론 참조).
56) 바즈라다라(Vajra-Dhāra ; 金剛持)는 진언승과 금강승에서 비의를 가르치는 초인적 스승이다. 그는 한마음의 신격화인 본초불(本初佛)과 실재의 상징인 법신(法身)에 직접적으로 이어진다. 따라서 바즈라다라는 닝마 종의 신성한 스승이다.
57) 파드마의 여덟 화신 중 하나인 로덴 촉세Loden Chog-se.
58) 금강살타는 ≪티벳 사자의 서≫ 278쪽에 있듯이 동방 묘희 세계를 다스리는 선정불 아축(阿閦)의 권속이다. 그는 현교적인 관점에서 우주를 나타내고, 밀교적인 관점에서 모든 신격을 포함한다. 시바 신과 마찬가지로 요가의 달인인 그는 요기들의 교사이다.
59) 파드마의 여덟 가지 모습 중 하나인 셍게 다독Seng-ge Dradog.

아디붓다의 천국에서 파드마는 구승(九乘)[60]과 치티Chitti 요가[61]에 관한 21개 논문을 비롯하여 만트라와 탄트라에 관련된 모든 것을 완벽하게 공부했고, '완전히 배운 자'로 불리게 되었다.

'연꽃에서 태어난 자'라는 이름은 그가 사호르국(國)의 '랑카봉(Lanka峰)' 묘지에서 많은 무서운 악마들을 가르치고 훈련시킨 후에 주어졌다.[62]

우겐 국토 내의 '신봉(神峰)' 묘지에서 5년을 지내는 동안 파드마는 바즈라 요기니 그룹[63]의 다키니에게서 비밀 해탈법을 전수받았다. 그가 '모든 존재의 영원한 위안자'[64]로 불리게 된 것은 '연화봉(蓮華峰)' 묘지에서 다키니들을 가르친 후이다.

다키니의 비전(秘傳)

파드마의 다음 스승은 백단나무 동산 묘지 한가운데 있는 해골들의 궁전, 그 속에 사는 한 다키니로 정해져 있었다. 그가 도달했을

---

60) 대승 · 소승 · 진언승 · 금강승 · (미륵불의 다섯 권 서적에 기초한) 다섯 가지 유가행을 가리킴. 이것은 힌두교에 냐야, 바이쉐쉬카, 샹캬, 미망사, 요가, 베단타의 여섯 가지 철학 유파가 있음과 비슷하다.
61) 둘째권에 나오는 것과 같은 '있는 그대로의 마음'에 관한 요가.
62) 연꽃처럼 물에 친화성을 갖는 많은 생물들이 이 묘지에 살았으며 그것은 위대한 스승의 탄생과 관련된다고 티벳인들은 말한다. 연화생(蓮華生 ; Padma-Sambhava)이란 이름은 그래서 생겨났다.
63) 금강승에서는 천인(天人 ; devata) 집단이 바즈라 요기니(티벳 탄트라 요가의 여러 가지 비밀 행법과 관련된 수호 여신)로 나타난다. (≪티벳 밀교 요가≫의 도판 5와 셋째권 1장 11~16절의 바즈라요기니에 관한 설명 참조).
64) 파드마의 여덟 가지 모습 중 하나인 도르제 돌로Dorje Dro-lo.

때 궁전의 문은 닫혀 있었는데, 물통을 든 하녀 차림의 한 여인이 나타나 안으로 들어가려다가 앉아서 명상 중이던 파드마의 요가에 의해 진로를 저지당했다. 그러자 그녀는 수정 칼을 꺼내 자신의 가슴살을 절개한 후 그 속의 위와 아래 부분에서 정적 42존과 분노 58존[65]을 보여주었다. 그녀는 파드마를 손으로 가리키면서 이렇게 말했다. "나는 당신이 막대한 힘을 지닌 놀라운 탁발승임을 압니다. 그러나 나를 보세요. 당신은 나를 믿지 못하나요?" 파드마가 그녀에게 인사하고 사과하면서 가르침을 청하자 그녀는 이렇게 대답했다. "나는 단지 하녀일 뿐입니다. 안으로 들어오세요."

궁전 안으로 들어선 파드마는, 공물을 바치는 32명의 다키니에 둘러싸여 양면 북[66]과 두개골 잔을 양 손에 쥐고 해와 달의 왕좌에 앉아 있는 다키니를 보았으며, 그녀에게 다가가 밀교와 현교의 두 관점에서 가르침을 주도록 빌었다. 그러자 100명의 정적존과 분노존들이 머리 위에 나타났고, 다키니는 말했다. "이들을 보고 비전(秘傳)을 받으라." 파드마는 이렇게 대답했다. "삼세(三世)의 모든 붓다에게 스승이 있으니 나를 당신의 제자로 받아주시오."

그러자 다키니는 모든 존(尊)들을 자신의 몸 속으로 거둬들이고, 파드마를 훔Hūm[67]의 음절(소리)로 변형시켰다. '훔'이 자신의 입술에 머무는 동안 그녀는 거기에 아미타불의 축복을 선사한 후 그것을

---

65) 이들은 100존(尊)으로 이루어진 만다라의 구성원이다(≪티벳 사자의 서≫ 493쪽 참조).
66) 의례용의 북(Tib. damāru). (도판 5 참조)
67) 티벳인들의 만트라 음절인 '훔'을 바르게 소리내면 힌두교의 옴(Aum, Om)과 마찬가지로 모든 만트라 중에서 가장 효과가 있다고 한다. '훔'은 티벳의 탄트라 의식에서 매우 중요한 역할을 하며, 즉 척추의 기저부에 위치한 심령 에너지 센터인 물라다라

삼켰고, 파드마는 그녀의 뱃속에서 관세음보살의 비전을 얻었다. '훔'이 쿤달리니의 영역에 도달했을 때 그녀는 파드마에게 신(身)·구(口)·의(意)[68]의 비전을 선사했고, 그는 모든 더러움과 모호함에서 벗어났다. 그녀는 또한 모든 악령들을 다스릴 수 있는 힘을 지닌 하야그리바(Hayagrīva ; 馬頭)의 비전[69]을 주었다.

'지혜의 소유자'라는 스승

그 후 색구경천의 '지혜의 소유자'[70]가 마법과 재탄생으로부터 세속적 지식, 숨겨진 보물, 세속적 재물을 다스리는 힘, 수명 등에 이르기까지 현교적 밀교적으로 알려진 모든 것을 파드마에게 가르쳤다.

버마 스승의 선(禪) 방식

이 '지혜의 소유자'는 파드마에게 버마의 페구[71]로 가서 동굴에 사는 쉬리 싱하 왕자로부터 모든 불교 종파가 지닌 가르침의 진수를 이것 저것 가리지 말고 얻도록 지시했다. 파드마가 스승 쉬리 싱하를

(Mūlādhāra ; 根持) 차크라에 관련된다. 뱀의 성질을 지닌 쿤달리니 여신이 여기 잠자고 있으며, 올바른 순서에 따라 이 여신을 일깨움으로써 비법을 성취할 수 있다.
68) 현교에서 삼업(三業)의 근원으로 보는 이것을 밀교에서는 깨달음의 비밀스런 수단으로 보고 삼밀(三密)이라 부른다(역주).
69) 이것은 하야그리바가 상징하는 우주력(악령들을 통해 나타나거나 파괴 및 부조화의 세력으로 나타나는)을 마음대로 구사할 수 있게 만든다.
70) 릭진Rig-zin. 높이 진화한 보살과 같은 존재.
71) 9~10세기에 불교가 번성했던 버마의 고대 도시.

찾아가 가르침을 청하자 스승은 하늘을 가리키며 이렇게 말했다. "그대가 아는 것에 대해 어떤 욕망도 갖지 마라. 원하지 마라, 원하지 마라. 원하라, 원하라. 욕망에 대한 욕망을 갖지 마라, 욕망에 대한 욕망을 갖지 마라. 욕망과 해방은 함께 존재한다. 공성(空性), 공성(空性). 비공성(非空性), 비공성(非空性). 무무명(無無明), 무무명(無無明). 무명(無明), 무명(無明). 만물의 공허, 만물의 공허. 위 아래 가운데 모든 방향에서 가리지 말고 원하라." 이 모든 것을 자세히 설명한 뒤 스승은 파드마가 모든 교리의 진수를 실현할 것이라고 확신시켰으며 파드마는 스승을 찬탄했다.[72]

파드마가 다시 "붓다와 붓다 아닌 자와의 차이가 무엇입니까?" 하고 묻자, 쉬리 싱하는 이렇게 대답했다. "차이를 분간하려 해도 차이가 없다.[73] 그러니 외부적인 것들에 대한 의심을 떠나라. 내부적인 것들에 관한 의심을 극복하기 위해서는 완전하고 절대적인 신성한 지혜를 사용하라. 첫번째 원인이라든가 두 번째 원인을 발견한 사람

---

72) 이 스승의 교수법은 선사(禪師)들의 그것과 비슷하다. 제자는 스승의 자극을 받아 깊은 내관(內觀)에 들게 되고 결국 자신의 의문에 대한 해답을 얻어 문제를 해결한다. 선종(禪宗)에서는 무지로부터의 해방을 자기 바깥이나 경전 속에서, 또는 스승을 통해서 찾으려는 생각이 부질없음을 가르치며, 이 점은 '마음 알기 요가'와 매우 비슷하다.
73) 이 역설적인 말을 이해하려면 인간과 인간 이하의 존재들을 포함한 살아 있는 모든 것이 잠재적으로 붓다나 그리스도(그노시스적 기독교의 관점에서 본)임을 알 필요가 있다. 계속해서 스승은 우리가 차이라고 부르는 것들이 단지 외관상의 차이일 뿐임을 시사한다. 원래 모든 것은 하나이며, 따라서 본질적으로는 그들을 구분할 수 없다. 중국 선종의 스승들 중 한 사람인 혜능 역시 이렇게 말했다. "붓다는 자신이 붓다임을 알지만 보통 사람은 그것을 알지 못하며, 그 점이 붓다와 일반인의 단 한 가지 차이이다." 그리고 선종의 시조인 보리달마는 모든 것이 태초부터 불성을 지닌다고 가르쳤다.

은 아직 아무도 없고, 나 자신도 발견할 수 없었으며, 마찬가지로 너, 연꽃에서 태어난 자인 너도 발견할 수 없을 것이다."

문수보살의 비범한 탄생

파드마의 다음 스승은 중국 산서성의 시타사라[74] 강 부근 오대산(五臺山)에 사는 문수보살이었는데 그의 출생 역시 파드마의 경우와 같이 비범한 것이었다.

한때 붓다가 중국으로 법을 설하러 갔을 때 그곳 사람들은 붓다를 저주했고, 그리하여 그는 인도의 그리드라쿠타로 돌아왔다.[75] 보다 높은 진리를 중국인들에게 전하는 것이 쓸데없는 일이라고 생각한 붓다는 점성술과 함께 조건부의 진리[76]를 소개하기로 마음먹었다. 그리하여 그리드라쿠타에 머물면서 머리의 보관(寶冠)으로부터 한 줄기 황금빛을 방사하니 그것이 오대산의 다섯 봉우리에 있는 다섯 탑 중 하나 근처의 어떤 나무에 비쳤다. 그러자 나무에서 작은 혹이 생겨나고 그로부터 한 송이 연꽃이 피어났으며, 그 속에서 오른손에 지혜의 칼을 들고 왼손에 지혜의 책이 얹힌 청련화를 쥔 문수보살이

---

74) Sītā-sara. 산스크리트화된 중국의 강이름. sara는 '하(河)'를 뜻하고 Sītā는 인드라 Indra와 라마Rāma의 아내. ≪고금도서집성(古今圖書集成)≫에 오대산 주변의 그림이 나오지만 글씨가 너무 작아 강이름 확인 불능(역주).
75) 티벳의 전통에 따르면 붓다가 대승을 가르친 것은 그리드라쿠타에서였다. 그리드라쿠타[靈鷲山]는 라자그리하(왕사성)를 둘러싼 다섯 산들 중 가장 높은 산이며 여기서 B.C. 477년에 최초의 불교 경전 결집회의가 열렸다.
76) 불법의 보다 현교적인 측면으로, 밀교적인 측면의 준비 과정이거나 거기에 부속하는 과정.

태어났다. 사람들은 그가 부모 없이 태어난 자라고 말을 했다.

황금 거북과 문수보살의 점성술

문수보살의 머리에서 한 마리의 황금 거북이 나오더니 시타사라 강으로 들어갔고, 이때 생긴 물거품 하나에서 암수 두 마리의 흰 거북이 나와 다섯 종류의 거북을 낳았다.[77] 이때쯤 붓다가 다시 머리의 보관으로부터 한 줄기 흰빛을 방사하여 승리의 여신을 비추자 여신이 문수보살을 찾아갔으며, 보살은 황금 거북을 손에 들고 이렇게 말했다. "이것은 위대한 황금 거북이다." 보살은 여신에게 7가지 점성술을 가르쳤고 여신은 거기서 총 8만 4천 논문을 공부했다. 이들 중 2만 1천 개는 살아 있는 인간에게 적용되는 점성술이고, 다른 2만 1천 개는 죽은 자를 위한 것이며,[78] 또 다른 2만 1천 개는 결혼에, 나머지 2만 1천 개는 토지와 농업에 사용되는 것이었다.[79]

---

77) 중국 기원의 티벳 점성 및 점복 도표인 시파콜로Srid-pa-Hkhor-lo가 말해주듯이 중국인들은 거북을 우주의 상징으로 보고 점치는 데 사용한다. 시파콜로는 거북으로 변형된 문수보살이 주재하며 그 몸체의 각 부위에 마방진(魔方陣)의 형식으로 산스크리트 문자를 배열한다.
78) 티벳에서는 장례에 적합한 일시를 고른다든가 죽은 사람이 다시 태어날 시간·장소·환경, 죽음의 시각을 확인하는 데 점성술이 사용된다.
79) 인도와 실론, 티벳, 중국을 비롯한 동양의 여러 나라들에서는 일생의 모든 중요한 일과 밭 갈고 씨 뿌리고 거둬들이는 농경 작업, 토지나 주거의 선별 등에 점성술의 계산을 참고한다. 실론에서는 지금도 시변(時變) 점성술이 성행하여, 건물이나 담장 및 대문의 기공식이라든가 나무를 베고 우물을 파는 등 모든 작업 시간을 점성술이 결정한다.

문수보살의 점성술을 복원한 파드마

문수보살의 머리에서 나온 가르침으로 알려진 이들 점성술 체계가 세상에 널리 퍼지자 사람들은 거기에 커다란 관심을 보였고, 불법은 거들떠보지도 않게 되었다. 그래서 문수보살은 그 가르침이 담긴 모든 서적을 마법의 구리 상자에 넣어 오대산의 동쪽에 있는 어떤 바위 속에 감추었다. 점성술의 도움을 받을 수 없게 되자 사람들은 질병과 단명, 빈곤, 기근, 가축의 불임 등 혹심한 불행에 시달렸다.

이러한 불행을 본 관세음보살은 파드마삼바바에게 가서 말했다. "나는 세상을 세 번 개혁했다. 그리고 모든 존재가 행복하겠거니 생각하면서 리포탈라Ripotāla[80]로 돌아왔다. 그러나 지금 세상을 내려다보니 고통이 너무 많아 눈물이 난다." 그리고 다시 보살은 덧붙였다. "범천(梵天)의 형태를 취하고 가서 그 숨겨진 '서적들의' 보물을 되찾아 중생을 이롭게 하라."

파드마는 범천의 모습을 하고 문수보살에게 가서 말했다. "참다운 불법은 아니지만 어쨌든 점성술은 중생을 이롭게 하니 숨겨진 서적들을 꺼내어 제게 그것을 가르쳐주시기 바랍니다." 그래서 문수보살은 감췄던 서적들을 꺼내어 그 모든 것을 가르쳤다.[81]

---

80) 관세음보살이 머무는 천국. 산스크리트로는 포탈라Potāla이며 관음의 화신인 달라이 라마의 궁전 이름으로 티벳 국외에 알려져 있다. 관음의 주처로 알려진 보타락산(補陀落山)이라는 명칭이 여기서 왔고, 이 산은 보현의 아미산(峨眉山), 문수의 오대산과 함께 3대 성지로 불린다(역자).
81) 이들 점성학 논문의 길다란 목록이 티벳어 전기 원본의 지면 105~106에 나와 있다.

파드마의 다른 스승들

문수보살에게서 점성술 수업을 마친 뒤 파드마는 아디붓다에게서 더 공부한 후, 여러 인간 스승들을 통하여 여덟 가지 교의에 입문했다. 그것은 정적존과 분노존, 삼계(三界)의 악마들, 찬가(讚歌), 저주, 모든 종교의 핵심들 중에서 최상의 핵심, 신성화(神聖化)의 본질에 관한 것이었고, 그에 해당하는 신들이 파드마 앞에 나타났다. 그는 십삼 층 탑을 건립하고 그 속에 이들 여덟 가지 교의가 담긴 문헌을 감추었다.

숨겨진 문헌을 복원한 파드마

한 다키니가 나타나 파드마에게 '아미타불의 화신'이라 칭하며 절한 뒤 고타마 붓다의 가르침을 적은 서적들이 공개되어야 할 때가 되었음을 알렸고, 그는 천계와 용들의 세계와 인간계로부터 그 서적들을 수집하여[82] 내용을 익혔으며, 그리하여 '세상의 강력하고 부유한 자'로 불렸다.[83]

요가의 기술들을 터득함

이제 파드마는 그리드라쿠타로 가서 건강과 장수를 위해 정(精)을 모으는 요가를 배웠다. 음식을 끊고 물만 마심으로써 비범하게 보고

---

82) 이들의 이름은 티벳어 전기 원본의 지면 107에 나온다.
83) 여기서 '강력하고 부유한 자'라는 것은 물질적 관점에서가 아니라 지혜의 관점에서 그렇다는 뜻이다. 이 이름은 흔히 관세음보살을 부를 때 사용되는 이름이다.

듣고 냄새 맡고 맛보고 느끼는 힘, 옷 없이 체온과 건강을 유지하는 능력,[84] 호흡조절에 의해 마음을 맑게 하고 몸을 가볍게 하며 발이 빨라지는 법, 단식하면서 공(空)의 가르침을 적용하여 하늘같이 끝없는 지식을 얻고 생명을 연장하는 법들이 그것이다.[85] 그 외에도 여러 가지 고행을 실천하여 모든 고난을 견딜 수 있게 되었으며, 이때 그의 이름은 '가장 큰 축복을 누리는 자'였다.

파드마는 또한 자갈과 모래에서 영약(靈藥)을 추출하고 쓰레기와 송장의 살을 음식으로 바꾸는 기술을 익혔으며 곡예의 명수가 되었으니, '왕과 같이 음식을 즐기는 자'로 불렸다.

파드마가 터득한 또 다른 요가 기술은 황금의 정수(精髓)를 취하여 수명을 연장하는 법, 은의 정수를 취하여 질병을 예방하는 법, 진주의 정수를 취하여 물 위를 걷는 법, 철의 정수를 취하여 독(毒)을 중화시키는 법, 청금석[86]의 정수를 취하여 명료한 시각을 얻는 법이었고, 이제 그의 이름은 '연꽃 보석의 정수(精髓)'였다.

파드마는 천 가지의 정수(精髓)를 사용할 수 있었고 사람들에게 그것을 가르쳤으며, 그들 지식 중의 얼마 정도는 글로 적어 감췄다.

의왕불(醫王佛)이 나타나 파드마에게 감로 항아리를 주면서 내용물을 마시도록 했고 파드마는 수명 연장을 위해 반을 마신 뒤 반은

---

84) 이것은 ≪티벳 밀교 요가≫ 셋째권에 나오는 툼모Tummo를 가리킨다.
85) 이런 일련의 성취(成就 ; siddhi)는 요가에 의해 흙·물·불·바람·에테르의 5대 원소를 통어함으로써 가능하다. 본문 중의 정(精)은 흙, 물 마심은 물, 옷은 불, 호흡조절은 바람, 공(空)은 에테르를 나타낸다.
86) 바이두리아(vaidūrya ; 瑠璃). 공작석(孔雀石)이나 귀감람석(貴橄欖石)을 가리키며 황(黃)·록(綠)·백(白)의 세 가지 변종이 있다. 의왕불(醫王佛)의 대표격인 약사유리광여래는 이 광물의 이름에서 비롯되었다.

탑 속에 감췄으며, 이때 그는 '성취자 파드마'로 불렸다.

범천이 21명의 대선(大仙)을 동반하고 나타나 파드마에게 꽃을 뿌리고 찬탄하면서 그에게 말했다. "당신은 아미타불의 마음으로부터 나왔고 연꽃에서 태어났다. 당신은 의약과 해독(解毒), 5대 원소, 수명 연장에 관한 기술을 터득했다."

푸주한들을 죽임

인도의 한 변경에 푸주한들이 사는 마을이 있었는데 파드마는 그들을 타도하기 위해 그들 중의 카티Kati라는 이름을 지닌 한 아들로 육화했다. 계급에서 탈락된 푸주한 직업의 거친 그에게 있어서는 짐승을 잡아먹으나 사람을 잡아먹으나 별 차이가 없었다. 그래서 그는 푸주한들을 죽여 그 살을 먹었고, 급기야 자신의 살까지 여기 저기 도려내어 먹기 시작했을 때 사람들은 그를 저주하면서 내쫓았다.[87]

카티는 마을에서 나와 자신만큼이나 악독한 툼포Tumpo[88]라는 이름의 푸주한을 알게 되었고, 그에게 이렇게 말했다. "우리는 둘 다 같은 방식으로 살고 있으니 서로 좋은 친구가 될 수 있을 것이다." 카티는 활과 화살과 올가미를 툼포에게 주면서 말했다. "전력을 다해 계속해서 푸주한들을 죽여라. 나는 전력을 다해 그들의 의식체를 신들의 처소로 보낼 것이다." 이와 같이 하여 모든 푸주한들이 죽임을 당했다.[89]

---

87) 살아 있는 모든 것이 서로가 친족임을 믿는 충실한 불교도에게 있어서는 짐승의 살을 먹는 일이 자신의 살을 먹는 일과 본질적으로 다르지 않다.
88) 이 이름은 계급에서 탈락된 야만적인 부족의 일원으로 흉포해 보이는 인간을 의미한다.

모든 악마와 모든 신들을 정복함

파드마의 다음 업적은 이교도와 악마들을 제압하고 전향시켜 자신이 불법을 확립하는 데 헌신하도록 한 일이었다. 그는 악마들을 제압 전향시키는 법을 책으로 써서 바위 속에 감췄다.

그리고 파드마는 생각했다. '악을 타도하기 전에는 가르침을 펴거나 유정(有情)을 돕기가 쉽지 않다.' 그는 보드가야 근처의 '서늘한 백단' 묘지로 돌아와 인간의 두개골로 문이 여덟 달린 집을 짓고 그 안에 왕좌를 마련한 뒤 거기 사자처럼 앉아서 명상에 들었다. 그러자 토오훔첸[90]이 그 앞에 나타나 절하며 이렇게 말했다. "훔! 오, 그대, 금강의 몸을 한 자여, 자신의 왕좌에 사자처럼 앉은 샤캬교(敎)의 보유자여, 스스로 태어나 스스로 성장한 탄생과 늙음과 죽음의 정복자여, 영원한 젊음의 소유자여, 육체의 허약함과 질병을 초월한 자여, 당신은 진리의 몸[91]이어라. 당신은 육체적 요소들의 집합으로부터 생겨난 악마, 고통과 질병의 악마, 죽음과 저승 사자, 정욕의 신을 극복했노라. 오, 그대, 영웅이여, 당신이 이 모든 악을 정복할 때가 왔도다."

명상에서 현실로 돌아온 파드마는 집의 옥상으로 가서 승리의 깃발을 여덟 개 세우고 묘지의 송장들로부터 가죽을 벗겨낸 뒤 그 위

---

89) 이 이야기는 아소카 왕이 법으로 금지했듯이 인간이든 인간 이하의 존재든 살생하지 말라는 불교도들의 계율을 강조하는 전설적 우화로 이해할 수 있다. 그러나 이야기를 글자 그대로 받아들이는 티벳인들은, 푸주한들을 죽여 그들의 의식체를 천국에 보냄으로써 그냥 두면 받게 될 지옥의 고통으로부터 그들을 구한 위대한 스승이 현명하고 자비롭다고 주장한다.
90) Tho-wo-Hūm-chen. 분노존의 하나로 사찰과 성지들을 보호함.
91) 법신(法身 ; Dharma-Kāya).

에서 분노한 몸짓으로 다양한 춤을 추었다. 그는 머리 아홉에 팔이 열여덟 달린 형상을 취하고 인골로 만든 염주를 굴리면서 신비한 만트라를 읊어 그 모든 악마와 악령들을 복종시키고 죽였으며 그들의 심장과 피를 먹고 마셨다. 그들의 의식체를 '훔' 자로 변환시켜 그것이 하늘 나라로 사라져가게 했으며, 이제 그는 '금강의 진수(眞髓)'로 불렸다.

분노존의 왕이 된 파드마는 앉은 자세로 명상하면서 땅 신령들을 굴복시켰고, 서원을 깨뜨린 모든 여인을 끌어와 육체를 제거한 뒤 그들의 의식체를 붓다의 하늘로 보냈다.[92] 그는 이제 '땅 신령들의 정복자'로 불렸다.

하야그리바의 형태를 취한 파드마는 독이 끓는 호수의 물 위에서 마법의 춤을 추었고, 그 호수에 사는 해롭고 사악한 모든 용들이 그에게 굴복했으며, 그는 '용들의 정복자'가 되었다.

그는 다른 신들의 형태를 취하여 전염병과 장해, 우박, 기근 등을 일으키는 여러 종류의 악마들을 정복했다. 붉은 문수보살[93]의 형태를 취한 파드마는 범천이 다스리는 천인(天人)들의 만트라[94]를 읊어

---

92) 티벳인들의 신앙에 따르면 서원을 깨뜨린 여인은 운명적으로 땅 신령의 나라에 태어난다. 그런 운명에서 그들의 의식체를 구하여 붓다의 나라로 보낸 파드마는 그들에게 커다란 은덕을 베푼 것이다.
93) 문수보살은 여러 가지 형태로 나타나며, 북방불교를 믿는 대부분의 나라들은 자기들 특유의 문수보살을 갖는다. 도판 4 참조.
94) 존재계의 모든 개체는 특정 주파수의 진동에 공명하는 고유의 체형을 지닌다. 만트라는 그것이 대상으로 삼는 존재(대체로 신이나 악마 등 불가시의 영적 존재임)와 같은 주파수를 갖는 음절(또는 연속된 음절)로 이루어져 있으며, 어떤 신이나 정령 그룹의 속성을 잘 알고 있는 마법사는 해당 만트라를 외움으로써 그들을 불러내거나 조종할 수 있다. ≪티벳 사자의 서≫ 497~499쪽 참조.

그들 모두를 자신의 휘하로 만들었다. 그리고 또 다른 형태를 취하여 가장 격렬하고 무서운 모든 악령과 2만 1천의 남녀 마귀들을 정복했다.

할라할라Halā-halā[95]가 되어 티벳의 신탁을 관리하는 좋고 나쁜 모든 악마들을 다스렸으며, 32분노 길상인(吉祥印 ; Swastika)의 몸으로 일·월·화·수·목·금·토성 및 라후(羅睺 ; Rahu)·계도(計都 ; Ke-tu)[96]의 9요(九曜)와 그들의 영향 아래 있는 모든 것을 지배했다. 죽음의 신 야마Yama의 얼굴 여섯 달린 형체를 나타내어 그의 모든 권속들을 다스렸고, 비슷한 방식으로 삼계(三界)의 왕 페하르Pe-har[97]를 정복하여 모든 오만함을 진압하고 마하데바Mahādeva[98]와 파슈파티Pashupati[99]를 비롯한 바라문교의 다른 신들 및 자이나교의 주요 신들보다 우세한 위치를 확보했다. 또한 마하칼라[100]와 함께 여신 레마티[101]와 에카짜티[102]가 나타나서 그가 모든 악마와 모든 신들을 정

---

95) 관세음보살의 밀교적 화현으로 얼굴이 여섯임.
96) 라후와 계도는 황도(黃道)와 백도(白道)가 만나는 두 지점으로 여기서 합삭이나 만월이 일어나면 일·월식이 된다. 행성이 아니지만 예로부터 힌두 점성술에서 7행성과 함께 사용해왔다(역주).
97) 파드마가 후에 저 유명한 삼예Sām-yé 대승원의 수호신으로 만든 것이 페하르이다.
98) 원본은 왕축 첸포Wang-chuk Chen-po. 티벳 서쪽의 카일라사 산에 산다고 전하는 신이며, 다양한 형태로 티벳인과 인도인들이 숭배한다.
99) 원본은 굴랑Gu-lang. 네팔인들의 여신. 굴랑은 자식을 둔 티벳의 어머니들이 숭배한다.
100) 원본은 굔포낙포Gon-po-Nag-po. 시바(힌두교)의 한 형태로 티벳 밀교의 주된 신들 중 하나이다.
101) Re-ma-ti. 칼리(힌두교의 죽음의 여신)의 한 형태로 티벳 불교의 신(게룩파)·구(닝마파) 양파에서 매우 중시하며, 수행을 많이 쌓은 요기들의 수호신이 되어주고 탄트라의 비밀 교의와 관련된다.

복한 것을 찬양했다.

죽은 악마들의 소생과 설법

파드마는 악을 다스리기 위해 주문과 마법을 자주 사용해왔으나 이제 절대적인 진리를 얻고 싶었다. 그는 경전의 힘을 빌려 헛된 것들을 정복하기 위해 보드가야로 가서 자리를 잡고 앉은 후 명상에 들었다. 그는 흐리 훔 악Hrī-Hūm-Ah 만트라를 읊조려 자신이 살해한 모든 악령과 용과 악마들을 소생시킨 뒤, 그들에게 불법을 가르치고 비전을 주어[103] 정도(正道)를 따르게 했다. 그리고 그리드라쿠타로 돌아와 또 무언가의 가르침이 필요한 존재가 있는지 알아보았으나 찾을 수 없었다.

그는 자신이 태어난 다나코샤 호수로 가서 다키니들에게, 특히 네 우두머리 다키니[104]에게 법을 설했다. 이들 다키니와 함께 바즈라바라히[105]도 그에게 굴복했고, 마찬가지로 그는 8행성의 신들도 가르쳤다.

---

102) E-ka-dza-ti. 이중성을 초월한 지혜의 상징으로, 눈이 하나인 비밀 의식의 여신.
103) 그들에게 '힘(Tib. Wang)'을 주었다는 뜻이다. 앞의 만트라는 관세음보살과 관련된다.
104) ≪티벳 밀교 요가≫ 다섯째권 본문 제9절 참조.
105) 티벳인들은 바즈라바라히를 이따금 '가장 귀중한 어휘력, 전선(全善)의 여성 에너지'라고 부른다. 호수의 다키니들과 함께 바즈라바라히를 언급한 것은 그녀 역시 그들 그룹에 속해 있음을 암시한다.

만다라바의 출생과 소녀 시절

파드마는 우겐국의 북서쪽에 있는 도시 사호르[106]로 갔는데, 이 도시는 360명의 아내와 720명의 국가 대신을 거느린 아르샤다라Arshadhara 왕이 다스리고 있었다. 왕과 그의 첫째 비(妃) 하우키Haukī가 교합하고 있는 것을 본 파드마는 한 줄기 광선을 내어 왕비의 자궁 속으로 들어갔고, 왕비는 백 개의 태양이 함께 떠 그 열로 사호르 왕국이 불타고 자신의 관(冠)으로부터 청록색의 꽃 한 송이가 튀어나오는 꿈을 꾸었다. 왕비가 임신하고 있는 동안 신과 여신들이 그녀를 보호했고, 딸이 하나 태어나자 왕가가 깜짝 놀랐으며 왕비는 요기 한 사람을 불러 그에게 아이를 보이고 꿈 이야기를 했다. 요기는 아이를 향수로 목욕시킨 후 그 몸의 반은 햇살이 비치고 반은 응달이 지는 장소에 놓았다. 아이를 조심스레 관찰한 그는 그 아이가 붓다의 32상(相)[107]을 지녔고, 인간의 자손이 아니므로 혼인시킬 수 없으며, 결국 세속을 버리고 요기니가 될 것이라고 말하면서 만다라바[108]라는 이름을 지어주었다.

---

106) '도시'나 '마을'을 뜻하는 사호르(Sahor 또는 Zahor)는 비아스Byas와 라비Ravi 두 강 사이에 있는 펀잡Punjab의 작은 공국인 현재의 만디Mandi에 있었던 것으로 여겨지기도 한다. 여기에는 힌두교 성지로 알려진 신성한 호수가 있는데, 티벳 불교도들은 이 호수를 파드마삼바바의 화형 후 기적적으로 생겨난 호수(252~254쪽에 서술함)로 믿고 방문한다.

107) 불성을 나타내는 32가지 정신적 · 육체적 · 심령적 징후로 장차 붓다가 될 보살의 육체에 나타난다.

108) 온전한 이름은 만다라바 쿠마리 데비Mandāravā Kumāri Devi. 만다라바는 티벳 왕 티송데첸의 국사(國師)인 인도 승려 샨타라크시타(Shānta-Rakshita ; 寂護) — 불교 재확립을 위해 파드마삼바바를 초청하도록 왕에게 건의한 — 의 누이였다고 전한다. 파드마삼바바는 샨타라크시타를 삼예 대승원의 초대 승원장으로 앉혔다.

만다라바는 보통 아이가 한 달 동안 자라는 만큼을 하루에 자라는 식으로 빠르게 성장했고, 13세가 되었을 때는 모든 사람이 그녀를 육화한 여신으로 여기게 되었다. 그녀에게 구혼한 사람은 40명이었는데 그 중에는 중국의 왕자들과 힌두·이슬람·페르시아의 왕들이 있었다. 만다라바가 그 모든 사람들을 거절하자 왕은 3일 이내로 그들 중의 누군가를 선택하도록 딸에게 명령했다. 자신의 과거생을 기억해낸 그녀는 신앙에 일생을 바쳐야 한다고 왕에게 간청했지만, 왕은 크게 화가 나서 500명의 하인을 시켜 외출을 감시하게 하고, 그녀가 만일 자살이라도 하는 경우에는 모두 죽음을 면치 못할 것이라고 일렀다.

왕비는 자신이 원하는 고기를 하인들이 구하지 못하자 만다라바를 밖으로 몰래 내보내 원하는 것을 찾게 했다. 시장은 그날 이미 문을 닫았고 파는 고기를 찾을 수 없었던 만다라바는 돌아오는 길에 발견한 어린아이의 시체에서 살을 도려내어 가져왔고, 그것을 내밀자 어머니는 그녀에게 요리를 맡겼으며 만다라바는 시킨대로 했다. 함께 요리를 먹던 왕은 갑자기 자리에서 공중으로 떠올랐고 자신이 마치 날고 있는 것처럼 느꼈다. 그 고기가 브라만으로 계속해서 일곱 번 태어난 자[109]라고 생각한 그는 만다라바를 보내어 그 시체의 나머지를 가져오게 한 뒤 그것을 마법의 알약으로 만들어 상자 속에 넣고 다키니들이 지키는 묘지에 파묻게 했다.

---

109) 케와둔Kewa-dun. 번역자는 내게, 자신이 소년 시절 어머니가 이러한 말린 고기 조각을 받았으며 티벳의 한 서적 은닉처에서 어떤 테르퇸(숨겨진 문헌과 보배들을 끄집어내는 자)이 발견했다는 설명을 들은 일이 생각난다고 말했다.

만다라바의 출가(出家)

하녀 하나를 데리고 비밀 통로를 통하여 왕궁을 빠져나온 만다라바는 숲으로 가서 비단 옷과 장신구를 버린 후 신부(新婦)가 아니라 비구니가 되게 해달라고 기도했다. 그녀는 구혼자들이 자신을 원하지 않도록 머리털을 쥐어뜯고 손톱으로 얼굴을 할퀴어 아름다움을 망가뜨린 뒤 조용히 명상에 들었다.

크게 놀란 하녀는 급히 왕궁으로 돌아가 왕에게 이 사실을 알렸다. 왕은 만다라바가 비구니가 되었다고 말하여 구혼자들을 돌려보내고 그녀와 500명의 하녀가 수계를 받도록 한 뒤 호화로운 승원을 짓고 거기서 그들이 수행하도록 했다.

파드마가 와서 만다라바를 가르침

만다라바를 가르칠 때가 된 것을 안 파드마는 다나코샤 호수에서 구름을 타고 만다라바의 수행처로 날아왔다. 마침 뜰에 나와 있던 만다라바와 그녀의 종복들은 무지개 속에서 웃고 있는 젊은이를 보았다. 이때 대기는 바라 소리와 향내로 가득 찼고 만다라바와 종복들은 기쁨과 놀라움으로 기절해버렸다. 파드마는 붉고 희고 푸른색의 광선을 방사하여[110] 그들이 깨어나게 한 뒤 뜰에 내려섰고, 비구니들은 모두 그에게 엎드려 절했다. 만다라바는 승원으로 그를 안내하여 가르침을 청했다.

---

110) 붉은색은 말, 흰색은 몸, 푸른색은 마음을, 그리하여 셋이 함께 신(身)·구(口)·의(意)의 삼밀(三密)을 뜻한다.

만다라바가 파드마의 부모와 고향을 묻자 그는 대답했다. "나는 부모가 없다. 나는 공(空)의 선물이다. 나는 다나코샤 호수의 한 연꽃에서 태어난 아미타불과 관세음보살의 화신이며, 마찬가지로 아디 붓다와 바즈라다라와 보드가야 붓다의 핵심이며, 그 모든 것들로부터 기적적으로 생겨난 연꽃이다. 나는 모든 존재를 도울 것이다. 나는 생식(生殖)의 여덟 아버지, 출생(出生)의 여덟 어머니, 만유(漫遊)의 여덟 곳, 거주의 여덟 곳, 명상을 위한 여덟 묘지, 여덟 종류의 스승, 여덟 가지 지혜, 여덟 명의 고위 라마〔또는 종교 지도자〕, 여덟 종류의 마법적 환영(幻影), 여덟 가지 의복, 탄트라의 달래기 어려운 여덟 신격, 묘지에서 입는 요가복(服)의 여덟 부분, 여덟 과거와 여덟 미래〔사건?〕, 여덟 가지 과거의 잘못과 여덟 가지 미래의 잘못, 이 모든 것들의 주인이다. 나는 완벽한 가르침을 모두 섭렵했고 과거와 현재와 미래를 완전히 안다. 나는 이 세상 모든 곳의 열 방향에 진리의 깃발을 꽂을 것이다. 나는 모든 것의 비길 데 없는 스승이다."

파드마는 만다라바와 그녀의 500명 종복들에게 우선 세 가지 요가[111]를 가르쳤고, 그들은 이 요가를 실습했다.

---

111) 아상가(Asaṅga ; 無着)가 창립한 유가행파의 아티(ati ; 甚深) · 아누(anu ; 隨) · 치티 (chitti ; 思念) 요가를 가리키며, 이들은 A.D. 700년경에 진언승(眞言乘)의 행법으로 발전했다.

만다라바의 감금과 파드마의 화형(火刑)

파드마와 비구니들이 함께 승원 안으로 들어가는 것을 본 한 목자가 승원 문께로 가서 기척을 엿본 후, 만다라바가 젊은 수도승과 함께 살고 있으며 외부 사람들이 생각하는 만큼 정숙하지 못함을 알렸다. 이 소식을 들은 왕은 그것을 입증할 수 있는 사람에게 보상을 주기로 했고 그 목자가 보상을 청했다. 왕은 승원 안으로 강제 진입하여 거기서 젊은이가 발견될 경우 그를 체포하도록 지시했고, 파드마는 붙잡혀 밧줄로 묶이는 신세가 되었다.

왕은 명령했다. "마을에서 참기름을 거둬들여 젊은이를 불사르라. 만다라바는 발가벗겨서 가시투성이의 구덩이에 넣고 뚜껑을 덮어서 25년 동안 푸른 하늘을 볼 수 없게 하라. 책임 비구니 둘을 지하 감옥에 가두고, 다른 비구니들도 남자 목소리를 전혀 듣지 못하도록 승원을 봉쇄하라."

군사들이 파드마를 잡아다가 옷을 벗긴 후 그에게 침을 뱉고 때리고 돌을 던졌으며, 양 손을 뒤로 묶고 목에 밧줄을 걸어 삼거리 한가운데의 말뚝에 매달았다. 1만 7천의 군중에게 작은 나뭇단과 약간씩의 참기름을 가져오도록 포고가 내려졌다. 그들은 길다란 검은 천을 기름에 적셔 그것으로 파드마를 둘둘 말고 그 위에 야자잎을 쌓은 후 다시 그 위에 나무를 놓고 거기에 참기름을 부었다. 장작은 산더미와 같았으며 사방에서 불이 붙어 타오르자 연기가 햇빛과 하늘을 가렸고 군중은 만족하여 제각기 집으로 돌아갔다.

그러자 땅이 뒤흔들리는 것과 같은 커다란 소리가 들리면서 모든 불보살들이 파드마를 돕기 위해 찾아왔다. 그 중 일부는 샘을 만들어 내고 나뭇단을 들어냈으며 또 일부는 기름에 적신 천을 풀고 파드마를 향해 부채질을 했다. 7일이 지난 후 그 장소로 가서 그때까지도 연기가 나고 있는 것을 본 왕은 혼자서 생각했다. '이 탁발승은 어떤 화신이었는지도 모른다.' 그는 대신들을 시켜 알아보게 했고, 놀랍게도 그들은 화장용 장작이 있던 곳에서 무지개가 서린 호수를 보았으며 호수 둘레에서 모든 나무들이 불타고 있었다. 호수 가운데에는 연꽃 한 송이가 피어 있고 그 위에 8살쯤 되어 보이는 후광을 띤 어린이가 앉아 있었으며 그의 얼굴에는 이슬 같은 땀방울이 맺혀 있었다. 그리고 만다라바와 같은 모습의 처녀 8명이 이 어린이를 돌보고 있었다.

대신들에게서 보고를 들은 왕은 이 모든 것이 꿈이기를 바랐다. 그는 직접 호숫가로 가서 주변을 거닐며 자신이 깨어 있음을 확인하려고 두 눈을 비볐다. 이때 어린이가 소리쳤다. "오, 그대, 과거와 현재와 미래의 위대한 스승을 불태워 죽이려 한 나쁜 왕이여, 잘 왔다. 당신의 마음 속에는 이 세상의 일들만 있고 어떤 신앙도 없다. 당신은 이유 없이 사람들을 잡아 가두고, 오독(五毒; 탐욕·분노·무지·자만·질투)에 지배당하면서 악을 자행한다. 당신은 미래를 알지 못하며, 대신들과 함께 10계율을 모독했다." 왕은 허리를 낮춰 참회하고 파드마가 과거와 현재와 미래의 붓다임을 인정했으며 자신과 자신의 왕국을 파드마에게 바쳤다. 왕의 참회를 받아들인 파드마는 말했다. "너무 슬퍼하지 마라. 나의 활동 범위는 하늘만큼 광대하고, 나는 즐거움과 괴로움을 모르며, 불은 축복으로 가득 찬 이 몸을 태울 수 없다."

만다라바는 왕이 사람을 보냈을 때 가시 구덩이에서 나오기를 거절하다가 왕이 직접 가서 모든 것을 설명하자 비로소 왕궁으로 돌아왔다. 그녀가 자신의 스승을 찬탄하는 노래를 부르자 이번에는 파드마가 그녀를 노래했다. 왕은 화려한 의복과 왕관과 보석으로 그를 치장한 후 왕국과 만다라바를 그에게 주었다.

파드마의 전쟁 방지법

파드마가 만다라바를 차지한 것을 시기한 그녀의 옛 구혼자들이 왕에게 싸움을 걸어왔다. 첫번째로 군대를 이끌고 온 것은 마하팔라였는데, 파드마는 신인(神人)들에게서 얻은 커다란 활과 화살로 거대한 몸집의 두 장수를 무장시키고 코끼리에 태운 뒤 그들에게 편지 한 통을 들려 적진으로 보냈다. 활과 화살들을 보고 파드마와 두 영웅이 그것을 다룰 수 있음을 알게 된 마하팔라는 파드마에게 이런 영웅과 무기들이 많을 것을 두려워하여 군대를 퇴각시켰다. 이 강력한 활과 화살을 아무도 다룰 수 없으리라는 소문이 나돌자, 파드마의 명령을 받은 라훌라Rāhula[112]가 그 중의 하나를 집어들고 사람이 간신히 보일 정도의 거리에서 과녁을 맞추었으며, 이를 본 다른 왕들도 모두 군대를 철수했다.

사호르 왕의 입문

파드마를 스승으로 모신 사호르 왕은 자신을 열반으로 인도할 적절한 경전(經典; Sūtra)과 경궤(經軌; Tantra)와 진언(眞言; Mantra)에 관

---

112) 행성신 라후Rahu의 의인화.

한 가르침을 청했고, 파드마는 대답했다. "왕이여, 당신이 세상사에 열중하는 한 계율을 실천하기가 쉽지 않소. 입문 의례 없이 진언과 경궤에 관한 비밀을 배우는 것은 아직 굽지 않은 질그릇에 물을 붓는 것과 같소."[113] 그러나 필요한 요가 수련을 쌓은 후 왕과 그의 신하 21명이 적당한 비전을 얻었고, 왕은 불법(佛法)의 교사가 되었다.

만다라바의 질문과 파드마의 답변

어느 날 만다라바는 교리에 관한 일련의 질문을 파드마에게 제시했고, 그에 대해 파드마는 다음과 같이 대답했다.

"경전은 진언이나 경궤(經軌)와 어떻게 다릅니까?"

"경전은 씨앗이고, 진언과 경궤는 열매이다."

"큰길과 작은 길[114] 사이에는 어떤 차이가 있습니까?"

"피상적 의미와 숨겨진 의미[115]에서의 두 가지 차이가 있다."

"조건적 진리와 무조건적 진리 사이에는 어떤 차이가 있습니까?"

"진리 아님과 진리임[116]의 차이가 있다."

"의례적 지혜와 신성한 지혜[117] 사이의 차이는 무엇입니까?"

"무소유와 소유의 차이이다."

---

113) 구워지지 않은 질그릇에 물을 담을 수 없듯이 훈련과 입문 의례를 거치지 않은 제자는 진리를 제대로 수용할 수 없다. 융의 이론에 의하면, 진리가 인격의 팽창과 붕괴를 야기한다고 한다.
114) 또는 대승과 소승.
115) 현교적 의미와 밀교적 의미.
116) 부분적 진리와 완전한 진리.
117) 현교적 계율과 직관적 통찰.

"윤회와 열반 사이의 차이는 무엇입니까?"

"무지와 지혜의 차이이다."

만다라바가 자신의 전세와 내세에 관해 물었을 때 파드마는 내용이 너무 길어서 당장은 말할 수 없다고 대답했다. 또, "전생의 내 아버지는 누구였나요?"라는 질문에 파드마는 이렇게 말했다. "그대의 아버지는 요기인 칼링가 왕의 왕자로, 베나레스에서 고타마 붓다의 승단에 입문했으며 자이나교도와 힌두교도들을 불교에 귀의하게 만들었다. 그는 비크라마쉴라의 승원을 다스렸고, 불교를 믿지 않는 자들과 싸웠으며 많은 사람을 죽인 죄로 윤회계에 다시 태어나게 되었다. 아르티 왕[118]의 왕비가 그를 잉태했는데 왕비는 아이를 낳기 전에 죽었고 내가 묘지에서 왕비의 자궁을 열어 태아를 꺼냈으며, 이 아이가 죽어 왕인 그대의 아버지로 다시 태어났다."

"아버지의 내세에는 어떤 운명이 기다리고 있을까요?"

"그는 우선 티벳의 원숭이 국토[119]에 아카라마티쉴라로 태어나고, 그 다음 나찰들의 나라에, 그 다음 코탈라 왕의 왕자로, 그 다음 신인(神人)들 사이에 태어나며 이때 내가 그의 스승일 것이다. 그 다음 네팔에서 승려의 아들 데바 아카라찬드라로, 그 다음 관세음보살의 천국에서 가르침을 받은 뒤 티벳 무티찬포Mu-thī-tsan-po 왕의 아들

---

118) 앞서의 '아루타' 왕과 같은 인물인 듯(역주).
119) 고대의 인도인 여행자들이 티벳을 처음 방문했을 때 티벳인들은 미개 상태에 있었고, (추위를 막으려고 황토빛 연고를 발라) 붉어진 얼굴과 흉포해 보이는 자태, 털 많은 짐승 가죽을 걸친 모습, 투박한 언행 등을 본 여행자들은 그들을 원숭이 부류의 한 종족으로 생각했다. 티벳에는 또한 그들의 시조가 원숭이였다는 전설이 있다. 티벳인들에게는 티벳이 '뵈키위(Bod-kyi-yul ; Bhot의 나라)'로 알려져 있다. 불교가 들어오기 전의 티벳은 붉은 얼굴의 식인종(야만인)들이 사는 나라로 알려져 있었다.

인 라제Lhaje 왕자로 태어날 것이다. 그는 티벳에서 나를 만나 한 번 더 미래에 관한 얘기를 들을 것이다. 20세대 후 그는 사호르국(國)에 유덕한 왕이자 학자로 열악한 여건 아래 태어나지만 나의 도움에 의해 지옥을 맛보지는 않을 것이다. 이 모든 얘기를 그대는 비밀로 간직하라." 파드마는 만다라바에게 계율과 가르침을 주고, 200년 동안 사호르국에 머물면서 신앙을 확립했다.

파드마와 만다라바의 동굴 속 명상

인도와 중국, 티벳, 네팔 및 불교를 믿지 않는 나라들에 법을 전할 때가 되었다고 생각한 파드마는 만다라바에게 자신이 곧 떠날 것이라고 말했다. 그녀는 쿤달리니 요가의 가르침을 청했고, 파드마는 이렇게 말했다. "나는 동쪽에 있는 리포탈라로 갈 예정이다. 내가 떠난 후 3일째 밤에 동쪽을 바라보고 간청하면 내가 그대에게 올 것이다." 네 여신이 나타나 결가부좌 상태의 파드마를 천상의 관세음보살 궁전으로 데려갔고, 거기서 그는 한 동굴에 앉아 명상에 들었다.

외로움과 슬픔에서 벗어나기 위해 만다라바는 울면서 사호르의 왕궁을 나왔다. 이때 파드마가 그녀 앞에 나타나 말했다. "그대는 자신을 다스리지 못하면서 내게 가르침을 원한다. 세속적인 것을 모두 포기하고 믿음만을 간직하라." 파드마는 관세음보살의 천국에 있는 동굴로 그녀를 데려가 3개월 7일 동안 무량수불[120]에게 공물을 바치고

---

120) 장수(長壽)를 선사하는 부처로 특히 티벳의 감사 축제에서 중시한다. 무릎 위에 불사의 감로가 든 병을 들고 있다.

기도했다. 그러자 무량수불이 나타나 파드마와 만다라바의 머리 위에 무량수(無量壽) 항아리를 놓았고 그들이 불사의 감로를 마심으로써 한 겁이 끝날 때까지 죽음과 탄생을 겪지 않게 만들었다. 파드마는 하야그리바로, 만다라바는 바즈라바라히로 변했으며,[121] 그들은 무지개로 바뀌고 눈에 보이지 않게 되는 능력을 얻었다. 그 후 파드마와 만다라바는 인간계로 내려와서 사호르와 인도의 다른 지역 사이에 있던 코탈라국의 '높은 지붕 산들'의 동굴에서 살았으며, 거기서 12년 동안 요가를 실천했고 코탈라 왕이 그들을 후원했다.

굶주린 짐승을 위해 몸을 던진 공주

파드마는 명상을 통해 어떤 묘지에서 송장이 부족하여 짐승들이 굶주리고 있는 것을 보았다. 이 짐승들을 불쌍하게 생각한 그는 묘지로 가서 자신의 몸을 그들에게 먹이로 주었다. 그러나 그의 몸은 불가시의 몸이었으므로 짐승들이 그것을 먹을 수 없었다.[122]

---

121) p.247\105와 p.222\28 참조.
122) 불가시의 몸이란 보통의 육체가 아니라 요가를 통해 얻어지는 미세신(微細身 ; subtle body)을 말한다. 유럽과 미국의 심령 연구는 육체를 유지하기 위한 거푸집으로서의 유체(幽體 ; etheric body)가 존재함을 입증하는 자료를 다량 확보했다. 두 명의 미국 의사가 죽어가는 사람의 죽기 직전과 직후에 몸무게를 잼으로써 사람이 죽을 때 무게가 57~84그램 정도 준다는 사실을 발견했고 그것이 육체에서 이탈한 유체의 무게에 해당한다고 생각했다. 파리의 폴리테크닉(과학 기술 전문 학교) 교수인 드 로샤 대령은 최면술에 의해 피술자로부터 유체가 이탈할 때, 감각이 육체에는 더 이상 존재하지 않으나 육체에서 2~3미터 떨어진 곳까지 이동함을 입증했다. 영매인 드 에스페랑스 부인은 자신의 두 다리를 비(非)물질화시켰고, 멕 남작 역시 몸을 뚫고 빛이 보일 만큼 의도적으로 육체를 비물질화할 수 있는 사람의 실례를 보고했다. 남작

짐승들을 구하기 위해 자신이 할 수 있는 일을 찾아보려고 명상에 들어간 파드마는 죽은 사호르의 왕이 코탈라 왕의 딸로 환생했음을 알았으며 이 공주의 몸이 어떻게 짐승들의 먹이가 되는지 주시했다. 파드마는 한 쌍의 매로 변하여 둥지를 틀고 그 속에 알을 낳았다. 마

> 자신은 살아 있는 인간의 팔다리 중 어느 하나가 수술로 절단된 자리에 유체의 그것이 여전히 존재함을 실험적으로 확인했다(영국의 《The Two World》 지 1983년 12월 16일 자 794쪽에 보도된 맥 남작의 강의 참조). 이와 비슷하게 요가의 달인들은, 죽음이라는 고차원의 수술에 의해 육체 전부가 절단되어도 육체의 대응물인 유체(幽體; 티벳인들은 이것을 '무지개 몸'이라 부른다)는 육체의 일상적 감각뿐만 아니라 사후세계—티벳인들이 '바르도Bardo'라 부르는, 사망 과정의 비(非)물질화와 탄생 과정의 재(再)물질화 사이에 존재하는 중간 상태—의 신체가 갖는 초상적 감각도 소유하면서 계속 존재한다고 말한다. 《티벳 사자의 서》(정신세계사) 371~373쪽에는 사후의 바르도체(體)를 다음과 같이 설명하고 있다.
>
>> 고인을 향해 이렇게 말한다. "살아 있을 때 눈멀고 귀먹고 절름발이였을지라도 사후세계에서는 눈은 볼 수 있고 귀는 들을 수 있으며 모든 감각기관들이 정상적으로 회복되고 더욱 예민해지고 완전해진다는 뜻이다. …그대가 현재 갖고 있는 몸은 욕망체[慾身]이며, 그것은 물질로 이루어진 육체가 아니다. 그대의 마음은 생전에 있던 자리로부터 분리되었다. 그래서 그대는 바위나 언덕, 돌멩이나 흙, 집, 그리고 수미산까지도 거침없이 통과할 수 있는 능력을 갖고 있다. …그대는 그대가 바라는 어떤 장소에나 눈 깜빡할 사이에 다다를 수 있다. 몸을 구부리거나 손을 내미는 데 걸리는 시간 안에 그곳에 도착할 수 있다. …그대가 원하는 능력 중에서 그대가 할 수 없는 것이란 없다. 그 기적적인 행위들을 거침없이 행사할 능력이 지금 그대 안에 있다.
>
> 라마들의 말에 의하면, 요가 실습을 통해 이 모든 기적적인 능력을 물질계에서 개발할 경우 위대한 스승이 그랬던 것처럼 육체로서든 바르도체로서든 마음대로 사용할 수 있다고 한다. 위대한 스승이 미세신(유체)을 사용하여 비물질계로 여행하는 일은 보통 사람들의 육체적인 여행만큼이나 쉽고 당연한 것이다.
> '불가시의 몸(직역하면 '소멸 가능한 몸')'은 연금술에서 말하는 '불가시체corpus invisibilitatis'—융이 《심리학과 연금술》이나 다른 저작들에서 자주 사용했던—와 매우 비슷하다.

침 쿠샤kusha[123]를 뜯으러 나왔던 공주가 알을 보고 그것을 보호하기 위해 둥지 위에다 나뭇잎을 덮은 후 둥지가 바람에 날아가지 않도록 그 귀퉁이에 돌을 얹어 놓았다. 수컷 매가 그녀를 도왔고 그녀는 연민심이 생겨나 신앙의 길을 택하기로 결심한 후 동굴 속에 있던 파드마와 만다라바에게 가서 가르침을 청했다. 파드마는 공주에게 말했다. "비구니가 되기를 원한다면 우선 묘지의 모든 짐승들이 받는 고통을 이해하라. 그리고 그들에게 가서 그대의 몸을 먹이로 주라. 그 몸을 먹고 짐승들은 인간으로 환생하여, 몇 생애 뒤 눈의 땅의 송첸감포 왕으로 환생한 그대의 제자가 될 것이다.[124] 그는 관음상(像)을 티벳으로 가져오기 위해 사절단을 보낼 것이며, 이때 그 짐승들이 인도 동부와 싱갈라에서 인간으로 태어난다. 그들은 200개의 승원을 세우고 불·법·승[125]을 받들게 될 것이다. 그 다음 십일면관음상이 티벳에 전해지고 '원숭이의 자손들'은 그를 참배할 수 있게 될 것이다."

---

123) 인도 고유의 풀로 요기들의 명상용 방석 제조에 사용되고 축우(畜牛)의 먹이로도 쓰인다. 라마들은 청소용의 비를 만들고, 제단을 장식하기 위하여 의례용의 성수(聖水) 항아리에 공작 깃과 함께 꽂기도 한다. 고타마 보살이 붓다가 될 때 보리수 아래서 깔고 앉았던 방석의 재료였다는 이유로 불교도는 물론이고 힌두교도들도 제물용 풀로 존중한다.

124) 눈의 땅 카와첸Kha-wa-chen은 티벳 영토에 주어진 이름. 7세기 전반에 살고 650년경에 죽은 송첸감포 왕은 티벳의 첫번째 불교 왕으로, 학문을 크게 장려하여 티벳 통치자들 중에서 가장 덕망이 높고 유명하다. 그는 관음의 화신으로 받들어졌고 그리하여 달라이 라마 제도를 위한 기원이 되었다. 그는 1077년 닥포 라르제Dvag-po Lharje로 환생하여 밀라레파의 법통을 이어받아 1152년에 죽은 위대한 스승 감포파로 믿어진다.

125) 원본은 신(身)·구(口)·의(意)이지만 이것은 일반 불교의 불(佛)·법(法)·승(僧)에 해당한다.

공주는 즉시 의복과 장신구를 파드마에게 건네주고 묘지로 가서 짐승들에게 자신의 몸을 제공했다.

공주의 놀라운 연민심을 파드마에게서 들은 왕 역시 가르침을 청했고, 파드마는 왕궁으로 가서 중생을 위한 대승의 자기 희생과 범우주적 이타주의를 가르쳤다.

아소카 왕의 파드마에 대한 판결

인도의 여덟 묘지와 다른 장소들을 방문한 뒤 파드마는 아소카 왕이 사는 파탈리푸트라[126]로 갔다.[127] 이 왕은 노·소 승려의 반목을 부추겨 후자를 죽게 하고 전자는 맞서서 죽도록 내버려 두었으며, 적대 관계에 있는 왕과 전쟁을 일으켜 그를 생포하여 가둬두고 있는 상태였다.

아소카를 제도하기 위해 파드마는 비구승으로 변한 뒤 왕궁으로 가서 구호품을 청했다. 왕은 "이 자가 나를 경멸하러 왔다"고 말하며 파드마를 잡아 가두었다가 기름에 튀겨 죽이도록 명했고, 그는 끓는 기름 가마 속에 던져졌다. 다음 날 명령이 제대로 시행되었는지

---

126) 고대 그리스인들에게 '팔리보트라Palibothra'로 알려졌던 파탈리푸트라(Paṭaliputra ; '감미로운 향내 나는 꽃의 도시')는 아소카 왕국의 수도로서 갠지스 강변의 현(現) 파트나 근처에 위치했었으며, 여기서 왕은 치세 9년째 되는 해(B.C. 261년)에 불교를 국교로 정했다. 그 이전 B.C. 245년에 파탈리푸트라에서 불교도들의 특별 회의가 열렸으나 엄정한 계율을 주장하는 쪽이 부각되었으므로 중국의 불교도들은 이 회의의 결정을 인정하지 않았다.
127) 이 이야기는 불교로 개종한 뒤 인도의 유명한 불교 황제가 된 아소카 왕에 관한 것이다.

결과를 확인하러 간 왕은 가마솥 안에서 연꽃 하나와 그 가운데 앉아 있는 비구승을 보았다. 놀라움이 가라앉자 왕은 즉시 자신의 잘못을 깨달았고, 참회하는 마음으로 비구승 앞에 엎드려 빌었다. "무지한 탓으로 중죄를 저질렀습니다. 스승이시여, 어떻게 그것을 보상할 수 있을지 말씀해주십시오." 이에 파드마는 대답했다. "하룻밤 사이에 천만 개의 탑을 세우고[128] 가난한 사람들에게 커다란 자비의 선물을 내리면 죄를 씻을 수 있을 것이오."

왕은 말했다. "가난한 사람들에게 그와 같은 선물을 내리는 것은 쉽지만 하룻밤 사이에 그 많은 탑을 쌓는 것은 불가능합니다. 당신의 말씀은 제가 죄를 용서받을 수 없다고 하는 것처럼 들립니다." 파드마가 다시 대답했다. "당신은 고타마 붓다의 예언을 이루기 위해 세상에 왔소.[129] 보드가야의 보리수를 찾아가 기도하면 당신은 그 많은 탑을 세울 수 있을 것이오."

왕은 보리수를 찾아가 기도했다. "내가 붓다의 예언을 이루기 위해 세상에 온 것이 사실이라면 그 많은 탑을 세울 수 있는 힘을 주옵소서." 그러자 놀랍게도 그것이 이루어졌다. 그리고 마가다 시(市)[130]

---

128) 숫자를 강조하기 위한 동양적 과장법의 전형이다.
129) 이 예언은 아소카 왕이 인도의 위대한 불교 황제가 되었다는 역사적 사실을 가리키는 것일 수 있다. 그리하여 그는 불교의 콘스탄티누스 대제로 불려온 것이다. 남인도의 칼링가 정벌에서 있었던 무서운 인명 살상에 대한 자책감과 자신의 참다운 전향을 표명하기 위해 그는 이름을 '근심없는 자' 아소카(Ashoka ; 無憂)에서 '자비로운 자' 프리야다르신(Skt. Priya-darsin)으로 바꿨다. 그의 칙령 속에서 그는 '신들의 사랑을 받는 자' 데바남프리야Devanam-priya로도 불린다.
130) 어떤 설에 따르면 마가다는 현대의 알라하바드 지역을 점유했었다 하고, 또 다른 설은 그것을 현대의 파트나(파탈리푸트라)와 관련시킨다.

에서 왕은 많은 구호품을 가난한 사람들에게 나누어 주었다.

두 왕자의 공개적 의술 시험

이제 파드마는 의학 지식이 매우 풍부한 발린Balin이라는 이름의 요기 왕이 살고 있는 바이다국(Baidha國)[131]의 묘지에 주거를 마련했다. 발린은 아내가 둘이었고 그들은 각각 아들을 하나씩 두었는데, 그 중 나이든 부인이 낳은 아들에게 비밀히 자신의 모든 의학 지식을 가르치고 젊은 쪽 부인의 아들에게는 아무것도 가르치지 않았다. 어느 날 왕은 두 아들 중 누가 더 의학을 공부하기에 적합한지 시험을 통해 확인하겠다고 알렸다. 왕이 한 아들을 골라 왕위를 물려주려 함을 눈치 챈 젊은 쪽 부인은 자신의 아들이 의학을 전혀 모른다는 사실을 생각하며 슬피 울었다. 그녀의 아들은 어머니에게 울지 말라고 위로한 뒤 묘지로 파드마를 찾아가 다섯 가지 고등 의학 체계를 배웠다. 시험 기일이 다가오자 왕은 의학에 적성이 있는 아들을 선별하여 뒤를 잇게 할 것이라고 공표했다.

대중 앞에서 두 아들은 시험을 치렀다. 여기서 나이든 부인의 아들은 300개의 의학 논문에 숙달되어 있음을 보여주었지만, 젊은 부인의 아들은 그보다 더 높은 경지를 보여주고 나아가 붓다의 교의를

---

131) 칸쥬르Kah-gyur에 의하면 바이다는 고타마 보살이 성불하기 전 10번의 위대한 전생Mahājātaka 중 가장 위대한 맨 마지막 생애를 살았던 비샨타라Vishantara 왕자의 탄생지였다. 티벳인들은 바이다(Baidha 또는 Biddha)가 고대의 비데하Videha라고 믿으면서, 어쩌면 잘못일 수도 있지만, 여기를 현대 북벵골의 베티아Bettiah로 간주한다.

매우 훌륭히 제시하여 천인과 용과 악마들이 나타나 그에게 경의를 표했다.

"너는 배우지도 않았으면서 모든 것을 터득했구나." 왕은 이렇게 말하고 아들 앞에 고개를 숙인 뒤 아들의 발에 자신의 머리를 대었다. 그러자 나이든 부인이 화가 나서 외쳤다. "당신이 비밀리에 내 아들을 가르쳤다고는 하지만 젊은 것의 아들에겐 의학의 핵심을 전했군요. 그들이 함께 배웠더라면 내 아들이 이겼을 거예요. 당신은 공중 앞에서 내 아들에게 망신을 주었어요. 왕국을 둘로 똑같이 나누어 물려주지 않는다면 나는 지금 여기서 죽어버리겠어요." 왕국을 둘로 나누자는 이 제안에 왕이 동의하자 젊은 쪽 부인의 아들이 말했다. "나는 신앙의 길을 택할 것입니다." 승리한 아들은 파드마의 제자가 되어 경전과 경궤와 진언을 익히고 신앙과 의학에 관한 많은 논문을 썼으며, '싯디팔라(Siddhi-Phala ; 성취의 열매)'라는 이름으로 불리게 되었다.

비크라마쉴라 승원을 불지른 태양 요기

이 즈음 한 '태양의 성취자'[132]가 불교와 무관한 가르침을 펴고 있

---

132) 수리아싯다 Sūrya-Siddha는 태양과 관련된 요가에 능한 요기이다. 편집자는 갠지스 강 상류 리쉬케쉬 근처의 강둑에서 비슷한 수행을 하는 요기를 만난 적이 있는데, 그는 눈을 보호할 아무것도 착용하지 않고 매일 구름 없는 하늘의 태양을 응시하면서 앉아 있곤 했다. 특별히 주의를 기울이지 않으면 눈이 멀어버리겠지만 이 요기는 비상한 시력과 강인한 육체를 소유하고 있었다. 그러나 그와 같은 수행의 정확한 목적에 대해서는 분명히 밝히지 않았다.

었다. 그는 태양의 원기를 자신의 몸 속으로 끌어들이는 요가를 실습했었고, 그가 눈을 부릅뜨자 눈에서 불이 나와 〔마가다의〕 비크라마쉴라 불교 승원에 불이 붙었다. 화재로 많은 아비달마(論部) 경전이 소실되었고, 그 결과 무칠린다Muchilinda 용왕이 크게 몸져누웠다.[133) 즉시 인간 의사를 부르지 않으면 무칠린다가 죽으리라는 것을 예견한 난다Nanda 용왕은 싯디팔라 비구를 데려와 무칠린다를 치유시켰다. 이에 대한 보답으로 용왕은 붓다의 수제자 아난다가 용의 세계에 감추었던 대량의 붐Boom 원전을 비구에게 주었다. 용왕이 보관했던 붐의 기록은 용의 왕국으로 돌아오겠다는 이 비구의 약속을 보증하는 것이었다. 붐을 가지고 인간계로 돌아온 후 이 비구는 나가르주나(Nāgārjuna ; 龍樹)라는 이름으로 알려졌다.

나가르주나의 제자 아리아데바의 비범한 탄생

파드마는 싱갈라국의 묘지로 갔고, 싱갈라 왕 쉬리 팔라는 그의 후원자 겸 제자가 되었다. 파드마는 투시력으로, 이교도들이 군대를 일으켜 비크라마쉴라 승원을 완전히 파괴하고 거기에 다른 종교를 수립하는 것을 보았다. 파드마가 이것을 본 후, 왕의 정원사가 왕궁 뜰의 한 연못에서 밤에도 꽃잎을 접지 않는 커다란 연꽃을 하나 보았다. 왕과 왕비가 이 연꽃을 보러 갔을 때 그들은 그 속에서 여덟 살쯤 되어 보이고 얼굴에 땀방울이 있는 한 아름다운 아이를 보았

---

133) 이 병환은 승원과 (용왕이 보관했던) 경전의 연소에 의한 물(용의 거주처)과 공기의 오염으로부터 연유했다.

다.[134] 아이가 누구인지를 설명하기 위해 불러온 고위 승려는 이렇게 말했다. "그는 샤캬미트라Shākya-Mitra의 환생입니다. 그는 불교의 대적(大敵) 마티치트라Maticitra를 쳐부술 운명을 갖고 태어났으며 그의 수호신은 마하데바Mahādeva입니다. 그를 궁전으로 데려가 보살피십시오." 그리하여 왕은 아이를 데려다 보살폈고, 파드마가 아이에게 불법을 가르쳤으며, 아이는 아리아데바Ārya-Deva로 불리게 되었다. 아이는 파드마에게 수계를 요청했고 파드마는 그것을 거절하면서 이렇게 말했다. "나가르주나가 네게 계를 줄 것이다."[135] 파드마는 바이다와 싱갈라에 약 200년간 머물렀으며,[136] 많은 사람들을 대승불교에 귀의시켰다.

---

134) 파드마의 투시에 연이은 아이의 출현은 파드마가 요가의 힘을 통해 연꽃에서 아이가 탄생하도록 했음을 암시하며, 이 아이도 역시 파드마 출생 당시와 마찬가지로 얼굴에 땀방울이 있음은 그들이 정신적으로 연결되어 있을 뿐만 아니라 이 아이가 파드마의 분신일 수도 있음을 나타낸다.
135) 나가르주나는 불교 법맥의 직계 13대(A.D. 150년경) 또는 14대째 인물로, 대승불교 성자들 중에서 가장 중요한 존재이다. 그는 붓다의 제자 아난다의 환생으로 믿어지며, 앞서 얘기했듯이 《반야바라밀》을 전했다(《티벳 밀교 요가》 일곱째권 서론 제1장 참조). 아리아데바는 나가르주나에게서 계를 받았고 그의 가장 뛰어난 제자였으며 나란다 승원의 최고 직위를 물려받았다.
136) 이 전기는 위대한 스승이 인도와 그 외의 다른 곳에서 여러 세기 동안 활동했다고 말하고 있다. 요가의 달인이었던 그는 앞서도 이미 말했듯이 육체가 없는 삶을 영위했으며 병에 걸리거나 늙고 죽는 일이 없었다. 따라서 그는 불교의 이상(理想)을 실제로 구현한 존재이며, 이런 점에서 볼 때 티벳인들이 믿고 있듯이 고타마 붓다보다도 더 위대한 붓다이다.

벵골에 불교를 전함

불교를 믿지 않는 한 젊은 왕이 벵골의 동부를 다스리고 있었는데, 그의 궁전은 여덟 개의 문이 있고 여섯 개의 해자(垓字)로 둘러싸여 있었다. 그는 천 개의 눈을 가진 고양이 한 마리와 마법의 빛을 내는 보석 하나를 소유했고 많은 백성을 거느렸으며 큰 세력을 떨쳤으나 나라를 바르게 다스리지는 못했다.

이 왕을 굴복시키려고 나선 파드마는 만다라바를 큰 간선 도로 상에 두고 고양이 얼굴의 여인으로 변하도록 지시한 뒤, 마법에 의해 8만 1천 명의 군대를 소집하여 그들을 활과 화살로 무장시켰다. 그리하여 왕은 살해되고 왕국은 정복당했으며, 왕의 중요한 신들이었던 오감(五感)의 여신은 불교에 편입되었다. 아디붓다의 모습을 취한 파드마는 전쟁에서 죽은 모든 이의 의식체를 천국으로 보내고 산 사람들은 불교로 개종시켰다. 그는 가난한 이들을 도왔고 짐승들을 편케 했으며, 왕국은 번성했고 사람들은 행복했다.

비크라마쉴라 승원이 재건되자 페르시아의 호울라고우 왕이 큰 군대를 이끌고 침입하여 승원의 열두 건물과 아비달마 경전의 일부를 훼손했다. 톡메[137]와 익녠[138]이라는 이름의 박식한 두 비구가 비구니로 변신한 뒤 미륵의 다섯 교의와 아비달마구사론, 팔지론(八支論)[139]을 들여와 확립했다.

---

137) Thok-me. 유가행파 창립자인 아리아상가(또는 아상가)의 티벳어 표기. 그는 당시 아친타푸리 비하라Achintapuri Vihara로 불렸던 저 유명한 아잔타 석굴과 관련하여 '아잔타의 현인'으로 알려져 있으며, 150년을 살았다고 한다.
138) Yik-Nyen. '보석 같은 조력자'라는 뜻의 티벳 이름.
139) 아상가가 지은 ≪유가사지론(瑜伽師地論)≫의 뜻을 해석한 8종의 논(역주).

파드마가 보드가야에서 성불함

보드가야로 간 파드마는 스승 싱하의 면전에서 아티ati · 치티chitti · 양티yangti 요가에 관련된 분노존의 만다라를 건립하고, 가르침과 인도에 의해 단계적으로 열반에 이르는 방법을 스승에게 입증했다.[140] 구두 설명을 끝내고 파드마는 공중으로 높이 떠올라 눈에 보이지 않게 되었으며 다양한 초자연적인 모습으로 나타나 여러 가지 초월적 능력을 보여준 후, 땅으로 내려와 보석의 탑을 세우고 그것을 축원했다.

파드마의 초능력을 목격한 많은 학승들이 가르침을 청했고, 그는 경(經) · 궤(軌) · 주(呪) · 율(律) · 논(論) · 의학을 상세히 가르쳤으며, 그들은 그에게 '위대한 석학'이라는 칭호를 주었다. 그 다음 파드마는 그들에게 크리야Kriyā 요가[141]의 체계를 온전히 가르쳤고, 그들은 그에게 '부족함 없는 금강'이란 칭호를 주었다. 그들은 파드마가 가르친 것을 모두 기록하여 보석 상자에 넣고 그것을 승리의 기(旗)에 묶어 비크라마쉴라 승원의 옛터에 게양했다. 그들은 이제 파드마를 '가르침의 표상, 깨달은 자〔또는 붓다〕'라고 불렀다. 이후 곧바로 7일 동안 비가 왔고 모든 질병이 사라졌으며 열세 가지 상서로운 징조가 나타났다. 이리하여 파드마는 실제로 보드가야의 붓다가 되었으며 왕궁의 옥상에서 한 마리 사자처럼 포효했다. 무신앙자와 이교도들은 크게 동요하여 불교에 귀의하거나 전향했고, 그를 '스승 셍게 다독Seṅ-ge Dradog'[142]이라 불렀다.

---

140) 이 문장이 암시하듯이 유가행파의 이 세 가지 요가는 열반의 길에 직접 관련된다. (p.251\111 참조)
141) p.326\17 참조

여덟 나라에 법을 전함

여덟 개의 다른 나라에 가르침을 펼 때가 되었다고 생각한 파드마는 먼저 잠부 나무[143]가 많이 자라고 있는 우겐 동쪽의 잠부말라 Jambu-mala국에 가서 금강승(乘)을 가르쳤다. 다음에 그는 검은 문수(文殊)[144] 신앙만이 유행하던 남쪽의 파르파타Par-pa-ta국으로 가서 문수보살이 보여주는 평화와 분노의 측면에 관해 가르쳤다. 그런 다음 연화부(蓮華部)의 하야그리바를 숭배하는 서쪽의 나가포타Naga-pota국에 가서 관세음보살이 지닌 평화와 분노의 측면을 가르치고,[145] 다시 푸르부[146] 의례가 유행하는 북쪽의 카샤카말라Kasha-kamala국으로 가서 그 신앙을 자세히 설명했다. 여기서 다시 어머니 여신들을 숭앙하는 남동쪽의 탕롱[147]이란 나라에 가서 그 여신들의 예배법을 자세히 가르쳤고, 랑카(Lamka 또는 Ceylon)의 십두(十頭) 왕조가 다스리는 남서쪽의 나찰Rākshasa국에 가서 비슈누를 숭배하는 백성들에게 칼라차크라 교의를 가르쳐 그들을 개종시켰다. 파드마의 다음 행선지는 마하데바의 숭배자들이 사는 북서쪽의 룽라Lung-

---

142) 파드마의 여덟 가지 모습 중 하나의 이름으로 '사자후 스승'을 뜻한다.
143) 에우게니아 잠볼란스eugenia jambolans.
144) 도르제직제(Dorje-Jig-je ; Skt. Vajra-Bhairava ; 金剛忿怒尊). 분노한 모습의 문수보살로 티벳 국교파인 게룩파 종의 주요 신들 중 하나이다(도판 6 참조). 평화로운 모습의 문수보살은 신성한 지혜의 수호자이다(도판 4 참조).
145) 관음(觀音 ; Avalokiteshvara)과 마두(馬頭 ; Hayagrīva)는 각각 자비의 평화로운 측면과 분노한 측면을 나타낸다.
146) phurbu. 삼각형 칼날을 한 티벳의 마술 단검으로 악마를 몰아내거나 죽이는 의식에 사용된다.
147) Trang-srong. 산스크리트의 Krisi 또는 Suni에 해당하는 티벳 지명으로 '신을 찬송하는 자'란 의미임.

lha[148]국이었으며 거기서 찬가와 함께 윤회의 공물(供物)에 대해 가르쳤다. 그리고 주민들이 흑마술을 실천하는 케키링(Kekki-ling ; 영웅들의 땅)이란 여덟 번째 나라에 가서 신들을 달래기 위한 여덟 가지 방법[149] 중 하나를 가르쳤다.

우겐국 한가운데의 다나코샤 호수[150]로 돌아온 파드마는 사람들이 번성을 누리고 대승불교가 융성함을 보았다. 명상을 통해 다른 나라들을 귀의시킬 때가 아직 오지 않았음을 안 그는 벵골로 가서 만다라바와 함께 묘지에 살면서 요가를 실천했다.

파드마의 의심 많은 친구

묘지의 은신처로 찾아와 파드마와 만다라바가 남편과 아내로 함께 살고 있다고 생각한 파드마의 한 친구가 말했다. "당신은 정말 이상하군! 우겐의 왕궁에 바사다라를 남겨두고 이 무슨 수치스런 짓인가!" 친구가 자신을 경멸하여 자기 집에 초청하기를 거부했지만 파드마는 혼자서 이렇게 생각했다. '이 친구가 대승의 깊은 뜻과 세 가지 기도(氣道)[151]에 관한 요가를 모르니 내가 이해할 수밖에 없다.'

---

148) 풍신(風神 ; Skt. Marut)을 뜻하는 티벳어로 북서쪽 하늘에 사는 폭풍의 신을 가리킨다.
149) 직텐 최퇴Jik-ten Choe-toe. 달래기 어려운 여덟 신들에 관한 닝마파의 교의.
150) 위에 말한 여덟 나라는 우겐국의 다나코샤 호수를 중심으로 한 여덟 방위에 존재하며, 따라서 지리적으로 만다라와 같은 상징을 이룬다.
151) 쿤달리니 요가에서 말하는 척추 한가운데를 통과하는 신경과 그 주위를 좌우로 휘감은 두 신경을 가리킨다. ≪티벳 사자의 서≫ 490쪽 참조.

브라만으로 일곱 번 태어난 자

브라만의 아들로 변신한 파드마는 카사르파니Khasar-Pāni[152] 사원에 가서 신성한 통찰력을 지닌 한 브라만에게 절을 하자, "왜 내게 절을 하시오?" 하고 브라만이 물었고, 파드마는 이렇게 대답했다. "세상의 생명을 돕기 위해 나는 일곱 번 계속해서 브라만으로 태어난 사람의 육체가 필요합니다.[153] 지금 누군가를 제공할 수 없으면 당신이 숨을 거둘 때 그렇게 해주시기 바랍니다."

브라만이 대답했다. "이승에 있는 동안 죽음이 찾아오기 전에 생명을 포기하면 안 되오. 그러나 내가 죽으면 그 즉시 내 몸을 가져도 좋소." 파드마는 그 브라만과 작별을 고한 뒤 헤어졌다.

5년 뒤 그 브라만이 죽었고 돔비 헤루카Dhombhi Heruka라는 이름의 큰 학자가 즉시 나타나 그의 시신을 요구했다. 많은 늑대가 이 학자를 공격했지만 그는 요가의 능력으로 단지 바라보기만 하여 그들을 쫓아버리고 시신을 자신의 무릎에 놓은 뒤 한 마리 호랑이에 올라탔다. 재갈과 뱃대끈과 껑거리끈으로 뱀들을 사용하고 인골 장식으로 몸을 치장한 그는 삼고극(三鈷戟)을 들고 이슬람의 도시인 데단De-dan으로 갔다. 거기서 그는 말을 타고 배회하며 누구든 와서 가질 수 있는 사람에게 그 육체를 주겠다고 알렸다.[154] 지나가던 사람들이 이렇게 말했다. "허튼소리 하는 이 요기를 보라. 호랑이에게

---

152) 관세음보살의 한 형태.
153) 이 브라만과 같이 그렇게 태어난 사람은 미래를 보는 능력이 있다고 믿어진다. 서양에서도 이와 비슷하게 일곱 번째 아들은 '보는 힘'을 선사받는다고 믿어진다.
154) 요기들은 '받는 것보다 주는 것이 좋다'는 격언에 따라 영적인 덕을 쌓기 위하여 선물 주기를 실천한다.

꿀을 주지 않았으면 그것을 타지 못할 것이고, 뱀들에게 사향을 주지 않았으면 그것들을 부리지 못할 것이다."[155]

술마시는 헤루카가 일몰(日沒)을 막음

이 헤루카는 비나사Vinasā라는 이름의 여인이 운영하는 한 선술집으로 가서 술을 주문했다. "얼마나 드릴까요?" 하고 여인이 묻자 그는 대답했다. "여기 있는 것을 몽땅 주시오." 그러자 "5백 단지가 있다"고 여인이 대답했고, 헤루카는 "해질녘에 대금을 지불하겠다"고 말했다.

헤루카는 술집에 있던 술을 모두 마시고 그것도 모자라 다른 가게에 가서 술을 더 가져오도록 했다. 해가 막 지려고 할 때 헤루카가 자신의 푸르부phurbu[156]를 반은 햇빛에 반은 그늘에 위치하도록 놓자 해가 지지 않았고, 오랫동안 그렇게 두었으므로 그 지방의 기온이 올라가서 풀밭이 마르고 나무들이 죽었다. 이 헤루카는 7일 동안 그렇게 앉아서 술을 마셨고 푸르부는 햇살과 그늘로 분할되어 있었으며 태양은 계속해서 비추었다.

사람들은 이런 혹심한 재앙이 술집에 앉아 있는 한 탁발승 때문이라고 왕에게 불평을 터뜨렸다.[157] 그래서 헤루카가 7일간의 음주를

---

155) 티벳의 일반 신앙에 따르면 꿀을 주어 호랑이를 길들일 수 있고 사향 냄새에 의해 뱀과 어느 정도 거리를 둘 수 있다. 티벳인들은 개인적으로 사향을 소지하는 습관이 있으며 결코 뱀에 물리는 일이 없다고 한다. 번역자는 뱀에 물려 죽은 티벳인을 한 번도 본 일이 없다고 내게 말했다.
156) 요가의 의례에 사용하기 위해 티벳의 요기들이 개인적으로 비밀히 소지하는 마술 단검.

끝내는 날 아침에 왕은 그를 찾아가 물었다. "오, 그대, 모든 사람에게 착한 일을 해야 할 탁발승이여, 당신은 왜 이런 모습으로 술을 마시고 있는 거요?" 그러자 헤루카는 이렇게 대답했다. "오, 왕이여, 내가 마신 술값을 지불할 돈이 없소이다." 그러자 왕이 계산을 치르기로 약속했고, 헤루카는 푸르부를 거두었으며 해는 지평선 밑으로 내려갔다.

이런 일이 있은 후 이 헤루카는 쿠루쿨라Kuru-kullā 동굴로 가서 그곳을 거처로 삼았다. 헤루카를 끝까지 믿었던 술집 여주인 비나사는 코끼리 등에다 술과 음식을 싣고 찾아와 그것들을 바치면서 자신을 제자로 받아달라고 간청했다. 그는 은덕을 베풀어 충분히 요가를 가르쳤고 그녀는 물에 빠지지 않는 능력과 공중을 나는 능력, 단단한 물체 속을 통과하는 능력을 얻었다.

뱀에 물린 우겐 왕이 치유됨

우겐국의 왕이 묘지에 갔다가 독사에게 물렸을 때, 학식 있는 브라만과 탁발승과 의사들이 모두 그것을 어쩌지 못하다가 결국 바다 밑의 물에 마지막 희망을 걸었다. 이 물은 곧바로 얻어졌지만 그것을 가져오던 자가 중도에 울고 있는 한 젊은이를 만나 이유를 묻자 그는 왕이 죽었다고 대답했다. 크게 당황한 심부름꾼이 물을 내던지고

---

157) 사람들은 수행자가 당연히 술집에 들어가지 않고 알코올 음료를 마시지 않는다고 생각한다. 헤루카가 이런 최소한의 금기도 지키지 않는 것을 보고 그들은 재앙이 그의 악행 때문이라고 추측했다.

급히 왕궁으로 돌아오니 왕은 아직 살아 있었다.[158]

그리하여 헤루카에게 많은 것을 배운 비나사가 소환되었고, 그녀는 바다 깊은 곳에서 채취한 물을 가져와 왕을 낫게 했으며, 왕은 고마운 마음에서 그녀를 정신적 조언자로 삼았다.

비나사는 낮은 계급 출신의 여인이었으므로 왕의 아내들이 거부했고, 그녀는 자신이 받은 지위에서 물러나고 싶었으나 왕이 그것을 허락하지 않았다. 왕궁을 떠나기가 쉽지 않음을 안 비나사는 마술에 의해 아이를 하나 낳은 후, 그 아이가 정상적으로 자신에게서 태어난 것처럼 가장하여 왕에게 보이면서 그가 자신의 직책을 이어 왕의 스승이 될 것이라고 말했다. 왕은 이 아이를 받아들여 길렀고 그는 자라서 라와파La-wa-pa라는 이름의 박학한 성자가 되었다.

우겐에서 화형당한 파드마와 만다라바

파드마가 예상했듯이 우겐 사람들을 징계할 때가 되었을 때 네 명의 다키니가 가마를 들고 나타나 그와 만다라바를 태우고 하늘을 날아서 우겐국으로 갔다. 탁발승으로 나타난 파드마와 만다라바는 집집을 돌며 먹을 것을 구했고, 결국 그들의 존재가 알려지자 소문을 전해 들은 왕의 대신들은 이렇게 말했다. "바사다라 왕비를 무시하고 대신의 아내와 아들을 죽인 자가 이제 여자 거지와 함께 살고 있다. 왕국의 법률을 깨뜨린 그가 더 나쁜 짓을 하려고 우리에게 돌아

---

158) 왕을 문 뱀은 악룡(惡龍)의 화신이고, 젊은이는 이 악룡이 왕의 치유를 방해하기 위해 변한 모습이었다.

왔다."

왕이 알지 못하게 파드마와 만다라바를 체포한 대신들은 두 사람을 한데 묶고 기름을 적신 천으로 싸서 화형주에 매달았다. 그들 둘레에 장작이 쌓이고 기름이 부어진 뒤 동서남북의 네 방향으로부터 불이 붙었다. 그러나 21일이 지나도 장작더미는 계속해서 연기를 뿜었고,[159] 거기에는 무지개가 서려 있었다. 왕이 연유를 물었고 아무도 자진해서 대답하는 사람이 없자 바사다라가 말했다. "출가하면서 신앙을 위해 저와 왕국을 포기했던 제 남편이 최근 돌아와 거지 여자와 살다가 대신들에게 유죄 판결을 받고 화형당했습니다." 대신들이 자신과 상의하지 않은 것에 화가 난 왕은 이렇게 말했다. "그가 만일 어떤 화신이라면 불타지 않았을 것이다." 장작더미가 있는 장소로 간 왕은 거기서 호수를 보았고 그 한가운데서 커다란 연꽃을 보았으며 그 속에 파드마와 만다라바가 눈부신 오라에 싸여 함께 앉아 있음을 보았다. 흙의 여신이 다른 신들을 거느리고 나타나 파드마의 업적을 찬탄했고, 대신들과 군중 역시 그를 찬양하면서 관용을 기원했으며, 왕은 한 겁(怯)이 다할 때까지 자신의 스승이 되어 가르침을 베풀도록 파드마에게 청했다. 파드마는 이렇게 말했다. "삼계(三界)는 감옥이다. 설사 법왕[160]으로 태어난다 하더라도 세속적인 쾌락에서 벗어날 수 없고, 설령 법신[161]을 지니고 자신의 마음을 다스릴 줄 안다 해도 윤회적 존재를 묶는 고통의 사슬을 끊을 수 없다. 오,

---

159) 이런 장작은 보통 7일이면 불타서 재가 되고 연기도 멎는다.
160) 이상적인 군주의 최고 전형.
161) 붓다가 존재하는 열반의 상태를 상징함(《티벳 사자의 서》 62~69쪽 참조).

왕이여, 마음을 정화하여 투명한 시각을 얻으시라. 그러면 불성을 획득할 것이니."162)

왕의 마음이 즉시 바뀌었고 그와 대신들과 군중이 모두 믿음으로 돌아섰다. 파드마는 호위를 받으며 궁전으로 향했고 왕은 그를 왕좌에 앉힌 후 절을 올리고 예물을 바쳤다. 파드마는 13년 동안 우겐 땅에 머물면서 사람들을 가르쳐 신앙을 확립시켰다.

만다라바와 버려진 여아(女兒)

만다라바는 다키니의 신성한 헤루카 동굴에 가서 그들의 우두머리가 되었다. 이따금 그녀는 다키니의 형태를 취했고 또 때로는 재칼이나 암호랑이, 작은 소년 소녀의 형태를 취했다. 이런 식으로 그녀는 가르침을 촉진했으며 다양한 유형의 존재들을 불교에 귀의시켰다.

페팡규 Pal-pang-gyu라는 도시에 베 짜는 일을 하는 한 부부가 살았는데 아내가 여아를 분만하다가 죽었고, 남편은 태어난 아이가 어미 없이 살 수 없다고 생각하여 시체와 아이를 묘지에 맡겼다. 암호랑이가 되어 있던 만다라바는 송장의 살을 먹으려고 묘지에 갔다가 죽은 어미의 젖을 빠는 아이를 보고 가엾게 여겨 자신의 젖을 먹이면서 키웠다. 암호랑이는 그 어머니의 시체를 먹었고 그 살 조각을 아이에게도 먹였다.

---

162) 붓다가 자신의 가르침의 모든 목적이 윤회계의 속박으로부터 마음을 해방하는 데 있다고 강조했듯이, 이 말은 엄격한 불교의 색채를 지닌다. 이것은 또한 우리의 둘째 권이 제시하는 가르침의 목적이기도 하다(≪티벳 밀교 요가≫ 개론 제3장 중 '혼의 가르침에 관하여' 참조).

아이가 열여섯 살이 되었을 때 그녀는 여신처럼 예뻤으며, 만다라바는 그녀가 홀로 살게 놓아두고 떠났다. 파드마는 그 소녀를 불교에 입문시킬 때가 되었음을 알고 비구승으로 변신한 뒤 그녀에게 금강살타의 만다라를 전수했다.[163]

소 치는 스승

그들에게 우유를 제공하던 목자(牧者) 역시 파드마의 제자가 되었고 파드마에게서 같은 만다라를 전수받은 뒤 금강살타의 싯디(siddhi ; 成就)를 얻었다. 싯디의 결과 그 목자의 이마에 '훔Hūm' 자가 나타났고 파드마는 그를 훔카라Hūm-kāra라고 불렀다. 그 다음 파드마는 그에게 긴 '훔'[164]의 교의를 주었고, 또한 축지법[165]을 가르쳐 50센티미터 가량 땅 위로 떠서 걷는 능력을 얻었다.[166]

---

163) 《티벳 사자의 서》 274~278, 497쪽 참조.
164) 다섯 선정불의 지혜에 관한 이 가르침은 《티벳 밀교 요가》 여섯째권에 자세히 나와 있다.
165) 캉콕Rkang-mgyogs. 직역하면, '빠른 발' 또는 '발의 쾌속성'이다.
166) 사르다르 바하두르 씨는 티벳에서 1931년쯤 이런 식으로 이동하는 티벳의 요기를 한 번 본 적이 있다고 말했다. "나는 그에게 메시지를 주어 라사에 사는 파퐁카Pha-pong-kha라는 큰 라마에게 보냈는데 그는 20킬로미터의 거리를 약 20분 만에 달렸다." 티벳에서 룽곰파lung-gom-pa라 불리는 이 축지법의 달인을 티벳 밀교의 탐구자인 알렉산드라 데이비드 닐 여사도 티벳 북부의 황야에서 한 번 마주친 적이 있다. "그는 선정(禪定)에 들어 있는 것처럼 보였고, 그의 눈은 크게 열린 채 보이지 않는 어떤 원거리의 대상에 고정되어 있었다." 그녀는 그의 속보를 중단시키면 그가 죽어버릴 수도 있다는 말을 들었다. 그는 달리지는 않았지만 "대지로부터 뛰어올라 도약하면서 나아가는 것처럼 보였다. 그는 공의 탄성을 지녀 발이 땅에 닿을 때마다 되튀는 것과 같았다. 그의 발걸음은 진자의 주기성을 보여주었고, 보통 승려의 법의와

요가가 이렇게 나아가자 그 심령적 결과로 하야그리바(Haya-grīva ; 馬頭)의 머리를 닮은 혹이 브라마의 구멍[167]에 해당하는 목자의 머리 부위에 나타났다. 그리고 요가가 더 진보하자 심장과 이마에 각각 금강저와 갈마저의 윤곽이 나타나고 육체의 아홉 구멍에서 빛이 방사되었다.[168]

이들 싯디를 얻은 뒤 해질녘 소를 몰고 가는 목자가 그의 주인 눈에 금강살타로 비쳤다. 주인은 특별히 마련한 자리에 그를 앉히고 절을 올렸다. 그러자 목자가 물었다. "주인께서 하인인 제게 왜 절을 하십니까? 그러는 주인님을 사람들이 우습게 볼 것입니다." 그러자 주인이 되받았다. "당신은 금강살타이십니다. 제 목자가 어디 있는지 제게 말씀해주실 수 있습니까?" 주인과 사람들이 모여 상의한 뒤 목자를 그들의 스승으로 선언했으며, 그는 가르침을 펴고 많은 사람들이 귀의하게 만들었다.

겉옷을 걸치고 있었는데 둘 다 낡아 보였다. 그의 왼손은 겉옷의 깃을 움켜쥐어 반쯤 천에 가려 있었고, 오른손은 푸르부(의례용 단검)를 들었다. 뾰족한 끝이 땅 위로 높이 들린 푸르부는 마치 그것을 조금 전에 사용한 것처럼 보였으며 무슨 지지물이 되어주는 것처럼 그의 오른팔이 각 발걸음마다 약간씩 움직였다." 먼 데서 볼 때 그는 "마치 나는 것처럼 보였다."(A. David-Neel, *With Mystics and Magicians in Tibet*, London, 1931, 201~204쪽 참조) 이 기술에 관해서는 앞에 (242쪽에서) 언급한 바 있거니와 거기서 파드마는 '발의 쾌속성'을 터득한 후의 모습을 보여주었다.
167) 브라마란드라Brāhma-randhra. 이것은 인간이 죽을 때 의식체가 몸에서 빠져나가는 구멍이다(《티벳 사자의 서》 p.233\18 참조).
168) 목자는 다섯 가지 초능력siddhi을 얻은 것이다. 몸과 말과 마음에서 각각 속보 능력, 방대한 요가 지식, 정신 작용의 통어력으로 나타났고, 가르침의 완전한 터득과 요가의 완성이 그 뒤를 이은 것이다. 두 번째 싯디의 결과 하야그리바의 혹이 생겨났고, 세 번째 싯디의 결과로 금강저가, 네 번째 싯디로 갈마저가 나타났으며, 다섯 번째 싯디로 몸의 아홉 구멍(눈·코·귀·입·항문·생식기)에서 빛이 방사된 것이다.

샤캬 쉬리 미트라의 이야기

샤캬 쉬리 미트라Shākya Shrī Mitra의 생애를 간단히 적으면 다음과 같다. 달마 아소카 왕의 딸 달마비티Dharma-Bhitti가 뜰에서 잠을 자다가, 무지갯빛 오라를 지닌 얼굴빛이 흰 어떤 남자가 그녀 앞에 감로병을 놓고 그녀의 머리에 성수(聖水)를 붓자 그것이 브라마의 구멍을 통해 몸 속으로 흘러들면서 지극히 평화로운 느낌이 드는 꿈을 꾸었다. 열 달 후에 사내아이를 하나 낳은 그녀는 부끄러움 때문에 아이를 내다 버렸고 아이는 모래 속에 파묻혀 사라졌다. 그러나 우겐 국 왕의 가신이 기르는 개 한 마리가 아직 살아 있는 아이를 발견하여 왕에게 가져왔으며, 아이는 왕가의 보살핌을 받게 되었다. 나이 다섯이 된 소년은 비구가 되고 싶다고 말했지만 아직 너무 어렸으므로 나란다 승원에 보내어져 파드마카르포Padma-Karpo[169] 밑에서 다섯 가지 학문[170]을 공부하게 되었다. 위대한 학승인 쉬리 싱하는 이 젊은이를 비말라 미트라Vimala Mitra로 이름지었고, 그 다음에 나란다 대승원장은 샤캬 쉬리 미트라라는 이름을 주었으며 나란다의 5백 명 학승들과 친교를 갖도록 허락했다.

보드가야에서 논전과 마법에 패한 이교도들

예지력을 사용하여 보드가야로 돌아갈 때가 되었음을 안 파드마는

---

169) 부탄에 불교를 전하고 카규파 종(宗)의 스승들 중 하나가 된 Padma-Karpo인 듯함. ≪티벳 밀교 요가≫ 셋째권의 '맺음말' 참조.
170) 이것은 의학, 언어, 방언, 물리학과 기계 기술, 삼장(三藏 ; Tri-Pitaka)으로 남방불교에서와 같이 불전에 포함된다.

먼저 잘란다르[171]로 가서 명상에 들었다. 이때 '모든 곳을 주름잡는 신인(神人)'이란 이름의 한 이교도 왕이 군대를 소집한 후 4명의 고위 사제로 하여금 각각 9명의 학자와 5백 명의 군사를 데리고 보드가야로 가서 불교를 타도하도록 했다. 4명의 고위 사제는 각각 동서남북 네 방향으로부터 보드가야로 들어가 불교도들에게 "만일 너희가 우리에게 진다면 우리의 신앙을 받아들여야 할 것이고, 우리가 진다면 우리 역시 불교도가 되겠다"고 말하면서 공개적으로 논전을 벌였다. 4명의 불교 학자들은 자기들끼리 이렇게 말했다. "비록 우리가 그들을 패퇴시킨다 해도 우리는 그들의 마술 능력을 당할 수 없다."

불교도들이 보드가야의 왕궁에 모여 의논하고 있을 때, 손에 비를 들고 얼굴빛이 푸른 여인 하나가 갑자기 나타나서 말했다. "경쟁을 통해서는 이교도들에게 승리하지 못합니다. 그러나 내 오빠가 그들을 이길 수 있습니다." "당신 오빠의 이름이 무엇이고 그는 어디에 사시오?" 하고 그들이 묻자 그녀가 다시 대답했다. "그의 이름은 파드마바즈라[172]이며 현재 잘란다르의 묘지에 살고 있습니다." 불교도들은 그를 초청하고자 원했고 그녀는 말했다. "당신들은 그를 부를 수 없으니 보리수 사찰[173]에 모여 많은 공물을 바치고 기도하면 내가

---

171) 북인도의 잘란다르Jalandhar에서 대략 1세기 말에 카니쉬카 왕의 후원 아래 큰 불교회의가 열렸고 그것은 북방불교와 남방불교가 나뉘는 결과를 가져왔다. 오늘날 실론(스리랑카)과 버마(미얀마), 태국, 캄보디아에서는 남방불교가 우세하고, 티벳과 시킴, 부탄, 네팔, 라닥, 몽고, 타타르, 중국, 일본에서는 북방불교가 세력을 잡고 있다.
172) '다이아몬드의 연꽃', 즉 견고 무비한 연꽃이라는 뜻. 갑자기 나타난 이상한 여인은 변장한 다키니이다.
173) 고타마가 성불했던 자리의 보리수 곁에 세워진 보드가야의 사찰을 가리킴.

가서 그를 데려오겠습니다."

이 이상한 여인은 나타났을 때와 마찬가지로 갑자기 사라졌고, 불교도들은 그녀가 시킨대로 움직이면서 파드마바즈라가 찾아와 이교도들을 물리쳐주도록 기도했다. 다음 날 새벽 커다란 새처럼 나뭇가지들 사이로 내려와 왕궁에 당도한 파드마는 즉시 명상에 들었고 불교도들은 북을 울렸다. 북소리가 나자 이교도 염탐꾼들은 불교도들이 말하는 소리를 들었다. 동쪽의 염탐꾼은 여우의 두뇌와 같은 뇌를 지닌 이교도들이 패배할 것이라고 불교도들이 말했다고 전했다. 남쪽의 염탐꾼은 가네샤Ganesha의 숭배자들과 그들의 군대가 정복당할 것이라고 불교도들이 말했다고 전했다. 서쪽의 염탐꾼은 사악한 이교도들이 그들의 추종자들과 함께 전멸당하리라는 말을, 북쪽의 염탐꾼은 모든 나쁜 집회가 궤멸당하리라는 말을 들었다고 각각 전했다.

해가 뜨자 파드마는 법왕의 모습을 하고 공중을 날았으며, 이러한 마법적 능력을 본 왕은 그의 지력(智力)을 의심하여 이렇게 물었다. "오, 그대, 학승인 척하는 겨우 여덟 살 난 소년이여, 그대는 이교도들을 타파하기에 적합지 않다." 그러자 파드마가 대답했다. "오, 왕이시여, 저는 3천 살 먹은 늙은이입니다. 제가 겨우 여덟 살밖에 안 먹었다고 말하는 자가 누구입니까? 어리석은 당신은 왜 감히 저와 맞서려 하십니까?"

왕은 아무 말이 없었지만 파드마가 한 말을 전해 들은 이교도들은 요청했다. "오, 왕이시여, 오늘 아침 우리의 머리털이 곤두서게 만들었던 그 후배 승려를 아무쪼록 불러주십시오. 그를 싹부터 잘라버리지 못한다면 우리 신앙이 해를 입을지도 모릅니다. 우리는 그를 꺾어야만 합니다."

학식과 마술 능력을 지닌 모든 이교도들이 모였고, 파드마는 명상 속에서 자신을 닮은 네 분신을 방출하여 각각 네 방향에 배치했으며, 그들은 신앙을 주제로 하여 이교도들과 논전을 벌였다. 그 결과 불교도들이 이겨 손뼉을 치면서 이교도들이 졌다고 소리쳤다. 이와 마찬가지로 불교도들은 다음의 기적 행하기 시합에서도 승리를 얻었다.

마법의 불 피우기가 과제인 다음 시합에서 이교도들은 불을 열 개나 더 피웠고, 그들이 승리감에 도취해 박수를 쳤을 때 파드마가 기다리라고 외쳤다. 그가 한 손을 땅에 짚자 연꽃 한 송이가 피어났고 그로부터 불길이 솟아올라 세상 꼭대기에 이르렀으며, 4명의 이교 사제는 데리고 온 얼마간의 신도들과 함께 하늘 속으로 날아올랐다. 파드마가 손으로 그들을 가리키자 불길이 빙글빙글 돌아 그들을 덮쳤고 두려움에 가득 차 원래의 위치로 내려온 그들은 파드마에게 소리쳤다. "논쟁과 마법에서 네가 우리를 이겼다. 7일 안으로 너 자신의 죽음을 준비하라." 그들은 밀림으로 들어가 파드마를 죽이기 위한 흑마술을 실행했다. 뒤에 남겨진 그들의 5백 명 추종자들은 불교로 전향했다.[174]

파드마는 다키니들에게 사은제(謝恩祭)를 지냈고, 다음 날 새벽 '악의 정복자'라 불리는 다키니가 나타나 쇠못이 박힌 가죽 상자를 그에게 주면서 악마와 이교도들에 대비하도록 충고했다. 상자를 연

---

[174] 이와 비슷한 일이 아일랜드의 타라 언덕 Hill of Tara에서도 있었다. 성 패트릭과 드루이드 사제들이 아일랜드 왕의 면전에서 마법의 불피우기를 포함하여 여기 기술된 다른 현상들에 관해 경합을 벌였고, 성 패트릭이 승리하자 이교도들은 기독교로 전향했다.

파드마는 그 속에서 마법 의식을 시작한 지 7일 이내에 천둥과 번개와 우박을 일으키는 비밀 행법에 관한 글을 보았다.[175] 4명의 이교 사제가 파드마의 죽음을 부르는 의식을 완료하고 고향으로 돌아가자 갑자기 천둥과 번개가 그들을 쳐 죽였고 그들의 도시를 불태웠으며 거기 살고 있던 이교도들이 모두 비명에 목숨을 잃었다.

파드마는 보드가야의 왕궁 옥상으로 가서 사자후를 토했고 그 목소리를 들은 모든 이교도들이 두려움에 떨면서 신앙을 바꿨다. 북과 징과 소라고동 소리가 왕궁 옥상으로부터 울려퍼졌으며, 불교도의 우두머리들은 파드마를 머리 위로 높이 들어올리고 '가장 숭고한 포효자'[176]라는 칭호를 주었다. 이웃 왕들도 자신의 왕궁으로 파드마를 초대했고 불교는 널리 확산되었으며 보드가야에서 개종한 이교도들은 그를 '모든 것을 이기는 승리자'라 불렀다.

불구 왕자의 혼인

이교도들의 나라인 셀링국(Ser-ling國)의 왕에게 몸이 불구인 왕자가 태어났는데, 이 아이의 얼굴은 광대뼈가 두드러지고 푸르스름하여 매우 추했으며 한 쪽 눈이 멀고 오른손은 기형인데다 왼쪽 다리를 절며 몸은 가죽이 썩는 것과 같은 불쾌한 냄새를 뿜었다. 왕과 왕비는 아이를 창피하게 여겨 왕궁 안에서 비밀히 양육했고, 이 왕자가

---

175) 밀라레파 역시 이 비밀 행법을 배워 실천했다. ≪히말라야의 성자 미라래빠≫ 52쪽 이하 참조.
176) 팍파 셍게 다독Phak-pa Seng-ge Dradog. 앞서 파드마는 비슷하면서 약간 다른 '셍게 다독'이란 칭호를 받았었다(268쪽 참조).

자라서 보통 사람들처럼 결혼하여 살기를 원하자 그들은 말했다. "너는 불구인데다 너무 추하게 생겨서 어떤 여자도 너와 결혼하기를 원치 않을 터이니, 승원에 들어가 우리의 도움을 받으면서 사는 것이 나을 것이다." 그러자 왕자는 이렇게 대답했다. "승원 안은 공허하고 밖은 호화롭습니다. 만일 부모님께서 제게 신부를 조달해주지 못하신다면 왕궁에 불을 지르고 저도 죽어버리거나 두 분을 죽일 것입니다." 왕자는 햇불을 들고 달려와 왕과 왕비에게 대들었다. 다음 일을 두려워한 그들은 왕자를 바이다 왕의 공주와 결혼시킨 뒤 왕궁을 버리고 그와 떠나서 살았다. 공주는 남편에 대해 커다란 불쾌감을 드러냈고 그는 아내가 도망칠까봐 두려웠다.

　명상을 통해, 이제 막 결혼한 부부의 괴로움을 본 파드마는 왕궁의 뜰로 가서 마법으로 인골 장식을 걸친 많은 남녀를 창조하여 춤추도록 했다. 공주는 이 마술적 여흥을 구경하고 싶어졌지만 왕자는 그것을 허락지 않았다. 창 밖을 내다본 그녀는 파드마가 눈에 들어오자 소리쳤다. "오, 저 사람과 같은 남편이라면 얼마나 행복할까!"

　파드마가 이 소리를 듣고 대답했다. "〔결혼한〕여인이 다른 남자를 사랑하면 그녀는 둘이 함께할 수 없는 괴로움을 맛본다. 남자가 〔마음을 닫은〕 여인을 사랑하면 손해를 입고 같이 사는 데 장해가 있다. 남편과 아내가 사회적으로 동등하지 못하면 상호 존중이 줄어들고 이 역시 같이 사는 것을 가로막는다."[177]

---

177) 이 부분의 티벳어 문장에 함축된 의미가 제대로 전달되려면 〔 〕 안의 말과 같은 두 개의 삽입구가 필요하다. 파드마가 여기서 한 말은 공주가 외간 남자에 대해 사랑의 마음을 품는 것과 왕자가 공주의 마음을 무시하고 함께 사는 것에 대한 질책이다.

왕자와 공주는 이 말을 듣고 깊이 깨달아 밖으로 나가서 파드마에게 절하고 예물을 바치며 불교를 받아들였다. 왕은 바이다국에서 파드마가 한 일을 상기하고 기분이 매우 나빠져서 이렇게 말했다. "저 조그만 거지가 나의 사제를 죽이고 궁전을 파괴했다." 파드마는 붙잡혀 벽돌담 안에 갇혔고 사람들은 그 위에 밀짚을 쌓은 뒤 불을 질렀다. 그러나 다음 날 아침에 보니 파드마를 가두었던 장소에는 황금탑이 하나 서 있었다. 그리하여 왕과 왕비를 위시한 백성들이 모두 뉘우치고 불교에 귀의했다.

공식적으로 파드마삼바바라는 이름을 얻음

이후 파드마는 천인과 용, 다키니, 귀신들의 세계에 가서 그들의 말로 법을 설했고, 인간계에서도 중국과 아삼Assam, 가샤Ghasha,[178] [시믈라 근처의] 트루샤Trusha 등지와 그 외 인도와 페르시아 각지에서 법을 전했다. 그는 많은 불당과 승원을 건립했는데 그 중 824개는 티벳에 있었고, 관세음보살[179]의 천국인 데바챤에는 수정탑을 세웠다.

---

178) 또는 가르샤(Gharsha ; Tib. Gharsha-kha-dö-ling, 다키니국). 쿨루Kulu 위쪽 현재의 라홀Lahoul에 해당함.

179) 무량광불(無量光佛) 아미타바Amitābha의 협시 보살인 관음은 티벳인들이 데바챤(Devachān ; Skt. Sukhāvatī ; 極樂)—천인들의 거소—이라 부르는 아미타불의 서방정토, 즉 극락에 거주한다. 대승불교도들 중 비교적 진화가 늦은 이들은 죽음과 재탄생 사이의 중간 상태 동안은 극락에서 지내고 싶어한다. 극락은 아미타불과 관세음보살의 이름으로 한 이타행을 통해서 얻어진다. 관세음보살은 인류의 위대한 해방을 돕기 위해 자신의 열반을 포기한 끝없는 연민의 소유자이다. 그에게 직접 호소하는 만트라는 '옴 마니 파드메 훔Om Maṇi Padme Hūm!'으로 '옴, 연꽃 속의 보석이여, 훔!'이란 뜻이다.

이와 같은 모든 일을 행하고 그는 '파드마삼바바'라는 이름을 얻었다.

보드가야의 왕이 된 브라만 소년

관세음보살의 천국에서 명상에 들어 있던 파드마는 '용들의 비슈누'라는 이름을 가진 이교도 왕이 보드가야를 점령하여 노략질하고 있음을 보았다. 이 왕의 폭정으로 사찰과 궁전은 폐허가 되었고 승려들이 세속적인 일을 강요당하는가 하면 일반인도 크게 고통을 당하고 있었다. 그리고 파드마는 어떤 브라만의 딸이 낳은 아들과 물고기 한 마리가 그 왕을 타도할 것임을 예견했다.

어느 날 그 브라만의 딸은 밖에서 자신의 소를 돌보다가 비가 오자 동굴 속으로 피신했고 거기서 잠이 들었다. 그리고 꿈 속에서 파드마가 멋진 젊은이로 나타나 함께 살면서 그녀에게 비전을 주었다. 며칠 후 그녀는 오빠의 아내에게 꿈 얘기를 하면서 자신이 임신을

밀교적으로 말하면, 다섯 선정불 중 네 번째 붓다인 아미타불은 인간이 천부적으로 지니는 불성(佛性)을 상징하며, 그의 극락에 태어남은 이 불성이 일깨워짐을 암시한다. 그리고 관세음보살은 '자생(自生)하는 우주력의 의인화'이며, 그의 만트라의 '옴'이 그것을 나타낸다.
그리하여 대승불교의 길은 다음 세 가지로 이루어진다. 첫번째 길은 진화가 늦은 대다수의 성문(聲聞; Shrāvaka) 수행자들을 극락으로 인도하고, 두 번째 길은 가르침 없이 개인적으로 수행하는 독각(獨覺; Pratyeka) 수행자를 열반에 들게 하며, 가장 영광된 세 번째 길은 보살(菩薩; Bodhisattva) 수행자에게 완전한 불성을 선사한다.
첫번째와 두 번째 길에서는 각각 신앙과 철학이 중시되지만, 세 번째 길의 수행자는 육바라밀(초월의 여섯 가지 덕)을 실천하면서 자신의 열반행을 후일로 미룬 채 무지로 고통받는 중생이 불법의 배를 타고 생사의 고해를 건너 피안에 도달하는 법을 가르치는 일에 헌신한다.

했으며 죽고 싶다고 말했다. 이 소식을 들은 오빠는 자신이 아이를 키우겠다고 말했고, 처녀가 사내아이를 하나 낳으니 점성술사가 와서 상서로운 별자리 태생임을 알렸으며, 아이는 '시간의 본질의 삼바라Sambhāra'라는 이름을 얻었다.

여덟 살이 되었을 때 소년은 어머니에게 "내 아버지가 누구지요?" 하고 물었고, 어머니는 울면서 "네게는 아버지가 없단다" 하고 대답했다. 그러자 소년이 다시 "이 나라의 왕은 누구고, 그의 사제(스승)는 또 누구지요?" 하고 물었고, 어머니는 대답했다. "그의 이름은 '용들의 비슈누'이고, 그에겐 많은 이교 사제들이 있다." 그러자 소년은 말했다. "아비가 없는 아들을 키우는 것은 옳지 않으니 제가 보드가야로 가는 것을 허락해주세요."

소년은 보드가야로 가서 이교 승원에 들어가고자 했으나 너무 어리다는 이유로 거절당하고 왕의 주방에서 일하게 되었다.

왕은 물고기를 산 채로 먹는 습관이 있었는데, 이 소년은 개울의 물고기로 변하여 어부에게 잡힌 뒤 왕의 식탁에 놓여졌다. 왕이 이빨로 깨물려는 순간 이 물고기는 그의 손을 재빨리 벗어나 위(胃) 속으로 들어갔고 거기서 그를 괴롭혔다. 사제들이 모두 불려와 왕을 도우려 하고 있을 때 본래의 모습으로 돌아온 소년은 소란을 틈타서 왕궁에 불을 놓은 후 문을 잠그고 창문을 열었으며, 이로 인해 그 안에 있던 모든 사람이 죽었다. 그런 뒤 소년은 사호르 시(市)로 가서 불교 승려가 되었고 많은 싯디를 얻었다.

보드가야는 다시금 불교도들의 손에 들어왔으며, 그들은 사찰과 궁전을 재건하고 불법을 부활시키기로 결의했다. 그들은 꼬박 한 해 동안 왕이 되기에 적합한 사람을 찾았지만 아무도 발견할 수 없었다.

앞서의 소년은 거지 복장을 하고 시장으로 가서 거기에 앉았다. 바로 그날 왕이 되기에 적절한 사람을 찾는 몇 명의 불교도들이 코끼리를 타고 시장에 나타나 그 코끼리가 누군가에게 가서 장식용 항아리 하나를 왕관으로 주면 그가 왕이 될 것임을 알렸다. 자유로워진 코끼리는 몸통과 꼬리를 똑바로 세우고 즉시 소년에게로 가서 항아리를 그의 머리 위에 놓았으며, 이리하여 소년은 보드가야의 왕이 되었다.

나중에 소년이 어머니를 만났을 때 그녀는 자신의 아들이 지난 번 화재에 죽었다고 말하면서 그가 아들임을 믿으려 하지 않았다. 왕은 널빤지 하나를 준비하여 그 아래에서 물고기 한 마리가 생겨나도록 기원한 뒤 어머니에게 말했다. "이 기도가 이루어지면 내가 당신의 아들임을 믿으셔야 합니다." 기도는 이루어졌고 어머니는 사실을 인정하지 않을 수 없었다. 이 유덕한 불교 왕 '시간의 본질의 삼바라'가 다스리면서 신앙은 퍼져나갔고 왕국은 번성했다.

파드마의 다른 업적들

파드마는 다시 보드가야를 방문하여 재건된 사찰과 궁전을 축원하고 많은 탑을 쌓게 했으며 사라진 경전들을 다시 쓰게 만들어 신앙을 전체적으로 부활시켰다. 그는 또한 코텐Khoten의 아위국(阿魏國)으로 가서 200년간 머물렀으며 경전과 진언(眞言)과 대승불교를 확립했다.[180] 그런 다음 인도와 네팔의 국경 지대에 있는 어떤 산으로 가서 명상에 들었다. 그러던 어느 날 7명의 사냥꾼이 짖어대는 개들을 데리고 찾아오자 마술로 개들이 짖지 못하게 만들었다. 두려움을 느낀 사냥꾼들이 이 사실을 왕에게 보고하자 왕은 파드마에게 그곳을 떠나도록 명령했다.

원숭이가 기른 소녀와 명상을 방해당한 파드마

파드마는 샹쿠Shankhu의 사원으로 갔다. 네팔 왕 게와찐Ge-wa-dzin의 아내가 여아를 분만하다가 죽자 아이는 왕비의 시체와 함께 묘지에 버려졌고 원숭이 한 마리가 이를 발견하여 길렀다. 아이는 과일을 먹으면서 자랐고 10살이 되었을 때 양 손에 이상하게도 오리의 발처럼 물갈퀴가 있었지만 이 소녀는 매우 아름다웠다. 파드마는 묘지로 가서 소녀를 불교에 입문시키고 샤캬데비Shākya-devi로 이름지은 후 더 많은 것을 가르치기 위해 동굴로 데려갔다. 거기서 9개의 등불 만다라를 건립한 후 그녀와 함께 앉아 명상에 들었는데 여기서 세 가지 장애가 나타났다. 첫번째 장애는 저녁에 번개가 명상을 방해한 것으로 그들이 명상을 중단하자 번개는 멎었지만 이 때문에 3년 동안 가뭄이 왔다. 두 번째 장애는 한밤중에 마라[181]가 나타나 명상을 방해하고 사라진 것으로 그 결과 인도와 네팔 전역에 기근이 찾아왔다. 세 번째 장애는 새벽이 되기 직전에 새 한 마리가 명상을 방해한 것으로 그 결과 인도와 네팔과 티벳의 악령들이 인간과 가축에게 역병을 선사했다.

---

180) 코텐(또는 투르케스탄 동부)은 현대의 고고학이 입증했듯이 한때 대승불교의 중심지였고, 아위(阿魏)—티벳인들이 감기와 심장 경련을 치료하는 데 사용—생산지로서 상업적으로도 주목되었다.

181) 마라mara는 고타마 보살이 보리수 아래서 깨달음을 성취할 때 그를 방해했던 실례에서 보듯이 인간의 깨달음을 방해하는 마귀들이다.

이 세 가지를 해결하기 위해 파드마가 과거의 스승들에게 조언을 구하자 함께 의논한 그들은 학승 프라바하스티에게서 도르제-푸르부Dorje-Phurbu에 관한 가르침[182]을 얻도록 조언했다.

그리하여 파드마는 이 학승에게 편지를 썼고 그는 어른 남자가 무거워 들 수 없을 만큼의 푸르부 서적을 보냈다. 동굴 속의 파드마에게 책이 도착하자 장애를 야기한 악령들이 사라졌고 파드마와 샤캬데비는 별 문제 없이 요가를 계속할 수 있었다. 파드마는 이렇게 말했다. "나는 연꽃과 같다. 연꽃은 진흙 속에서 자라지만 거기에는 진흙이 붙어 있지 않다." 서적을 베낀 뒤 그는 그것을 동굴 속에 감추었다. 수증기가 바다에서 피어올라 하늘에 구름이 생겨나고 비가 내렸으며 꽃이 피고 과일이 무르익었다. 기근과 질병이 모두 사라지고 사람들은 행복했다. 동굴 주변에 가르침을 확립한 그는 '다키니들의 영광스런 수호자, 파드마'[183]로 불렸다.

파드마의 여러 가지 마법적 외관

파드마는 계속해서 여러 가지 모습을 나타내어 악을 정복해나갔다. 어떤 때는 평범한 거지의 모습으로, 또 어떤 때는 8살 난 소년으

---

182) 이 가르침은 악마를 다스리고 그들의 나쁜 영향력을 극복하는 마법에 관한 것이다. 악령들을 다스리고 몰아내는 데 사용되는 법구(法具)인 티벳의 도르제(금강저)와 푸르부(마술 단검)가 이 가르침의 이름으로 사용되었다.
183) 이 칭호로 미루어 볼 때 티벳 수행자들의 수호신인 다키니들이 그들 자신의 수호신으로 파드마를 선택한 것 같으며, 그것은 파드마가 신과 악마와 인간들을 모두 제어할 수 있다는 사실에서 기인하는 듯하다.

로, 번개나 바람으로, 여인과의 사랑 놀음에 열중하는 멋진 청년으로, 남자와 사랑에 빠지는 아름다운 여인으로, 새나 짐승이나 곤충으로, 의사로, 돈 많은 자선가로 그는 모습을 바꾸었다. 뿐만 아니라 배나 바람이 되어 바다에서 조난당한 사람들을 구하기도 했고, 물이 되어 불을 끄기도 했다. 무지한 사람들을 가르치고 나태한 사람들을 일깨웠으며 용맹성으로 질투를 정복했다. 관음과 금강수와 문수의 세 보살로 나타나 인류의 탐욕과 분노와 무지를 교화했고, 붓다의 몸과 마음과 말로 나타나 자만심을 극복하도록 도왔으며,[184] 다섯 선정불(禪定佛)[185]이 되어 질투심을 다스렸다.[186] 그리고 이제 그는 '마법의 춤(또는 형상 변화)의 우두머리 보유자'라고 불렸다. 요컨대, 파드마는 일체 유정(有情)과 인간 및 인간 위아래의 모든 존재들을 교화하기 위해 필요한 모든 형상을 나타내었다.

파드마가 숨긴 책과 보물들

원래의 가르침이 미래 세대까지 온전히 보존되기를 바랐던 파드마

---

184) 붓다의 몸과 마음과 말은 각각 법신·보신·화신이며, 불성(佛性)은 이들 삼신(三身)을 통해 나타난다. 법신(法身)은 열반에 든 모든 붓다가 인지(人智)를 초월한 하나at-one-ment의 상태로 존재하는 '진여(眞如)의 몸'이고, 보신(報身)은 윤회계의 모든 불보살과 선정불들이 천상에서 아직 물질계로 태어나지 않았을 때의 '반영된 몸'이며, 화신(化身)은 불보살이 인간들 사이에서 작업하기 위해 취하는 '육화(肉化)한 몸'이다(《티벳 사자의 서》 62~72쪽 참조).
185) Dhyānī Buddhas. 명상에 든 붓다들로 비로자나불, 아촉불(금강살타), 보생불, 아미타불, 불공성취불을 가리킴 (《티벳 사자의 서》 296~302쪽 참조).
186) 밀교에서는 탐욕·분노·무지·자만심·질투심을 오독(五毒)이라 부르며, 그것이 변형될 때 다섯 선정불의 지혜가 된다고 가르친다.

는 자신이 쓴 많은 책들을 인간계와 천상계, 바다나 호수 밑 용들의 세계에 숨겼다. 그리하여 다키니들은 그를 '숨겨진〔문헌의〕보물에 대해 힘을 갖는 자'라고 불렀다. 이들 숨겨진 문헌 중 많은 것들이 야자잎과 비단천, 파란〔또는 래커를 칠한〕종이에 금·은·동·철·공작석의 잉크로 쓰여졌고 황금 선을 그은 상자나 오지 그릇, 돌 그릇, 두개골, 귀석(貴石)들 속에 안치되었다. 그가 가르친 모든 것이 기록되어 숨겨졌고, 이교도들이 수정하거나 다른 글을 삽입하지 못하도록 고타마 붓다의 가르침들까지도 그는 감추었다. 그리하여 테르퇸〔또는 숨겨진 문헌을 끄집어내는 자〕들을 제외하고는 아무도 숨겨진 책을 발견하여 알릴 수 없었다.[187]

파드마는 숨겨진 문헌을 다키니와 지혜의 수호자들이 보호하도록 했고, 과거세에 선행이 부족하여 이승에서 열등한 처지로 태어난 사람들은 그것을 발견하지 못하도록 했다. 그리하여 가르침과 비전(秘傳), 환생에 의한 직분의 계승, 수행법 등이 줄어들거나 손상당하지 않았다.

〔티벳 남부 네팔 접경에 있는〕캉카르테세 산(山)과 중국의 트리쉬트릭[188] 사이에 파드마는 108개의 큰 문헌과 125개의 중요한 상(像), 5개의 아주 중요한 핵심〔비의〕, 불교와 뵌포[189]의 문헌, 의약학과 점성술과 공예 기술에 관한 문헌들을 숨겼다. 그는 네팔의 동굴

---

187) 지금까지 나타난 이 테르퇸들은 파드마의 어떤 제자가 환생하거나 파드마 자신이 육화된 존재들이라고 한다. 우리가 제시하는 논문의 원본도 ≪바르도 퇴돌≫의 그것과 마찬가지로 파드마가 써서 감추고 나중에 테르퇸이 끄집어낸 이러한 책들 중의 일부라고 티벳인들은 믿는다(≪티벳 사자의 서≫ 149~153쪽 참조). 닝마 종에 전하는 말로는 티벳의 49개 지역에서 종교적인 문헌이 발견되었다고 한다.

과 사원에도 비슷한 은닉처를 만들었으며, 테르퇸들이 이 문헌들을 꺼내 세상에 알리는 것을 돕기 위해 속세의 보물과 마법의 도구와 음식들을 함께 묻었다. 파드마는 천만 개에 달하는 문헌과 그 부속물들을 감추었다고 전한다.[190]

숨겨진 보물과 그것을 찾기에 적합한 사람들

샤캬데비가 그 많은 서적과 보물들이 숨겨진 이유를 묻자 파드마는 방금 설명한 것과 같이 대답한 뒤 덧붙였다. "아리아데바와 나가르주나가 숨겨진 보물들 중의 하나를 꺼내 이교도들을 제압할 것이다."

그러자 샤캬데비가 물었다. "오, 위대한 스승님, 보물의 수효가 그렇게 많다면 그것들은 어떻게 해서 생겨났고, 왜 보물이라고 부릅니까? 전세의 공덕에 의해 그것을 소유하게 될 사람은 누구이며, 그것을 찾을 사람은 누구이고, 또 그 사람은 어떻게 태어납니까? 이 모든 것을 제게 설명해주세요."

파드마는 대답했다. "부디 귀 기울여 듣거라. 오, 기특하게 태어난 아이야. 보물들이 생겨난 것은 악마 타르파 낙포Thar-pa Nag-po[191]의

---

188) Tri-shi-trik. 티벳어화한 중국 지명.
189) 뵌포Bönpo는 불교 이전의 티벳 민속 종교인 뵌Bön교를 믿는 자들이다. 파드마는 뵌교를 제압하고 그 가르침의 일부를 자신의 비밀 불교에 통합했다. ≪티벳 밀교 요가≫ 다섯째권 참조.
190) 이 역시 수효를 과장하는 동양적 표현법의 한 형태로 숫자 그 자체는 의미가 없다.
191) 루드라rudra의 티벳 이름으로 '검은 구세주'라는 의미임. 티벳에서 불교가 확대되는 것을 방해한 이 악마를 정복한 후 파드마는 그가 지닌 강력한 힘을 자신의 불법 보급 사업에 편입시켰다.

멸망 이후이다. 그의 마음으로부터 여덟 개의 묘지[192]가 생겨났으니, 그의 가죽은 종이가 되었고 그의 팔과 다리는 펜이 되었으며 몸의 네 구멍[193]으로 뿜어낸 체액은 잉크가 되었다. 이들 셋〔가죽과 팔다리와 체액〕으로부터 '다섯 독(毒)'이 나왔고, 이 '다섯 독'으로부터 글자의 자모(字母)가 나왔다. 그의 두개골과 입과 코는 보물을 담는 그릇이 되었고 그의 내장(內藏)과 발가락 손가락들은 보물들을 위한 장소가 되었다. '가르침의 여섯 그릇'[194]이 그 보물들을 발견할 수 있는 사람을 선언할 것이며, 다섯 개의 주요 장기〔심장, 간, 허파, 위, 창자〕로부터 축복받은 자들[195]이 나올 것이고, 다섯 감각 기관으로부터 다섯 능력[196]과 다섯 원소[197]가, 그리고 다섯 원소에서 몸〔법신〕과 마음〔보신〕과 말〔화신〕이 나올 것이다."

"분류하자면 18가지의 보물이 있다. 중요한 보물을 발견하는 미친 자[198]는 눈알로, 그보다 열등한 테르퇸들은 눈꺼풀로 알려질 것이다. 테르퇸들 중의 누군가가 고자(鼓子)로 불린다면 그는 〔악마의〕 콧물과 같을 것이고,[199] 보다 높은 삶과 축복을 지닌 자는 의식(意識) 및

---

192) 파드마가 거주하면서 명상했던 고대 인도의 유명한 묘지들이다.
193) 입, 코, 항문, 생식기.
194) 대승불교를 확립 발달시킨 나가르주나와 아리아데바(카나데바로도 알려졌음) 및 그 후계자들을 가리키는 듯함.
195) 불법의 교사들, 붓다들, 보살들, 위대한 스승들.
196) 신앙의 힘, 노력의 힘, 기억력, 심오한 명상의 힘, 독창력.
197) 흙, 물, 불, 바람, 에테르.
198) 영적으로 높은 경지에 달한 사람들 중 한 가지 유형을 완곡하게 표현하여 미친 존재라고 말하는 것은 스승과 요기들의 관례이다.
199) 이 모든 문장은 밀교적 상징을 담고 있는 바, 고자라는 말은 어쩌면 글자 그대로가 아니라 비유적 의미에서 스스로 고자가 되어버린 요기를 의미하는 것일 수 있다.

마음과 같을 것이며, 보통 수준의 영성을 지닌 테르퇸이라고 불러도 좋을 사람은 간과 담즙 같을 것이다. 이런 실례들로부터 너는 발견자들이 어떤 사람일지 알 수 있을 것이다."

파드마가 길게 설명한 이 숨겨진 보물들이 한꺼번에 발견될 수는 없으며, 인류의 진화가 필요할 때마다 하나씩 하나씩 나타날 것이다. 우담바라[200]가 희귀하듯이 테르퇸들도 역시 그러하여, 테르퇸이 태어날 때는 우담바라도 나타날 것이다. 만일 그가 크샤트리아 출신이면 연꽃의 색깔이 흴 것이고, 브라만 출신이면 붉을 것이며, 바이샤이면 노랑색일 것이고, 수드라이면 파랑색일 것이다. 테르퇸이 탄생하면 곧바로 그의 부모 중 어느 쪽이 죽으며, 두 사람 이상의 테르퇸이 동시에 〔또는 같은 시대에〕 태어나는 일은 없고, 한 시대에 오직 한 사람의 테르퇸만이 태어난다. 숨겨진 보물을 발견하는 능력은 여섯 사람에게 주어질 것이며, 그들은 한 사람 뒤에 또 한 사람이 서로를 계승하면서 태어날 것이고, 좀더 낮은 등급의 다섯 테르퇸이 있을 것이다.[201] 왕과 세속적 행운을 지닌 자와 속인과 재물에 집착하는 자들은 이런 힘을 갖지 못할 것이다.

전갈 스승

네팔의 계곡과 코살라[202]에서 다른 소임들을 완료한 후 파드마는

---

200) 우담바라 ficus clonerata는 붓다와 같은 위대한 존재가 지상에 태어날 때에만 피는 무한한 크기의 신화적 연꽃으로 동양의 문헌에 자주 나타난다.
201) 파드마의 ≪간추린 유언≫ 속에서 그는 자신의 화신으로 태어날 여덟 테르퇸을 언급한다. ≪티벳 사자의 서≫ 151쪽 참조.

풀라하리 동굴로 갔고 여기서 금강수Vajra-Pāni가 나타나 라자기르 근처의 묘지에서 어떤 싯디를 얻는 법을 예언했다. 그 묘지로 간 파드마는 9개의 머리와 18개의 뿔과 각각의 이마에 3개씩의 눈을 지닌 거대한 전갈을 보았다. 파드마가 절을 하자 이 전갈은 다음 날 와서 싯디를 얻으라고 말했다. 다음 날 파드마가 찾아가자 전갈은 어떤 바위 아래서 삼각형 모양의 돌 상자를 꺼냈는데 그 속에는 푸르부의 가르침을 적은 필사본이 들어 있었다. 파드마가 그 문헌을 곧바로 이해하자 전갈의 모든 눈과 뿔들이 제각기 하나씩의 야나(yāna ; 乘)[203]를 방출했다.

티벳으로 떠난 파드마

니마 싱하Nyima Singha 왕의 요청으로 보드가야에 돌아온 파드마는 가르침을 강화하는 한편, 티벳으로 가서 송첸감포 왕이 처음 확립하고 문수보살의 화신인 티송데첸 왕이 재확립한 불교를 좀더 굳건히 다져야 할 때가 되었다고 생각했다.[204]

티송데첸 왕은 삼예Sāmyé에 승원을 건립하려 했으나 대지가 정화되지 않고 악령들이 방해하여 벽을 세우자마자 무너져버렸었다.[205]

---

202) Kosala는 고대 Oudh의 일부였음.
203) 영적인 힘을 얻기 위한 가르침의 수단.
204) 송첸감포 왕은 A.D. 650년에 죽었고 티송데첸이 A.D. 740년부터 786년까지 나라를 다스렸다. 송첸감포 왕의 후계자들은 불교 이전의 뵌 신앙으로 복귀하여 두 치세 사이의 90년 동안 불교는 쇠퇴하여 거의 사라질 지경이 되었다.
205) 겉으로 나타난 가시적 원인은 지진(地震)이었던 것 같지만 티벳인들은 실제의 숨은 원인이 악마에게 있다고 생각한다. 어쨌든 티벳의 역사 기록에 따르면, 파드마가 지

왕의 몇몇 사제들이 강력한 영적 능력을 지닌 어떤 승려가 악령들을 정복해야 한다고 주장했고, 왕은 인도와 중국에 사신을 보내어 이런 승려를 찾도록 했다. 그리하여 왕의 초청으로 나란다의 유명한 학자 보살[206]이 티벳에 갔고 왕은 그를 〔삼예 근처의〕 상포르Sang-phor에서 맞이했다. 이 보살은 삼예 승원의 터에서 지진제(地鎭祭)를 거행했지만 악령들이 제압되지 않았으므로 당시 보드가야에 있던 파드마삼바바만이 이 일을 수행할 수 있다고 말했고 왕은 그를 초청했다.[207]

초청을 받아들인 파드마는 티벳 달력[208]의 11월 15일에 티벳을 향해 출발했고 같은 달 30일에 네팔에 도착했다. 파드마는 한 장소에서 악마들을 정복하고 그 다음 장소로 출발하는 식으로 단계를 밟아서 나아가겠다고 말했다. 그는 바수다리Vasudhari 왕의 손님으로 가르침을 설하며 세 달 동안 네팔에 머물렀다. 그가 많은 악마를 정복

진제(地鎭祭)를 행하자 더 이상 벽이 무너져 내리지 않았다.
206) 샨타라크시타(Shānta-Rakshita ; 寂護)를 가리킴(역주).
207) 서양의 어떤 학자들은 티벳 왕이 파드마삼바바를 초청했을 당시 그가 나란다 불교 대학의 교수였었다고 말했으며, 이를 받아들인 편집자는 (≪티벳 사자의 서≫ 149쪽에 보는 바와 같이) 그의 다른 책들에도 같은 내용을 게재했다. 그러나 지금의 이 설명에 의하면, 나란다 대학의 교수였었던 것은 파드마삼바바가 아니라 이 유명한 학자 보살이었던 것처럼 보인다. 그리고 우리의 원본이 뒤에 보여주듯이 이 보살은 파드마삼바바와는 완전히 다른 인물임이 분명하다. 예를 들면, 티벳 왕이 파드마를 환영하는 삼예의 공식 석상에서 그에게는 금제 좌석을 배당하고 보살에게는 은제 좌석을 마련한다. 나아가 이 보살은 티송데첸 왕과 거의 같은 시기에 죽은 것으로 여기에 나온다. 따라서 티벳원본을 잘못 이해하여 보살과 파드마 동일 인물로 알려졌었던 것이 분명해진다.
208) 음력을 사용하는 티벳인들의 한 해는 양력 2월의 합삭에 시작한다. 여기서 말하는 11월은 그리하여 A.D. 746년 12월이고, 그가 티벳에 도착한 것은 약 세 달 반이 지난 뒤이므로 A.D. 747년 이른 봄이 된다.

한 후 네팔을 떠나려 하자 그를 편들어 도왔던 다키니와 그 외의 다른 영적인 존재들이 만류했고, 이에 대해 파드마는 말했다. "나는 가야 한다. 티벳의 악령들을 정복해야 할 때가 되었다."

물의 기적

가는 길에 만나는 악마적 존재들을 정복하면서 파드마는 티벳을 향해 이동했고 [라사에서 약 18킬로미터 거리에 있는] 퇴룽Tod-lung이란 곳에서 첫 휴식을 취했다. 티벳 왕은 두 사람의 우두머리 대신으로 하여금 5백의 기마병과 함께 친서와 선물을 갖고 나가서 그를 맞이하도록 했다. 파드마를 위해서는 황금 안장을 얹은 왕 자신의 말을 보냈다. 많은 수로 이루어진 이 환영단이 파드마를 만났을 때 그 장소에 물이 부족하여 어려움을 겪었고, 파드마가 긴 지팡이를 들어 어떤 바위를 치자 거기서 물이 흘러나와 사람과 짐승들이 갈증을 풀었다. 이 장소는 죔파힐하추[209]라 불린다.

왕의 응접과 불의 기적

왕과 그의 일행은 파드마를 맞이하기 위해 [라사에서 약 12킬로미터 거리에 있는] 중카르Zung-khar로 갔다. 여기에는 많은 인파가 모

---

209) Zhon-pa-hi-lha-chhu. '기병대를 위한 신들의 음료'라는 뜻의 티벳 지명. 사르다르 바하두르 씨는 이 문장을 번역하면서, 자신도 그 장소를 방문했었는데 그때도 지상 약 2.5미터 높이의 단단한 바위에서 약 2.5센티미터 굵기의 물줄기가 흘러나왔다고 내게 말했다.

여들었고 음악과 가면춤을 동반한 환영 행렬이 라사까지 이어졌으며 거기에는 큰 축제가 기다리고 있었다.

파드마와 왕이 얼굴을 마주했을 때 파드마는 왕에게 절을 하지 않았다. 예의 그 보살을 맞이할 때와 마찬가지로 왕이 절을 받고자 함을 안 파드마는 이렇게 말했다. "당신은 어머니의 자궁에서 태어났지만, 나는 연꽃에서 태어났으며 두 번째 붓다이다." 그리고 자신의 요가 능력과 학식을 언급한 뒤 다시 말했다. "왕이여, 당신을 위해 내가 여기 온 이상 당신이 내게 절해야 하리라." 파드마가 손가락으로 왕을 가리키자 그 손가락 끝에서 불꽃이 방사되어 왕의 옷을 태웠고 천둥과 지진이 잇따랐다. 그리하여 왕과 대신들과 그 자리에 있던 모든 사람이 파드마 앞에 엎드렸다.

삼예 승원의 건립

티벳 달력으로 8월 초하루에 파드마는 삼예를 방문했다. 왕은 삼예의 궁전까지 그를 호위하여 황금 의자에 앉게 하고 보살을 위해서는 은제 의자를 마련한 뒤 의례적인 공물을 바쳤으며, 파드마는 자신이 티벳에서 하게 될 일을 예언했다.

그는 용들의 후의를 얻기 위하여 호수에 보물을 던지고, 티벳 전역의 신과 여신과 악령들을 조금씩 제압해 나갔으며, 많은 기적을 행했다.

무인(戊寅)년 8월 8일에 삼예 승원 건립의 대 역사(役事)가 시작되었으며 파드마는 그 부지를 정화하고 가르침을 펴 악령들을 달랬다.[210] 파드마는 건축 작업의 최고 지휘자로 범천과 제석천을 지명했고 사천왕이 감독하게 했으며, 수호신과 지역신 및 악령들을 일꾼으로 사용했다. 사람들이 낮에 일했고 영적인 존재들이 밤에 일했으므로 작업은 빠르게 진행되었다.

파드마가 용왕을 정복한 이야기

용왕이 정복당하지 않고 남아 있음을 안 파드마는 삼예 근처의 침푹Chhim-phug 동굴로 가서 용왕을 타도하기 위한 명상에 들었다. 그때는 티송데첸 왕이 승원 건축에 쓸 목재를 구하느라 많은 어려움을 겪고 있었는데, 흰 얼굴의 인간으로 가장한 용왕이 그에게 찾아가 이렇게 말했다. "당신이 파드마의 명상을 흐트러뜨린다면 모든 나무를 내가 공급하겠소."[211] 이 말을 들은 왕은 그 청을 수락했고 흰 얼굴의 인간은 나무를 공급하기로 약속했다.

왕이 동굴로 갔을 때 그는 거기서 파드마를 보는 대신, 커다란 뱀을 거의 먹어치우고 발톱으로 그것의 꼬리 부분만을 움켜쥐고 있는 거대한 가루다garuda를 보았다. "우리가 커다란 싯디를 얻게 될 것

---

210) 라사의 포탈라 이후 티벳에 세워진 첫 불교 건축물인 삼예 대승원은 라사 남동쪽 약 48킬로미터 지점, 해발 약 3,430미터의 쌍포Tsang-po 강 북쪽 언덕에 위치한다. 이 승원의 생략되지 않은 원래 이름은 '변함없는 명상의 산더미를 얻기 위한 학원'이란 뜻을 지닌다. 오늘날의 삼예 승원은 4개의 중요 학부와 몇 개의 다른 건물들로 이루어져 있으며, 둘레 약 2.4킬로미터에 이르는 원형의 높은 담으로 둘러싸이고 동서남북의 네 방향에 대문이 있는 큰 절이다. 여기에 있는 높이가 3미터 이상인 큰 불상(佛像)은 '삼예의 왕'이라 불리고, 승원의 도서관에는 인도에서 들여온 희귀 필사본이 소장되어 있다고 한다.

211) 티벳은 목재가 귀한 나라이므로 왕이 직면한 문제와 용왕의 청을 무시하기 어려운 그의 처지를 상상할 수 있다.

이니 아무쪼록 명상을 중지하시지요." 왕이 이렇게 말하자 뱀은 자유로운 몸이 되었고 가루다는 파드마로 변하여 이렇게 물었다. "그것이 무슨 싯디요?"

왕이 이유를 설명하자 파드마는 말했다. "나는 다른 모든 악령과 용왕의 몸을 정복했지만 그의 마음은 아직 정복하지 못했었고, 그것을 정복하면 재목이 저절로 오게 되어 있었소. 당신의 행위로 인하여 앞으로 용왕이 티벳을 지배하고 18가지의 역병을 퍼뜨릴 것이며, 분노한 용들이 당신의 적이 될 것이오."

삼예로 돌아와 흰 얼굴의 인간이 약속을 지켰는지 알아본 왕은 나무가 이미 거기 있음을 알았고 이 나무들이 승원의 건축에 사용되었다.

용왕을 정복할 방법이 아직 남아 있는지 묻는 왕에게 파드마는 이렇게 대답했다. "오직 한 가지 방법이 있으니 그것은 티벳 왕과 용왕이 서로 친구가 되는 것이오." 파드마는 삼예 근처의 용왕이 사는 메로Malgro 호수로 갔고, 티벳 왕과 대신들은 그의 충고에 따라 계곡에 숨었다. 호숫가에 작고 흰 천막을 친 파드마는 거기서 사흘 밤 동안 명상을 했는데[212] 마지막 밤에 아름다운 처녀가 나타나 그에게 물었다. "여기서 무엇을 하고 있으며, 찾는 것이 무엇이지요?" 이에 파드마가 대답했다. "티벳 왕과 용왕이 서로 친구가 되었으면 하오. 승원 건축으로 국고가 비어 용왕에게 재물을 구하러 내가 여기 왔소. 이 말을 당신의 왕에게 전해주기 바라오."

---

212) 이 사흘 밤 동안 야영하면서 파드마는 일종의 최Chöd 의식(≪티벳 밀교 요가≫ 다섯째권에 자세한 설명이 있음)을 행한 듯하다.

처녀는 사라졌고, 다음 날 아침 호수에서 큰 뱀이 나타나 물을 휘저으니 황금이 호숫가에 잔뜩 쌓였다. 그리하여 국고가 다시 찼고 건축은 이어졌으며, 황금의 일부는 불상과 벽화 제작에 사용되었다. 이 승원에는 32개의 출입구가 있었고 완공되는 데 5년이 걸렸다.

파드마는 분노존 페하르Pe-har[213]를 이 승원의 수호신으로 만들었다. 승원은 임오(壬午)년 11월 15일에 준공되었고, 앞서의 보살이 세 번에 걸쳐서 준공식을 치렀다. 그런 뒤 파드마는 하루 동안 명상하여 티벳 왕을 사라스바티의 가르침에 입문시켰다.[214]

승원의 준공식에 나타난 기적들

승원은 108개의 불당(佛堂)으로 이루어져 있었는데, 파드마는 자

---

213) 페하르(보통 페카르Pé-kar로 발음함)는 분노하는 수호존들 중의 지배 그룹에 속하며 우주의 네 방위를 수호하는 사대왕(四大王)의 주요 권속이다. 힌두교의 신이 아닌 것 같지만, 때로는 힌두교의 베다Veda 신이나 중국의 불교도들이 승원의 수호자로 여기는 위타천(韋陀天)과도 동일시된다. 어떤 학자들은 산스크리트의 비하르(Vihar ; 승원)가 와전(訛轉)된 것이라고 믿는다. 페하르는 네충Nä-ch'ung 신관이라 불리는 티벳의 신관(神官)—'종교적인 귀족Ch'ö-je'—으로 계속해서 환생한다고 믿어지며, 라사의 카르마사르Karma-s'ar 신관도 그에게서 계시를 받는다고 한다. 티벳의 모든 승원은 밀교를 수호하는 이런 분노존들 중의 어느 하나를 수호존으로 지니며, 사찰을 비롯하여 특별한 산과 강, 호수, 성지, 귀금속과 보석의 천연 매장지들도 역시 마찬가지다. 또한 밭이나 주거용 건물도 친밀한 영적 존재들의 수호를 받으며 가축과 작물도 그러하고, 남녀 노소 할 것 없이 모든 티벳인들이 기독교의 수호 천사에 해당하는 자기만의 수호령이나 수호신을 갖는다.
214) 학문의 여신 사라스바티(Sarasvati ; 辯才天)는 이따금 문수보살의 샥티(여성 동반자)로 나타난다. 따라서 왕은 변재천과 문수보살의 만다라에 관한 비전을 얻은 것으로 보인다.

신을 닮은 108개의 분신을 만들어 동시에 준공식을 거행했다. 그가 의례용 꽃을 뿌리고 있을 때 이들 불당 중 세 개의 단상에서 불보살들의 상(像)이 내려와 자신들의 불당을 세 바퀴 돌았고, 다른 상들은 자신의 불당을 나서거나 손을 움직였다. 놀란 왕은 그들이 자신의 불당으로 돌아갈 수 있을지 의심했으나 파드마가 자신의 손가락을 툭 꺾자 각 상들은 원래의 위치로 돌아갔다. 문들 옆에 위치한 벽화의 분노 수호존을 둘러싼 불길로부터 실제의 불길이 타올랐고 왕은 또다시 놀랐으며, 파드마가 꽃을 던져넣자 불길이 가라앉으면서 꽃잎들로부터 연꽃이 피어났다.

머리 위의 하늘에 신들이 모여 준공식을 참관했고 거기 꽃비가 내렸으며 여러 가지 다른 현상들이 뒤따랐으니 그 자리에 있던 수천의 군중이 이 모든 기적을 보았다.

뵌포들이 공개 논전에서 패하여 티벳으로부터 쫓겨남

나중에 불교도와 티벳의 뵌포들이 공개적으로 토론을 벌여 뵌포들이 패하자 왕은 불교에 귀의하지 않는 그들 대부분을 북쪽의 사막지대와 네팔, 몽고 등 인구가 드문 지역으로 추방했다. 불교가 티벳 전역에 보급되었고, 칸쥬르(Kanjur ; 佛說部)와 텐주르(Tanjur ; 論疎部)를 비롯한 대승불교 서적들이 산스크리트에서 티벳어로 번역되었으며, 또한 현교(顯敎)와 밀교(密敎)의 경궤 및 진언, 의약학과 점성술의 논문 등이 그 뒤를 이었다.

전기(傳記)의 출처와 여성 기록자

지면 288-b는 육화한 다키니이자 파드마의 가장 가까운 제자들 중 하나로 전기에 사용된 자료들을 편집했던 예셰 쵸걜[215]의 태생을 설명하고 있다.

전기의 필사본을 숨김

예셰 쵸걜이 이 전기의 자료인 파드마의 구술을 노랑 종이에 다 받아적었을 때 파드마는 그녀에게 말했다. "네가 죽기 전에, 붐탕[216]에 있는 사자처럼 생긴 바위, 그 위에서 홀로 자라고 있는 한 나무, 그로부터 약 16미터 떨어진 곳에 있는 동굴에 이 사본을 묻어라. 빛이 전혀 들지 않는 이 동굴은 오직 위에서 밧줄을 타고 미끄러져 내려가야만 들어갈 수 있다. 나는 이미 롱세니메귀Long-sal-nyi-mai-gyud[217]를 그 안에 묻었고, 이 사본은 그것과 함께 보존되어야 한

---

215) '지혜의 바다의 승리자'를 뜻하는 티벳 이름. 존 우드로프 경(아서 아발론)은 〈Modern Review〉지 1916년 6월호에서 발췌하고 자신과 라마 카지 다와삼둡이 수집한 책들에 기초한 '금강승의 신들Vajrayāna Devatas'이라는 제목의 논설에서 2쪽에 다음과 같이 적었다. "이른바 '라마교'의 창립자인 스승 파드마삼바바는 다섯 명의 여(女)제자를 두었는데, 그들이 스승의 가르침을 적정 분량 편집하여 미래의 신자들을 위해 여러 장소에 감추었다. 이 제자들 중의 하나인 켄드로(Khandro ; Skt. Dākini) 예셰 쵸걜은 기억력이 탁월하여 한 번 들은 것은 영원히 잊지 않았다고 하는 티벳 여인으로, 스승에게서 들은 것을 묶어 《파드마 텡긱 세르텡Padma Thangyig Serteng》이란 책을 만들었다. 이 책은 연화생(蓮華生)이라 불린 자기 스승의 일대기를 담은 '황금 기도서'로서, 만든 뒤 숨겨졌다가 약 5백 년 전 [한] 테르퇸에 의해 발견되었다." 《파드마 텡긱 세르텡》은 여기에 요약된 전기의 다른 제목이다.

216) 붐탕Boom-thang은 라사 북동쪽 약 22킬로미터 지점에 있다.

다." 그는 이 사본이 비밀스럽게 지켜지지 않으면 다키니들이 그녀를 괴롭힐 것이라고 경고했다.

테르퇸들, 보살과 왕의 죽음, 그리고 요약

지면 303-b에서 332-a까지에는 숨겨진 원본을 찾기 위한 지시와 거기에 딸린 보물들이 테르퇸들의 이름과 함께 적혀 있고 상서로운 시간과 테르퇸을 인도하는 징조들도 보인다.

지면 332-b와 333에는 파드마보다 먼저 티벳에 온 나란다의 보살과 티송데첸 왕이 거의 같은 시기에 죽을 것임을 알리는 글이 적혀 있다. 왕위를 계승한 무티첸포 왕에게 파드마는 불멸 후 8년에 자신이 다나코샤 호수의 연꽃에서 태어났다고 말했다.[218]

후에 파드마의 활약과 그가 방문했던 장소들(페르시아와 시킴, 부탄, 중국, 실론, 티벳과 인도 전역)에 관한 요약 설명이 나왔는데, 거기에는 그가 티벳에 111년간 머물렀다고 적혀 있다.

---

217) '태양(Skt. Sārya)의 탄트라에 관한 논문'이라는 뜻.
218) 붓다가 열반에 들고 나서 8년 뒤에 자신이 태어났다고 하는 파드마의 이 말과 203쪽에 나오는 붓다의 예언 사이에 차이가 있는 것을 조정하려면 파드마삼바바가 세간에서의 실제 활동을 40세까지는 시작하지 않았다고 보아야 한다. 그러나 위대한 스승에 관한 이런 전기에서는 전설과 역사적 사실이 뒤범벅되어 있어서 여러 부분의 올바른 상호 관계나 일관성을 기대할 수 없다.

티벳을 떠나는 파드마

티벳을 떠나기로 결심한 파드마는 왕에게 말했다. "나찰들을 정복해야 할 때가 되었고, 연화생만이 그 일을 할 수 있소. 만일 지금 내가 정복하지 않으면 그들이 인류를 모두 잡아먹고 지상에서 인간이 사라지게 될 것이오." 다섯 개의 큰 도시가 있고 어깨뼈처럼 삼각형 모양을 한 나찰국에 대하여 파드마는 길게 설명한다. "이 도시들은 우겐국에서 그리 멀지 않소."[219] 이 다섯 도시는 각각 5백 개의 마을로 이루어져 있는데, 파드마의 목적은 나찰들을 멸망시키는 것이 아니라 그들이 불교에 귀의하도록 하는 것이었다.

티벳을 떠나려 하면서 파드마는 말했다. "앞으로는 관세음보살이 가르침을 펼 것이오."[220] 왕과 대신 및 수행원들은 말에 올라 궁탕라[221]까지 파드마를 따라갔고 거기서 함께 밤을 지냈다.

아침에 파드마가 왕을 포함한 여러 사람들에게 행운을 비는 작별 인사를 건네자 하늘에 무지갯빛이 보이고 그 가운데서 안장을 얹은 푸른 말이 하나 나타났다. 천상의 음악이 들리고 한 무리의 신들도 나타났다. 파드마를 등에 태운 말이 위로 솟아올랐고 불·법·승의

---

[219] 원본에서 글자 그대로 인용한 이 문장은 사르다르 바하두르 씨가 제시한 다른 이론들, 즉 우겐국이 우리가 생각하는 카슈미르 북서쪽 가즈니 부근 아닌 인도 남부에 있었거나 다른 사람들이 생각했듯이 현재의 아프가니스탄에 속한 어떤 지역이 아니었을까 하는 두 이론 중의 전자를 상기시킨다. 나찰국이 실론이라고 하는 가정은 이 이론을 뒷받침하고, 또 때로는 나찰국이 자바를 가리키는 것으로 생각되기도 한다.

[220] 이 말은 관음의 화신으로 티벳에서 미래에 불법을 수호하고 가르칠 달라이 라마를 가리키는 듯하며, 게룩파 교단의 창시자인 총카파의 조카 게덴둡 Geden-dub 대 라마가 그 역사적인 효시이다.

[221] Gung-thang-la. '높고 평평한 고개'라는 뜻의 지명으로 티벳 북쪽 변경의 망귀Man-gyul에 있음.

이름으로 마지막 축복을 선사한 후 파드마는 그를 따르는 신들과 함께 햇빛 속으로 사라졌다.

나찰들의 나라에 가서 그들을 정복한 파드마

어떤 라마들은 깊은 명상 속에서 파드마가 우겐국을 지나 싱갈라국[222]으로 내려온 후 목련속(屬)의 한 나무 아래 거처를 마련하는 것을 보았다. 그들은 싱갈라의 금모래 속에 파묻힌 푸른 말을 보았고, 그 다음 파드마가 나찰 처녀들에 둘러싸여 가르치고 있는 모습을 보았으며, 그가 나찰들의 왕으로 변하여 모든 나찰들을 정복하는 것을 보았다.

여기 지면 393에서 116장이 끝나고, 117장에는 파드마가 떠난 것을 애도하는 티벳 왕의 글이 적혀 있다.

전기의 끝맺음

지면 394에서 맺음말이 시작되며 그 내용은 다음과 같다.

"이 책은 양첸[223]의 환생인 예셰 쵸계가 미래 세대의 인간들을 이롭게 하고 그들의 기억에서 그 내용이 잊혀지는 것을 막기 위해 썼다〔또는 편집했다〕.

"이 책의 이름은 '파드마 카히탕익'[224]〔또는 파드마의 교훈〕이며,

---

222) 원본은 Singa-la이며, 여기서는 실론을 가리키는 것으로 추정됨.
223) Yang-chen. 학문의 여신 사라스바티.

또한 '케랍 남타르 계파'[225][또는 완전한 탄생의 역사]로도 불린다. 이 책의 또 다른 이름은 '티송데첸 카쳄'[226][또는 티송데첸의 성서] 이다.

"이〔책의〕상세한 원본은 기록되어 보석 같은〔책과 함께〕묻혔다.

이 책이 위업을 이룬 사람에 의해 발견되기를…….

이 숨겨진 보물은 스승 상계 링파Sang-gye Ling-pa에 의해 푸리 Pouri의 큰 거울 동굴에서 발견되었다.

〔그것은〕산스크리트로 쓰여진 두루마리〔형태였으며〕, 한 단어 의 생략도 없이 티벳어로 번역되었다.

세상의 인간들을 이롭게 하기 위하여 남계둑파[227]가 악키왕포[228]의 명령에 따라 부탄의 유력한 품탕가(Pum-thang家) 감독하에 활자의 판목을 새겼다."

마지막 지면 397은 일체 유정의 행복을 비는 글과 파드마의 찬양 으로 끝난다.

〔이 요약본의 번역은 1936년 1월 21일에 끝났다.〕

---

224) Tib. Padma-bkahi-thang-yig.
225) Tib. Skyes-rabs-rnam-thar-rgyas-pa.
226) Tib. Khri-srong-ldehu-btsan-gyi-bkah-chems.
227) Nam-gyal-Duk-pa. '항시 승리하는 부탄인(人)'의 뜻.
228) Ngag-ki-Wang-po. '언변이 강력한 자'라는 뜻으로 부탄의 법왕을 가리키는 듯함.

둘째권

자기 해방이라 부르는
마음 알기와 실재 보기의 요가

자기 해방이라 부르는 마음 알기와 실재 보기〔의 요가〕는 '정적존과 분노존의 명상에 의한 자기 해방의 심오한 가르침'으로부터 비롯되었고,* 라마 카르마 숨돈 폴과 라마 롭상 밍규르 도르제의 영역에 의거했다.

---

* 잡최 쉬토 공파 랑되 레 릭파 고퇴 체르통 랑되 세자와 죽소.
ZAB-CHÖS ZHI-KHRO DGONGS-PA RANG-GRÖL LAS RIG-PA NGO-SPROD GCER-MTHONG RANG-GRÖL SHES-BYA-WA BZHUGS-SO.
이것은 또 이렇게 번역될 수도 있다. "자기 해방이라 부르는 마음 알기와 벌거숭이〔상태의 마음〕보기〔의 기법〕가 여기에 들어 있다. 이것은 '정적존과 분노존의 명상에 의한 자기 해방의 심오한 가르침'으로부터 비롯되었다."

깨어 있음

깨어 있음은 불멸의 길이고, 우둔함은 죽음의 길이다. 깨어 있는 자는 죽지 않고, 우둔한 자는 이미 죽은 것이나 다름없다.

깨어 있음의 이런 효과를 아는 자는 그 깨어 있음 속에서 기뻐하며, 거룩한 자들의 세계로 인도될 것이다.

항시 명상하고 힘껏 노력하는 현명한 이들은 열반의 비길 데 없는 안정에 도달한다.

깨어 있는 자, 잠에서 일어나 항시 주의 깊은 자, 행위가 순수한 자, 숙고하여 행동하는 자, 자제하는 자, 올바른 삶을 영위하는 자, 그의 영광은 끊임없이 자라난다.

자제와 극기를 통해 깨어 있음을 지향하는 자, 그는 자신을 위해 어떤 큰물에도 휩쓸리지 않을 섬을 만든다.

* * * *

분별 있는 자가 바위산에 서서 고뇌하는 아래 세상 사람들을 바라보듯이, 깨어 있음에 의해 무지를 날려버린 현인은 자신이 오른 지혜의 정상에서 고통받는 인류를 내려다본다.

우둔함 속에서 깨어 있으며 잠든 이들 속에서 주의 깊은 사람, 현명한 사람은 허약한 말을 앞지르는 날쌘 말과 같이 앞으로 나아간다.

— 《법구경》 *21~25, 28~29절* *

---

* 위의 글은 바그와트N. K. Bhagwat가 번역한 《법구경*Dammapāda*》에서 인용한 것임 (역자).

도판 8. 보리달마(412쪽 해설 참조)

서론

첫째권(전기)에서 보았듯이 파드마삼바바는 인도와 버마, 아프가니스탄, 네팔 등지의 여러 스승들 밑에서 오랫동안 제자 생활을 하며 다양한 요가를 실습했다. 외국의 영향으로 나라가 혼란스럽지 않아서 철학자들이 덕 있는 삶을 영위할 수 있었던 시절 인도에 살았던 그는 마치 꿀벌이 꿀을 모으듯 종교와 철학의 희귀한 꽃들로 가득찬 동방의 드넓은 뜰에서 감로를 마음껏 채집할 수 있었다. 그리하여 그 결과가 여기 제시하는 요가의 논문을 통해 우리에게 전해오고 있으며, 이 내용은 세상의 모든 황금과 보옥들보다 본질적으로 훨씬 더 가치 있는 것이다.

불교의 제28조인 보리달마가 중국인들에게 선종(禪宗)의 위대한 개척자이듯이, 파드마삼바바는 티벳인들에게 밀교의 위대한 개척자이다. 보리달마는 인도에서 바다를 건너와 A.D. 527년 광동(廣東)에 도착한 후[1] 중국에 커다란 정신적 영향을 주어 불교가 중국 문화의 극히 중요한 부분을 차지하게 했고, 파드마삼바바는 티벳 왕의 초청

---

[1] 보리달마가 중국에 온 정확한 연대는 알 수 없으며, A.D. 520년 또는 526년이라고 한다.

으로 A.D. 747년 인도에서 티벳으로 가 왕조의 후원 아래 티벳을 불교 국가로 만들었다. 이 두 스승은 올바른 명상을 통해서만 수행자가 열반에 도달할 수 있다고 가르친다. 보리달마가 중국에 창시한 선(禪)의 전통은 일본으로 가서 젠Zen이 되었고, 파드마삼바바가 티벳에 수립한 대완성(Rdzogs-Ch'en ; 大究竟)의 교의는 티벳의 닝마 종(宗)을 통해 중국 밀교의 서쪽 지류―티벳 비밀종(藏密宗)이라든가 연화부(蓮華部)로 알려진―를 탄생시켰다. 중국 밀교의 동쪽 지류는 파드마삼바바의 개인적 영향력이 직접 작용했던 것은 아니지만 그의 가르침과 같은 근원인 인도의 유가행파에서 비롯되었으며, A.D. 719년에 함께 중국으로 건너가 그것을 처음 수립한 금강지(金剛智 ; Vajrabodhi)와 불공(不空 ; Amoghavajra)은 벵골에서 파드마와 함께 공부했었다.

한마음의 요가적 이해를 통하여 열반에 이르는 방법을 설명한 파드마삼바바의 이 논문은 선종의 '대완성의 가르침'과도 연결된다. 이 논문과 중국 유식종(唯識宗)의 소의 경전 중 하나인 ≪성유식론(成唯識論)≫은 교리상 아주 가까운 관계에 있으며, 좀더 연구하면 둘 사이에서 역사적인 어떤 연결점을 찾을 수 있을지도 모른다. 두 논문은 똑같이, 오직 마음(또는 의식)만이 실재한다는 관점에 입각하여 살아 있는 어떤 것도 개별화된 실체를 갖지 않으며 우주의식과 분리될 수 없는 하나의 상태로 영원하다고 가르친다.

'대완성의 가르침'을 전수하기에 앞서 스승 마르파는 밀라레파에게 말한다.[2]

이 가르침은 뿌리와 줄기, 가지 모두가 똑같이 탁월하다. …낮에 이것을 명상하는 자는 그날 낮 동안에 해탈하고, 밤에 이것을 명상하는 자 역시 그날 밤 동안에 해탈한다. …이것은 가장 높이 진화한 지자(智者)들을 위한 가르침이다.

마르파의 이 찬사가 우리의 '마음 알기 요가'에도 그대로 적용될 수 있다.

이 요가 중의 요가가 지닌 의미를 지적으로 이해하려면 독자는 서양 심리학만이 아니라 원래부터 심리학적 기반을 갖고 있는 동양 철학을 따로 공부할 필요가 있다.[3] 그리고 여기에는 ≪티벳 밀교 요가≫에 수록된 '여섯 가르침' 중 '환신(幻身)'과 '꿈'에 관련된 것을 비롯하여 이 책의 서문에 보인 융 박사의 심리학적 해설 이상으로 좋은 참고 자료가 없을 것이다. 또한 개론의 4장과 5장을 재음미하는 것도 도움이 될 수 있다.

요한복음과 마찬가지로, 이 요가의 논문은 진리를 발견하려면 자신의 내부를 들여다볼 필요가 있다고 가르친다. 왜냐면 진리는 참다운 상태의 마음과 마찬가지로 시간과 공간 및 마야Māyā에 예속되어 있지 않기 때문이다. 야훼가 빛을 생각하자 빛이 있었고 브라마가 우주를 생각함으로써 우주가 있듯이, 우주는 마음이 만들어낸 것이라

---

2) ≪히말라야의 성자 미라래빠≫ 82쪽과 원서인 ≪Tibet's Great Yogī Milarepa≫의 해당 부분을 찾아본 결과, 아래 인용문은 마르파의 말이 아니라 밀라레파가 그를 만나기 직전에 만났던 라마승 뢴퇸 라가의 말이었다(역주). ≪티벳 밀교 요가≫ 다섯째권 서론 제1장 참조.
3) 이 말은 서양인을 독자로 가정한 것이니 동양인으로서는 자신의 정신적 성향이나 수준에 따라 약간 다르게 이해할 필요가 있을 것이다(역주).

고 하는 고대의 가르침을 명상할 때 명상자는 단 하나의 실재는 마음이라고 하는 깨달음을 얻게 될 것이다. 여기서 말하는 '마음'은 전 우주에 존재하는 모든 소우주적인 마음들로 이루어진 '한마음'이며, 윤회계의 모든 것이 사실은 이 한마음으로부터 비롯된 관념idea이고 사념thought인 것이다.

관념과 사념과 물체object는 서로 분리될 수 없으며, 이들 셋은 모두 마음에서 비롯된다. 플라톤은 마음 속에 관념이 먼저 있고, 그 관념은 과거·현재·미래에 관련된 모든 세속적 개념concept을 초월하여 무시간의 상태에 존재한다고 믿었다.

티벳에서는 요가의 달인들이 의지력에 의해 심상을 물질화함으로써 우리 눈에 보이는 모든 것이 마음의 작용에 의한 것임을 입증했다. 요가의 이런 물질화 능력에 관해서는 앞서 108쪽에 꽤 자세히 언급했다.

우리는 물질주의자들이 뇌(腦)와 마음을 혼동할 때 흔히 그렇듯 마음을 유형적인 어떤 것으로 생각해서는 안 된다. 불가시의 전자파가 라디오에서 소리를 이끌어내듯 보이지 않는 인간의 마음이 뇌를 활성화시킨다. 그리하여 라디오는 소리를 내고, 활성화된 뇌는 사념을 일으킨다. 소리는 단지 라디오를 매체로 한 진동성 충격 전파의 산물일 뿐이며, 마찬가지로 뇌가 일으킨 사념은 불가시의 알 수 없는 마음으로부터 뇌에 도달한 진동성 충격 전파의 산물이다. 만일 브라마가 우주를 생각하지 않는다면 우주는 존재하지 않으며, 아무런 사념이 없다면 우리가 물질이라 부르는 것들은 있을 수 없다. 발명가가 무언가를 생각하여 그것을 구체화시키지 않는 한 발명은 없다. 이 책의 본문이 말하듯 의식의 우주적 구심점인 '한마음'은 모든 것 속에 존재하는 모든 것이며, 세상에 그 이외에는 아무것도 없고 그것의 사념 외에 어떤 사념도 없으며 그것과 따로 떨어져 존재하는 물체나 우주는 있을 수 없다.

'여섯 가르침'에 따르면 모든 의식 상태(깨어 있는 상태, 잠든 상태, 최면 상태, 죽음의 상태, 사후의 상태, 재탄생의 상태)는 원래 참다운 의식 상태가 아니라 소우주적인 마음의 환상들일 뿐이다. 우리의 이 단단한 지구도 사실은 꿈 속의 세계에서보다 견고하거나 실제적인 것이 아니다. 돌이 깨어 있을 때만큼 꿈 속에서도 단단하게 느껴지는 것은 돌의 단단함이 마음의 개념이기 때문이다. 결국 마음을 떠나서는 물질 그 자체도 존재하지 않으며, 따라서 물질주의의 이론은 오류인 것이다.

물질 원자로부터 우주에 이르기까지 법이 있는 곳에는 자연계가 있고 표현된 것이 있으며 그 어디든 마음이 있다. 그러나 마음 그 자체는 주소와 형태가 없고 측량할 수도 없다. 이 책에서 되풀이하여 강조하듯이 마음은 창조된 적이 없고 시간과 공간에 걸림이 없으며 모든 것을 수용하는 실재이다.

진화는 순수한 마음의 작용이다. 개인의 소우주적인 마음은 항시 저 자신을 위한 새로운 주거를 만들며, 한마음과 합쳐질 때까지 진화의 과정을 나아가면서 지속적으로 확대된다. 여럿은 환영 속에서 다시 하나가 되고, 하나는 환영 속에서 다시 여럿이 된다. 그와 같이 하여 우주의 심장 박동, 존재의 맥박, 브라마에 의한 우주 전체의 들숨과 날숨, 영원한 대양의 밀물과 썰물이 있게 된다. 대양의 조수가 밀려들 때 팽창하는 물질 우주를 느끼는 것과 마찬가지로 '브라마의 낮' 동안 우리는 확대되는 인간의 마음을 생각한다. 우주의식의 저장고로부터 개인의 소우주적인 마음을 통하여 이제 의식의 작은 물방울이 흐른다. 진화가 계속되는 동안 이 물방울은 개울이 되고 개울은 깊은 강이 되며 이 강은 결국 무한의 바다가 될 것이다. 그때 빗방울은 자신의 근원과 하나가 되어 있을 것이다.

삶과 죽음을 완전히 정복한 사람은 모든 존재가 신성한 하나의 경지에 이를 때까지 열반에 들지 않을 것을 맹세한다. 왜냐면 완전한 성불(成佛)은 자신과 모든 존재가 삶과 죽음과 재탄생의 꿈에서 깨어나는 것임을 알기 때문이다. 그 자신은 비록 목표를 달성했더라도 그와 함께 전체를 이루는 다른 모든 유정(有情) 역시 목표를 달성하지 못하는 한 달성된 목표를 충분히 향유할 수 없다.

인간의 관점에서 볼 때 마음은 개념concept이나 관념idea으로 이루어져 있고, 마음의 기능은 생각하는 것이며 마음의 산물은 사념thought이라고 볼 수 있다. 우리는 정신적인 관점에서 물질 우주를 관념으로, 그리하여 이것을 마음으로, 우리의 스승들이 말하는 단 하나의 실재인 한마음으로 변화시킬 수 있다.

우리가 마음을 알 때 우리는 또한 물질을 안다. 왜냐면 물질은 마음이며, 이 요가에서 말하듯이 마음 없이는 아무것도 상상할 수 없기 때문이다. 한마음 속에는 의식의 모든 것이 요약되어 있으며 그것의 소우주적인 모든 측면이 표현 불가능한 하나의 상태로 존재한다. 에고의 소우주적인 마음을 초월함으로써 인간은 자신을 초월하며, 모든 것을 포용하는 보편적인 마음이자 마음을 넘어선 마음인 우주의식의 깨어 있는 동참자가 된다.

존재의 꿈은 꿈꾸는 자가 꿈을 깰 때 생겨나는 지혜를 얻게 하기 위한 것이다. 그때 미망과 무지와 수면과 거짓이 사라지고 미망에 대한 환멸과 이해와 각성과 진실이 찾아온다. 윤회계의 의식은 이원적이며, 꿈과 꿈 깨어남의 이원성 너머에 그 둘을 초월한 상태가 있다.

환영에 근거한 소우주적인 자기self를 앎으로써 인간은 자기 너머의 자기, 자기 없는 자기, 모든 것의 자기Self, 마음 너머의 마음, 한 마음을 알게 된다. 우리가 존재로 알고 있는 존재 그 자체를 넘어설 때에만 가능한 이 최고의 성취는, 본문에서 여러 가지 술어로 설명하지만, 아직 무명을 벗어나지 못한 사람들의 지성에는 영원히 불가사의로 남을 수밖에 없다.

여러 가지 요가의 작은 길들은 이 큰길로 합쳐지며, 이 길을 가기 위해 구도자는 에고와 자기를 버리고 경우에 따라서는 목숨까지도 포기한다. 대승불교의 가르침을 담은 모든 언어 및 상징 수단들은 오직 이 큰길로 수행자를 끌어들이기 위한 것이다. 그러나 그는 일찍이 작은 길에서 헤맨 적이 있어야 한다. 최초에 씨앗이 있어야 그것이 싹트고 자라서 꽃이 피고 열매를 맺는 것과 같다. 도토리는 싹이 트는 즉시 참나무일 수 없는 것이다.

고대의 신탁과 비의에 숨겨져 전하는 것과도 같은 오랜 자기 인식 수단에 의하여 분화되지 않은 완전한 통일체로서의 진리를 깨닫게 만드는 이 최고의 가르침은 자세와 호흡, 정신집중 등 일반적인 요가의 모든 수행 지침을 초월한다. 사실 '마음 알기 요가'는 본문에서 말하고 있듯이 '가장 탁월한 요가'인 것이다.

작은 길들 중의 어느 하나를 가는 사람은 어떤 완벽한 스승의 인도가 없는 한, 자신이 작은 길 위에 있음을 알지 못한다. 양식화된 요가의 어떤 특수한 체계만으로도 충분하다고 잘못 생각한 요가의 스승들이 이따금 있지만 이 책의 본문에 의하면 그것은 참다운 대승

(大乘)의 큰길을 가기 위한 준비일 뿐이다.

그리하여 이 책에 보인 가르침은 모든 요가의 핵심으로 존재한다. 큰길은 세속에서 초세속으로, 형태와 표현에서 형태와 표현 너머의 것으로, 창조된 것과 마음의 투사물에서 창조되지 않은 것과 마음의 함유물로, 현상계에서 실재계로, 여럿에서 하나로, 윤회에서 열반으로 수행자를 인도한다.

≪바가바드 기타≫ 역시 신성한 이해의 요가가 최고이며 완전한 해방으로 인도한다고 가르친다. 그리스의 현인들이 말했듯이 인간은 모든 것의 표준이며, 그는 자신의 본질과 초월성을 일단 이해하면 세계와 자기의 환영 저 너머를 바라보게 된다.

이 요가는, 마음과 세계가 분리되어 있지 않으며 마음 없이는 세계도 없고 세계는 마음의 결과이며, 그 옛날 리시들이 말했듯이 '마음'은 시간과 공간과 우주로 인식되는 모든 것의 근원이라고 가르친다. 윤회는 한마음의 꿈의 산물이며, 윤회의 환상적인 현실은 모두가 상호 연결되어 있다. 한마음이 더 이상 자신의 창조물을 인정하지 않을 때 그 창조물은 존재하지 않게 된다.

서양의 과학자들 역시 스스로 정확하다고 생각했던 지식들이 실재에 관한 지식이 아니라 변화무쌍하고 덧없는 신기루에 관한 지식임을 알게 될 날이 다가오고 있다. 그들은 현실이 아니라 비현실을, 본질이 아니라 현상을, 상황의 원인이 아니라 상황을 연구하고 있는 것이다. 한마음의 참다운 상태에서는 다원론적 우주는 존재하지 않는다. 그 상태의 인간은 인간으로서 자신의 마음이 낳은 감각의 세계라든가 자신의 모든 물질 과학과 함께 공(空) 속으로 이미 사라져버린 상태일 것이다.

제1부
예비 지식

【귀의】

모든 것을 비추는 마음의 화현인 삼신(三身)[1], 그 신성한 존재들에게 절하나이다.

【서문】

이 논문은 '정적존과 분노존의 명상에 의한 자기 해방의 심오한 가르침'에 속한다.[2]

---

1) 쿠숨Sku-gsum. 삼신(三身 ; Tri-Kāya)은 모든 것을 밝히는 자인 붓다들이 존재하는 세 가지 상태를 가리키며 다음과 같다.
   (1)인간이 이해할 수 없는 초월적인 하나의 상태에 있는 법신(法身 ; Dharma-Kāya)―'진리의 몸', 오직 깨달음에 의해서만 알 수 있는, 원초적이고 한정할 수 없으며 형상화되지 않는 진여(眞如). (2)천상의 상태에 있는 보신(報身 ; Sambhoga-Kāya)―'완전한 자질의 몸', 법신의 반영되거나 한정된 측면. (3)신성하고 순수한 인간의 상태에 있는 화신(化身 ; Nirmāna-Kāya)―육화(肉化)한 몸.
   삼신의 의인화는 종파나 특수화된 교의에 따라 다르다. 끝없는 빛을 상징하는 서방 정토의 선정불 아미타바는 흔히 법신을 나타낸다. 이 원본을 포함하는 일련의 ≪바르도 퇴돌≫ 원본에서는 도판 7에서 보듯이 닝마 종의 본초불 보현(普賢)이 법신, 관자재(觀自在)가 보신, 파드마삼바바가 화신이다.
2) 이 제목을 ≪티벳 사자의 서≫ 영역본(정신세계사 간행본 228쪽)에 나오는 것과 비교하

이 논문은 마음 알기와 실재 보기와 자기 해방의 요가를 설하나니, 이 방법에 의해 자신의 마음을 알 수 있노라.

【제자에 대한 스승의 첫번째 훈령과 기도】
오, 축복받은 제자들³⁾이여, 이 가르침을 깊이 음미하라.
사마야, 갸, 갸, 갸.⁴⁾

면, 두 책이 모두 자기 해방에 관한(또는 열반으로 이끄는) 똑같은 요가의 가르침에 속함을 알 수 있다.
3) 직역하면 '〔영적인〕 아들들', 즉 구루(Guru ; 영적인 교사)의 제자들. 대승불교에서는 문수보살과 관자재보살, 금강수보살을 포함한 다른 중요한 보살들이 고타마 붓다의 영적인 아들들이다.
4) 이 만트라는 이제 막 주려고 하는 가르침이 너무나 심오하고 비밀스러워서 요가를 통해 정화되고 훈련된 제자가 아니면 알 수 없음을 나타낸다. 축복받은(좋은 카르마를 지닌) 제자들이라고 말하는 점이 이를 확신시킨다. 따라서 이 논문은 '스승들의 비전(秘傳)'에 속하는 것으로 간주해도 좋을 것이다. 이 유파에 입문한 티벳인의 눈에는 이 만트라가 앞으로 터득하게 될 가르침을 덮은 비밀의 봉인과도 같은 것이다. 이따금 어떤 밀교 사본들의 표지에 보면 조심스레 그려진 갈마저(羯磨杵) 형태―이 영역본의 표지에 있는 것과 같은(옥스퍼드 대학 출판부 마크로 사용했음 : 역자)―의 봉인이 있다. 고(故) 라마 카지 다와삼둡은 이 책의 원본을 포함한 일련의 ≪바르도 퇴돌≫ 원본 전체에 대해 그의 스승으로부터 번역 허가를 얻어 편집자에게 전했는데, 사실 이 책의 내용과 같은 것은 소유자의 그 같은 허가 없이 공개되어서는 안 된다(≪티벳 밀교 요가≫ 둘째권 서론 제2장 및 ≪티벳 사자의 서≫ 155~156쪽 참조).
산스크리트의 사마야Samayā는 티벳어의 톡파Rtogs-pa에 상응하며, '철저한 인식', '절대 확실한 지식', '진리의 완전한 깨달음'을 의미한다. 또한 '자기 인식'을 뜻하기도 한다. 톡파는 요가를 실습하지 않고는 완전히 이해할 수 없다. 그 첫 단계는 톡파를 지적으로 이해하는 일이고, 두 번째 단계는 공부를 통해 이해를 깊게 하고 확대하는 일이며, 세 번째 단계는 톡파에 대해 명상하는 일이고, 네 번째 단계는 그것을 완전히 이해하는 일이다. 이런 완전한 이해는 불성의 인식이나 열반과 같은 의미를 지닌다. 갸rgya를 세 번 반복함은 '광대함, 거대함'을 강조하는 티벳식의 표현이다. 그리하여 이 만트라는 다음과 같이 번역될 수 있다. "크고, 크고, 크도다, 신성한 지혜여."

에마호![5)

【한마음에 대한 인사】
윤회와 열반을 모두 수용하는 한마음[6)]에 절하나니,
그것은 지금 이대로 영원하지만 알려지지 않으며,
그것은 항시 투명하고 항시 존재하지만 보이지 않으며,
그것은 빛나고 명료하지만 인식되지 않도다.

【이 가르침은 붓다들의 가르침을 보충함】
이 가르침은 그 마음을 알 수 있게 하기 위함이라.
그 마음에 의해 삼세(三世)의 붓다들[7)]이 지금까지 가르친 모든 것은 팔만 사천 법문[8)]과 다른 곳에 기록되었으나 이해되지 않고 남아 있도다.[9)]
승리자들[10)]은 한마음에 관해 따로 가르친 적이 없고,
신성한 경전은 많으나 그 마음에 관해 별로 언급하지 않도다.

---

5) E-ma-ho!는 티벳의 종교 문헌에 자주 나오는 감탄사로 일체 유정에 대한 연민을 나타내는 단어이다. 여기서는 제자에 대한 불보살의 가호를 비는 스승의 기도로 생각할 수 있다.
6) 셈칙포Semd-gchik-po, '한마음One Mind'
7) 삼세(三世)의 붓다들은 과거세의 디팡카라(Dīpaṃkara ; '빛나는 자')와 현재세의 샤캬무니(Shākya Muni ; 샤캬족의 현인)와 미래세의 마이트레야(Maitreya ; '자애로운 자')를 가리킴.
8) 팔만 사천 법문(法門 ; Tib. Getri)은 불교 가르침의 핵심임.
9) 모두가 비밀스러운 가르침이어서 요가를 통해 훈련되지 않은 마음은 이해할 수 없음을 말한다.
10) 승리자들(Skt. Jina)이란 윤회적 존재를 극복한 붓다(자이나교의 성자)들을 가리킨다. 서

승리자들의 영원한 가르침에 대한 참다운 설명인 이 글은 그것의 올바른 실제 적용법이로다.

【제자에 대한 스승의 두 번째 훈령】
케![11] 케! 호!
축복받은 제자들이여, 귀를 기울이라.

【한마음을 알지 못하는 결과】
세상에는 마음이라 불리는 것에 관한 지식이 만연되어 있지만,
한마음을 모르거나 잘못 알거나 온전히 알지 못하고 편파적으로 아는 한, 이 가르침에 대한 갈망이 무한하리라. 한마음을 모르고 자신을 모르는 평범한 사람들 역시 이 가르침을 찾게 되리라.

양인들은 동양의 금욕 수행자들이 사회생활의 부담에서 벗어나기 위해 속세를 버린다고 생각하기 쉽다. 업과 재탄생의 가르침을 받아들이지 않는 서양의 어떤 수도사 집단들에서는 이것이 사실일지 모르나, 내세에라도 자신들 역시 붓다처럼 정신력을 획득하여 사회 한가운데서 살 수 있기를, 그리고 사람들의 해방을 도우면서 속세를 극복하게 되기를 기대하는 힌두교와 불교의 진지한 고행승들에게는 사실이 아니다. 지상에서의 삶이 단 한 번 뿐이라 믿고 속세로부터의 영원한 도피와 사후의 천국을 바라면서 세상을 포기하는 사람들은 세상에 돌아와 사회 개선을 위해 일할 욕망이나 기회를 갖지 않으므로 단순한 도피주의자로 간주되어도 좋다. 그러나 성불을 희망하는 수행자는 그리스도 정신을 지향하는 그노시스 수행자와 마찬가지로 강철 같은 의지와 불굴의 목적의식을 지니며, 훈련중인 운동 선수와 같이 승리의 그날을 기다린다. 보살이 보여주는 것과 같은 이런 이상은 점점 더 강한 정신력으로 발전하지 않을 수 없으며, 정의의 창으로 용을 꿰찌른 성 조지(St. George)의 영광스런 정신과 함께 인간 사회의 모든 악에 맞서 그것을 정복하려는 욕구로 나타난다.

11) Kye. 티벳인들이 기도할 때나 주의를 환기할 때 (또는 여기서처럼 제자에게 명령할 때) 사용하는 호격어로, '오!'라고 번역할 수 있음.

그들은 슬픔을 겪으며 삼계[12]와 육도[13]를 이리저리 헤매나니,
그것은 자신의 마음을 제대로 알지 못하는 과실의 결과로다.
그들의 고통은 어느 모로 보나 너무 커서 자제할 수 없으며,
그 마음을 있는 그대로 알고 싶어도 그럴 수 없노라.

【욕망의 결과들】
자기만의 신앙과 습관에 따르면서 욕망의 노예가 되어 있는 사람들[14] 역시 투명한 빛을 감지할 수 없나니,[15]

---

12) 삼계(三界; Trailokya; Tib. Khams-gsum)는 윤회계를 세 영역으로 구분한 것이다. (1) 욕계(欲界; Kāma-dhātu), 욕망의 세계로 천인들이 사는 여섯 개의 천국과 지상 세계가 여기 속한다. (2) 색계(色界; Rūpa-dhātu), 형태의 세계로 명상에 의해 도달하는 좀 더 순수한 네 개의 천국이며 욕망과 감각에 구애받지 않는다. (3) 무색계(無色界; Arūpa-dhātu), 무형태의 세계로 삼매에 의해 도달하는 네 개의 천국이며 완전한 깨달음을 성취한 자는 여기서 열반으로 들어간다.

13) 육도(六道; Shatloka)는 윤회계의 일체 유정이 취할 수 있는 여섯 가지 존재 상태를 나타내며 지옥Naraka, 아귀Preta, 축생Triyak, 인간Nara, 아수라Asura, 천(天; Deva)으로 나뉜다. 불교의 지옥은 유대교의 지옥과 달라서 카르마를 정화하기 위한 어떤 '상태'이며 윤회계의 다른 상태들과 마찬가지로 그 기간이 유한하고, 윤회계 너머 모든 제약이 사라진 열반의 상태만이 영원하며 시간을 초월한다.

14) 올바르지 못한 신앙과 습관은 윤회의 사슬을 더욱 강화한다. 예를 들어, 카르마에서 비롯된 어떤 의무로부터 도망치고 싶은 강한 욕구와 죽음 후의 낙원에 대한 갈망이 있다고 할 때, 이것은 ≪티벳 사자의 서≫가 가르치듯이 환영 속의 이 상태에서 저 상태로 상황만 바뀌게 만들 뿐이다. 카르마는 어떤 방식으로도 회피할 수 없으며, 아무리 두려울지언정 이번 생이 아니면 다음 생에라도 결국은 맞닥뜨려 경험해야 한다. 자기 행위의 결과나 자기 자신으로부터 도망치기 위해 갈 수 있는 곳은 어디에도 없다. 또한 현상계적 속박으로부터의 해방보다도 순전히 세속적 이득을 바라고 행해지는 기도를 우리는 너무나 자주 목격한다.

15) 신자를 올바른 길로 인도하기보다 그들의 역성을 부추기는 경향이 있는 종교는 계속해서 새로운 족쇄를 제공하고, 거기에 매혹된 사람은 무명(無明; Avidyā)에 가려 실

고통으로 짓눌리고 그로 인해 어둠 속에 있노라.

중도(中道)는 비록 이중의 진실[16]을 포함하지만 욕망으로 인해 결국 모호해지며,

욕망은 크리야 요가[17]와 세바 사다나,[18] 가장 위대하고 숭고한 마음까지도 흐리게 하도다.

【초월적 합일】

사실 이원성은 존재하지 않으며 다원론은 진실이 아니니,[19]

이원성을 초월한 합일경을 알지 못하는 한 깨달음에 이를 수 없노라.

윤회와 열반은 분리될 수 없는 하나이며, 자신의 마음이로다.[20]

재의 투명한 빛을 보지 못한다.
16) 덴니Bden-gnyis. 이중의 진실(두 개의 진실)이란 과학적 사실들처럼 자연계에서 관찰되는 모든 사물이나 현상에 관련된 일반의 진실과, 붓다의 가르침에 나타난 초월적이고 형이상학적인 진실을 가리킨다.
17) 크리욕Kri-yog. 산스크리트의 Kriyā-Yoga를 줄인 것으로, 종교적인 계율과 행위kriyā에 관련된 요가임.
18) Seva-Sādhanā. 원본의 옌듭nyen-drub에 해당하는 산스크리트임. 직역하면 '봉사 수행'으로, 사회와 세계에 대한 개인적 의무를 신성시하면서 인생의 모든 행위에 종교적인 경건한 자세로 임하는 요가와 관련된다.
19) 플로티누스는 "근원(또는 제1원리)은 이원성을 수반하는 모든 것이 아니고, 그 중의 어느 것도 아니다. 그것은 이원성을 전혀 용납하지 않는다"고 말했다. 39세 때 로마 황제 고르디아누스 3세의 페르시아 원정군을 따라가 페르시아와 인도의 스승들을 직접 만났던 그는 이 책의 한마음이 의미하는 신성한 합일경에 도달했었다고 전한다. 여기서 그를 인용한 것은 그가 대승 문헌의 진리를 직접 체험한 서양의 주요 인물이기 때문이다. 플로티누스가 크게 발전시킨 플라톤의 철학은 사실 그보다 역사가 깊은 바라문 철학이 서양에서 개화한 것이었으며, 이것은 두 철학 사이에 주목할 만한 병행 관계가 있었음을 말해준다.

【위대한 자기 해방】

자유로이 수용하거나 거부할 수 있는 세속적 신앙들로 인하여 인간은 윤회 속에서 방황하나니,[21]

모든 집착을 떠난 법(法)을 실천하여 마음의 본성을 깨닫고 이 자기 해방의 요가에 담긴 가르침의 핵심을 이해하라.

여기 보인 진실은 '위대한 자기 해방'으로 불리며, 그것은 '대구경(大究竟)의 가르침'[22]에서 절정에 이르나니.

---

20) 이 문장은 대승의 구극적 가르침을 가장 간결하게 설명한다. 이를 지적으로 이해하기 위해서는 공성(空性; Śūnyatā)의 가르침을 철저히 알 필요가 있다(개론의 제1장에 비교적 자세히 설명되어 있다). 한마음은 모든 원인의 원인이자 구극적 실재이며, 보이거나 보이지 않는 모든 것의 여러 측면과 의식의 여러 상태들은 한마음의 서로 분리될 수 없는 부분들이다. 둘은—마지막 이원성인 윤회와 열반조차도—결국 하나임을 우리는 알게 되며, 따라서 다원론(우주는 원래 단일체가 아니라 영원히 복수로 이루어져 있다고 하는 설)과 이원론(상상 가능한 모든 것이 상호 융화되지 않는 두 가지로 나뉜다는 설)은 진실이 아니다.

21) 개인의 혼이 다른 모든 혼들과 서로 분리되어 존재한다고 보는 사람들이 많다. 어떤 이들은 이러한 개인 혼이 계속해서 환생한다고 믿으며, 또 어떤 이들은 이 혼이 지상의 육체 속에 단 한 번 거주하고 최후의 심판 때 부활한 후 천국이나 지옥의 윤회적 상황에서 개체로 영속한다고 믿는다. 또한 죽으면 개인의 모든 것이 사라진다고 믿는 사람들도 많다. 요가를 통해 직관을 발달시키지 않은 이런 사람들은 정신적 수면의 상태에서 무명(無明) 속에 있는 것이다. 그러한 믿음들로 인해 윤회계에 갇혀서 진실을 알지 못하는 한 그는 사슬에 묶인 프로메테우스처럼 생명의 바퀴에 묶여 있을 수밖에 없다. 세상의 법을 모른다고 해서 법의 처벌을 면할 수는 없다. 진리의 법에 대한 무지는 끊임없이 고통을 선사하며, 그것은 스스로 족쇄를 부수고 자유에 대한 생득권을 주장할 때까지 이어질 것이다.

22) 족파 첸포Rdzogs-pa ch'en-po = 족첸Rdzog-ch'en. 파드마삼바바가 창시한 닝마 종의 주된 교의로 모든 가르침이 여기에 이르러 완성되고, 윤회적 존재로부터의 해방 및 열반의 달성이라고 하는 결실을 맺는다. 우리의 이 논문은 족첸의 진수(眞髓)이다.

【제자에 대한 스승의 세 번째 훈령】

사마야, 갸, 갸, 갸.

【마음의 본성】

마음은 직관적[23] 지혜이고,

한마음은 있어도 존재를 갖지 않노라.[24]

열반의 모든 축복과 윤회의 모든 슬픔인 그것은 십일승(十一乘)[25]처럼 소중하도다.

【그 마음에 주어진 이름들】

그것에 주어진 이름은 무수하여,

어떤 이들은 그것을 '진아(眞我)'[26]라 부르고,

---

23) 글자 그대로 하면 '빠르게 아는quick-knowing'. 직관적 지혜는 대승불교에서 반야(般若)라 부르는 것으로, 명상을 통해 그것을 일깨우는 것이 선(禪)의 목적이다. 법화경에 있듯이 '여래가 이해한 참다운 법'인 달마는 논증될 수 없으며 이론을 넘어선 곳에 있다. 스즈키D. T. Zuzuki의 ≪선 불교 소론 Essays in Zen Buddhism≫(뉴욕, 1949) 71쪽 참조.

24) 또는 '〔윤회적〕존재를 갖지 않는다', 즉 조건지어진 상태로 존재하지 않는다는 뜻이다. 플로티누스는 "존재 이전에 하나가 있다"고 가르친다.

25) 텍파 추칙Theg-pa bchu-gchig. 불교 철학의 11승(乘)을 가리키며, 우선 대승(보살승)과 소승(성문·연각승)으로 크게 나뉘고, 대승은 다시 진언승과 금강승으로 나뉘며, 여기서 다시 진언승은 인승(因乘; Hetu-Yāna)과 과승(果乘; Phala-yāna)으로 나뉜다. 그리고 이들 두 종파가 닝마 종의 대완성파에 보이듯이 각각 넷으로 나뉘었다. 약간 불합리하긴 하지만 여기 열거한 것과 같이 대승을 10으로 나누고 소승을 하나로 보면 본문에서와 같이 모두 11승이 된다.

26) The Mental Self. 셈니sems-nyid. 직역하면 마음 자기mind-self, 지적 자기mental self.

어떤 이교도들[27]은 그것을 자아[28]라 부르며,

소승들은 그것을 '가르침의 핵심'[29]이라 부른다.

유가행파[30]에서는 그것을 '지혜'[31]라 부르고,

어떤 이들은 그것을 '지혜의 피안(彼岸)에 이르는 수단'[32]이라 부르며,

어떤 이들은 그것을 '불성(佛性)'[33]이라 부른다.

어떤 이들은 그것을 '위대한 상징'[34]이라 부르고,

---

27) 대승불교에 의하면 이단(진리에 관한 그릇된 견해)은 두 부류이다. (1)환생을 부정하고, 자비와 헌신과 정직이 선업(善業)이 됨을 부정하고, 부정직과 신성한 지혜를 모두 부정하는 부류 (2)행·불행은 업의 결과가 아니라 신이 마음대로 부여하며, 모든 것은 영원하거나 실재하고, 열반과 같은 것은 원래 없다고 주장하는 부류.

28) The Ego. 닥(bdag ; Skt. ātman). 자기self, 에고ego. 나I, 아트만ātman.

29) 담각 담각gdams-ngag gdams-ngag. 직역하면 교훈(종교적 가르침) 교훈, 또는 교훈 중의 교훈, 즉 교의(가르침)의 핵심.

30) 유가행(瑜伽行 ; Yogāchāra)은 아상가(Asanga ; 無着)가 발달시킨 대승불교의 형이상학 체계로, 요가에서 비롯되었다.

31) 셈sems. 마음, 의식, 지혜.

32) 쉐랍 파뢰 침파Shes-rab pha-rol phyin-pa. 약자로 '쉐르친Sher-phyin'. 반야바라밀 Prajñā-Pāramitā. 티벳 불교도들이 '지혜의 피안에 도달하는 수단'으로 알고 있는 신성한 지혜. 이것은 또한 '구원의 배', 또는 '수행자를 열반(피안)으로 건네주는 배'를 나타낸다.

33) 데쉑 닝포Bde-gshegs snyings-po. 수가타(Sugata ; 善逝)들, 즉 붓다들의 정수(精髓).

34) 착갸 첸포(Phyag-rgya Ch'en-po ; Skt. Mahā-Mudrā ; 大印). 일반적으로 '위대한 상징'이라 번역하는 마하무드라의 요가적 의미는 최고 궁극을 뜻하는 무상(無上 ; Anuttara)이다. 달마를 실제 적용하는 방법으로서의 마하무드라는 또한 달마 카르마로 알려져 있다. 착Phyag은 공성(空性 ; Shūnyatā)의 지식을, 갸rgya는 세속성으로부터의 자유를 뜻한다. 그리고 첸포Ch'en-po는 가장 중요한 그들 두 가르침의 합일을 의미한다 (사라트 찬드라 다스의 《티벳어-영어 사전》 831쪽 참조). 마하무드라의 요가는 《티벳 밀교 요가》 둘째권 본문에 자세히 설명되어 있다.

어떤 이들은 그것을 '유일한 씨앗'[35]이라 부르며,
어떤 이들은 그것을 '진리의 잠재력'[36]이라 부른다.
어떤 이들은 그것을 '모든 것의 기반'[37]이라 부르며,
일반 언어의 또 다른 이름들이 그것에 주어진다.

---

35) 틱레 냑칙 Thig-lé nyag-gchig. Thig-lé=Skt. Bindu(種子, 點).
36) 최키잉(Chös-kyi-dvyings ; Skt. Dharma-Dhātu ; 法界), '진리의 종자(잠재력)', 그것은 모든 곳에 스며든 공성(空性)이며 진리의 신성한 몸으로서의 법신(法身)에 해당한다 (≪티벳 사자의 서≫ 62~69쪽 참조).
37) 쿤지 Kun-gzhi. 'All-Foundation'.

제 2 부

실제 적용

【마음의 무시간성】

이 '마음 알기'를 세 가지 방식[1]으로 적용할 수 있으면 기억 속으로 사라진 과거의 모든 지식이 완전히 명료해지며, 태어나지 않고 상상되지 않은 사념인 미래의 지식도 역시 그러하다.

마음이 본연의 상태에 있을 때[2] 그 마음은 현재 속에서 자신의 시

---

1) 티벳 불교의 스승들은 보통 모든 것을 세 가지 관점에서 설명한다. 우주는 삼계(三界)로 나뉘고, 공성(空性)은 삼공(三空)으로 이루어지며, 불성(佛性)은 삼신(三身)으로 나타난다. 깨달음은 신(身)·구(口)·의(意) 삼밀(三密)을 수단으로 하며, 몸의 주요 심령 에너지 센터는 머리·목·가슴의 삼처(三處)에 위치하고, 교의(敎義)는 양 극단(極端)과 중도(中道)의 셋이다. 따라서 이 '마음 알기'의 요가도 세 가지 방식으로 그 목적을 추구하며, 수행자는 그 세 가지 모두(삼계, 삼신, 삼밀, 삼처, 삼교의)를 수련할 수 있다. 그리하여 윤회계에 한정된 자기와 개인 혼의 한계를 이해하고 마음의 비개인적인 본성을 깨달은 사람은 과거와 미래가 사라진 무시간의 경지에 머물게 된다. 그것은 다음 구절이 설명한다.
2) 자연스럽고 참다운 상태의 마음은 한정되지 않는 원초적 침묵 속에 존재한다. ≪티벳 밀교 요가≫ 둘째권에 설명되어 있는 것과 같은 마하무드라의 요가를 바르게 실천함으로써 윤회적 존재가 야기한 사고작용이 억제되고 참다운 상태가 찾아온다. 그러면 더 이상 과거도 미래도 없어지고 마음은 무시간성인 그 자신의 시간에 의해 인식된다. 대승불교의 시조인 아슈바고사는 기원후 1세기 동안 이렇게 가르쳤다. "마음의 본성은 영원히 깨끗하고 순수하지만 무지가 마음을 오염시킨다. 그러나 마음이 오염되었다 하더

간에 의해 인식되노라.[3]

【참다운 상태의 마음】
참다운 상태의 자기 마음을 찾을 때, 그것이 보이진 않으나 매우 지성적임을 알게 되나니.
참다운 상태의 마음은 꾸밈없고 순수하며 질료가 없는 공(空)이라 깨끗하고 비었으며 이원적이지 않고 투명하도다. 복합적이지 않고

라도 마음〔그 자체는〕깨끗하고 순수 영원하며 변하지 않는다. 나아가 마음의 본성은 특수화되지 않기 때문에 어디서 어떤 형태로 존재한다 해도 그 자신은 아무런 변화도 알지 못한다. 사물의 총화의 통일성을 알지 못할 때 특수화와 무지가 생겨나고 오염된 마음의 모든 국면이 전개된다. 그러나 이 가르침의 의미는 헤아릴 수 없이 깊어서 붓다들 외에는 완전히 이해할 수 없다."(≪대승기신론≫)
3) 밀튼의 ≪실락원≫에 나오는 유명한 문구(I. 254~255)와 비교하면 쉽게 이해할 수 있다.
　　마음은 자신의 장소에서 스스로 천국을 지옥으로 만들고 지옥을 천국으로 만든다.
부연(敷衍)하면, 마음은 그 자신의 시간 속에 있으며 자연스럽게 과거와 미래를 현재로 만들 수 있다. 다시 말해 순수하고 원초적이며 한정되어 있지 않고 자연스런 상태의 마음은 윤회계의 인간이 시간이라 부르는 것을 초월한다는 것이다. '한마음이 윤회와 열반 및 모든 이원성을 수용한다'고 하는 앞서의 문구가 암시하듯이 마음의 본성은 공간도 초월한다. 왜냐면 공간은 특수화된 어떤 것이기 때문이다. 그리하여 공간 속에 환상적으로 존재하는 다양한 물체들을 떠나서 공간을 생각할 수 없고, 시간이 원래 존재하지 않는 것과 마찬가지로 공간도 원래 존재하지 않는다. 이렇게 보면 공간과 공간 속의 물체들은 단지 이원성의 또 다른 산물일 뿐이다. 시간 그 자체는 무시간성이고, 공간 그 자체 역시 무공간성이다. 윤회적으로 이해된 시간과 공간은 윤회적 특수화 의식이 없다면 존재하지 않으며, 상관적인 존재(윤회계의 여러 가지와 관련하여 존재할 뿐)이지 절대적인 존재는(절대적으로 존재하는 것은) 아니다.
비윤회적인 마음, 원래의 자연스러운 마음, 한정되지 않는 참다운 상태의 열반에 든 마음은 그 자신이 원래부터 지닌 무시간성의 기준에 의하여 과거·현재·미래를 불가분의 동등한 통일체로 보는 능력을 지닌다. 그리고 이 책에 제시된 요가를 터득한 수행

가로막히지 아니하며 무시간성이고 무색이며 분리된 것으로가 아니라 모든 것의 통일체로 인식되지만 그들로 이루어져 있지 않으니 한 맛이고[4] 차별이 없도다.[5]

개인의 마음은 다른 마음들로부터 분리될 수 없노라.

한마음의 본질을 깨달음은 삼신(三身)이 영원히 하나임을 깨달음이니,

창조되지 않은 공성(空性)의 법신이며, 비어 있어 스스로 빛을 내는 보신이며, 명료하여 일체 유정을 위해 빛나는 화신인 그 마음은

자는 그런 요가적 능력을 이 세상이나 윤회계의 어느 영역에서든 활용할 수 있다. 이 점에 대해서는 던 J. W. Dunne의 ≪시간의 실험 An Experiment with Time≫과 ≪연속된 우주 The Serial Universe≫를 참고하면 크게 도움이 된다.

무시간성을 특징으로 하는 한마음은 영원한 현재의 상태로 존재하며 거기엔 과거도 미래도 없다. 플로티누스가 가르치듯이 시간은 움직임의 계량 기준이다. 정적을 본성으로 하는 한마음은 움직이지 않는다. 시간은 움직임과 함께, 사념의 발동과 함께 시작한다. 통일체에 대한 명상을 통하여 마음이 합일의 경지에 이르고 사고작용이 제지될 때 사념이 끊어지고 시간도 멈추며 오직 무시간성만이 존재한다.

4) '한 맛[一味]'이란 표현은 여기서처럼 동질성, 분화되지 않은 하나, 무특질, 세속을 초월한 통일성을 가리키는 말로 불교 문헌 전반에 걸쳐서 나타난다. 붓다는 인류를 자유나 열반으로 인도하는 가르침의 단순한 목적을 얘기할 때 그런 뜻으로 이 말을 자주 사용했다. 바닷물이 소금의 맛으로 일관하듯이, 한마음은 정말로 하나이며 나뉠 수 없고 구극적 실재의 소우주적 측면들 중 어느 것으로부터도 구별될 수 없다.

5) 플로티누스 역시 비슷한 가르침을 남겼다. "그 하나는 [기하학적] 크기를 갖지 않으며, 그 힘을 나눌 수 없다. ···우리는 또한 그 하나가 오래도록 계속해서 조사할 수 있는 어떤 커다란 덩어리로서가 아니라 그 힘의 통약성(通約性)으로 인하여 무한하다고 할 수밖에 없다. 그것은 지성이나 신성의 존재로 상상할 수도 있지만 실은 그보다 한층 더 높다. 가장 완전한 통일체로 생각된다 해도 그보다 더 높다. 당신은 그 하나의 신성한 개념을 형성하기 위해 자신이 이해할 수 있는 가장 일원적인 것[그 하나는 그보다 더 단순하다]을 상상해야 하리라. 왜냐하면 그것은 그대 안에 있으며 어떤 것에도 예속되지 않기 때문이다."

최초의 실체이고, 그 안에서 그 마음의 세 측면이 하나라.[6]

이 지혜를 철저히 적용하면 위에 말한 것을 이해하게 되리니.

【마음은 창조되지 않음】

마음은 그 본성상 창조되지 않으며 스스로 빛을 내는데, 그 마음을 알지 못하는 상태에서 마음이 창조된다고 말할 수 있을까?

이 요가에는 명상할 대상이 아무것도 없는데, 명상에 의해 마음의 본성을 확인하지 않은 상태에서 마음이 창조된다고 말할 수 있을까?

참다운 상태의 마음은 실재(實在)인데, 자기 자신의 마음을 발견하지 못한 상태에서 마음이 창조된다고 말할 수 있을까?[7]

---

6) 삼신(三身)이 하나라는 이 가르침은 구극적 통일성에 대한 플로티누스의 다음 가르침과 통한다. "통일성이 모든 것을 낳은 근원인 한 그것은 그들 중의 무엇일 수 없다. 그리하여 그것은 어떤 특수한 것이 아니고 양(量)도 질(質)도 갖지 않으며 지성도 혼(魂)도 없고 움직이는 것도 안정된 것도 아니며, 시간이나 공간의 성질도 갖지 않는다. 그것은 동형(同形)이라거나 오히려 무형(無形)이라고 할 수 있다. 왜냐면 그것은 모든 형태와 운동과 안정성 위에 있기 때문이다."(VI. ix. 3) "그 하나는 어떤 것으로도, 특이성으로도, 그 외의 어떤 것으로도 어떤 식으로도 자세히 설명할 수 없다. 그것은 그 자체 없이 계량되는 척도이기 때문이다."(V. v. 4)

7) 마음과 물질 사이의 구별은 윤회적인 관점에서만 존재하며 실재계의 참 상태에서 보면 그들은 서로 분리될 수 없는 하나이다. 아슈바고사는 이렇게 가르친다. "마음과 물질 사이에는 원래 차이가 없다. 삶과 죽음의 모든 면에서 한정되어 있기 때문에 [윤회적으로] 이런 차이가 생겨난다." 모든 것은 영원히 "마음도 물질도 아니고, 무한한 지혜도 유한한 지식도, 존재하는 것도 존재하지 않는 것도 아니며, 결국 말로 표현할 수 없다." 사상을 전달하기 위해 언어가 사용되고 그를 통해 인간이 스스로 실재를 깨닫게 될 수도 있지만, "인류 최고의 사상이라 하더라도 그것은 일시적인 것일 뿐이며 절대적 진리는 될 수 없다."(《대승기신론》) 지금은 폐용이 된 물질주의에 입각하여 과거에 불활성이라고 믿어졌던 물질이 원자의 전자기적 성질을 통해 알 수 있는 것과 마찬가지로 사실은 에너지의 근원임을 서양의 과학자들이 발견한 것은 극히 최근의 일이지

참다운 상태의 마음은 의심의 여지 없이 영속하는데, 그 마음을 직접 보지 않은 상태에서 마음이 창조된다고 말할 수 있을까?[8]

사고 원리가 마음의 핵심인데, 그것을 탐구하여 발견하지 못한 상태에서 마음이 창조된다고 말할 수 있을까?

마음은 창조 너머에 존재하며 창조되지 않은 것과 함께하는데, 마음이 창조된다고 말할 수 있을까?

마음은 창조되지 않은 원초적 무한정의 자연성 속에[9] 무형으로 존재하는데, 그것이 창조된다고 말할 수 있을까?

마음에는 특성이 없다고 이해하면서 그것이 창조된다고 감히 말할 수 있을까?[10]

만, 아주 오래 전부터 대승불교의 학자들은 이미 그것을 알고 있었다. 서양의 과학은 이제야 비로소 우주에 대하여, 그것이 전적으로 마음의 현상이 아닌가, 또는 동양의 현인들이 가르치듯이 그것은 '우주적인 한마음의 산물'이 아닌가 하고 생각하기 시작했다. 신학적인 견지에서라면 이 우주가 '어떤 불가해한 지성의 사고작용'이 아닌가 하고 생각하게 된 것이다.

8) 실재이며 영속하는 참다운 상태의 마음(의식)은 창조되지 않은 것으로 존재하며, 창조되지 않으므로 원초적 자연 상태에 있다. 따라서 물질이 마음(의식)에서 생겨나는 것이지, 마음(의식)이 물질에서 생겨나는 것은 아니다.

9) 이 구절을 직역하면, "창조되지 않은 그 자신의 위치에[즉, 원초적 무한정의 자연성 속에]"이다. 이것은 엄중한 직역을 피하는 것이 더 좋은 또 하나의 예이다.

10) 세속적인 관점에서는 마음이 모든 특성의 근원이지만 창조되지 않은 원초적인 참다운 상태의 마음은 아무런 특성도 갖지 않으며 따라서 예언의 영역을 넘어선 곳에 존재한다. 무차별의 공(空), 비어 있음, 또는 아무것도 없음으로서의 그것은 윤회적 속성을 초월한다. 윤회계의 모든 것은 마음이 만들어낸 것이라고 이슈바고사는 가르친다. "마음이 없으면 사실 어떤 객관적 존재도 없으며, 따라서 모든 존재는 우리 마음 속의 불완전한 개념으로부터 생겨난다. 모든 구별은 마음의 차이에서 비롯되지만 마음은 형태가 없기 때문에 그 자신을 보지 못한다. 모든 현상은 한정된 마음의 불완전한 개념에 의해 창조되는 관계상 모든 존재는 거울에 비친 상(像)과 같이 실체가 없으며 단

자발생 무특성의 마음은 삼공(三空)¹¹⁾과 같아서 분화되지도 한정되지도 않는데, 마음이 창조된다고 말할 수 있을까?

마음은 객관성과 인과 관계가 없고 스스로 비롯되어 스스로 태어났는데, 마음을 알려고 노력해보지 않은 상태에서 마음이 창조된다고 말할 수 있을까?

신성한 지혜는 그 자신의 시간에 의해 나타나고¹²⁾ 수행자는 해방을 얻는데, 이 가르침을 반대하는 자들은 마음이 창조된다고 말할 수 있을까?

마음의 실상이 이러하여 알 수 없는데,¹³⁾ 마음이 창조된다고 말할

지 마음이 만들어낸 허깨비임을 우리는 알아야 한다. 한정된 마음이 활동할 때 모든 종류의 물체가 생겨나고, 한정된 마음이 활동을 멎을 때 모든 종류의 물체가 사라진다."(≪대승기신론≫) 이 요가의 목표는 세속적인 마음의 사고작용과 유한한 활동이 잠잠해질 때에만 도달할 수 있는 마음을 바르게 이해하자는 것이다. 그러면 객관의 세계가 사라진다. 전류를 차단할 때 전기의 운동 에너지는 멎고 더 이상 존재하지 않게 되며 전기 그 자체만이 한정되지 않는 잠재력의 상태로 존재한다. 마음을 알기 위해서는 참다운 상태의 본원적인 마음을 알아야 한다.

11) 라마들은 공(쭝)을 셋으로만이 아니라 18등급으로 나누기도 하고 이런 구분은 70으로까지 확대되기도 한다.
12) 요가에 의한 '마음 알기' 및 신성한 지혜는 무시간성—그 마음이나 신성한 지혜 자체의 시간인—의 참다운 상태에서 달성된다. 한마음은 어떠한 시간으로부터도 비롯되지 않았고 어떠한 시간에도 끝나지 않을 것이며, 영원하기 때문에 시간의 관점에서는 그것을 이해하거나 상상할 수 없다.
13) 세속적 차원의 유한한 마음은 초세속적 차원의 무한한 마음을 알 수 없다. 그러나 유한한 마음은 요가를 실천함으로써 무명(無明)에서 벗어날 수 있다. "이처럼 무명이 근절되면 그 마음[ālaya vijñāna ; 阿賴耶識]은 혼란스럽지 않으며 개별화에 구애받지 않게 된다. 마음이 혼란스럽지 않으므로 주변 세계의 특수화 역시 사라진다. 이와 같이 하여 오염의 여건과 과정 및 그 산물들, 마음의 혼란, 이 모든 것이 사라질 때 우리는 열반에 도달하며 자연스럽고도 다양한 행위 표현이 가능해진다."(스즈키 번역 ≪대승기신론≫) 리처드 신부는 같은 부분을 다음과 같이 번역했다. "무명이 사라지

수 있을까?

【내관의 요가】

한마음은 진실로 공(空)이고 어떤 기반도 갖지 않으며, 그와 마찬가지로 개인의 마음도 하늘처럼 비어 있나니,[14] 이것이 옳은지 그른지 알고 싶으면 그대 자신의 마음을 들여다보라.

공(空)이며 시작과 끝을 상상할 수 없는 자발생의 지혜는 태어나지 않은 태양의 본성[15]처럼 실재 속에서 영원히 빛나고 있나니, 이것이 옳은지 그른지 알고 싶으면 그대 자신의 마음을 들여다보라.

신성한 지혜는 끝없이 흐르는 강물처럼 결코 부서지지 않으며 파괴할 수 없나니, 이것이 옳은지 그른지 알고 싶으면 그대 자신의 마음을 들여다보라.

하늘의 바람처럼 불안정한 흐름인 객관적 현상들은 홀리거나 묶을 힘을 갖지 않나니,[16] 이것이 옳은지 그른지 알고 싶으면 그대 자신의

면 그릇된 관념이 생겨나지 않는다. 이 그릇된 관념이 생겨나지 않으면 이전에 존재했던 객관의 세계가 끝난다. 힘들이 존재하기를 멈출 때 유한한 마음의 그릇된 힘들도 존재하기를 멈춘다. 이 상태는 열반이라 불리며, 여기서는 참다운 실재의 자연력만이 작용한다." 이들 문단은 마음의 유한한 측면이 요가를 통해 초세속적인 무한한 측면으로 전환되는 모습을 설명하고 있다.

14) 마음의 유한한 측면은 한마음의 소우주적 반영이며 결국은 한마음과 분리되지 않는 관계상 그것 역시 비어 있고 기반이 없다. 최고의 삼매(三昧), 또는 신성한 합일경 속에서만 이런 진실이 인지되며, 이것은 이론적으로는─세속적인 마음이 활동하는 차원에서는─입증할 수 없다. 이 요가는 내관의 요가이다.

15) 닝포snying-po. 밀교 과학에서 말하는 태양의 비밀스런 본성. 한마음과 마찬가지로 태어나거나 형상화되지 않은 무한한 어떤 것으로서의 태양에 관한 가르침을 암시한다.

16) 참다운 상태의 마음 알기에 성공하면 수행자는 세상 모든 것의 본성이 환영이고 불만족스러운 것임을 깨달아 그들에 더 이상 묶이지 않게 된다. 편리한 기계 장치와 육체

마음을 들여다보라.[17]

모든 현상은 사실 개인 자신의 개념이고 마음 속에서 스스로 상상한 것이며, 거울에 비친 상(像)과 같나니,[18] 이것이 옳은지 그른지 알고 싶으면 그대 자신의 마음을 들여다보라.

외부적인 모든 현상은 스스로 생겨나 하늘의 구름처럼 자연스럽고 자유로우며 제각기 저마다의 처소로 사라지나니,[19] 이것이 옳은지 그

적 호사, 최신 유행 의류, 세속적 인습, 사람들의 허례 허식, 세상의 지성 편중주의, 이들 모두가 최면술적 매력을 상실하여 수행자는 더 이상 그들에 홀리거나 묶이지 않게 된다. 무명에서 벗어나지 못하는 대다수 사람들은 너무나 오랫동안 감금당하여 스스로 속박을 즐기는 죄수들처럼 자신이 진보한 사람이고 수행자는 환상을 좇는 비현실적인 인간이라고 생각하면서 자유를 바라지도 않는다.

17) 이 역시 플로티누스의 다음 가르침과 통한다. "현세적인 것들의 미관(美觀)을 무시하고 지성소로 들어가 그것을 꿰뚫어야 한다. …허황된 그림자를 실재로 오인하고 그것을 따르는 사람은 물에 비친 동요하는 영상처럼 덧없는 허깨비만을 붙잡을 것이며, 〔물에 비친〕 자신의 상을 포옹하려 했다가 빠져 죽은 신화 속의 어리석은 젊은이 〔미소년 나르키소스〕와 마찬가지로, 그 흐름에 휩쓸려버리게 될 것이다.

18) 아슈바고사와 대승의 다른 많은 밀교 학자들은 이 비유를 사용하여 윤회계를 가득 채운 모든 현상의 비실재성을 설명한다. 그리고 서양의 과학도 사물의 참다운 본성은 가시적인 현상이 아니라 불가시적인 본체라고 하는 가설에 도달했다. 추상성과 잠재력은 구체성과 활동력으로 나타난다. 추상성과 잠재력 뒤에는 플라톤이 관념의 영역이라 불렀던 것, 대승불교에서 한마음이라 부르는 것이 있다. 이것은 추상적으로든 구체적으로든 잠재력으로서든 활동력으로서든 상상 가능한 모든 것의 균등(均等)한 합일경이며, 분화되지 않고 예언할 수 없는 공성(空性)이다. "참다운 실재는 오직 하나이지만 무명의 등급은 무한하다. …갠지스 강가의 모래알보다 많은 제멋대로의 사념들이 있으며 어떤 것은 무지한 개념으로부터 또 어떤 것은 감각과 욕망의 무지로부터 생겨난다. 그리하여 모든 종류의 혼란스런 사념이 무명으로부터 생겨나고 그들은 전체적으로 무한한 차이를 지니며 그것은 여래(如來)만이 알 수 있다."(≪대승기신론≫).

19) 이 철학적인 문장은 바로 앞 것의 확충 설명이다. 제멋대로인 마음의 개념으로부터 생겨났다가 사라지는 현상들을 구름에 비유한 것은 매우 적절한 표현이다. 주해와 개론에서 이미 얘기했듯이 신성한 지혜의 빛에 의해 무명의 어둠이 사라질 때 해 뜬 뒤

른지 알고 싶으면 그대 자신의 마음을 들여다보라.

【내면의 법】

법[20]은 마음 속 아닌 어디에도 없고, 마음 이외의 다른 명상 장소는 없노라.

법은 마음 속 아닌 어디에도 없고, 그 외에 배우거나 실천해야 하는 다른 가르침은 없노라.

법은 마음 속 아닌 어디에도 없고, 서원 실천을 위한 다른 참된 장소는 없노라.

법은 마음 속 아닌 어디에도 없고, 해방을 선사할 그 외의 법은 없노라.

그대 자신의 마음을 들여다보고 또 들여다보라.[21]

밤안개가 걷히듯 모든 현상이 소멸한다. 이 세상이 현실이고 그 현실이 이 세상에 자신의 환상적인 관점을 선사한다고 하는 것은 세속적인 마음의 잘못된 인식이다. 마음의 본성을 깨닫고 이런 인식에서 벗어나 소우주적인 마음과 대우주적인 마음의 합일 경에 도달할 때 이 세상과 윤회적인 현상계의 겉으로 드러난 모든 것이 사라지고 모든 물체와 모든 현상 본연의 자연스런 장소로서 미(未)분화의 원초적 진공만이 남는다. 여기에 다시 티루반나말라이의 성자 라마나 마하리쉬가 한 말이 있으니 우리의 위대한 스승이 남긴 가르침과 맥을 같이한다. "결국 이 세상은 관념이나 사념일 뿐이다. 마음이 생각을 멎으면 세상은 사라지고 거기에 형언할 수 없는 축복이 있다. 마음이 생각하기 시작할 때 세상은 곧바로 다시 나타나고 거기에 고통이 있다."(≪나는 누구인가≫ 23쪽 참조).

20) 대승불교에서는 법(法 ; Dharma), 존재의 법칙, 진리, 신성한 지혜, 삶의 과학과 기술에 관한 지침은 본질상 말로 표현할 수 없는 공(空)이다.

21) 기독교에서도 채택하여 제시한 고대의 경구가 불교식으로 나타나 있다. "빛이 어둠에 비치되 어둠이 깨닫지 못하더라. …참빛 곧 세상에 와서 각 사람에게 비치는 빛이 있었나니."(요 1 : 5, 9)
이 '마음 알기의 요가'에 대한 그노시스적 설명이 되어줄 수 있을 것 같아 고(故) 미

밖을 향해 텅 빈 공간을 들여다보면[22] 마음이 빛나는 장소를 찾을 수 없노라.[23]

빛을 찾아서 안을 향해 자기 자신의 마음을 들여다보면 거기서도 빛나는 것은 찾을 수 없노라.

자기 자신의 마음은 투명하며 무특성이니,[24]

자기 자신의 마음은 공성(空性)의 투명한 빛이고 법신이며 특성이 없고 구름 없는 하늘과 같노라.

———

드G. R. S. Mead가 그리스 원본을 번역한 요한복음 서문과 《그노시스의 세례 요한 The Gnostic John the Baptizer》 (런던, 1924) 123~126쪽에서 다음 글을 인용하여 싣는다.

1. 태초에 마음이 있었고, 마음이 신과 함께 있었다.
2. 그리하여 마음이 곧 신이었다. 이것이 태초에 신과 함께 있었다.
3. 만물이 그것을 통해 생겨났으니 어떤 것 하나도 그것 없이는 생겨나지 않았다.
4. 그것 안에서 생겨난 것은 생명이었고 이 생명은 '참' 사람들의 빛이었다.
5. 그리고 빛이 어둠에 비쳤으며 어둠은 그것을 가두지 않았다…….
6. 그것은 세상에 온 각각의 사람을 비추는 참다운 빛이었다.
7. 그것이 세상에 있었고, 세상은 그것을 통해 생겨나기를 계속했다.
8. 그러나 세상이 그것을 몰랐다. 그것이 그것 자신에게 왔고 그것 자신은 그것을 받아들이지 않았다.
9. 그러나 받아들이는 자들에게 그것은 신의 자녀가 되는 힘을 주었으니,
10. 그의 이름을 믿는 자들에게, 그들은 혈통에서 태어난 자들이 아니며,
11. 육신의 욕망이나 남성의 욕망에서가 아니라 신에게서 난 자들이라.
12. 그처럼 마음이 육신이 되어 우리 가운데 거하시고
13. 우리는 그것의 영광을 보니 아버지의 [?한] 독생자(獨生子)의 영광이요 기쁨과 진리가 충만하더라.

여기에 다음과 같은 해설이 뒤따른다. 4절: '생명의 빛을 지닌 참 사람들은 예언자들이며 완전하다'. 5절: '가두다emprison'는 '걷어 들이다hold back', '억류하다detain'로 다르게 번역할 수 있다. 5절과 6절 사이에는 '분명히 그의 원본 속에 네 번째 복음서의 저자(또는 부분 편집자)가 삽입한 것으로 보이는' 글이 있다. "신이 보낸 한 사람이 있었으니 그의 이름은 요아네스Yoanes다. 이 [사람]은 증언하러 왔고 그는 빛에

그것은 다수(多數)가 아니고 전지(全知)이니,

이 가르침의 의미를 아는 것과 모르는 것 사이에는 참으로 커다란 차이가 있노라.

【이 가르침의 놀라움】

자기가 자신의 근원이며 영원히 태어나지 않는[25] 이 투명한 빛은

관해 증언할 것이며 그것을 통해 모든 [사람들]이 믿음을 갖게 하기 위함이었다. 그 [사람]은 빛이 아니었고, 빛에 관하여 증언하러 온 자였다." 6절 : '사람'은 '예언자'나 '신성한 전달자'와 같다. 10절 : '그의 이름'은 '비밀의 이름'이나 '마음' 또는 '위대한 생명의 근원'을 가리킨다.

요한복음의 이 구절을 번역한 사람은 그노시스 철학으로 이름난 영국의 학자이며 현대의 그노시스주의자였고, 편집자의 친구였다. 공식 판본으로 인정된 신약 성서는 그노시스를 이단으로 간주한 사람들이 만들었으며, 그들의 반(反)그노시스적 성향으로 인해 그리스 원본이 영어화하는 과정에서 원문의 참뜻이 왜곡되었고, 그렇게 만들어진 책이 현대와 같은 통속적 기독교의 정전(正典)이 되었으니, 거기에는 그노시스주의자들을 파문시키고 찾을 수 있었던 비밀 기독교의 귀중한 문서들을 모두 파기해버린 자들의 광신적 우상 파괴 열의가 숨어 있는 것이다. 다행히 약간의 문서가 파손을 모면했으며, 그 중 브루스Bruce 사본이 옥스퍼드의 보들리언 도서관에 소장되어 있고, 베를린에는 베를린 사본이 존재한다.

22) 이것은 비유적으로 이해해야 하는 텅 빈 공간을 가리킨다. 왜냐면 공간은 사람들의 눈에 분명 비어 있지만 실제로는 모든 것이 가득 차 있으며 그들이 추상의 잠재 상태에서 가시의 세계로 구체화되는 자궁이기 때문이다.
23) 각 생물이 지닌 고유의 저 빛은 안이나 어떤 장소에서 빛나지 않는다. 왜냐면 그것은 시간과 함께 장소(또는 공간적 구별)를 초월하여 존재하기 때문이다. 그것은 수행자의 가슴 속 비밀의 지성소에서만 빛난다. 그러나 다음 구절이 가르치듯이 거기에도 빛나는 어떤 '것'은 없다.
24) 이 문장은 다음과 같이 달리 번역될 수도 있다. "자기 자신의 마음은 투명하며 무색이다(윤회적 특성이 없다)."
25) 태어나거나 존재하게 되는 모든 것은 윤회적이고 덧없으며 환영이고 비실재이다. 형태와 탄생과 있음과 존재를 초월한 것만이 비윤회적이다.

부모가 없는 지혜의 신생아로다. 놀랍구나.

　창조되지 않은 그것은 자연적 지혜로다.[26] 놀랍구나.

　탄생을 모르는 그것은 죽음을 모르는도다.[27] 놀랍구나.

　그것은 절대적 실재이지만 그것을 아는 자 없노라.[28] 놀랍구나.

　윤회 속을 방황하면서도 그것은 악(惡)에 오염되지 않도다. 놀랍구나.

　붓다를 보면서도 그것은 선(善)과 결탁하지 않노라.[29] 놀랍구나.

　모든 존재에게 점유되지만 그것은 인지되지 않도다.[30] 놀랍구나.

　이 요가의 성과를 모르는 자들은 다른 성과[31]를 찾노라. 놀랍구나.

　실재의 투명한 빛이 자기 자신의 마음 속에서 빛나지만 많은 사람

---

26) 마찬가지로 참이고 진실인 그것은 형상과 한계와 조건과 창조를 모른다. 마음이나 지혜는 조건이 없고 창조되지 않으므로 단순하고 원초적이며 자연스럽지만 '자연'이 아니고 비윤회적이며 자연 너머에 있다. 태어나고 형성되고 창조될 수 있는 것은 또한 흩어지고 소멸하고 부서질 수 있다. 탄생과 형상과 창조 너머에 있는 것만이 방산(放散)과 소멸과 파괴를 면할 수 있다. 그리하여 자연적 지혜인 그것은 존재보다 우위에 있으며 모든 존재의 비존재적 합일이다.

27) 시간 속에서 자신을 형태화하거나 윤회적 존재로 탄생하는 것들은 역시 시간 속에서 그 형태를 잃어버리든가 소멸과 죽음을 맞이하게 된다. 그러므로 참인 그것은 탄생과 죽음을 초월하며 다른 모든 이원성을 넘어선 곳에 있다.

28) 실재를 지각하는 자는 있을 수 없다. 왜냐면 실재의 지각은 개인 혼이나 영원히 윤회하는 개체를 인정한다는 것을 의미하기 때문이다. 한마음은 그 자신을 볼 수 없다. 왜냐면 그것은 자기나 물체, 인식의 대상이 아니기 때문이다. 그것은 오직 그것임만을 알 수 있다. 그것의 본질은 아는 쪽이지 알려지는 쪽이 아니다.

29) 이 두 구절은 선과 악이 다른 모든 이원성과 마찬가지로 참다운 상태에서는 하나일 수밖에 없는 한 쌍의 윤회적 대립물에 지나지 않음을 보여준다(개론의 제9장은 선과 악의 이론을 설명한다).

30) 플로티누스의 말을 빌리면, "그 하나는 다른 것들로부터 분리되지 않고 그것은 그들 속에 있지도 않다. 그 하나를 소유하는 것은 없으며, 역으로 모든 것을 소유하는 것이 그 하나이다."

들은 다른 곳에서 그것을 찾도다. 놀랍구나.

【네 개의 위대한 길】
불가시의 완전한 마음에 관해 여기 밝힌 이 지혜에 절하나니!
이 가르침은 가장 뛰어난 가르침이로다.
정신집중이 없고 총괄적이며 결함 없는 이 명상은 가장 탁월한 명상이로다.
창조되지 않은 상태에 관한 이 수행은 바르게 이해할 때 가장 뛰어난 수행이로다.
영원히 구하지 않음에도 자연스레 얻어지는 이 요가의 성과는 가장 탁월한 성과로다.
네 개의 위대한 길[32]을 우리는 여기에 분명히 보였나니,

---

31) 다부hbras-bu. 여기서의 '성과'는 이 마음 알기의 요가를 바르게 실천하여 얻어지는 결과를 암시하는 전문 용어이다. 이처럼 얻어질 수 있는 성과를 모르고 무지한 자들은 다음 구절이 말하듯 자기 내부가 아닌 다른 곳에서 영적인 인도를 구한다. 사라트 찬드라 다 스의 《티벳어-영어 사전》(캘커타, 1902, 929쪽)은 다부를 3단계의 금욕명상을 계속해서 통과한 결과로 얻어지는 성과 내지 보상이자 카르마의 결과로 정의하고 있다. 이 요가의 점진적인 완성의 '성과'는 넷으로 구분할 수 있다. (1)점진적인 완성의 흐름에 들어갈 수 있는 능력, 이를 통해 수행자는 윤회의 무명에서 벗어나 열반의 지혜를 얻는다. (2)열반에 들기 위한 준비로 이승에 단 한 번 재탄생하는 일 외에 재탄생의 모든 필요가 소멸한다. (3)이번 생을 끝으로 이승에 다시 태어나지 않는다. (4)무명을 정복해버린 아라한의 초세속적 상태이다. 티벳 불전인 칸쥬르는 '성과'를 다섯 등급으로 분류한다. (1)지적·도덕적·정신적 교육의 성과 (2)사람들이 교육이라 부르는 것에서 연유하지 않는 성과 (3)벽지불(酸支佛), 또는 스승 없이 혼자 깨닫는 이들이 달성하는 영적인 경지 (4)보살, 붓다 후보자들의 영적인 경지 (5)붓다가 달성하는 마지막 전지(全知)의 상태.
32) 대승불교의 4가지 관점. 바로 앞의 네 구절에 언급한 가르침·명상·수행·성과가 '마음 알기 요가'의 위대한 길을 이루는 네 부분이다.

그릇됨 없는 이 가르침, 이 위대한 길은 여기 밝힌 투명한 지혜이며, 투명하여 그릇됨 없는 그것은 길이라 불리노라.

그릇됨 없는 이 위대한 길의 명상은 여기 밝힌 투명한 지혜이며, 투명하여 그릇됨 없는 그것은 길이라 불리노라.

그릇됨 없는 이 위대한 길의 수행은 여기 밝힌 투명한 지혜이며, 투명하여 그릇됨 없는 그것은 길이라 불리노라.

그릇됨 없는 이 위대한 길의 성과는 여기 밝힌 투명한 지혜이며, 투명하여 그릇됨 없는 그것은 길이라 불리노라.[33]

【위대한 빛】
이 요가는 또한 변함없는 위대한 빛의 근원에 이어지나니,
이 변함없는 위대한 빛의 가르침은 여기 밝힌 단 하나의 투명한 지혜로서 여기 밝혀지나니 삼세(三世)를 비추는[34] 그것은 '빛'이라 불리누나.

---

33) 이 네 구절은 '마음 알기 요가'의 점진적인 네 국면을 가리키며, 이것은 모든 요가에 공통으로 존재한다. 다시 요약하면, 진리의 씨앗인 가르침, 그 가르침을 지적으로 이해하는 명상, 가르침을 실제 적용하는 수행, 가르침의 씨앗으로부터 생겨난 것들을 거두는 성과이다. 서양인의 눈에는 불필요한 것처럼 보이는 원문의 반복적 표현은 내용을 시적으로 강조하기 위한 동양의 방식이며, 이런 문체는 모든 유파의 불교 경전에, 특히 남방 불교의 팔리어 불전에 자주 나타난다. 고대에는 요가나 종교의 거의 모든 가르침이 구전을 통해 이어졌고, 스승의 말을 좀더 잘 기억하기 위하여 이런 반복적인 표현 양식이 사용되었다. 뒤에 와서 가르침을 기억하고 있던 자들의 구술에 따라 그것이 문자화되고 경전과 논문으로 결실을 보게 되면서 과거의 반복법이 그대로 적용되었다. 서양의 종교 문헌에 보이는 반복법의 한 실례로는 '아베 마리아'를 상기할 수 있을 것이다.

34) 이 부분은 '삼세(三世)를 설명하는 [또는 조명하는]'으로 번역할 수도 있다. 삼세는 물론 과거 · 현재 · 미래를 가리킨다.

이 변함없는 위대한 빛의 명상은 여기 밝힌 단 하나의 투명한 지혜로서 여기 밝혀지나니 삼세(三世)를 비추는 그것은 '빛'이라 불리누나.

이 변함없는 위대한 빛의 수행은 여기 밝힌 단 하나의 투명한 지혜로서 여기 밝혀지나니 삼세(三世)를 비추는 그것은 '빛'이라 불리누나.

이 변함없는 위대한 빛의 성과는 여기 밝힌 단 하나의 투명한 지혜로서 여기 밝혀지나니 삼세(三世)를 비추는 그것은 '빛'이라 불리누나.[35]

【삼세의 가르침】

이제 합일경에 있어서의 삼세(三世)에 관하여 그 핵심을 설하노라.

과거와 미래에 관한 요가를 수행하지 않으면 과거의 기억은 암장(暗藏)되고,[36]

받아들이지 않는 미래는 마음에 의해 현재로부터 완전히 단절되며, 고정될 수 없는 현재는 공(空)의 상태에 머물도다.[37]

---

35) 이 빛의 요가는 네 단계로 이루어져 있다. (1)빛(실재에 관한 신성한 지혜)을 처음으로 일별함 (2)빛에 대한 지각이 차츰 증가함 (3)빛 또는 진리의 본질을 이해함 (4)명상을 무한히 연장하여 삼매에 들어감.

36) 직역하면, '버려진다'.

37) 개론의 제3장과 p.332\3에 있듯이 참다운 상태의 마음은 윤회계의 시간을 인식하지 않으며, 무제약성이므로 무시간성이기도 하다. 현대의 정신 분석에서 보는 바와 같이 과거의 모든 기억이 현재 의식 속으로 들어오게 만드는 내관의 요가를 실천하지 않으면 잠재 기억은 잠재 상태로 머물며 과거는 현재로부터 분리된 채 남는다. 미래를 받아들이지 않거나 현재로서는 알 수 없다고 무시하면 그것은 현재로부터 숨겨지거나 단절된다. 그리고 윤회계에서의 현재는 불안정성의 일정한 흐름으로, 또는 과거와 미

【열반의 길의 요가】

거기에 명상할 아무것도 없고, 아무런 명상도 거기에 없으며,

거기에 방황할 아무것도 없고, 아무런 방황도 거기에 없노라, 기억에 의해 인도된다면.[38]

명상하는 일 없이, 방황하는 일 없이, 참 상태를 들여다보라. 거기에 자기 인식과 자기 이해와 자기 조명의 찬란한 빛이 있나니. 그처럼 빛나는 이것들은 '보살의 마음'이라 불리도다.[39]

모든 명상을 초월하여 스스로 빛나는 지혜의 나라에는 방황이 없

래를 분리시키면서 끊임없이 움직이는 한 시점으로 인식된다. 그러나 이 요가의 스승은 창조되거나 한정되지 않는 원초적 공(空)의 상태에 안주하면서 현재와 현재의 두 동반자인 과거 · 미래를 분리되지 않은 동질의 무시간성으로 인식한다. 시간의 본성을 인식한다는 것은 삼세의 말할 수 없는 합일경을 인식한다는 것이다.

38) 무수 겁 동안 소우주적인 마음은 윤회계를 방황하면서 존재를 체험해왔다. 따라서 내관의 요가를 바르게 실천하여 과거의 기억이 회복된다면 그것이 귀중한 지혜―자신이 수행하며 살았던 다른 시대 다른 생애들 동안의 체험으로부터 생겨난―의 저장고가 되어 타락을 막고 길잡이가 되어줄 수 있다.

39) '보살의 마음'은 성불을 지향하되 모든 무지가 신성한 지혜로 바뀔 때까지 윤회계를 떠나지 않겠다는 서원을 세운 자의 초월적 의지를 나타내는 상징적인 어휘이다. 이와 마찬가지의 신성한 조명 상태를 플로티누스 역시 놀라우리만치 유사한 언어로 가르친다. 그는 스스로 그것을 체험했었고 그렇게 말할 자격이 있다. "사람이 자기 내부에서 신성한 광휘를 보게 될 때, 완전히 자기 안에 거주하게 될 때, 자기 안에서 합일을 가로막는 어떤 것도 만나지 않게 될 때, 이질적인 어떤 것이 혼합되어 내면적 본질의 순수함을 바꿔놓지 않게 될 때, 자신의 전 존재 속에서 측량하거나 제한하거나 확대하거나 분할할 수 없는 무한 실제의 빛이 바로 자신임을 알게 될 때, 당신이 이와 같이 되었을 때 당신은 보이는 것 그 자체가 되어 더 이상 인도가 필요 없어지고 자신 속에 확신을 갖게 된다. 그리 되면 주의 깊게 식별해야 한다. 왜냐면 새롭게 열린 내면의 눈을 통해서만 당신은 지고의 아름다움을 인식할 수 있기 때문이다. 내부의 이 아름답고 신성한 시력을 얻으려면 자신을 아름답고 신성하게 만드는 일부터 시작해야 한다."

으니, 공허한 개념들[40]과 자기 해방, 원초적 공(空)이 곧 법신(法身)이라.

이러한 인식 없이 열반의 목표는 달성되지 않나니,

그러한 인식과 함께 금강살타의 경지도 인식되도다.[41]

이 가르침은 모든 지식[42]을 꿰뚫고 무한정 깊으며 헤아릴 수 없노라.

갖가지로 숙고하더라도 스스로 인식하고 스스로 발생하는 지혜의 이 마음에는 숙고와 숙고자의 구분이 없으니,

철저히 숙고할 때 이 가르침은 그것을 탐구해온 자와 하나가 되노라.[43] 비록 탐구자 자신은 찾아도 발견되지 않지만.[44]

그리하여 탐구의 목표가 달성되고 탐구 그 자체의 끝에 이르도다.

그러면 탐구할 아무것도 없고 무언가를 탐구할 필요도 없노라.

---

40) 본문의 뒤에서 가르치듯이 모든 개념은 본질적으로 공허하다. 플라톤이 제시한 이데아(관념)의 세계에서처럼 참다운 상태에서는 개념들 자체는 형태나 윤회적 내용물을 갖지 않는다. 공성(空性)을 지닌 그들은 초윤회적인 한마음 속에 함유된 형상화되지 않고 창조되지 않은 사념의 초윤회적 종자로서 공간에 파종되어 형상을 야기하고 윤회계를 가득 채운다.

41) 동방 묘희 세계의 선정불 아축(阿閦)의 권속인 금강살타는 비밀 불교에서 가장 핵심적인 위치를 점유한다(≪티벳 사자의 서≫ 60, 273~278쪽 참조). 그는 때로는 본초불과 동일시되어 법신으로 간주되기도 한다. 따라서 이 경지를 인식한다는 것은 완전한 불성을 깨닫는 것과 마찬가지의 의미를 지닌다.

42) 타둑 mthah-drug. 직역하면 '여섯 방향', 즉 동서남북과 위아래. 여기서는 모든 지식의 완전성이나 철저한 규명을 나타내기 위해 비유적으로 사용되었다.

43) 직역하면, '이 가르침은 그것을 탐구해온 학구적인 탐구자를 탐구한다'이다. 이 가르침은 탐구자의 마음 속에 날 때부터 존재하면서 그의 부름에 따라 그와 하나가 되기를 기다린다는 뜻이다.

44) 이 역설적인 문구는 탐구자 자신이 개별화된 개인적 존재가 아니기 때문에 설령 탐구했다 하더라도 그 자신은 발견될 수 없음을 암시한다.

자기 인식의 이 시작도 없고 비어 있으며 혼돈스럽지 않은 투명한 지혜는 대완성[45]의 가르침에 담긴 그것과 똑같나니,

지(知)와 무지(無知)의 구분은 없더라도, 수많은 종류의 심오한 명상이 있고, 자신의 마음을 아는 것은 결국 지극히 훌륭한 일이다.[46]

명상 대상과 명상자의 구분이 없으니, 명상을 실천하거나 실천하지 않는 자가 명상의 명상자를 찾아도 발견되지 않을 때, 명상의 목표가 달성되고 또한 명상 그 자체의 끝에 이르도다.

명상과 명상 대상의 구분이 없으므로 깊은 무명(無明)에 빠질 필요가 없노라. 왜냐면 한정되지 않는 마음의 본질[47]에 대해 명상한 결과 창조되지 않는 지혜가 동시에 명료히 비치므로.[48]

갖가지 종류의 심오한 수행이 무수히 존재하더라도 참다운 상태에 있는 자의 마음에는 그들이 존재하지 않노라, 왜냐면 존재와 비존재의 구분이 없으므로.[49]

수행과 수행자의 구분이 없으니, 수행하거나 수행하지 않는 자가

---

45) p.327\22 참조.
46) 앞에서와 마찬가지로 이 구절과 뒤에 이어지는 구절 역시 역설적이며 공(空)의 가르침에 입각하여 이해해야 한다. 이 부분은 길을 나아감에 있어서의 세 국면과 관련된다. (1)명상 후, 또는 가르침을 들은 후 그것의 철저한 지적 이해 (2)수행, 또는 가르침의 실제 적용 (3)깨달음, 또는 수행의 성과를 거둠.
47) 천연 상태의 마음은 바람 한 점 없는 바다의 고요한 수면에 비유될 수 있다. 윤회적 관점에서의 마음은 바람이 물결을 일으키는 수면과 같으며, 이때 바람과 물결은 각각 사고작용과 사념에 해당한다.
48) ≪티벳 밀교 요가≫ 둘째권의 본문 제15절은 요가에 의해 사고작용이 억제될 때 "동시에 발생하는 상태가 확실히 있을 것"이라고 설명한다.
49) '존재와 비존재'가 이원성이므로 그들은 단지 윤회적 개념일 뿐이며, 따라서 존재와 비존재 모두를 초월하는 수행이나 표현 불가능한 마음에는 적용될 수 없다. 절대적 실재는 인식될 수 있지만 세속적·윤회적 개념을 전달하는 언어로는 그것을 설명할

수행의 수행자를 찾아도 발견되지 않을 때, 수행의 목표가 달성되고 또한 수행 그 자체의 끝에 이르도다.

수행할 아무것도 원래 없으므로 그릇된 성향에 빠질 필요가 없노라.[50]

창조되지 않고 스스로 빛나는 이 지혜는 움직임이 없고[51] 순수하며 수용과 거부를 초월하나니[52] 그 자체가 완전한 수행이라.

깨끗함과 더러움의 구분은 없더라도, 갖가지 요가의 성과가 무수히 존재하며, 참다운 상태에 있는 자의 마음에는 그 모든 것이 창조되지 않은 삼신(三身)의 의식적 내용물이라.[53]

행위와 행위자의 구분이 없으니, 행위자를 찾아도 어디서든 행위자가 발견되지 않을 때, 모든 성과 획득의 목표가 달성되고 또한 최

수 없다. 아슈바고사는 이렇게 가르친다. "인간의 모든 사념은 최상의 것이라 해도 덧없을 뿐 절대적 진리가 아니다."(≪대승기신론≫)

50) 초심자를 진리로 인도하기 위해 사용된 모든 어휘들은 종국에 가서는 부정된다. 만일 윤회적이지 않은 어떤 것으로 받아들여진다면 가르침을 전하기 위해 스승이 사용할 수밖에 없었던 모든 이원적인 어휘나 불완전한 비유들은 제자를 속박하는 오류와 그릇된 성향의 원인이 된다.

51) 지혜(또는 천연 상태의 마음)는 윤회적 사고작용에 의해 움직이지 않으며 요지 부동의 침묵을 유지한다.

52) 진리는 수용과 거부의 이원성을 초월하며 인간의 견해에 좌우되지 않는다. "절대적인 마음에는 인간의 마음과 같은 사념이 필요치 않음을 깨닫는 사람은 무한성에 이르는 바른 길을 걷게 될 것이다."(≪대승기신론≫)

53) 불성(佛性)의 세 가지 측면. 모든 참다운 요가들은 성실히 수행할 때 여러 단계에서 요기를 돕지만 그것은 단 하나의 목표에 이르기 위한 것이다. 각 요가의 성과가 윤회적 관점에서는 제각기 다르게 나타나더라도 그들은 진리 그 자체인 삼신(三身)의 의식적 내용물이기 때문에 그 속에서는 차이가 없는 하나이다. 태양광선이 무수히 많고 환경과 수용성 및 인식 여건에 따라서 다양한 효과를 갖지만 한 근원으로부터 나오며 궁극적으로는 동질인 것과 마찬가지다.

후의 완성 그 자체에 이르도다.

성과 획득의 다른 방법이 없으므로 이 가르침의 수용과 거부 내지 신뢰와 불신 같은 이원성에 빠질 필요가 없노라.

스스로 빛나는 자발생의 지혜가 자기 인식의 마음 속에 있는 삼신(三身)의 표현임을 깨닫는 것이 완전한 열반[54]에 이르는 성과로다.

【이 지혜에 주어진 이름들의 설명】

이 지혜는 덧없는 여덟 가지 목표[55]에서 사람을 해방한다.

어떤 극단으로 흐르지 않으니 그것은 '중도(中道)'라 불린다.

중단되지 않는 연속성으로 인하여 그것은 '지혜(知慧)'라 불린다.

비어 있는 마음의 본질이므로 그것은 '불성(佛性)'이라 불린다.

이 가르침의 의미가 모든 존재에게 알려진다면 그것은 매우 훌륭할 것이다.

따라서 이 가르침은 '지혜의 피안〔또는 초월적 지혜〕에 이르는 방

---

54) 예상게파Ye-sangs-rgyas-pa. 이 흥미로운 합성어에서 Ye는 '영원한', '시작 없는'이고 Sangs은 '정화(淨化)'이며 Rgyas-pa는 '완전한'이다. '열반'과 동의어인 티벳어의 '완전한 정화sangs-rgyas-pa'에 '영원한Ye'이란 수식어가 붙었으므로 윤회적 무명으로부터 불완전한 정화나 낮은 등급의 열반과 비교하는 의미에서 '완전한 열반'으로 번역하게 되었다. Sangs-rgyas-pa는 또한 완전히 정화된 자로서의 붓다라든가 완전히 정화된 상태(열반)로서의 불성과 관련하여 이해할 수도 있다(p.352\59 참조). 대승불교에서 말하는 열반은 3종류가 있다. (1)불완전한 유여의열반(有餘依—) (2)완전한 무여의열반(無餘依—) (3)절대적인 무주처열반(無住處—), 여기서는 시간과 공간의 윤회적 제한이 더 이상 존재하지 않는다.
55) 타게Mthah-brgyad, '여덟 한계'. 세속적인 여덟 가지 목표를 말하며, 이익과 손해, 호평과 악평, 찬양과 비방, 행복과 불행의 네 쌍으로 구성된다. 달리 말하면 이 가르침은 윤회적인 마음을 속박하는 모든 덧없는 것으로부터 사람을 해방하기 때문에 모든 이원성을 초월한다는 뜻이다.

편'이라 불린다.

열반으로 가버린 사람들에게 이 마음은 시작도 없고 끝도 없으므로 그것은 '위대한 상징'이라 불린다.[56]

이 마음을 아느냐 모르느냐에 따라 열반의 모든 기쁨[57]과 윤회의 모든 슬픔이 생겨나므로 그것은 '모든 것의 근원'이라 불린다.

성급한 보통 사람들은 자신의 육체 속에 거주할 때[58] 이 지극히 투명한 지혜를 '평범한 지식'으로 부른다.

철저한 연구의 결과 이 지혜에 아무리 우아하고 다채로운 이름이 주어진들, 여기 보인 이 이상의 어떤 지혜를 참으로 바랄 수 있을까?

이 지혜 이상의 것을 바라는 자는 코끼리가 이미 발견되었음에도 그것을 찾기 위해 그 발자국을 추적하는 자와 같다.

---

56) ≪티벳 밀교 요가≫ 둘째권에 있듯이 '위대한 상징', 즉 마하무드라는 완전한 정신적 깨달음, 열반, 참다운 마음의 인식을 암시한다.
57) ≪티벳 밀교 요가≫ 개론 제3장 '열반의 가르침에 관하여'에 있듯이 열반은 윤회를 초월한, 또는 생로병사를 넘어선 상태이다. 그것은 조건지어져 있음과 덧없음으로부터, 인간이 존재라고 아는 그런 존재로부터의 해방이다. 따라서 열반은 그것을 오해한 사람들이 상상하는 것과 같은 '존재의 완전한 소멸'이 아니다. 그것은 환영과 무명과 덧없는 현상계를 초월한 상태이며, 의지력에 의해 욕망의 불꽃이 꺼진 상태이며, 낮은 의식에서 탈출하여 보다 높은 의식으로 들어선 상태이며, 윤회계의 동물적 지성에 대한 승리이며, 진화를 통한 참다운 존재의 달성이다. 열반을 뜻하는 티벳어 멘데 Myan-hdas에 대해 사라트 찬드라 다스는 티벳 불전인 칸쥬르를 인용하여 다음과 같이 정의하고 있다. "열반의 상태는 지고의 평화와 축복이고, 헛된 사념과 자만과 고통으로부터의 해방이다. 거기에는 죄의식이 없고 덥고 춥거나 배고프고 목마른 느낌이 없다. 고난과 덧없음에서 벗어나 해방된 자는 타인들을 위해 일하고 놀라운 기적을 행한다."
58) 직역하면, '자신의 성채 속에 거주할 때'이다.

【진여(眞如)의 요가】

　삼계(三界)를 두루 찾는다 해도 마음 속 아닌 다른 곳에서는 붓다[59]를 결코 발견할 수 없나니,[60]

　이것을 모르는 사람이 외부나 마음 밖에서 자신을 알려고 애쓸 경우 자신 아닌 다른 것들을 찾으면서 어떻게 자신을 발견할 수 있을까?

　그처럼 자신을 알려고 애쓰는 사람은 군중 속에서 움직이면서 자신이 누구인지는 잊어버리고 두리번거리며 자신을 찾으려 애쓰는 바보와 같도다.[61]

　이 비유는 다른 형태의 잘못에도 적용되나니,

---

59) 상게〔파〕= Sangs-rgyas〔-pa〕. '완전히 정화된 자(상태)', 즉 붓다(불성). 대승불교의 붓다는 무명(無明)에서 완전히 깨어난 자, 또는 무명으로부터 비롯된 악업의 모든 과보를 완전히 정화한 자이다. '상게'는 또한 〈마음 알기 요가〉에서 가르치듯이 '지식 가득한 본성에 의해 처음부터 해방됨'을 의미한다(사라트 찬드라 다스의 같은 책 1256쪽 참조). 불성은 외부에서가 아니라 내부로부터 깨달아지며, 그것은 불성이 태초부터 마음의 자연스런 본성으로 존재함을 깨닫는 것이다. 불성은 천부적으로 자기 내부에 존재하면서 구름이 걷힐 때 태양이 빛나듯이 무명이 사라질 때 빛을 발할 것이기 때문에 수행자는 그것을 자기 밖에서 찾을 필요가 없다. 게파rgyas-pa는 붓다처럼 이해력이 풍부한 자를 의미한다.

60) 이 구절의 번역은 라마 숨돈 폴이 맡았다. 이 논문을 함께 번역한 라마 롭상 밍규르 도르제는 다음과 같이 번역했었다. "삼계(三界)를 두루 찾는다 해도 마음을 알지 못하고서는 불성을 발견할(이룰) 수 없다." 불교의 이 가르침과 내면의 그리스도를 말하는 기독교의 가르침 사이에는 분명 공통점이 있으며, 기름 부음을 받은 자의 가르침이 원래의 (그노시스적) 형태에서는 깨달은 자의 가르침과 결국 동일하다고 하는 주장에 또 하나의 토대가 되어준다.

61) 누구나 잠재적으로 불성을 지니는 관계상 자기 밖에서 구원을 바랄 필요가 없다. 이미 갖고 있는 것을 찾는다면 그는 정말로 이런 바보이다. 라마나 마하리쉬의 ≪나는 누구인가≫에도 이와 똑같은 가르침이 있다.

사물(대상)의 본래 상태를 알고(보고) 마음 속의 빛을 인식하지 못하는 한 윤회로부터 해방될 수 없노라.

자기 마음 속의 붓다를 보지 못하는 한 열반[62]은 가려진 상태로 있고,[63]

열반의 지혜와 윤회의 무지는 서로 다른 것처럼 보이지만 사실상 그들은 구별되지 않노라.

그들을 하나가 아닌 다른 것으로 생각함은 잘못이로다.

잘못과 잘못 아님 역시 본질적으로[64] 하나이니,

마음을 이원론적으로 이해하지 않고 원초적 의식으로서의 그것이 자신의 장소에 머물게 함으로써 존재는 해방을 얻노라.[65]

그렇게 하지 않는 잘못은 마음 그 자체의 무지에서가 아니라 진리를 알려고 애쓰지 않았던 데서 비롯되나니,

그대 자신의 자기 조명적이고 자가 발생적인 마음 안에서 찾으라, 모든 개념이 그로부터 생겨나 거기 존재하고 결국 그 속으로 사라지나니.[66]

---

62) 냥데Myang-Hdas=냐겐 레 데파Mya-ngan las Hdas-pa=Skt. Nirvāṇa. Mya-ngan='고통', '불행', '슬픔', las='~로부터', Hdas-pa='벗어나다'. 전체 어구는 '슬픔으로부터 벗어나다'가 된다. 이것은 열반이 소멸이 아니라 윤회적 슬픔의 초월임을 알리는 부가적 증거이다.

63) 이 부분 역시 라마 롭상 밍규르 도르제는 약간 다르게 번역했다. "자기 마음 속의 〔천부적〕 불성을 깨닫지 못하는 한 열반은 가려진 상태로 있다."

64) 달리 말해, '요가적 최종 분석에 의하면'.

65) 플로티누스의 말을 빌리면, "그때 그는 참으로, 자신이나 다른 존재들과 관련 없이 어떤 구별도 없는 합일을 달성한다." (VI. ix. II).

66) 마하무드라의 요가(《티벳 밀교 요가》 둘째권 참조)는 정신적 개념의 발생·존속·소멸을 비슷한 방식으로 분석하며, 이 구절을 이해하는 데 크게 도움이 된다. 이 논문

이 깨달음은 연못 옆에서 갈증을 풀기 위해 다른 곳으로 날아갔다가 물 마실 장소를 찾지 못하고 되돌아오는 까마귀의 깨달음에 비유되노라.⁽⁶⁷⁾

한마음에서 방사하는 광휘는 그대 자신의 마음에서도 똑같이 방사되면서 마음을 해방하도다.

한마음은 모든 것을 알고 비어 있으며, 순수하고 영원히 명료한 공(空)이며, 하늘처럼 무특성이고 투명하게 빛나며, 스스로 생겨나는

이 유래하는 내관의 요가에 대해 라마나 마하리쉬는 우리의 원본에 적혀 있는 것과 아주 똑같이 이렇게 가르쳤다. "외부 세계에 이름과 형태들이 존재하게 되는 것은 미묘한 마음이 뇌와 감각을 통해 밖으로 그 자신을 투사할 때이다. 마음이 그 근원인 흐리다야(Hridaya ; 心)에 머물 때 이름과 형태는 사라진다. 마음의 외향성이 억제되고 마음의 주의력이 그 자체로만 향하게 되면 마음은 흐리다야 속에 안주하며 그 상태는 주관적 시각, 또는 내향견(內向見 ; antarmukha-drishti)이라 불린다. 마음이 흐리다야에서 나와 외부 세계를 창조하느라 바쁠 때 그 상태는 객관적 시각, 또는 외향견(外向見 ; bahirmukha-drishti)이라 부를 수 있다. 마음이 흐리다야 속에 머물 때 에고나 '나'라는 사념이 차츰 사라지고 진아(眞我 ; Ātman) — 대승불교의 '한마음'에 해당—가 남는다. '나'의 개념이 완전히 사라진 이 상태는 참다운 시각, 또는 자색견(自色見 ; Swarūpa-dristi)과 정적Maunam이라 불린다. 이 정적은 베단타 철학에서는 지혜의 시각, 또는 지견(知見 ; Jñāna-dristi)이라고도 한다. 그리하여 정적은 단지 마음이 범아일여(梵我一如)에 머무는 상태일 따름이다."(≪나는 누구인가≫)

67) 라마나 마하리쉬도 비슷한 실례를 사용했다. "태양 아래서 방황하던 사람이 나무 그늘로 들어가 서늘함을 즐긴다. 그러나 얼마 후 그는 뜨거운 햇볕 속으로 들어가고픈 유혹을 느낀다. 다시 그는 햇볕이 뜨거움을 알고 그늘로 돌아온다. 끊임없이 그는 그늘에서 햇볕으로 햇볕에서 그늘로 왔다 갔다 하기를 반복한다. 이런 사람을 우리는 어리석다고 말한다. 현명한 사람은 그늘 밖으로 나가지 않을 것이다."(≪나는 누구인가≫ 23쪽 참조) 이 비유에서 현명한 사람은 마음의 본성을 깨닫고 더 이상 무명 속으로 들어가지 않는 사람이며, 어리석은 사람은 지혜를 얻지 못하고 현상계에 매혹되어 자신 속의 보다 높은 성향과 보다 낮은 성향 사이를 끊임없이 진동하는 사람이다. 우파니샤드가 가르치듯이 무지한 자는 죽음에서 죽음으로 향한다. 또는 ≪티벳 사자의 서≫에 있듯이 그들은 카르마의 바람에 깃털처럼 뒤치락거린다.

불멸의 지혜이며, 그 자체가 진리라.

눈에 보이는 우주의 모든 것 역시 한마음을 상징하도다.[68]

자기 마음 속의 전체의식을 앎으로써 그것이 하늘처럼 무특성임을 알게 되리니.

말할 수 없는 진리를 알리기 위해 부득이 하늘을 사용하지만 그것은 다만 상징이어라.[69]

마음도 내용물도 형태도 없이 비어 있는 것처럼 보이는 하늘은 눈에 보이는 모든 것의 비어 있음을 알리는 단순한 비유일 뿐이며, 마음을 아는 일은 하늘의 상징에 의존하지 않도다.[70]

그러니 길에서 어긋나지 말고 참다운 공(空)의 올바른 상태에 머물라.

【지적 개념의 요가 과학】
다양한 개념들 역시 환영이며 그들 중의 어느 것도 참되지 않으니 결국은 사라져간다.

이를테면 전체라고 가정된 모든 것과 윤회와 열반이 단순한 지적

---

68) 우주는 동질(同質)의 전체로서 나뉘지 않는 한마음을 상징한다.
69) 다음 구절이 암시하듯이, 하늘은 비어 있는 것이 아니라 실제로는 가득 차 있어도 비어 있는 것처럼 보인다. 그리고 이런 외관상의 사실을 빌려 가시적인 모든 것의 비어 있음을 나타내기 위해 단지 비유적(상징적)으로만 사용된다. 이것은 목적을 위한 하나의 수단에 지나지 않는다.
70) 하늘은 인간이 진리 그 자체를 발견하는 데 단지 도움이 되기 위한 것이다. 아슈바고사는 이렇게 말한다. 붓다는 "중생을 인도하기 위해 부득이 말과 말뜻을 사용하긴 하지만 그의 진정한 목적은 사람들이 상징을 버리고 참다운 실재계로 직접 들어가게 만드는 것이다. 만일 그들이 이론에 빠지고 궤변에 매달려 주관적 설명을 확대한다면 어떻게 참다운 지혜를 얻고 열반에 이를 수 있을 것인가?"(≪대승기신론≫)

개념들로부터 생겨난다.

연속된 개인적 사념 속에서의[71][또는 개인적 관념 연합 속에서의] 변화는 그에 상응하는 외부 세계의 개인적 개념 작용 속에서 변화를 일으킨다.

그리하여 사물에 대한 다양한 관점들은 단지 서로 다른 지적 개념들에서 생겨난다.[72]

육도(六道)의 존재들은 제각기 다른 방식으로 관념들을 이해한다.[73]

깨닫지 못한 사람들은 외부를 보며 덧없는 것들의 외관만을 이원적으로 이해한다.[74]

개인의 지적 개념들에 따라 다양한 가르침이 존재한다.

사물은 보는 관점에 따라 다르게 나타난다.[75]

---

71) 셈귀sems-rgyud. '마음 – 사슬', '마음 – 연결(고리)', '마음 – 배열', '마음 – 연합'. 따라서 심리학 용어인 '관념 연합'이 적합하다.
72) 서양의 심리학자들은 동양의 사상가들을 심리학자로 보지 않고 그들의 학문을 심리학적 관점에서 이해하지 않는 경향이 있는데, 서양 과학이 발달하기 훨씬 전에 쓰여진 이 구절과 이 다음 구절은 그런 경향을 시정하지 않을 수 없도록 촉구한다.
73) 육도(六道)에 관해서는 p.325\13을 참조할 것. 이 구절 역시 앞 구절과 같이 심리학적으로 타당하며, 인간만이 아니라 윤회계의 다른 모든 존재들에게도 관련된다. 서양의 심리학은 아직까지는 인간에 대해서도 잘 모르고 있고, 인간 이하의 존재들은 더욱 모르며 비인간계의 존재들에 관해서는 전혀 알지 못하고 있다.
74) 달리 말하면, 깨닫지 못한 사람들('이교도들')은 이원론(二元論)에 길들여진 환경과 습속으로 인하여 이원성을 초월한 저 합일의 경지를 알지 못하고 선과 악, 천국과 지옥, 신과 악마, 지혜와 무지, 열반과 윤회를 구분한다.
75) 건강한 사람이 세상을 보는 방식은 아픈 사람의 그것과 크게 다르다. 또한 특정 개인도 자신의 변화하는 기분에 따라서 어떤 경험이나 책, 또는 예술품을 다르게 해석하고 하나의 대상을 다르게 파악한다. 마찬가지로 윤회계의 환상에 유혹당하면서 외관상의 모습을 꿰뚫지 못하는 어리석은 사람들은 오관이 감지하는 것들을 현실로 생각

사물을 다양성의 관점에서 보고 분리시키는 것은 잘못이다.

이제 모든 지적인 개념을 알기 위한 요가가 뒤를 잇는다.

지각되는 일 없이[76] 빛나는 〔이 지혜(마음)의〕 광휘의 시각(視覺)이 불성(佛性)이니,

사념을 통제하지 않음에 의하여 자신이 잘못하도록 내버려두지 마라.

마음 속의 사고작용을 통제하고 이해함으로써 저절로 해방에 이르노라.[77]

지적으로 파악하는 모든 것은 대부분 개념들이니,

현상계의 그릇인 유형적 물체들 역시 마음의 개념이고,[78]

하는 반면 깨달은 사람들은 똑같은 현상을 비현실로 생각한다. 물이 눈에 보이지 않는 산소와 수소의 화합물임을 아는 화학자는 물이 항시 눈에 보이는 그대로의 물이 아님을 안다. 달리 말하면, 깨닫지 못한 사람들이 황달에 걸린 눈으로 윤회계를 바라볼 때 깨달은 사람들은 지혜롭고 투명한 맑은 눈을 통하여 그것을 꿈 속의 요술 환등이나 환영으로 인식한다. 그것들은, 사하라 사막 한가운데서 갈증으로 죽어가는 여행자에게 물의 신기루가 나타나듯이, 윤회계의 미로에서 길을 잃은 사람들에게 최면술적 마력을 지니고 다가온다. 그리하여 현상계는 끊임없이 변하는 지적 개념들에 철저히 의존한다는 사실이 현상계의 비실재성을 입증한다. 지적 개념들은 자기 기만이나 착각이라 불리는 일종의 정신병으로부터 비롯된 윤회적 환경 속에서 마음이 만들어낸 것이다. 깨닫지 못한 사람들은 사실 윤회계에서 정신병적인 상태로 존재하며, 깨달은 사람들이란 그것이 치유된 후 지방색과 강한 전염성을 갖는 이런 광기의 영역을 벗어난 사람들이다. 이런 식으로 볼 때 '마음 알기 요가'는 인류의 환각 증상─자신이 현실계 및 영원한 지옥과 천국으로 이루어진 확고한 우주 속에서 불멸의 '개인 혼'으로 존재한다고 믿는─을 치료할 탁월한 심리요법 체계라 할 수 있다.

76) 앞에서 보았듯이 실재를 지각하는 자도 없고 지각할 것도 없다. 여기서도 다른 데서와 마찬가지로 마하무드라의 요가가 이해에 큰 도움이 된다.
77) 이 가르침 역시 마하무드라의 요가가 가르치는 바와 비슷하다(《티벳 밀교 요가》 둘째 권의 본문 제89절 참조).

'육도(六道)의 본질' 역시 하나의 지적인 개념이라.[79]

'천인(天人)과 인간의 행복' 역시 또 하나의 지적인 개념이고,

'삼악도(三惡道)' 역시 마음의 개념이며,

'무명과 불행, 오독(五毒)' 역시 지적인 개념들이라.

'스스로 비롯된 신성한 지혜' 역시 마음의 한 개념이고,

'열반으로의 완전한 이행(移行)' 역시 마음의 한 개념이며,

'마귀와 악령에 의한 불행'[80] 역시 마음의 한 개념이라.

'신들과 행복'[81] 역시 마음의 개념들이고,

여러 가지 '완성들'[82]도 마찬가지로 지적인 개념이며,

---

78) 모든 객관적 물체는 지적인 개념에서 생겨나며, 그들 자체로서는(마음을 떠나서는) 실재성을 갖지 않는다. 앞(p.353 66)에서 말했듯이, 윤회계의 유한한 마음이 활동할 때 객관성이 생겨나고, 그 마음이 활동을 멎을 때 사고작용이 억제되면서 객관성도 사라진다. 이에 대해 아슈바고사는 ≪대승기신론≫에서 다음과 같이 말한다. "모든 현상은 근본적으로 마음 속에 있으며 사실상 외형을 갖지 않는다. 따라서 형태가 없는 관계상 무언가가 거기 있다고 생각하는 것은 잘못이다. 모든 현상(현상적·객관적 외관)은 단지 마음 속의 그릇된 견해들로부터 생겨난다. 마음이 이런 그릇된 관념(개념)들로부터 자유롭다면 모든 현상은 사라진다."

79) 윤회계에서 상상할 수 있는 모든 것은 그것이 이 구절에서처럼 '육도(六道)의 본질'이건 다음 구절들에서 말하는 것이건 단지 유한한 마음의 개념에 지나지 않는다. 어떤 개념에 만일 실체성이 있다면 그 실체성의 정도는 오직 내관에 의해서만, 마음을 있는 그대로 앎에 의해서만 확인될 수 있다. ≪티벳 사자의 서≫ 역시 똑같은 심리학을 말하고 있는 바, 사후의 지각자가 보는 모든 신이나 영적인 존재들이 실제의 개별화된 존재가 아니며 인간적이거나 비인간적 존재 및 객관적 형상이 아니라고 거듭 강조한다(≪티벳 사자의 서≫ 90~91쪽 참조).

80) 예수와 그의 사도 및 초기 기독교도들 모두가 그랬듯이 티벳인들도, 흔히 마귀와 악령이라고 불리는 불가시의 존재들이 인간과 짐승에게 여러 가지 육체적 정신적 위해를 가하거나 재앙을 입힌다고 믿는다.

81) 마귀와 악령이 인간에게 여러 가지 불운을 초래하는 것과 마찬가지로 신들 역시 어떤 종류의 행운을 선사한다고 믿어진다.

'무의식적 집중'[83] 또한 하나의 지적인 개념이라.

어떤 객관적 물체의 색깔 역시 하나의 지적인 개념이고,

'무특성과 무형태'[84] 역시 하나의 지적인 개념이며,

'하나와 합일 속의 여럿' 역시 하나의 지적인 개념이라.

'창조되지 않음'과 함께 '존재와 비존재'도 마음의 개념일 뿐.

【깨달음과 위대한 해방】

마음을 제외한 아무것도 상상될 수 없나니,[85]

---

82) 여러 가지 '완성들'이란 보시 · 지계 · 인욕 · 정진 · 선정 · 지혜의 육바라밀을 가리키며, 여기에 방편(方便) · 원(願) · 력(力) · 지(智) 네 가지를 첨가하면 십바라밀이 된다. 나아가 '완성'으로 알려진 또 다른 특수한 가르침들이 있으니, 예를 들면 파드마삼바바 유파의 '대완성'이 그것이고, 우리의 이 논문도 완성을 지향하는 비슷한 가르침이다.

83) 이것은 요가의 전문 용어로 삼매(三昧 ; samādhi)를 의미한다. 삼매 속에는 현상계의 무의식이 존재하고 그를 향한 깊은 정신집중이 있다.

84) 이것은 요가의 전문 용어로 공성(空性 ; Śūnyatā)을 의미한다.

85) 달리 번역하면, '마음이 아니고는 상상될 수 있는 아무것도 없다'. 이 구절은 이 논문 중에서 가장 역설적이고 뜻깊은 문장일 것이며, 그 의미를 지적으로 이해하더라도 명상과 주의 깊은 사색이 요구된다. 상상할 수 있는 모든 것은 결국 마음이므로 마음 이외의 아무것도 존재하지 않는다. 모든 객관적 물체와 현상계, 윤회와 열반들은 본질적으로 마음이다. 그들은 마음을 떠나서는 상상될 수 없으며 상관적이거나 환상적인 것으로조차도 존재하지 않는다. 그래서 마음을 제외하고는 상상될 수 있는 것이 사실 아무것도 없다는 것이다. 앞에서 강조했듯이, 상황이나 사물을 설명하는 모든 어휘는 지적 개념의 상징들일 뿐이다. 상황이나 사물들 그 자체도 마음의 구체화에 의해 생겨난 것이며 환영이다. 참다운 상태에서는 윤회도 열반도 구분되지 않는다. 왜냐면 그들 자체가 존재하지 않기 때문이다. 거기에는 오직 진리만이 있다. 마음을 떠난 실체가 아무것도 없으나 그 마음에 구극적 개념을 나타내는 어떤 술어가 적용될 수 있다면 좋을 것이다. 그러나 그리 함에 있어서 우리는 기억해야 한다. 그 술어 역시 윤회적 관점에서의 상징일 뿐이며, 아슈바고사도 말했듯이, 절대적 진리 그 자체가 아니라는 사실을. 유한한 마음은 무한한 마음을 결코 알 수 없다. 유한한 마음이 완전

통제되지 않은 마음은 존재하는 모든 것을 상상하누나.[86]

존재하는 것은 대양의 파도와 같고,[87]

모든 이원성을 초월한 마음 상태는 해방을 가져오누나.[88]

마음을 무어라 부르는가는 중요치 않으며, 마음은 진실로 하나이

히 사라지고, 신성한 지혜의 숨결에 의해 촛불처럼 꺼져버리고, 열반에 이를 때에만 마음을 진정으로 알 수 있다. 이제 우리는 술어의 문제와 관련하여 한계에 도달했으니, 그 너머로 나아가는 것은 두려움 없는 자들, 그것을 찾기 위해 목숨을 버릴 각오가 된 자들의 몫이다. 어쨌든 이런 의미에서의 마음sems은 이 요가가 강조하듯이 초세속적인 마음의 그림자일 뿐이 윤회적 측면의 마음과 같을 수 없다. 이 마음은 달빛이 햇빛의 반사광이듯 거울에 비친 그림자일 뿐이며 실체가 아니다. 마음의 세속적 표현 속에는 파탄잘리가 가르치듯이 요가가 정지시키고자 하는 사고작용들이 있다. 깨닫지 못한 인간의 관심으로 가득 찬 마음 이외의 의식 상태를 초세속성을 부정하는 물질주의자들은 알지 못한다.

86) 마음 본래의 기능은 생각하고 그려보고 상상하는 것이다. 이것은 세속적인 마음이건 초세속적인 마음이건 마찬가지다. 런던의 성 바울 성당은 크리스토퍼 렌 경의 마음 속 사념의 산물이듯이, 우주는 위대한 건축가인 한마음의 사념이 창조한 것이다. 꿈꾸는 자가 꿈을 만들듯이 그 마음은 현상계를 만든다. 윤회계에서 지각되어 오는 것은 무엇이든 마음의 자궁 속에 잉태되었던 것들이다.

87) 고요한 바다의 본성은 움직임 없는 물이다. 바람이나 지진 같은 외부의 영향이 있을 때 바다는 자신의 본성을 잃으며, 거기에 움직임이 주어지고 표면에서 파도가 일어난다. 원래 상태의 바다는 앞(p.348\47)에서도 말했듯이 원래 상태의 마음을 상징한다. 외부의 영향은 사고작용을, 움직임과 파도는 사고작용의 산물을 상징한다. 사고작용과 시각화와 지적 개념들이 요가를 통해 억제되어야 하는 것은 마음을 있는 그대로 알기 위해서이다. 바다가 원래 상태에 있을 때는 바다를 알기가 더 쉽다. 그때 바다는 지극히 잔잔하고 투명하며, 요기는 그 속 깊은 곳을 들여다볼 수 있다. 사념의 강물이 거기에 진흙이나 오물 부스러기들을 쏟아넣지 않는다. 마하무드라의 요가가 이 수행에 큰 도움이 되어줄 것이다.

88) 이 구절은 353쪽에 있는 구절과 맥을 같이한다. 사람이 현상에 속박되어 있는 한 그는 현상을 초월할 수 없다. 그는 존재의 바퀴에 묶인 상태로 남으며, 바람에 날리는 깃털처럼 죽음에서 죽음으로 끝없이 나아간다. 해방과 신성한 지혜를 달성함은 같은 것이다.

고, 마음을 떠나서는 아무것도 존재하지 않노라.

그 유일한 한마음은 토대도 없고 뿌리도 없나니.[89]

그 외에는 알려질 아무것도 없노라.[90]

창조되지 않은 것은 보이지 않으니,

보이지 않는 공(空)과 투명한 빛을 구별 없이 앎으로써—공성(空性)은 다양성(多樣性)이 아니다—자신의 투명한 마음이 알려질 수 있으나 진리 그 자체는 알려질 수 없노라.[91]

마음은 자연 너머에 있으나 육체적 형태 속에서 체험되고,[92]

한마음의 인식은 모든 것을 해방시키노라.

지적인 작용을 파악하지 못하면 깨달음은 있을 수 없으니,[93]

---

89) 실재는 토대가 없고 외부적인 어떤 것에 의지하지 않으며, 한마음도 마찬가지로 출처나 뿌리, 기원을 갖지 않는다.

90) 이 구절은 "마음을 제외한 아무것도 상상될 수 없다"는 구절과 맥을 같이하며, "마음을 제외한 아무것도 알려질 수 없다"는 문장으로 바꿔 써도 좋을 것이다.

91) 진리가 알려질 수 있다면, 궁극적으로 진리와 진리를 아는 자가 존재하고 결국 이원성이 진실이 된다. 절대적인 진리는 진리와 진리를 아는 자가 구별되지 않는 하나라는 것이며, 존재를 알리는 자가 존재하기를 멎어야 하듯이 진리를 알리는 자는 아는 자이기를 멎고 진리가 되어야 한다.

92) 태양으로부터 멀리 떨어진 지상의 존재들이 태양 표면과는 다른 여건 속에서도 빛을 체험할 수 있듯이, 한마음은 무수한 육체적 형태들을 비추고 그 속에서 한마음의 소우주적 측면이나 광휘가 체험된다.

93) 참다운 상태의 한마음을 알려면 유한한 마음의 모든 기능과 작용을 의지력으로 단호히 통제할 수 있어야 하며, 마찬가지로 육체의 그것도 요가를 통해 훈련되어야 한다 (≪티벳 밀교 요가≫ 둘째권 참조). 플로티누스도 모든 생각과 사념을 초월해야만 진리를 체험할 수 있다고 가르쳤다. "만일 제1원인이 무언가를 생각한다면 그것은 어떤 특성을 지니는 것이며, 따라서 첫 등급에 있지 못하고 둘째 등급으로 하락할 것이다. 또한 일원적이기보다는 복합적이고, 스스로 생각한 모든 것일 것이다. 왜냐면 그것이 설사 자신을 제한하여 자신만을 생각한다 해도 그것은 이미 복합적일 것이기 때문이

참깨가 기름의 원천이고 우유가 버터의 출처이지만, 참깨를 압착하고 우유를 저어야 기름과 버터가 나온다.

중생(衆生)이 불성(佛性)의 원천이지만, 그들은 이것을 깨달아야만 열반에 이를 수 있나니,

소 치는 사람〔또는 글을 모르는 사람〕일지라도 깨달음에 의해 해방을 얻을 수 있도다.[94]

다. …그것이 생각하는 다수(多數)라면 다수가 아닌 원리는 생각하지 않으며 이 원리가 첫째이고 지성과 사념은 그 다음 등급에 자리한다. …진리는 온전하고 자가 충족이며 생각하지 않는다. …생각하는 존재는 사념이 아니라 사념을 소유하는 것이다. 그리하여 생각하는 것 속에는 이원성이 있지만, 첫째 원리 속에는 이원성이 없다.

94) 이 구절이 암시하는 것은 읽고 쓸 줄 아는 일(또는 우리가 '문화'라 부르는 것)이 최고의 영적 체험인 깨달음에 반드시 필요한 것은 아니라는 사실이다. 우리의 가정과 같이, 그리고 원본의 마지막에 있듯이, 파드마삼바바가 이 구절을 작성했다면 그는 목자 출신 제자로서 밀교 과학에 통달하여 뭇 사람들의 스승이 되었던 훔카라를 생각했었음이 틀림없다(277~278쪽 참조).

제3부

결론

【전체적 결론】

표현력이 부족하나마 저자는 여기에 〔자신의 요가 체험을〕 충실히 기록했노라.

꿀을 맛본 자는 그것을 맛보지 못한 자들에게 그 맛을 알리고 싶은 마음이 넘치도다.[1]

한마음을 알지 못하면 여러 가지 가르침을 교묘히 설명하는 영리한 학자들도 길을 잃나니,

잠시라도 붓다[2]를 가까이하거나 보지 못한 사람의 말을 듣는 것은 가보지 않은 먼 곳의 소문에 귀를 기울이는 것과 같도다.

마음을 앎과 동시에 선과 악으로부터의 해방이 있으나,[3]

마음을 알지 못하면 선과 악의 모든 행위가 천국이나 지옥, 또는

---

1) 실은 아무것도 제대로 알지 못하면서 천국과 지상의 모든 것을 정교하게 설명하려고 하는 사람들이 많이 있다. 그들은 스승이 되어 제자를 모으고 정신적 지도자를 자처한다. 예수는 그들을 맹인을 위한 맹인 지도자라고 불렀다. 왜냐면 그들은 맹인만을 잘못된 길로 이끌기 때문이다. 진리를 체험한 사람에게는 그들의 설명이 아무 필요가 없다.
2) 좀더 정확히 말하면, '내면의 붓다'.
3) 여기서 선과 악은 다른 모든 이원성의 근원이며 따라서 다른 모든 이원성은 물론이고 구극적 이원성인 윤회와 열반으로부터도 해방이 있다.

윤회만을 초래하노라.[4]

자신의 마음이 공(空)의 지혜임을 아는 즉시 선업과 악업 같은 개념들은 존재하지 않게 되나니,[5]

빈 하늘에 물의 원천이 있는 듯하지만 실제로는 없듯이 공(空) 속에는 선도 악도 없노라.[6]

이처럼 자신의 마음이 있는 그대로 알려질 때, '벌거벗은 마음 보기'의 이 가르침, 자기 해방의 이 가르침은 지극히 심원한 것이 되나니.

그러므로 그대 안에서 그대 자신의 지혜를 찾으라.[7]

그것은 넓고 깊음이로다.[8]

【마지막 기원】

오오! 이것은 마음 알기와 실재 보기와 자기 해방이니,

---

4) 인간이 현상계와 이원성에 집착하는 한 그의 사념과 행위는 사후의 천국 같은 행복이나 지옥 같은 불행을 초래하고 그것은 인간계로의 재탄생에 의해 되풀이된다. 그리하여 그는 영원히 도는 윤회의 바퀴에 묶인 채로 남는다.
5) 이 구절은 위의 가르침을 요약한 것이다.
6) 물은 비를 가리키며 이 물의 원천은 하늘이 아니라 바다이다. 마찬가지로 선과 악도 실제의 그들이 아닌 다른 것처럼 보이며, 한마음 안에서는 윤회적인 마음의 모든 이원성 및 모든 개념들과 함께 그들의 원천으로부터 불가사의하게 분리되어 있다. 한마음의 공(空) 속에는 다른 모든 이원성이 그렇듯이 그들도 존재하지 않는다. 왜냐면 한마음은 바다와 마찬가지로 나뉠 수 없는 동질성을 갖기 때문이다.
7) 이 구절은 다음과 같이 표현해도 된다. "그러므로 그대 자신의 마음 속에서 이 지혜를 찾으라." 또는 좀더 직역하면, "그러므로 그대 자신의 지혜, 이 마음 〔알기〕, 찾으라 그대."
8) 잡갸Zab-rgya. Zab = 깊다, rgya = 넓다. 이 글은 좀더 완전한 형태로 다음과 같이 번역할 수 있다. "깊고 넓음이 신성한 지혜〔또는 이 가르침〕로다." 또는 좀더 간략히 하면, "그것은 넓고 깊음이로다."

암흑 시대[9]에 태어날 미래인들을 위해 탄트라의 가르침[10]에 따라 쓰여졌노라.

현재세 동안의 가르침이지만, 그 문헌은 보물 저장고에 숨겨졌나니,[11]

이 책이 축복받은 미래의 귀의자들에게 읽혀지기를.

【제자에 대한 스승의 마지막 훈령】

사마야, 갸, 갸, 갸.

〔크고, 크고, 크도다, 신성한 지혜여.〕[12]

【맺음말】

'자기 확인 · 자기 인식 · 자기 해방적 실재로서의 마음 알기'라 불리는 이 가르침은 우겐[13]에서 온 영혼의 스승[14] 파드마삼바바[15]에 의한 것이라.

---

9) 칼리 유가(Skt. Kali-Yuga ; 黑鐵時代), '타락한 악의 시대'.
10) 귀룽rgyud-lung. '탄트라의 예언' 또는 '전통의 교훈'으로 번역될 수 있다. 따라서 우리는 이 구절을 '탄트라의〔또는 전통의〕 가르침'으로 옮겼다.
11) 이 논문은 바르도 퇴돌 총서와 마찬가지로 때가 무르익어 테르퇸(감춰진 문헌을 끄집어내는 자)이 찾아내었고, 어느 정도 밀교적 성격을 지닌다.
12) p.322\4, p.364\8 및 개론의 제6장 참조.
13) 우겐O-gyan. 영어로는 보통 Urgyān(Odiyāna 지방)으로 음역되며, 이따금 (티벳의 람익Lam-yig처럼) 현대 아프가니스탄의 카불Cabul에 있는 가즈니Gaznee로 생각되기도 하지만(사라트 찬드라 다스의 같은 책 1352쪽 참조) 이것은 잘못일 확률이 크다.
14) 켄포mkhan-po. 영광과 위신을 나타내는 티벳의 통칭으로, 가르침을 위해 초빙된 강사나 승원장에게 주어지며 보통 정신적 자질과 지식이 풍부한 사람을 가리킨다. "티벳에서는 승원에 딸린 특수 학과의 으뜸 강사라든가 손아래 라마들에게 계율을 주는 고승, 경전의 강사 등을 켄포라 부른다. 또한 정신적 조상으로부터 영능을 물려받은

윤회계 전체가 텅 빌 때까지 이 가르침이 끝나지 않기를.[16]

〔원본은 여기서 끝난다.〕

사람과 중국에 파견되는 등의 박식한 사람들도 같은 이름으로 불린다."(사라트 찬드라 다스의 같은 책 179쪽 참조.)
15) 원본은 페마 중네(Pad-ma-hbyung-gnas ; Skt. Padma-Kāra). 티벳 바깥 세계에서 우리가 파드마삼바바로 부르는 밀교 과학의 위대한 달인을 티벳 내에서는 보통 이렇게 부른다. 사라트 찬드라 다스의 《티벳어-영어 사전》(캘커타, 1902, 779쪽)에는 이렇게 적혀 있다. "페마 중네는 티벳 전역에서 고타마 붓다보다 더 인기가 있다고 말해도 좋으며, 구루 파드마나 우겐 파드마, 로푄 훔카라로〔그가 알려진 곳에서는〕그의 신자들은 그의 힘이 현존하면서 자신을 도와준다고 굳게 믿는다." 위대한 스승의 여러 이름들 중에서 티벳인들이 자주 사용하는 것은 구루 림포체('고귀한 스승')와 우겐 린포체('우겐의 고귀한 자')이다. 그는 또한 간단히 '로푄Lo-pön'—산스크리트의 '구루 Guru'에 해당하는 티벳어—으로 불리기도 한다. 우리의 요약 전기에 나오는 다른 이름들은 일반적으로 잘 사용하지 않는 것들이다.
16) 이것은 일체 유정이 해방되어 윤회계가 텅 빌 때까지 열반에 들지 않겠다고 하는 대승 보살의 서원과 관련된다.

셋째권

스승 파담파 상게의 유언적 가르침

셋째권은 라마 카지 다와삼둡의 영역에 의거했다.

༄༅། །པ་དམ་པ་སངས་རྒྱས་ཀྱི་ཞལ་གདམས་དིང་རི་བརྒྱ་བཞུགས་སོ།། *

---

* 티벳어 필사본의 원문을 그대로 옮긴 이 표제는 고(故) 라마 카지 다와삼둡의 육필에 의한 것으로, '여기에 파담파 상게의 여러 가지 심원한 가르침이 들어 있다'고 하는 의미이다. 라마가 티벳어 원전의 이 제목을 포기하고 위의 제목을 택한 이유는 이 논문의 서론에서 말하듯이 이 가르침이 팅리 사람들에게 주는 파담파 상게의 '마지막 가르침'이기 때문이다. 한편, 라마 롭상 밍규르 도르제가 검토한 이 책의 목판본에는 다음과 같은 제목이 붙어 있다. '팅리 사람들에게 주는 파담파 상게의 100가지 중요한 가르침 Pha-dham-pa Sangs-rgyas kyis Zhal-gdams Dhing-ri Brgya-rtsa-m'a'.

라마 카지 다와삼둡이 원본을 처음 번역한 것은 편집자가 그의 제자가 되기 조금 전이었는데, 라마의 입적으로 그와 편집자가 함께 계획했던 초고(草稿)의 교정은 불가능하게 되었다. 그의 번역 필사본이 원본과 함께 얼마 전 편집자의 수중으로 들어왔을 때는 그것의 마지막 장이 유실된 상태였지만, 원고 전체가 대략 100구절로 이루어져 있는 듯했으며 그들 대부분이 2행 연구(聯句)이고 3행으로 된 것도 얼마간 있었다. 조금 전에 언급한 목판본은 102구절로 이루어져 있다. 여기에 제시한 72구절은 우리의 불완전한 번역 필사본에서 교정을 거쳐 발췌한 것이다. 배열 순서는 티벳어 원본의 그것을 따랐으며, 이 책의 첫 구절은 원본의 첫 구절이고 마지막 구절은 원본의 92번째 구절에 해당한다. 편집자는 번역 문구들을 기록함에 있어서 대부분 운문체를 택하여 원문의 시적(詩的)인 느낌을 유지하고자 노력했지만, 보다 명료한 표현을 위해 몇몇은 산문체를 사용했다.

자기 구제

"그러니 아난아, 너 자신이 너의 등불임을 알라. 너 자신이 너의 안식처임을 알라. 너 자신 이외의 다른 안식처를 찾지 마라. 등불인 진리를 단단히 붙들라. 안식처인 진리에 굳건히 안주하라. 너 자신 이외의 어느 누구에게서도 안식을 구하지 마라."

— 붓다[*]

---

[*] *The Book of the Great Decease*, ii. 33 (after T. W. Rhys Davids' Translation).

도판 9. 미래불 마이트레야(412쪽 해설 참조)

서론

라마 카지 다와삼둡에 의하면, 파담파 상게 Phadampa Sangay — 라마는 그를 카말라쉴라(Kamalashīla ; 蓮華戒)라고도 불렀다 — 는 티벳의 위대한 요기 밀라레파와 같은 시대에 활약했었던 것으로 보인다. 카말라쉴라라는 이름은 위대한 스승 파드마삼바바와 마찬가지로 인도에서 눈의 땅으로 넘어가 불법을 전한 비구승 카말라쉴라와 똑같다. 그는 중관파의 스바탄트라 Sva-tantra에 속해 있었고 텐쥬르(티벳 불전의 주석서) 목록에 현존하는 많은 논문을 썼다고 전한다. 또한 인도의 다른 철학 체계들에 관한 저작 Tarka도 그의 것이라고 한다. 파담파 상게(카말라쉴라)가 700년을 살았다고 하는 전통적인 믿음은 파담파 상게가 그의 제자들 생각에 밀라레파(A. D. 1052~1135)보다 약 3세기 전에 살았던 텐쥬르의 카말라쉴라였음을 암시하는 것일 수 있다. 그렇지 않으면, 파담파 상게가 방금 말한 카말라쉴라의 환생으로 믿어졌음을 의미하는 것인지도 모른다.

파담파 상게는 티벳 밀교의 시체파 Shi-byed-pa 종(宗)을 창설했다고 하는데, 전하는 바에 따르면 그는 티벳을 일곱 번 방문했었고 한 번은 초자연적인 수단으로 중국을 방문하기도 했다. 그는 또한, 랍치(Lap-phyi ; 에베레스트산) 북동쪽 약 80킬로미터에 위치한 티벳 남부의 작은 마을 팅리 근처에 팅리 랑고르 승원을 건립했고,[1] 마지막 가르침을 팅리 사람들에게 설했다고 한다.

파담파 상계는 오늘날 다른 곳에 거의 전하지 않는 쵀(Gchod, 또는 Spyod)라는 이름의 요가 체계를 티벳에 확립했고, 그의 수제자는 마칙랍된Ma-chik-lap-dön이었다. 이 종파의 열두 스승 계보는 다음과 같다. (1)초인간 스승인 도르제 창Dorje Chang (2)파드마삼바바 Padma-Sambhava (3)틸로파Tilopa (4)나로파Naropa (5)잠양마웨 셍게Jam-yang-ma-way Seng-ge (6)카도 수카 싯다Kha-do Sukha Siddha (7)톡메Thok-me (8)나가르주나Nāgārjuna (9)아리아 데바Ārya Deva (10)사라하Saraha (11)비루파Birūpa (12)파담파 상계.

파담파 상계의 요가 체계는 파드마삼바바의 그것과 맥을 같이하는 관계상, 둘째권의 '마음 알기 요가'에 더하여, 다른 티벳 문헌들로부터 알아낸 쵀Gchod 종파의 스승 계보를 여기 제시했다.

원본의 서론에는, 스승이 세상을 떠날 때가 머지 않았고 그가 즉석에서 언명한 이 가르침이 그의 마지막 가르침이라고 되어 있다. 이 부분을 번역하면 다음과 같다.

"이것〔또는 이 책〕에 축복이 있기를!

담파 쫘르첸〔제자〕이 파담파 상계〔스승〕에게 다가가 간청했다. '오, 파담파 스승님, 당신은 나이가 들어도 축복에서 축복으로 나아가지만, 저희는 무엇을 해야 하고 누구에게서 보호와 인도를 구할 수 있습니까?'

---

1) 사라트 찬드라 다스의 같은 책 815쪽 참조.

스승은 슬픔에 싸여 울먹이면서 갈라진 목소리로 다음과 같은 일련의 시구를 읊었으니, 그것은 팅리 사람들에게 주는 마지막 유언의 가르침이었다."[2]

---

2) 밀라레파가 자신의 가르침을 노래로 읊은 이후, 파담파 상게는 이 교훈을 노래했다. 고대 비의와 그리스 연극이 번성했던 문화의 황금 시대처럼, 티벳과 인도 및 동양의 대부분 지역에서는 종교적인 가르침을 전하고 기록하는 가장 적절한 수단으로 시가(詩歌)를 선택한다. 그러나 서양에서는 시가 대중으로부터 멀어져버렸고 언어는 문학과 일상생활에서 실용적 상업주의에 지배당하게 되었다. 많은 사람들이 더 이상 자연의 음악을 들으려 하지 않는 미국에서도 흠정격 성경King James Version 언어의 장엄함은 대중의 사랑을 받지 못하게 되었고, 음악적이지 못한 통속 영어로 된 이른바 '현대적' 성경들이 나타났다.

제1부
스승의 가르침

거룩한 진리에 자신의 몸과 입과 마음을 바치는 것이,
가장 높고 가장 좋은 직업이로다, 오 그대 텅리 사람들이여.

부귀와 재산은 환영이며 일시적 필요에 따라 차용한 것이니,
그것을 너무 좋아하거나 쌓아두지 마라, 텅리 사람들이여.

혈연 관계는 그럴듯한 환상이고 신기루이니,
인연을 끊고 감상의 매듭을 자르라, 오 텅리 사람들이여.

조국과 고향은 일시적이어서 유목민의 야영지와 같으니,
거기에 집착하지 말고 모든 것을 포기하라, 오 텅리 사람들이여.

생일날 아침에도 죽음의 징조가 보이나니,
항상 주의하고 경계하며 시간을 낭비하지 마라, 오 텅리 사람들이여.

마음을 집중하여 신성한 달마의 길에 일신을 바치라,

그것이 죽음의 순간에 그대를 인도할 것이니, 오 팅리 사람들이여.

인과율은 절대로 확실하니 항상 공정하고 분명하며,
어떤 사소한 악행도 저지르지 마라, 오 그대 팅리 사람들이여.

아무리 올바르게 보일지라도 모든 활동은 꿈이니,
행위로부터 벗어나 참다운 지식을 찾으라, 오 팅리 사람들이여.[1]

우리가 사는 이 세상은 언제나 덧없어 모든 것이 변하고 사라지나니,
지금이라도 먼 길 떠날 채비를 갖추라, 오 팅리 사람들여.

깊은 밀림 속의 코뿔소는 자신이 해를 당할 염려가 없다고 생각하지만,
그러나 보라, 정글이 불타고 있다! 그가 지금 안전한가, 팅리 사람들아?[2]

---

1) 윤회계의 모든 의식 상태는 환상적인 꿈의 상태로 간주되며, 따라서 깨어 있는 상태라고 불리는 의식 상태에서 행동한다 할지라도 그 행위는 꿈의 상태라 불리는 의식 상태에서 하는 행위만큼 비현실적이다. 그리고 윤회계에 속한 사후의 모든 의식 상태 역시 환영이다. 위대한 해방은 윤회계를 초월하여 붓다처럼 완전히 각성된 자가 될 때 가능하다. 실재계의 참다운 상태는 무활동의 상태이며, 거기에는 윤회적인 사념이나 행위가 없다.
2) 여기서 말하는 밀림은 속세이고, 불은 탐욕 · 분노 · 무지이니 그 속에서 인간은 코뿔소처럼 자신이 해를 당할 염려가 없다고 생각한다.

생로병사의 바다를 건너는 다리는 없으니,

지금이라도 그 바다를 건널 배를 건조하라, 오 팅리 사람들이여.

생과 사, 두려운 중유(中有)의 험로는 좁고,

오독(五毒)³⁾은 그 길에서 기다리는 무장한 산적들처럼 수시로 달려드니,

존경할 만한 스승을 찾으라, 그가 그대를 안전하게 인도하리니, 팅리 사람들이여.⁴⁾

일단 찾으면 그 스승은 결코 잊혀지지 않나니,

머리 위에 그를 상상하고⁵⁾ 예배하라, 오 팅리 사람들이여.

하려고만 한다면 그 스승은 어디든지 갈 수 있으니,⁶⁾

스승에 대한 그대의 믿음과 사랑을 굳게 간직하라, 팅리 사람들이여.

돈이 많을수록 탐욕도 자라기 쉬우니,

---

3) 탐욕, 분노, 무지, 자만심, 질투심.
4) 인도와 티벳에서는 유력한 스승은 인간 상태만이 아니라 사후의 어떤 상태에 있는 제자라도 영적으로 인도할 수 있다고 믿어진다.
5) ≪티벳 밀교 요가≫(넷째권 본문의 제5절 이하)를 포함한 우리의 티벳 총서 몇 군데에 있듯이 제자가 스승에 대해 명상할 때 그가 제자의 머리 위에 요가 자세로 앉은 모습이 시각화된다.
6) 여기에 비인칭적으로 언급된 스승은 스승 파담파 상게이며, 그가 말하는 것은 제자가 어디서 영적인 원조와 인도를 구하든 거리에 관계 없이 정신 감응을 통해 심령적으로 응답할 수 있는 참다운 스승의 능력이다.

모든 사람에게 공평히 자선을 베풀라, 오 팅리 사람들이여.

힘이 클수록 악행도 많기 쉬우니,
세속적 권력을 동경하지 마라, 오 그대 팅리 땅 사람들이여.

주저하거나 늑장부리지 마라, 목적을 이루는 데 실수가 없도록,
지금이라도 용기와 확신을 갖으라, 오 팅리 사람들이여.

무섭고 소름끼치는 적(敵), 죽음이 언제 올지 아무도 모른다,
지금이라도 그가 올 것에 대비하라, 팅리 사람들이여.

죽음이 목숨을 빼앗은 후에는 아무도 돕지 못한다,
서둘러 나아가 항시 목표를 향하고 경주에서 승리하라, 오 팅리 사람들이여.

저녁의 그림자가 서서히 밤으로 가라앉듯 분명히,
무서운 죽음은 시시 각각 잠시도 쉬지 않고 다가온다,
지금이라도 그를 꺾을 방법을 강구하라, 오 팅리 사람들이여.

여름 꽃은 아름다우나 가을에 시들어 죽나니,
이 덧없는 육체도 그처럼 피었다가 사라진다, 오 팅리 사람들이여.

생명의 빛이 빛날 때 이 육신은 찬란하지만,
죽을 때 그것의 모습은 마귀 떼처럼 두렵나니,

육신의 유혹은 언제나 우리를 배반하도다, 오 팅리 사람들이여.

사람들은 시장에서 만나고 모든 거래가 끝난 뒤 헤어진다,
친족과 친구들에게서 그처럼 그대도 헤어지리라, 팅리 사람들이여.

흔들리는 환영의 건물은 무너질 것임을 분명히 알고,
지금이라도 유효한 안전 장치를 강구하라, 오 그대 팅리 사람들이여.[7]

마음의 독수리는 자유로운 날개로 날 것이니,
지금이라도 자유로이 날 수 있도록 자신을 훈련하라, 오 팅리 사람들이여.[8]

육도(六道)의 모든 존재가 우리의 정다운 부모이니,
충실한 애정으로 그들 각각에 대해 명상하라, 오 팅리 사람들이여.[9]

---

7) 흔들리는 건물은 불확실한 육신이다. 완전한 깨달음의 순간에 붓다는 환영이 또다시 자신의 집을 건조할 수 없다고 선언했다.
8) 육체가 죽은 후 마음의 독수리가 나는 것과 같이 죽기 전에 자유로이 날기 위한 요가 행법은 ≪티벳 밀교 요가≫ 셋째권 본문의 제6장과 넷째권에 수록된 '아스트랄체 투사법'에 나온다.
9) 끝없이 진화하는 생명의 길을 나아가면서 모든 존재 상태의 모든 생물은 이런저런 시기에 다른 유정의 정다운 부모였다. 모든 생물은 궁극적으로 하나이고 상호 의존적인 관계에 있으니, 이 사실을 깨달은 수행자는 어떤 존재가 카르마에 의해서건 또는 환영 때문에 그렇게 보이건 아무리 해롭고 적의에 차 있더라도 그에 대해 증오심을 갖지 않으며 최소한의 위해도 가하지 않는다. 이것은 요가의 계율 중 불살생(不殺生 ; ahimsa)에 해당한다(≪티벳 밀교 요가≫ 첫째권 제13장 7절의 주해 참조).

나쁜 사념이 일게 하는 해로운 적은 카르마가 만들어낸 환영이니,
복수와 해악과 증오의 사념들을 던져버리라, 오 팅리 사람들이여.[10]

성지 순례와 참배 행위는 몸에서 결함을 씻어내나니,
세속적인 일은 접어두라, 그것은 끝이 없도다, 팅리 사람들이여.

보호의 기도문을 암송함으로써 입의 불결함이 사라지나니,
어리석은 대화로 시간을 낭비하지 말고 기도문을 암송하라, 오 팅리 사람들이여.

겸허한 신념과 순수한 헌신은 마음에서 사악한 사념을 제거하나니,
머리 위에 자비로운 스승을 명상하라, 오 팅리 사람들이여.

뼈와 살은 함께 태어나도 결국은 분리되나니,
그대의 삶이 영속한다고 생각지 마라, 그것은 곧 끝이 난다, 팅리 사람들이여.

순수한 마음의 견고하고 안전한 참 상태를 찾아 굳게 지키라,

---

10) 이 가르침은 앞 구절의 의미를 보충한다. 적들은 자신이 한 행위의 과보이니 그에 반발하는 것은 어리석은 것이다. 올바른 길은 모든 것을 정복하는 신성한 사랑의 힘에 의해 적을 친구로 만드는 것이다. 타인들로부터의 미움이 클수록 미움받는 자의 사랑도 커야 한다고 붓다는 가르쳤다. 산상 수훈에도 나타난 이런 지혜를 실천하지 않는 한 인류는 미움을 사랑으로 갚기보다 미움을 미움으로 갚음으로써 무명 속을 헤맬 것이며 끊임없이 증오와 복수, 불화, 전쟁의 씨앗을 심고 그 결과를 거둘 것이다.

그것이 변함없는 불멸의 영속성이니, 팅리 사람들이여.

마음을 신성한 보배로, 인생의 가장 훌륭한 재산으로 알라,
그것만이 영속하는 보배이니, 오 그대 팅리 땅 사람들이여.

명상의 신성한 감로를 찾아서 음미하라,
삼매를 일단 맛보면 배고픔이 사라진다, 팅리 사람들이여.

의식의 흐름의 신주(神酒)를 깊이 들이마시라,
서늘하고 순수한 그것은 사시 사철 갈증을 달래주도다, 오 팅리 사람들이여.

영원히 아름다운 지혜의 아이를 그대의 아들로 알고 찾으라,
그것이 결코 죽지 않는 최상의 고귀한 자손이로다, 팅리 사람들이여.

이성(理性)의 창(槍)을 허공에 높이 휘두르라,
향상심에는 경계와 장해가 없으니, 팅리 사람들이여.

자유로움을 경계하여 혼란을 막고,
마음을 가라앉히되 게으르지 마라, 오 그대 팅리 땅 사람들이여.

무애(無碍)로부터 힘을 얻고 자연의 순리에 따르라,
억압과 무관심이 있어서는 안 되나니, 오 팅리 사람들이여.[11]

그대 마음 속에서 네 겹의 분리 불가능한 몸을 찾으라,
결과를 기대하지도 두려워하지도 말고, 오 팅리 사람들이여.[12]

윤회와 열반은 한마음에서 비롯되지만,
그 마음은 형태도 내용도 없노라, 팅리 사람들이여.

좋고 싫음은 새들이 공중을 날 때와 같이 흔적을 남기지 않으니,
체험에 집착하지 마라, 그들은 항시 변화한다, 팅리 사람들이여.[13]

태어난 적 없는 진리인 법신은 날을 밝히는 천체와 같아서,
그 광휘가 늘지도 줄지도 않도다, 팅리 사람들이여.[14]

---

11) 바람직하지 못하거나 열등한 성향·감정·사념들을 무조건 억제하지 말도록 경고하고 있다. 그런 것들은 정신 분석의 수단 등을 통해 근원과 특성이 철저히 알려져야 한다. 그리하여 그들의 불만스럽고 헛된 본질을 이해할 때에만 그들을 변형시키고 초월할 수 있다. 인간이 진보하는 것은 악을 두려워하거나 악으로부터 도망침에 의해서가 아니라 과감히 거기 맞서 정복함에 의해서이다. 허약하게 무너지거나 무관심한 태도를 취하는 것은 어느 극으로 치우치는 일이다. 마하무드라의 요가에 나오듯이, 사고 작용을 통제하여 완전히 정지시키기까지에는 여러 단계가 있다. 그들 중의 하나가 사고를 자연스레 흐르도록 놓아두는 것이며, 그로부터 수행자는 조금씩 심령적 내구력을 얻는다(≪티벳 밀교 요가≫ 둘째권 본문의 제49절 이하 참조).
12) '마음 알기 요가'에 의해 깨닫게 되는 분리 불가능한 네 겹의 몸은 삼신(三身)과 수행자의 육신이다. 수행의 성취와 관련하여 기대도 두려움도 없어야 하는 이유는 수행이 올바를 경우 그 결과가 당연히 나타나기 때문이다.
13) 새들이 난 자취를 볼 수 없듯이 초심자는 좋고 싫음의 원인을 알 수 없지만, 엄밀히 말하면 그것은 카르마에 의해 추적할 수 있다. 이 구절이 암시하듯 그것은 행위나 체험의 결과이므로 수행자는 세속적 체험 및 쾌락에 대한 집착이나 갈망을 버려야 한다.
14) 진리 법신은 태어나지 않고 형상화되지 않으며 이루어지지 않는다. 태어나고 형상화되며 이루어지는 것은 환영이고 윤회이다.

반항적인 사념들은 강도들이 어슬렁거리는 폐가(弊家)이니,
그들은 그 안에서 숨겨진 황금을 찾지만 발견하지 못한다, 팅리 사람들이여.[15]

쾌락은 호수의 잔물결처럼 항시 덧없으니,
덧없음을 찾지 마라, 그것은 착각이로다, 팅리 사람들이여.

기억된 욕망들은 무지갯빛처럼 사람을 유혹하지만,
거기에 집착할 필요가 없으니 약함을 보이지 마라, 팅리 사람들이여.

운전자는 구름에 가리지 않은 태양처럼 밝고 눈부시게 빛난다,
그대 자신의 마음을 〔그 어둠을〕 믿지 마라, 오 팅리 사람들이여.[16]

자유로운 마음은 산들바람과 같아서 어떤 사념에도 집착하지 않나니,[17]
집착할 대상이 없으므로 약함을 초월하도다, 팅리 사람들이여.

---

15) 이 구절은 적에 관한 가르침과 비슷하다. 반항적인 사념들을 양육해서는 안 된다. 버려진 집에 황금이 있을 리 없듯이 그들 속에는 좋은 것이 없다.
16) '운전자'는 움직임과 모든 윤회적인 것들의 근원으로서의 한마음과 동의어로 사용된 듯하다. 그것의 밝음과 눈부시게 빛남은 깨닫지 못한 소우주적인 마음의 어둠과 대조를 이룬다.
17) '자유로운 마음', 또는 참 상태의 마음은 미풍처럼 고요하면서도 가로막히지 않으며 사고 작용을 초월한다.

실재의 체험은 벙어리의 꿈과 같아서,
타인에게 언어로 설명할 수 없노라, 팅리 사람들이여.[18]

지혜의 서광은 처녀의 결혼 첫날밤처럼 행복하도다,
체험하기 전에는 아무도 그것을 알지 못하네, 오 팅리 사람들이여.

객관적 형상들과 공(空)이 원래 하나임을 알라,
그들은 둘레도 없고 중심도 없도다, 팅리 사람들이여.

통제되지 않은 사념들은 미인이 거울을 응시함과 같아서,
영적인 통찰력으로 인도하지 않도다, 이 사실을 알라, 오 팅리 사람들이여.

바이올린의 몸통에 실체가 없는 축복과 고통이 있듯이,
첫째 원인으로부터 둘째 원인이 생겨난다, 팅리 사람들이여.[19]

안과 밖의 모든 창조는 자신의 마음 속에 있나니,
얼음 속의 물처럼, 이것을 바르게 알려고 노력하라, 팅리 사람들

---

18) 진리는 오직 깨달음에 의해서만 알 수 있으며, 어떤 언어로도 설명할 수 없다. 왜냐면 모든 언어는 윤회 체험으로부터 생겨난 윤회적 개념에 전적으로 의지하기 때문이다.
19) 축복과 고통은 첫째 원인의 결과이며, 환영 속의 이원성이다. 악을 떠난 선이 있을 수 없듯이 어느 한 쪽이 없는 다른 한 쪽은 상상할 수 없다. 첫째 원인인 바이올린의 몸통으로부터 둘째 원인인 조화로운 소리가 생겨나지만, 모든 소리는 환영이라고 대승 불교는 가르친다.

이여.

무명(無明)의 바퀴는 초원의 습기와 같아서,
어떤 방법으로도 결코 막을 수 없네, 오 팅리 사람들이여[20]

인간으로 자유롭게 태어남은 커다란 은총이니,
목적 없이 인생을 낭비하는 자들은 가엾구나, 오 팅리 사람들이여.

진리의 큰길은 여의주와 같아서
모든 곳을 찾아도 발견하기 어렵노라, 오 팅리 사람들이여.[21]

먹을 것과 입을 것은 어떤 식으로든 조달되나니,
오직 달마에 진실로 자신을 바치라, 팅리 사람들이여.[22]

---

20) 무수 겁이 지난 후에는 결국 일체 유정이 무명에서 벗어나겠지만 한 겁이 다음 겁으로 이어지는 시간은 끝이 없는 것처럼 느껴지며, 이런 실제적인 관점에서는 무명의 바퀴가 멈추지 않는다. 그로부터 해방을 얻는 사람은 적고 거기에 묶인 사람은 많으니, 그 많은 사람이 한 존재 상태에서 다른 존재 상태로 나아가고 그들에게는 이승의 죽음 뒤에 또 저승의 죽음이 기다린다. 바퀴가 멈춤으로써 구원되기를 바라는 것은 어리석으니, 수행자는 자기 스스로 노력하여 자신을 구원해야 한다. 현명한 사람은 세속적 감각의 유원지에서 늑장부리지 않고 바른 길에 들어 해방을 얻는다.
21) 대승의 큰길은 큰(위대한) 해방으로 인도한다. 그 길은 여의주(如意珠)와 같아서 발견하는 자들이 모든 바른 욕망과 기원을 이루게 해준다.
22) 이 구절은 그리스도의 가르침과 통한다. "목숨을 위하여 무엇을 먹을까, 무엇을 마실까 몸을 위하여 무엇을 입을까 염려하지 마라"(마 6 : 25) 두르가 프라샤드가 번역한 차나캬Chanakya의 ≪니티다르파나(Nītidarpana ; 도덕의 거울)≫(xii. 20)에도 다음과 같은 글이 있다. "현명한 자는 먹을 것이 아니라 신앙만을 생각한다. 왜냐면 그의 생계는 태어날 때부터 이미 정해져 있기 때문이다."

젊은 시절에 고행과 인내를 실천하라,
나이 들면 습관을 바꾸기 어려우니, 오 팅리 사람들이여.[23]

어떤 걱정이 생겨날 때 그를 위한 해독제를 찾으면,
모든 증상이 분명히 치유되리라, 오 팅리 사람들이여.[24]

이 세상의 슬픔과 고통을 가슴 속에 영원히 간직하라,
　그때 신념은 활기를 되찾고 등잔의 심지를 다듬는다, 오 팅리 사람들이여.

삶은 풀밭의 아침 이슬처럼 덧없으니,
　게으르지 말고 쓸데없는 일에 시간을 허비하지도 마라, 오 팅리

---

23) "나이 들면 습관을 바꾸기 어렵다"고 한 스승의 말은 세상이 다 알고 있는 격언이다. 티벳에서의 개인적 인생 체험이 구미(歐美)에서와 같은 결론을 낳는 것을 보면 재미있다. 인류가 정신적으로 하나임을 암시하는 이런 증거는 인간의 소우주적인 마음들이 대우주적인 한마음에 의해 상징되는 다세포적 유기체의 단세포들이라고 하는 명제(개론 제5장 참조)를 지원한다. 독자는 이 자명하고 상투적인 문장이 승원의 학식 있는 라마들 아닌 티벳 촌락의 평범한 농부들을 위한 것임을 기억해야 할 것이다.
　상투적인 문장들은 잘라내고 다듬으면 보배로운 글이 되어, 속담이나 금언, 교훈, 스승의 경구, 황금률이 된다. 그리 생각하면 상투적인 문장들에는 인류가 살아오면서 체험한 것들의 핵심이 들어 있다고 할 수 있으며, 따라서 이 논문의 글들도 너무 진부하다고 간과해버릴 일이 아니다. 스승이 일부러 말했듯이 명상하면서 여러 가지로 실천하면 이들은 많은 정신적 성과를 가져다줄 것이다.
24) 걱정의 해독제는 그 걱정이 본질적으로 헛되고 영원히 충족될 수 없음을 알게 하는 신성한 지혜이다. 둘째권에 있듯이, '마음 알기'의 요가에 의하여 이 해독제를 적용할 때 걱정은 조절된다. 걱정을 무조건 억압하는 것이 아니라 분석하고 이해함으로써 그것이 스스로 변형되어 세속적 만족을 넘어선 보다 큰 만족으로 향하게 하는 것이다.

사람들이여.

　달마는 구름 사이의 투명한 허공에서 비치는 햇살과 같으니,
　지금 그런 햇살이 있음을 알고 그것을 현명하게 사용하라, 팅리
사람들이여.

　기쁨과 슬픔이 서로 반대되는 원인에서 비롯된다고 생각하지만,
　그들의 원인은 자기 속에 있도다, 팅리 사람들이여.

　신념이 지나쳐 때로 진리를 무시하게 된다면,
　윤회계에서의 과보를 명상하라, 팅리 사람들이여.

　악업을 행하는 자들은 그들 자신이 악하게 되나니,
　그릇된 길로 인도하는 교우 관계를 피하라, 팅리 사람들이여.

　선업을 행하는 자들은 사람을 도와 유덕한 길로 이끄나니,
　현명함과 거룩함을 확고히 믿으라, 팅리 사람들이여.

　무지에서 생겨난 환상은 모든 악의 근원이로다,
　의식이 항시 깨어 있으면서 경계하도록 하라, 오 팅리 사람들이여.

　모든 독(毒)을 중화시킴으로써 여정(旅程)이 단축되나니,
　가슴 속에 항시 해독제를 간직하고 사용하라, 팅리 사람들이여.[25]

억지 노력으로는 완전히 성불(成佛)할 수 없나니,
지혜의 갑옷을 결코 벗지 마라, 오 그대 팅리 사람들이여.

오래도록 충족시켜온 성벽(性癖)이 행위를 결정하노니,
과거의 행위들을 회상하지 마라, 팅리 사람들이여.[26]

의미를 이해하지 못한다면 〔스승에게〕 기도하라,
이해할 수 있게 될 것임을 의심하지 마라, 오, 팅리 사람들이여.[27]

---

25) 독(毒)은 탐욕, 분노, 무지(나태), 자만, 질투이고 그들에 대한 해독제는 각각 자제, 사랑, 지혜(근면), 겸양, 무욕이다.
26) 앞서 인용했던 차나카의 ≪니티다르파나≫(xiii. 2)에 비슷한 구절이 있다. "사라진 과거를 슬퍼하지 말고, 미래를 걱정하지도 말라. 현명한 사람은 오직 현재를 생각한다."
27) 선정불이나 보살과 같은 천상의 초인 스승들에게든 멀리 떨어져 있는 지상의 인간 스승에게든 기도해야 한다. 티벳에서는 텔레파시가 존재함을 확인하기 위해 심리학적 실험을 할 필요가 없다. 학식 있는 라마승이건 무식한 농부건 티벳인들은 누구나 텔레파시가 요가 수행의 당연한 결과임을 인정하고 있다.

제2부

최종적 고려 – 힘, 정복, 안전성

우리가 스승이나 신, 또는 구세주에게 의지하지 않고 세속에서 초세속으로의 여행을 성취할 수 있는 것은 파담파 상계의 이 셋째권과 파드마삼바바의 둘째권, 파드마삼바바의 전기인 첫째권, 그리고 이 책 이전에 발간된 3권의 티벳 총서에 나오는 것과 같은 그러한 내관의 요가를 실천함으로써이다. 붓다는 수행자가 나아갈 길을 보여줄 뿐 그 이상의 아무 일도 하지 않으며, 구원은 어떤 최고신의 은총에 의해서가 아니라 자발적 노력에 의해 얻어진다. 만일 개인이 스스로 미천하고 허약하고 무력하다고 생각한다면 그는 그럴 수밖에 없다. 왜냐면 인간은 자신이 생각하는 대로 존재하기 때문이다. "우리가 현재 처해 있는 모든 것은 우리가 과거에 생각했던 것의 결과이다."[1] 자신의 한계와 속박은 자기 스스로 만들어낸 것임을 알 때 인간은 저절로 완전해지고 자유로워진다. 자신이 붓다임을 알 때 그는 범인이기를 멎고 브라마[梵天]와 인드라[帝釋天]보다 강력해지며, 신들 중의 신이 될 것이다.

최고의 정복자는 자기를 정복한 자이다. 그의 지배력은 이 세상만

---

1) ≪법구경≫

이 아니라 모든 세상과 모든 존재, 인간 이하의 존재와 인간으로 성숙한 존재, 인간 이상의 존재들에까지 미친다.

보편성으로의 큰길과 전능과 자유는 밖이 아니라 올바른 동양의 방식으로 안을 들여다볼 때 발견된다. 세속적인 눈은 오직 세속적이고 덧없으며 무력한 것, 불안정하고 비실재적인 것들만을 본다. 초세속적이고 영원하며 전능한 것, 안정되고 실재적인 것들은 오직 내관에 의해서만 인식된다.

그리하여 서양인들이 현상계에만 시선을 고정하는 한 그들은 환멸을 맛볼 것이다. 개척 시대의 젊은 혈기가 건축·예술·과학·상업·정치에 있어서의 세속적 성공과 자만심으로 이어졌고, 그것은 범국가적으로 퇴폐주의를 끌어들여 타락이 불가피하게 만들 것이다.

오늘날 유럽과 미국과 소련의 문제는 안정에 관한 것이다. 그러나 서양인은 덧없고 불안정한 것들에만 묶여 있다. 충분히 성숙하여 그 많은 장난감을 버리고 욕망과 야심과 탐욕을 포기할 때 비로소 그들은 안정 확보의 유일한 방법을 알게 될 것이다. 지금 그토록 집착하는 불안정한 것들에 완전히 지칠 때 불안하긴 하겠지만 그들은 그것을 포기할 것이다. 실용주의와 기계 장치, 동물적 안락, 기술 만능, 다양한 이념, 지상에 사회복지와 유토피아를 실현하려는 꿈, 이런 것들이 자신의 세속적 마음에서 비롯되어 감각적 존재의 늪으로 자신을 더 깊이 빠져들게 하는 신기루 이상의 아무것도 아니라는 쓰라린 경험을 통과할 때 비로소 그들은 환영에서 벗어날 것이며, 지혜의 길로 들어서 확고하고 영원한 열반의 안정으로 나아가게 될 것이다.

위대한 해방의 요가에 관한 스승들의 가르침, 그 네 번째 책이 여기서 끝난다. 인류가 무지를 신성한 지혜로 바꾸는 데 이 책이 도움이 되기를…….

부록

도판 해설

다섯 가지 장애

'고귀한 자'의 수행에는 다섯 가지의 장애가 있으니, 그들은 장막이라 불리고 장애라 불리며 방해물이라 불리고 뒤얽힘이라 불린다.

탐욕의 장애,
원한의 장애,
태만의 장애,
자만의 장애,
의심의 장애.'

—《테비가 숫탄타》[*] (i. 30)

---

[*] 《*Tevigga Suttanta*》. 팔리어의 tevigga(三明)는 3개의 지식, suttanta는 sutta(經 ; skt. sutra)의 복수형(역주).

도판 1. 위대한 스승 파드마삼바바

면포에 그려진 현대 티벳의 채색 그림을 사진으로 재현한 것임. 사호르Sahor의 왕으로서 연화와 월륜으로 이루어진 왕좌에 법복을 걸치고 위엄 있게 앉아 있는 파드마삼바바의 모습을 보여준다. 불법을 침해하는 모든 악을 물리치고 삼계(三界; p.325\12 참조)를 자신의 통치하에 두기 위해, 티벳에서 금강지시인(金剛指示印)이라 부르는 자세로 오른손에 금강저(金剛杵; p.205\5 참조)를 들고 있다. 왼손의 두개골 잔에는 불사의 감로가 채워져 있다. 감로 위에는 그의 신봉자들에게 특별히 주어질 신들의 음식으로 채워진 불사의 항아리가 얹혀 있다. 두개골 잔 그 자체는 세속 생활의 포기를 상징한다. 왼팔에 끼고 있는 삼고극(三鈷戟)은 매우 상징적인 것으로 꼭대기의 세 갈래 부분이 욕계·색계·무색계의 삼계(三界)와 탐욕·분노·무지의 삼독(三毒)에 대한 지배권을 나타내며, 또한 과거·현재·미래의 삼세(三世)를 의미하기도 한다. 가운데 날에서 내뿜는 불길은 무지(無知)를 태우는 '신성한 지혜의 불길'이다. 창날 바로 아래에 있는 해골은 법신(法身)을, 그 아래에 있는 두 얼굴은 각각 보신(報身)과 화신(化身)을 나타낸다(三身은 pp.76~77, 291\184 참조). 얼굴 아래의 황금 단지는 숭고한 은총과 능력의 정수(精髓)로 채워져 있다. 단지 밑의 황금 갈마저(羯磨杵)[1]에 대해서는 라마들이 다음과 같이 설명하고 있다. 즉, 남쪽(아래쪽) 것은 평화, 서쪽 것은 다양성, 단지에 가려진 북쪽(위쪽) 것은 비밀의 힘, 동쪽 것은 공포, 가운데 것은 모든 영적인 자산과 능력이 하나로 된 상태라는 것이다. 갈마저 아래에서 승리의 깃발처럼 날리는 리본과 같은 흰 명주 기(旗)는 윤회를 정복한 위대한 스승의 승리를 나타낸다. 창의 자루는 성스러운 샥티를 상징한다.

이 위대한 스승은 밀교에서 연화모(蓮華帽)라 부르는 것을 머리 장식물로 착용하고 있다. 모자 앞면의 초생달과 태양은 연화모 자체가 그렇듯이 그가 모든 비밀의 힘을 체득했음을 나타낸다. 나는 새들 중에서 가장 높고 강대하다고 하는 대머리수리 깃털이 연화모 위에 있는 것은 그의 교의(敎義)가 영적인 가르침들 중에서 가장 숭고하고 귀중한 것임을 의미한다. 파랑색과 자주색 및 사제들이 입는 노랑색의 속옷은 티벳 악파(Sngags-pa ; 밀교 과학의 대가)의 의상이다.

위대한 스승의 왼쪽 연화-월륜 보좌에 무릎을 꿇고 앉아 있는 것은 그가 사호르 왕이었을 당시의 왕비 바사다라이다. 그녀는 두개골 그릇에 담은 감로를 바치고 있다. 오른쪽에서 역시 무릎 꿇은 자세로 똑같이 공물을 바치고 있는 것은 그가 가장 신뢰하고 아꼈던 제자 만다라바이다.

위대한 스승의 머리 바로 위에는 샤캬무니 붓다가 왼손에 탁발 그릇을 들고 오른손을 땅에 대어 자신의 깨달음을 증언하면서 연화-월륜 보좌에 연꽃 자세로 앉아 있다. 붓다는 위대한 스승의 영적인 선배이자 조상이기 때문에 그 위에 앉아 있는 것이다. 위대한 스승은

---

1) 금강저를 十자형으로 교차시킨 것(역주).

붓다가 밀교적으로 지상에 다시 태어난 존재이다.

　붓다의 양쪽, 제자나 보살이 앉는 좀더 단순한 자리에는 두 아라한이 탁발승의 바리때와 석장(錫杖)을 들고 앉아 있다. 붓다 왼쪽의 해(붉은색)와 오른쪽의 달(흰색), 구름, 푸른 하늘, 아래에 있는 대지와 산과 물, 그리고 꽃과 과일 등은 다른 그림들에서처럼 윤회의 세계를 상징하며, 그리하여 스승들이 그 속에서 활동하면서 인류를 구원하기 위해 항시 진력하고 있음을 나타낸다.

　위대한 스승과 붓다와 두 아라한은 무지개 같은 후광으로 둘러싸여 있다. 위대한 스승과 붓다는 그들의 깨달음이 영원함을 암시하는 녹색의 후광을 발하고 있다. 다른 네 인물의 후광이 오렌지빛인 것은 그 주인공들이 세속적 집착이나 윤회의 속박으로부터 아직 완전히 벗어나지 못했음을 나타낸다.

　위대한 스승의 바로 밑에는 귀의자들이 공물로 바친 다섯 감각 기관의 대상을 나타내는 표식이 있다. (1)붉은 초르텐이 놓인 중앙의 푸른 그릇 속에는 미각을 상징하는 달콤한 음식이 있고, (2)단내가 나는 두 개의 과일 위에는 후각을 상징하는 향료가 담긴 소라 껍질이 있으며, (3)그 반대편에는 시각을 상징하는 거울이 있고, (4)청각을 상징하는 한 쌍의 바라가 거울에 기대어 있으며, (5)촉각을 상징하는 붉은 중국 비단이 두 바라를 묶고 있다. 이들의 기원이 되어준 것으로 보이는 힌두교의 상징 체계에서는 다섯 감각 기관의 대상을 색(色 ; Rūpa), 성(聲 ; Shabda), 향(香 ; Gandha), 미(味 ; Rasa), 촉(觸 ; Sparsha)으로 표현한다.

도판 2. 편집자와 번역자들

위 : 티벳 귀족의 노란 비단 옷을 걸치고 촉세Mchhog-sred라 불리는 여행용 검은 모자를 쓴 다르질링의 고 사르다르 바하두르 씨. 영국 정부와 티벳 정부로부터 받은 여러 개의 명예 훈장을 달고 있다.

사르다르 바하두르와 두 라마승의 간략한 일대기가 174~180쪽에 있다.

아래 : 가운데 티벳 복장을 하고 서 있는 이가 편집자(에반스 웬츠)로, 〈마음 알기 요가〉의 번역에 사용된 원본과 ≪바르도 퇴돌≫ 목판 인쇄본을 들고 있다. 그 오른쪽에 라마 카르마 숨돈 폴이, 왼쪽에 라마 롭상 밍규르 도르제가 있다. 이 사진은 1935년 10월에 미륵사 정면에서 찍은 것인데 뒤에 보이는 이 절은 다르질링의 굼Ghoom 승원에 속해 있다. 건물 왼쪽으로 높은 장대에 매단 세 개의 타르쵸 (Dhar-chok ; 기도문이 적힌 깃발)가 보인다. 면포의 양쪽에 기도문과 진언(眞言)을 적어넣은 이런 깃발은 보통 '붓다의 가르침이 번창하기를'이라는 문구로 끝난다.

도판 3. 문수보살의 신성한 지혜를 담은 책

성문수사리근본의궤경(聖文殊師利根本儀軌經 ; Ārya Mañjushrī Mūla Tantra)의 희귀 필사본. 신격화된 붓다가 가르친 칼라차크라에 관한 내용을 담고 있으며, 티벳 불전인 칸쥬르의 일부이다. 칼라차크라의 가르침은 너무나 심오하여 해설과 수호의 임무가 타쉬 라마에게 맡겨져 있다. 티벳인들은 그를 판첸 림포체(고귀하고 위대한 학자, 또는 학식의 위대한 보배)라든가 캽괸 림포체(고귀하고 당당한 승리자)라고 부른다. 이 사본은 옻칠한 티벳산 종이에 금과 은으로 쓰여졌고 각 장의 크기는 가로 28⅜인치, 세로 6⅛인치이다. 두 사진 중 아래 것은 이 경문(經文)의 첫 장이다.

이 경문은 안전한 이송을 위하여 타쉬 라마가 티벳으로부터 피난할 때 그를 따랐던 관리들 중 한 사람에게 맡겨졌다. 그 후 피신하는 타쉬 라마의 다른 소지품들과 함께 티벳 정부가 이것을 압류했다가 팔았고 결국 칼림퐁에 사는 티벳 신문 편집자인 타르친 씨의 소유가 되었으며 우리는 그에게서 얻었다. 이 사본은 아마 타쉬 라마가 자신과 함께 운반하여 비밀스런 가르침의 수호자로서 신성하게 보존하고자 소망하며 가장 아끼던 책들 중 하나였을 것이다.

기록한 지 약 200년 된 이 사본은 라마 롭상 밍규르 도르제가 검토한 후 편집자에게 다음과 같은 서평을 제시했다. "이 책은 문수보살이 연꽃 위에 앉아서 들고 있는 바로 그 책이다. 전통에 의하면 붓다가 칼라차크라의 가르침을 펼 때 우두머리 청취자였던 샴발라의 왕이 최초로 그 교의를 기록하도록 했다. 그는 문수보살의 화신이었으므로 문수보살 자신이 이 책을 편찬한 것인 셈이다. ≪샴발라 여행≫ 속에는 제25대 타쉬 라마가 샴발라 왕의 화신이며 전 세계를 통치할 것이라는 예언이 들어 있다."

이 책은 점성술에 관한 내용을 많이 담고 있는데, 티벳 고전어에 능통하고 문수보살의 진언과 비의를 터득한 사람이 아니면 전문(全文)을 바르게 번역할 수 없다. 티벳이나 다른 어디에도 해설이 없어서 이 책은 더욱 신성하고 불가해하다. 라마 카르마 숨돈 폴은 첫 장의 원문을 다음과 같이 번역해 보여주었다.

"모든 붓다와 보디사트바에게 귀의하나이다.

이와 같이 나는 들었다. 어느 날 세존께서 머리 위 하늘의 순수한 영역에 계셨는데 보살들이 거기 모여 아름답고 다양한 자신의 만다라 속에서 그 순수한 영토에 사는 신들의 아들들에게 다음과 같이 (이 가르침을) 설했다. '오, 그대들, 신성한 자들의 아들들아, 내 말을 들으라'."

'시간의 바퀴'를 의미하는 칼라차크라는 고타마 붓다가 출현하기 전부터 있었다고 하는 비밀스런 요가 체계이며, 따라서 아디붓다(Ādi-Buddha ; 本初佛)와 관련이 있는 것으로 여겨진다. 샴발라의 왕—티벳 밀교 교단의 교종(敎宗)이라고도 불리는—이 인류를 다스리게 될 것이라고 하는 예언은 지상에 황금 시대가 오고 신성한 지혜가 존중될 것임을 암시하고 있다. 칼라차크라와 샴발라에 관한 좀 더 자세한 내용이 pp.143~144, 224\34, 218에 있다.

입문자들은 22권의 의궤경(儀軌經) 초품(初品)에 설명되어 있는 칼라차크라를 티벳 불전의 내용들 중에서 가장 중요한 가르침이라고 생각한다. 타쉬 라마가 ≪신비의 대사 집단≫이란 제목으로 칼라차크라에 관한 약간의 티벳어 해설을 덧붙여 제공한 침묵의 소리(≪황금 교훈의 서(書)≫로부터 H. P. 블라바츠키 여사가 발췌한 것임) 북경판 편집자들의 촌평은 타쉬 라마계(系) 스승들의 특전인 이 경전의 가르침이 지극히 심오한 것임을 암시하고 있다.

도판 4. 신성한 지혜의 보살 문수사리

무거운 면포에 채색하여 그린 라사의 옛 불화(사진은 실물의 약 1/4

크기). 가운데가 기품과 젊음을 보여주는 만주쉬리(Mañjushri ; 妙吉祥) 보살, 또는 '듣기 좋은 목소리'라는 뜻으로 만주고샤Mañjugosha라고도 부른다. 그의 감미로운 만트라는 이런 성격에 아주 잘 어울린다. "옴!아라파차나디!Om!a-ra-pa-ca-na-dhi!" '신성한 지혜의 화신'인 그는 이 책(특히 둘째권)을 주재하는 비밀의 존재이다. 그를 참배하면 신성한 지혜를 얻고 불법을 깨치며 지력이 향상되고 기억력과 언변이 좋아진다. 그의 만트라를 외우는 것만으로도 깨달음을 성취할 수 있다. 그는 선정보살(禪定菩薩)들 중 세 번째 위치를 점유한다. 네팔의 불교 설화Svayambhū Purāna에 의하면, 문수보살은 중국의 오대산에서 왔으며(첫째권에서 다시 언급함), 그가 네팔에 있는 작은 산들의 남쪽 장벽을 자신의 칼로 조각내고 나아가자 물이 밀려들면서 넓고 비옥한 골짜기가 생겨났다고 한다. 따라서 그는 자신의 문화를 네팔에 전래한 중국 문화의 영웅인 것처럼 보인다. 그는 지혜와 광휘로 불타는 전승(全勝)의 칼을 오른손에 높이 들고 그것으로 무지와 암흑을 자른다. 왼손에 든 푸른 연꽃에는 귀의자를 깨달음의 피안으로 인도할 신성한 지혜가 담긴 책(도판 3 참조)이 얹혀 있다.

티벳 불교 경전들 속에는 다른 어떤 보살들보다도 문수보살(불법의 신성한 수호자)에 관한 책이나 해설이 많으며, 라마들은 그를 맨 첫번째 서열의 보살로 꼽는다. 어떤 경전들에는 그가 청취자나 요가를 교수받는 자로 등장하는데, 그 중에는 붓다와의 문답이라든가 이 세상의 발생 원인에 대한 사리불Shāriputra과의 토의 내용도 있다.

문수사리는 비의적으로 풀이하면 로고스Logos이다. 이것은 고대 이집트의 전통에서는 헤르메스의 한 모습인 토트Thoth로 의인화된다. 고대 그리스에서 헤르메스는 태양신 아폴로의 동생으로 비법 전수자들의 마음을 밝혀주었다. 또한, 두 마리 뱀이 얽힌 신비한 지팡이를 소지한 그는 신들의 사자로서 날개 달린 신발을 신고 이곳 저곳을 다니면서 천상의 지혜를 사람들에게 전했다.

초기 밀교에서는 여느 보살들과 달리 문수보살만이 샥티(여성 파트너)를 동반하지 않았는데, 이것은 그가 브라마차리(brahmachāri ; 성욕을 초월한 상태)의 상태에 있고 밀교 과학에 통달했음을 의미한다. 후기 밀교에서는 힌두교의 학문의 여신 사라스바티(Sarasvati ; 辯才天)가 그의 샥티로 배정되었다.

문수보살은 또한 정의(正義)를 다스리며, 그의 칼은 법으로 풀리지 않는 문제들을 해결한다. 그는 특히 점성술과 관계가 있기 때문에 점성가들은 그를 수호신으로 받든다. 세상에는 문수보살의 여러 가지 모습이나 측면들이 있는데 그들 중의 몇몇이 파드마의 전기에 나타난다. 인도와 네팔, 티벳, 중국에 존재했던 이런 저런 성인들이 문수보살의 화신으로 여겨져왔는데, 그 중에서 아티샤(A.D. 980~1052)는 나이 예순이 다된 1038년에 마가다의 비크라마쉴라 승원을 떠나 티벳으로 가서 라마교를 개혁하기 시작했고 그것이 게룩파 종(宗)으로, 또 국교(國敎)로 되었다. 15세기 초에 중국의 암도 지방에서 티벳으로 가 1417년에 게룩파 교단을 확립함으로써 아티샤의 작업을 완결한 총카파 역시 그들 화신들 중의 또 다른 존재로, 아티샤의 환생으로 믿어진다. 시킴에서는 현재의 왕조를 창건한 자가 문수보살의 화신들 중 하나로 인정되어 있다.

일상적인 관점에서 문수보살은 평화로운 모습으로 나타나지만, 분노한 모습으로 나타날 때는 바이라바 – 바즈라Bhairava-Vajra, 즉 '공포의 벼락'이 된다.

이 그림에서 문수보살은 연화 - 월륜 보좌에 붓다 자세로 앉아 있다. 헐렁하게 흘러내린 비단옷과 보석을 박은 황금의 장신구, 역시 풍부한 보석으로 이루어진 황금의 머리 장식 등은 그가 왕자의 신분임을 암시한다. 그의 몸은 무지갯빛 훈륜(暈輪)을 방사하고 있으며, 진홍색 테를 두른 신비한 녹색의 후광은 영원 불변의 영성(靈性)을 나타낸다.

그림의 아래쪽에는 지혜의 보석 호수가 있다. 보석의 빛이 물에서 방사되고, 위쪽 물가 구석에는 불·법·승 삼보(三寶)를 의미하는 세 개의 보석이 있다. 호수 위의 연잎들 가운데 있는 미세한 형상은 문수보살에게 귀의하여 죽은 자이다. 살아남은 일가 친척이 망자를 기리는 뜻에서 요구하여 그려진 이 그림은 문수보살에게 바쳐졌다.

문수보살의 칼 위쪽 구석에는 선정불(禪定佛) 아미타바(Amitābha ; 無量光)가 있다. 타쉬 라마는 그의 화신이라 믿어진다. 붉은색은 그가 세상을 환히 비추는 태양과 같음을 상징하지만, 아미타불 자신의 보이지 않는 교화력은 태양의 비밀스런 정수(精髓)에 의해 상징된다(p.337\15 참조). 아미타불은 데바챤Devachān으로 알려진 서방 정토를 다스린다. 그는 연화 - 월륜 보좌에 붓다 자세로 앉아서 양 손에 불사의 감로가 담긴 그릇을 들고 있다.

위쪽의 반대편 구석에 있는 것은 동방을 다스리는 선정불 금강살타의 모습이다. 그는 오른손과 왼손에 각각 불변성의 상징인 금강저(vajra ; Tib. dorje)와 신성 출중한 영웅심의 상징인 종(鐘)을 들고 있다. 그 역시 연화 - 월륜 보좌에 붓다 자세로 앉아서 아미타불과 문수보살처럼 무지갯빛의 오라와 원광을 발하고 있다. 그의 색깔은 동쪽 방향과 관련된 흰색이다(금강살타와 아미타불에 관한 좀더 자세한 내용은 ≪티벳 사자의 서≫(정신세계사) 274~278, 283~287쪽 참조).

이 그림에서 세 존재는 불성(佛性)이 인격화된 삼신(三身 ; Tri-Kāya, pp.76~77, 291\184 참조)을 상징한다. 아미타불은 법신, 금강살타는 보신, 문수보살은 화신이다. 삼신의 또 다른 측면은 도판 7에 나타난다. 만다라와 종파(宗派)에 따라, 전수받은 비법의 수준에 따라 삼신이 인격화되는 모습은 다르지만, 셋은 원래 하나이다.

도판 5. 여덟 스승

무거운 면포에 채색하여 그린 티벳 쉬가체 지방의 옛 불화(사진은 실물의 약 1/4 크기). 여덟 개의 인격(마음, 힘)으로 화현된 위대한 스승의 모습을 보여준다. 이것은 티벳인들에게 '스승의 여덟 가지 경건한 형상'으로 알려져 있다.

가운데에 '연꽃에서 태어난 스승' 또는 '삼계의 모든 존재를 행복으로 인도하는 자'라고 불리는 스승 페마 중네 Padma Jungnay[2]가 권두화에서처럼 사호르의 왕으로서 화려한 의관을 걸치고 앉아 있다. 위대한 스승의 이런 모습은 권두화에서 자세히 설명했다.

스승 페마 중네의 왼쪽 위에는 '샤캬족의 사자 스승' 또는 '한 몸 속의 여덟 화신'이라 불리는 붓다 샤캬 셍게 Shākya Seṅ-ge가 연화-월륜 보좌에 붓다 자세, 또는 연꽃 자세로 앉아 있다. 그의 몸은 그를 따르는 티벳의 요기들이 흔히 그렇듯이 오른쪽으로 약간 휘어져 있으며, 오른손은 촉지인(觸地印)을 하고 왼손은 음식이 든 탁발

---

2) '페마 중네'는 '파드마삼바바'와 같은 뜻의 티벳식 표현임.

그릇을 들었다.

반대편 구석에는 '연꽃에서 태어난 스승', 또는 '불법의 위대한 왕, 호법성인(護法聖人)'으로 불리는 파드마삼바바가 젊은 비구승의 모습으로 역시 연화-월륜 보좌에 앉아 있다. 오른손에는 축복을 주는 자세로 금강저를 들었으며, 왼손에는 감로가 든 두개골 그릇을 들고 왼팔에는 삼고극을 끼었다.

스승 페마 중네의 바로 위에는 스승 니마 회제르Nyima Hodzer가 있다. 그는 '햇빛 스승', 또는 헤루카파Herukapa의 모습을 한 '하늘이 모든 공간을 포용하듯 모든 가르침을 포용하는 자', 또는 요가의 위대한 달인들 중의 '옷을 입지 않은 자'로 알려져 있다. 그는 왼손에 한 가닥 빛줄기를 쥐고 태양을 멈춰 세우고 있으며 오른손에 삼고극을 들었다. 헤루카로서의 그는 세속을 포기한 표시로 인골 장식을 착용하고 있다. 두개골로 만든 머리 장식은 그가 윤회를 초탈했음을 암시한다. 허리에 걸친 호랑이 가죽은 요가 수행으로 성취한 그의 힘을 나타낸다. 그는 연화-일륜 보좌에 보살의 자세로 앉아 있다(헤루카에 대한 설명은 ≪*Tibet's Great Yogī Milarepa*≫, pp. xvi~xvii 참조).

스승 파드마삼바바 바로 밑에는 '지혜와 최고의 서원을 지닌 스승' 또는 '온 세상에 지혜를 전하는 자'인 스승 로덴 촉세Loden Chog-se가 왕의 복장을 하고 오른쪽 다리를 편 모습(티벳인들이 춤추는 왕의 자세라 부르는)으로 연화-월륜 보좌에 앉아 있다. 오른손에는 윤회하는 중생의 본성이 거울에 비친 허상과 같음을 상징하는 거울을 쥐고, 왼손에는 늙고 죽음에 영향받지 않음을 상징하는 불사의 감로가 든 두개골 그릇을 들었다.

붓다 샤캬 셍게 바로 밑에는 '연꽃 왕 스승' 또는 '완전 무결한 자, 트리피타카(Tri-Pitaka ; 三藏)³⁾의 대표자'인 스승 페마 걔포Padma Gyalpo가 왼쪽 다리를 펴서 춤추는 왕의 자세로 연화 – 월륜 보좌에 앉아 있다. 오른손으로는 만트라의 묘음(妙音)에 통달했음을 상징하는 양면 북(Tib. damaru)을 높이 들고, 왼손에는 요가 수행을 통해 보배로운 불법을 발견했음을 나타내는 보석으로 가득 찬 두개골 잔을 들었다.

스승 페마 쥬네의 오른쪽 아래 구석에는 '사자후로 가르치는 스승' 또는 '육도(六道)의 모든 중생(p.325\13 참조)에게 불법을 설하는 스승'인 셍게 다독Seng-ge Dradog이 분노존(尊)의 모습으로 연화 – 월륜 보좌에 서 있다. 그가 오른발로 사람 형상의 가슴을 밟고 있는 것은 중생의 윤회적 존재 상황을 초월했다는 뜻이다.

위대한 요기인 그는 호랑이 가죽을 허리에 걸치고 몸은 사자 가죽으로 감쌌으며 사자 머리가 그의 머리 장식 위에 보이고 옆에는 갈고리 발톱이 있다. 불법의 흥륭을 방해하는 악마들을 위협하는 자세로 그들에 대한 지배권을 상징하는 금강저를 오른손에 쥐고, 만트라 요가의 성취와 윤회계 중생을 통어하는 힘의 상징인 종(鐘)을 왼손에 들었다. 그는 세상의 악을 태워버리는 신비로운 지혜의 불길에 둘러싸여 있다. 그의 색깔은 하늘과 같이 모든 곳에 스며들어 영속하는 불법의 성질을 나타내는 짙은 푸른색이다. 그는 불법의 전파자인 동시에 수호자이다. 천사장 미카엘이 그랬듯이 위대한 스승이 어둠을 물리치고 빛의 힘이 퍼져나가게 할 수 있는 것은 바로 이런 불가해

---

3) 불교 전적(典籍)의 총칭으로 경(經)·율(律)·논(論)을 가리킴(역주).

한 힘을 통해서이다.

　반대편 아래 구석에는 '헐겁게 매달린 위(胃)를 지닌 변함없는 스승' 또는 '최상의 행복이 육신에 구현된 자, 중생의 변함없는 위안자'인 스승 도르제 돌로Dorje Drolo가 있다. 그 역시 격노한 모습이며, 지혜의 불꽃에 싸여 암호랑이(샥티의 상징) 위에 서 있다. 암호랑이가 짓밟은 사람 형상은 스승 셍게 다독이 그랬던 것과 같은 의미를 지닌다. 그는 위협하는 자세로 오른손에 영적인 전능(全能)을 나타내는 금강저를 쥐고 왼손에 악마를 몰아내는 마법의 푸르부phurbu를 들었다. 그의 색깔은 윤회하는 존재들을 매혹하여 훈련시키기 위한 붉은색이다. 스승 셍게 다독의 경우와 마찬가지로, '실재(實在)'에 대한 직관적 통찰을 의미하는 신성한 시력인 제3의 눈이 그의 이마에 보인다. 전하는 바에 의하면 위대한 스승은 부탄에 있는 유명한 파토탁창(Pato-tak-tshang ; 파토의 사자굴) 승원에 도르제 돌로가 되어 화현했었다고 하는데, 그의 목적은 사람들의 기강을 바로잡고 흑마술에 빠지지 않도록 그들을 인도하며 부탄의 악마적인 존재들을 몰아내어 거기에 불법을 확립시키기 위한 것이었다. 다른 스승들도 모든 유정(有情)이 '위대한 자유의 길'을 깨닫게 하기 위해 각각의 필요와 사정에 따라서 화현했었다고 한다.

　스승 페마 중네의 바로 밑에는 권두화에서와 마찬가지로 그에게 바쳐진 다섯 감각 기관의 대상이 보인다. 바라 다음의 마지막 부분에 두루마리처럼 말린 중국 비단 두 통이 있다.

　스승 페마 중네와 그 위의 다섯 스승은 짙은 푸른색의 오라를 지닌 스승 니마 회제르를 제하면 모두 무지갯빛 광휘로 둘러싸여 있다. 그리고 여섯 스승 모두의 후광은 초록색이다.

도판 6. 방출

가제를 덧댄 종이 두루마리에 그린 중국의 불화(사진은 실물의 약 1/8 크기). 독일의 연구가 H. 주스바흐 씨가 1936년 중국에 있을 때 구한 것으로 명(明; 1368~1661) 말기의 작품이라고 한다. 출처는 불확실하고 주스바흐 씨도 그것이 중국 중부에서 왔다는 것만 들어서 알고 있었다. 검은 바탕의 그림은 그것이 밀교 승원의 염마전(Yama 殿)에 있었음을 암시하고 있다.

맨 위에는 초인의 영역에 거주하는 두 보살이 있다. 그들은 머리에 쓴 관으로부터 빛줄기(첫째권에서 설명함)를 방출하여 각각 자신의 밀교적 깨달음을 세상에 보여주고 있다. 아래쪽 보살 바로 밑에 있는 분노존(尊)의 세 번째 손가락 끝으로부터 방사하는 빛줄기 속에는 중국어로 다음과 같이 적혀 있다. '동남방에서 허공장(虛空藏)보살이 대소명왕(大笑明王)을 방출'. 위쪽 보살 바로 밑에 있는 분노존의 두 번째 손가락 끝으로부터 방사하는 빛줄기 속에는 다음과 같이 적혀 있다. '동쪽에서 제개장(除皆障)보살이 부동명왕(不動明王)을 방출'.

허공장보살Ākāshagarbha이 방출한 분노존은 브라마-비슈누-시바의 삼신일체(三神一體)처럼 얼굴이 셋이며, 이것은 그의 내면에서는 삼신(三身)이 하나임을 의미한다. 오른쪽 얼굴은 희고(순결과 자비를 나타냄), 가운데 얼굴은 푸르며(그의 깨달음의 본질이 푸른 하늘처럼 영원함을 나타냄), 왼쪽 얼굴은 붉다(매력을 나타냄). 그의 첫번째 양손에 든 종은 자신을 통해 인격화된 '허공의 본질', 즉 공(空)을 상징한다. 오른손으로 잡은 종의 손잡이는 꼭대기가 삼고저(三鈷杵)[4] 모

---

[4] 양 끝이 세 갈래로 된 금강저(역주).

양으로 되어 있는데 이것은 그가 윤회의 주원인인 탐욕·분노·무지의 삼독(三毒)을 정복하고 삼계(三界)를 초탈했음을 암시한다. 그의 두 번째 양 손과 양 팔이 잡은 창은 요가의 액막이 춤인 최(Tib. Chöd) 의식(≪티벳 밀교 요가≫ 참조)에서 다섯 다키니Dākinī의 창을, 그리고 또한 티벳 푸르부를 암시한다. 이들은 악령을 다스리기 위한 상징물이다. 다른 네 손들 중 셋은 대못이 박힌 방망이(윤회계 정복의 상징)―꼭대기에는 보석을 박은 커다란 황금 고리가 있다―와 일곱 개의 작은 보석(불법의 상징)과 연꽃 봉오리를 닮은 금덩이를 들고 있으며, 나머지 한 손의 가운데 손가락으로는 빛줄기를 방사하고 있다. 그는 윤회계의 초탈을 상징하는 요가 춤을 추고 있으며, 여덟 스승들 중 두 분노존이 그렇듯이 그와 같은 의미로 인간 형상을 밟고 있다. 왕관에 달린 두 개의 두개골은 그가 죽음을 정복했음을 의미한다.

제개장Sarvanivaraṇa-Vishkambhin보살이 방출한 분노존은 문수보살의 분노한 모습을 나타내는 것처럼 보인다. 왜냐면 높이 쳐든 그의 첫번째 양 손은 지혜의 책과 거기 관련된 연꽃을 들고 있고, 두 번째 오른손은 지혜의 칼을 들었기 때문이다. 그는 네 번째 손의 엄지와 중지로 잡은 여의주(如意珠; Chintāmaṇi) 같은 보석으로부터 갈가마귀를 닮은 새와 세 마리의 벌레(인간계 아래의 영역들을 상징함)를 방출한다. 이 새는 포유류처럼 생긴 입 속에서 녹색의 악마를 토해낸다. 그의 복부와 양 어깨 위쪽의, 그리고 그의 첫번째 양 팔 위의 연꽃 가슴판과 연꽃 장식들은 헤루카족의 연화부(蓮華部)에 속해 있음을 암시한다. 허공장보살의 분노존이 착용한 눈에 띄지 않는 연꽃 장식들은 그가 요가의 위대한 달인들과 같은 노선을 따르고 있음을 암시한다. 제개장보살의 분노존 역시 얼굴이 셋인데, 오른쪽은 붉고 왼쪽은 희며 가운데는 몸통과 같은 녹색이다. 녹색은 그가 지닌 영원한 젊음과 생식력 또는 창조력을 나타낸다. 그의 연꽃 왕관은 문수보살에게 어울리듯 왕자의 것이다. 그는 요가의 춤을 추면서 원숭이를 닮은 얼굴이 세 개인 괴물을 짓밟고 있다. 그는 모든 장애와 환상을 제거하는 보살이므로 이것은 그가 자신의 귀의자에게 선사하는 권능이며 야수성을 극복하는 힘의 상징이다.

각 분노존의 머리에서 방사하는 불길 같은 오라는 '지혜의 불길'을 중국식으로 나타낸 것이다. 요기들의 최고 수호자인 시바 신의 모습과 마찬가지로 두 분노존은 팔과 다리에 지혜의 상징인 뱀을 감고 있다. 명왕(明王 ; 지혜의 왕)인 그들은 계몽하고 교화하는 존재이며, 이마에 두드러진 제3의 눈이 이것을 강조하고 있다.

불법의 교화력을 나타내는 이 두 보살은 붓다의 영적인 아들로 알려진 여덟 선정보살(禪定菩薩) 그룹에 속한다. 나머지 여섯은 미륵, 관음, 보현, 문수, 금강수, 지장보살이다.

희귀한 중국의 밀교화(畵)를 이렇게 시험적으로 해설함에 있어 편집자는 티벳 밀교의 상징주의를 적용했다. 또한 옥스퍼드 대학에서 중국의 철학과 종교를 강의하는 스폴딩 종신 교수[5] 왕 웨이창 씨와 런던 대학 동양 학부 강사인 유 다우찬 씨로부터 큰 도움을 받았고 거기에 고마움을 표한다.

---

5) 유명한 종교학자 스폴딩Spalding의 업적을 기리기 위해 옥스퍼드에 만들어진 종신 교수 직위의 이름. 옥스퍼드나 케임브리지, 하버드 등의 대학은 이렇게 유명한 교수의 이름을 따서 만든 종신 교수직이 많다. 이 경우 교수직 이름은 '스폴딩 교수'로서 이 자체가 고유명사이다(역주).

도판 7. 삼신(三身)

1935년의 10월 동안 다르질링의 굼Ghoom 승원에서 티벳 화가 라리파 잠페 트라쉬가 이 책의 둘째권이 속한 요가 논문들인 '바르도 퇴돌 총서'의 삼신(三身)을 보여주기 위해 무거운 면포에 그린 채색화(사진은 실물의 약 1/2 크기). 당시 그는 굼의 미륵사에서 프레스코 벽화를 그리고 있던 중이었다.

맨 위의 모습은 본초불Ādi-Buddha 보현Samanta Bhadra으로 법신(法身)을 나타낸다. 그의 나체 상태는 법신이 무언가에 의해 제한받거나 표현될 수 없는 적나라한 진실임을 의미한다. 몸의 푸른색은 푸른 하늘이 모든 곳에 침투하고 변함이 없으며 영원하듯 본초불의 실체도 역시 그렇다는 것을 암시한다. 그는 연화-월륜 보좌에 선정인(禪定印)을 하고 붓다 자세로 앉아 있다.

본초불의 오른쪽 아래에 있는 모습은 연화-월륜 보좌에 붓다 자세로 앉아 있는 팔이 네 개인 관세음보살(Tib. Chen-rä-zi)이다. 그는 '연민에 넘치는 위대한 동정자'이고, 선정불 아미타의 협시(脇侍)로 모든 보살들 중에서 가장 중시되며, 달라이 라마는 그의 화신이다. 옷과 장식은 그가 왕자 출신임을 보여주고, 그의 색깔은 순결과 연민의 상징인 흰색이다. 안쪽으로 향한 두 손은 헌신의 자세로 양 손바닥을 맞대고 있으며, 바깥쪽으로 향한 오른손은 요가 명상의 상징인 수정 염주를 들고 바깥쪽으로 향한 왼손은 정신적 완성과 불법의 아름다움을 상징하는 연꽃을 들었다. 그는 보신(報身)을 나타낸다.

나머지 그림은 티벳에서 구루 림포체, 즉 '고귀한 스승'이라 부르는 파드마삼바바로, 권두화에 보인 위대한 스승에서 설명했다. 그는 화신(化身)을 나타낸다.

각각의 상(像) 아래에는 티벳어로 명칭이 적혀 있다. 그리고 위대한 스승 아래의 난외 여백에 화가가 자신의 이름을 적었다.

도판 8. 보리달마

≪중국 불교의 실상과 전통*Truth and Tradition in Chinese Buddhism*≫에 보리달마를 묘사하는 그림으로 삽입된 것을 저자인 닥터 K. L. 라이헬트 신부와 상하이 출판사의 친절한 허락에 의해 약 1/4 크기의 사진으로 재현한 것. 나뭇잎으로 만든 방석에 앉아 명상 중인 보리달마(이 책의 둘째권에 설명)를 보여준다. 그의 뒤에 세 권의 경전이 있고 그의 오른쪽에는 중국제 청동 항아리에서 향이 타고 있다.

도판 9. 미래불 마이트레야

'자비로운 자', 신성한 사랑의 힘으로 세상을 재탄생시키고 완전한 평화와 인류애의 새시대를 선도할 불교의 구세주, 미륵(彌勒 ; Pal. Metteya ; Tib. Jham-pa)의 옛 티벳 그림(사진은 실물의 약 1/2 크기). 그는 현재 도솔천에 있으며 미래의 어느 날 하강하여 인간 세상에 태어나서 붓다가 된 후 고타마와 과거의 붓다들이 그랬듯이 위대한 해방에 이르는 길을 새로이 밝힐 것이다.[6]

---

6) 팔리어 경전에 의하면 붓다 샤캬무니는 이렇게 말했다고 한다. "메테야라 부르는 고귀한 인물이 태어날 것이다. …나에게 귀의한 자가 수백 명임에 비하여 그에게 귀의하는 자는 수천을 헤아릴 것이다."

마이트레야는 붓다의 법의를 걸치고 붓다의 자세로 연화-월륜 보좌에 앉아 있다. 그의 오른손은 설법인(說法印)을 하고, 그 손바닥과 양 발바닥에는 그리스 십자가와 같은 갈마저(羯磨杵)의 성흔(聖痕)이 보인다. 갈마저는 태양의 상징인 황금 원 속의 황금 점(點)과 세 개씩 네 그룹으로 배열된 열두 개의 다른 황금 점을 지니므로 모두 합하여 신성한 13수(數)을 이룬다. 이 숫자는 열반으로 인도하는 13단계의 깨달음을 상징한다. 그는 왼손에 순결과 재탄생과 중생 구원의 미래상이 담긴 황금 그릇을 들고 있다. 양 눈썹 사이의 점은 다른 불보살들과 마찬가지로 신성한 지혜와 탁월한 통찰력, 선견지명을 지닌 제3의 눈을 나타낸다. 그의 후광은 녹색이고, 몸을 감싼 오라는 영원·상존(常存)·포용의 깨달음을 뜻하는 짙은 푸른색이다. 그의 아래에는 다른 도판에서와 마찬가지로 지상에 태어난 붓다들에게 제공된 다섯 감각 기관의 대상물들이 보인다. 이것들은 육체적 인간의 다섯 감각을 상징한다.

옮기고 나서

여실지자심(如實知自心)

이 책은 에반스 웬츠 박사의 '티벳 총서' 4권 중 마지막을 장식하는 것이며, 현재 우리 나라에 번역되었거나 번역중인 에반스 웬츠 박사의 티벳 총서 목록은 다음과 같다. 1992년 고려원미디어에서 출간된 ≪히말라야의 성자 미라래빠 Tibet's Great Yogī Milarepa≫와 1995년 정신세계사에서 출간된 ≪티벳 사자의 서≫, 그리고 현재 번역중인 ≪티벳 밀교 요가≫와 이 책 ≪티벳 해탈의 서≫이다.

이들 4권 전체의 구성을 보면 맨 먼저, 인생 최대의 비밀인 죽음에 대한 지식과 그 죽음을 인생의 궁극적 목표인 해탈의 기회로 삼는 방법을 전하고, 그 다음 티벳 역사상 가장 위대한 성취자로 알려진 밀라레파의 전기를 참다운 구도자의 표준으로 제시한다. 그 다음 산 몸으로 해탈의 길을 나아가기 위한 여러 가지 구체적 방법을 알리고, 마지막으로 해탈의 심원한 경지에 대해 서술한다. 이런 구성으로 되어 있는 만큼 우리 나라에서는 세 번째 책과 네 번째 책의 번역이 순서가 뒤바뀐 꼴이 되었으나 머지않아 세 번째 책도 출간될 예정이므로 사실을 알고 있으면 문제 될 일은 아니다.

비교적 적은 분량을 차지하지만 어쨌든 이 책의 중핵에 해당하는 〈마음 알기 요가〉의 티벳어 원본은 17개의 목판본으로 이루어져 있는 '바르도 퇴돌 총서' 중 10번째에 해당하는 것이다. 이 총서는 8세기에 처음 나타났다고 하는데, 이때는 밀교의 역사가 초기의 잡밀(雜密)에서 중기의 순밀(純密)로 들어선 직후이고, 대일경(7세기 초)과 그에 이은 금강정경(7세기 말)이 나타나 정순(正純) 밀교의 교리가 이미 완성되었을 때이다.

이 책의 중핵에 해당하는 〈마음 알기 요가〉를, 원서는 여기저기서 '벌거벗은 마음 알기의 요가The Yoga of Knowing The Mind in Its Nakedness'로 부르고 있다. 또한 그 서문에 "이 논문은 마음 알기와 실재 보기와 자기 해방의 요가를 설하나니, 이 방법에 의해 자신의 마음을 알 수 있노라"고 하는 문장이 있다. 이 문장 중에서 '실재 보기'는 선가(禪家)에서 말하는 '견성(見性)'에 해당하는 것일 터이고, '마음 알기'나 '자신의 마음을 알 수 있노라' 하는 말은 정립된 밀교 최초의 경전인 ≪대비로자나성불신변가지경(대일경)≫의 〈입진언문주심품〉에 있는 '보리위여실지자심(菩提謂如實知自心)'이란 문구와 너무도 비슷하다. 이로써 이 책의 〈마음 알기 요가〉가 불교 사상 발전사 상의 어떤 위치에 있는지 짐작해볼 수 있다.

또한, 밀교에서 일체법의 본체·현상·작용을 육대(六大)·사만(四曼)·삼밀(三密)로 설명하는데, 이 중 본체를 논함에 있어서 육대—지(地)·수(水)·화(火)·풍(風)·공(空)·식(識)—하나하나를 뜻하는 산스크리트 여섯 문자를 여섯 단어로 만들어 일체법의 6가지 속성을 다음과 같이 표현한다. 즉 본불생(本不生), 이언설(離言說), 무구진(無垢塵), 이인연(離因緣), 등허공(等虛空), 요의불가득(了義不可得)인데, 이 여섯 문구에 해당하는 개념들이 〈마음 알기 요가〉에는 수시로 등장한다. 이런 정립된 밀교 용어들이 있음에도 불구하고 이 책의 〈마음 알기 요가〉에서는 영문을 우리말로 옮기느라 어쩔 수 없이 풀어 썼지만 이 요가의 주제인 '한마음'을 수식하는 그런 개념들은 위의 여섯 문구로 요약되니 참고하기 바란다. 티벳 불교 연구가 체계적으로 진행되면 좀더 함축성 있는 어휘가 나타날 수 있을 것이다.

대승불교 경전의 핵심으로 일컬어지는 반야심경이 불교의 기본 개념인 오온(五蘊)과 사성체(四聖諦), 십이인연(十二因緣), 육바라밀 등의 실상(實相)을 알고 진여(眞如)의 공성(空性)을 깨달아 열반에 이르는 피안(彼岸)의 세계를 가장 짧은 글로 극명하게 보여주었다면, '바르도 퇴돌 총서'의 핵심에 해당하는 이 책의 〈마음 알기 요가〉는 '한마음'의 인식을 통해 그와 똑같은 피안에 도달할 수 있음을 티벳 밀교의 독자적 이론에 의해 감동적 운문(韻文)으로 좀더 자세히 전하고 있다.

〈마음 알기 요가〉의 본문에 '대구경(大究竟)'이라는 개념이 나오고, 그 주해는 우리의 요가가 닝마 종의 근본 교의인 '대완성'의 진수라고 풀이하는데, 여기서 잠시 대구경의 가르침이 어떤 것인지 알아볼 수 있다면 우리가 이 책의 주제를 좀더 객관적으로 이해하는데 도움이 될 것이다. 다음은 야마구치 즈이호[山口瑞鳳] 교수의 ≪티베트 불교사≫(민족사 刊, 안영길 譯)에서 발췌 번안한 글이다.

대구경(大究竟)은 아티요가의 '구승(九乘)의 교상(敎相) 판석(判釋)'에서 최고의 가르침으로 분류되며, 이것을 깨달으면 불과(佛果)가 전부 나타난다고 한다. 대구경의 입장에서는 인도 불교적 수도를 통해 얻어지는 열반이 윤회와 똑같은 차원으로 취급된다. 3부로 구분되는 대구경의 심부(心部)에서는 현상세계를 '마음의 현현(顯現)'으로, 마음의 본성인 자생본지(自生本智)가 스스로 일어나 나타난 것으로 이해한다. 그 다음 계부(界部)에서는 현상세계를 거짓으로 드러내는 자생본지가 본래 해탈하고 있는 이상, 모든 사물의 존재 방식은 본질적으로 주체와 객체의 대립을 뛰어넘고 있기 때문에, 수도한 적이 없는 사람은 그대로 해탈한다고 말한다. 마지막 비결부(秘訣部)에서는 심부와 계부의 견해를 종합하는 한편 이런 수도무용론(修道無用論)에 대한 티벳불교계 전체의 비난에 맞서, 무명(無明)에서 비롯된 현상계의 미망을 두 가지 수정법(修定法)으로 설명했다. 여하튼 (대구경의 가르침은) '본각(本覺)'적 입장을 취한 여래장 사상에서 유래한다고 생각되므로 중국 불교를 그 기원으로 생각할 수 있다. 비결부의 수도법 가운데 하나인 '<u>단경(斷境)</u>'은 선종적 관법(觀法)으로서 '벌거숭이의 명지(明知)'를 닦는 것이다. 그 외에 '<u>초도(超道)</u>'라고 하는 밀교적 광명 내관법(光明 內觀法)이 있는데 인도 불교에서는 이와 똑같은 것이 아직 알려진 바 없다. 이 관법에 따르면 <u>현세에 정각(正覺)을 이루지 못하더라도 중유(中有)에서 깨달음을 얻는다</u>고 한다.

문단의 마지막 밑줄 친 세 부분 중 앞의 것이 우리의 〈마음 알기 요가〉에서 제시하는 것이고, 그 다음 둘은 ≪티벳 사자의 서≫가 설하는 것이 아닌가? 불교 전반을 체계적으로 공부하지 않았고 '바르도 퇴돌 총서'가 티벳 불교 문헌들 중에서 정확히 어떤 위치를 차지하며 사실상 어떤 의미가 있는지 아직 잘 알지 못하는 옮긴이로서는 이 책에 대해 더 이상 할 말이 없다. 좀더 지식이 붙어나면 다음에 나올 ≪티벳 밀교 요가≫에 적기로 하고, 어떤 상황에서든 이 책이 독자의 구도(求道)에 보탬이 될 수 있었으면 한다.

내가 이 책 ≪티벳 해탈의 서 The Tibetan Book of The Great Liberation≫의 원서를 처음 만난 것은 1983년 친구의 요가 교실에서였다. 그때 나는 일본어로 된 ≪티벳 사자의 서≫를 탐독한 후였고, 저자의 티벳 총서 중 두 번째 책인 밀라레파 전기, 즉 ≪티벳의 위대한 요기 밀라레파 Tibet's Great Yogī Milarepa≫를 서강대 도서관에서 복사해 읽고 있던 중이었으며, 그의 세 번째 책이자 현재 번역중인 ≪티벳 밀교 요가 Tibetan Yoga and Secret Doctrine≫를 용케 구입해 갖고 있던 때였다. 밀교의 사상과 지식에 목말라 있던 나로서 이론과 형식 위주의 중기 밀교에 관한 일본 서적들은 뒤적일 기회가 있었으나 실천을 다룬 후기 밀교의 모든 것이 보존되어 있다고 하는 티벳 서적들은 그럴 수 없었기에 이런 책들을 만난 것이 무척 반가웠다.

그리하여 ≪티벳 밀교 요가≫와 ≪티벳 해탈의 서≫를 비교해보는 마음이 자연스럽게 생겨났고, 그때의 느낌으로는 전자가 해탈의 길로 나아가기 위한 험난하고 비밀스런 요가 행법을 가르치고 있음에 비하여, 후자는 그러한 요가 행법의 구극적 결과와 당시 우리가 잘 모르고 있던 초인적 존재인 파드마삼바바의 전기를 다루고 있음을 알았다. 그리고 어렵긴 하지만 어떤 식으로든 길을 제시하고 있는 전자에 대해 상당히 매력을 느끼고 있었음에 반하여, 후자는 눈 쌓인 고봉 준령 저 너머의 알지 못할 정신세계를 담고 있어서 지극히 심원하고 이해하기 어려운 책으로 보였으며, 그리하여 무겁고 어둡게만 여겨졌다. 그게 전부였다. 은거할 움막을 찾아 전국의 산간 벽지를 유랑하기 시작하던 때였으므로 언제 이 책을 읽을 수 있을지 기약할 수 없었던 것이다. 이것이 이 책과 나의 첫 인연이다.

그 다음 우연인지 아니면 무슨 인연이 있어서인지 정확히 10년 뒤인 1993년 봄 시킴의 강톡에서 달라이 라마의 칼라차크라 공개 이니시에이션(initiation)에 참가한 후, 다름살라에서 석가모니와 파드마삼바바와 타라 관음의 펜던트를 하나씩 샀는데, 귀국한 후 석가모니는 당시 정신세계사 사장이었던 지금의 송순현 원장께 선물하고 타라 관음은 나의 한 후배에게 주었으며 티벳 불교 닝마파 종의 개조인 파드마삼바바는 시골의 내 서재 서쪽 벽에 걸었다가 지금 기거하고 있는 서울의 골방 벽에까지 모셔와 걸어놓고 지냈다. 그러던 중 지난 여름 정신세계사에서 파드마삼바바의 전기가 포함된 ≪티벳 해탈의 서≫ 번역을 제안해왔던 것이다.

어쩌면 사소한 것일 수도 있는 개인적인 사건과 느낌을 잠시 언급했지만 이것은 옮긴이에게 주어진 최소한의 권리이고 어떤 점에서는 의무이기도 하다. 왜냐면 전기의 주인공이자 〈마음 알기 요가〉의 저자로 알려진 파드마삼바바로부터 원본을 영역한 티벳의 라마들과 그것을 편집 출간한 에반스 웬츠, 그리고 국역자인 나를 거쳐 독자에 이르기까지, 우리는 모두 이 책에 관심을 갖는 지성으로 연결될 뿐만 아니라 이 책에서 말하는 '한마음'에 의해 감정으로도 연결되어 있기 때문이다. 아직까지는 우연으로만 보이는 이 책과 파드마삼바바에 대한 나의 희박한 인연이 이 책을 우리 나라에 소개하게 될 어떤 필연의 조짐은 아니었을까? 그러나 그게 무슨 대수랴. 이 책에서 말하는 윤회 즉 열반, 중생 즉 부처, 번뇌 즉 보리의 이치에 의해 우연은 이미 필연일 것이고, 이 책과 파드마삼바바에 대한 독자의 인연도 그러할 것이다.

앞서 출간된 책들과 달리 이 책에서는 원서의 의도를 최대한 충실히 전하고 또 원서와 대조하면서 연구할지도 모르는 독자의 편의를 위해 각주 처리를 포함한 원서의 모든 양식을 그대로 따랐다. 다만 원서의 '차례' 바로 뒤에 있는 도판 해설문을 책의 뒷부분으로 옮겼을 뿐이다. 그리고 이 책의 중핵인 〈마음 알기 요가〉에서는 심원 난해하고 추상적인 문장들의 미묘한 의미가 자칫 왜곡되는 것을 최소화하기 위하여 가능한 한 직역에 가까운 표현을 선택했다.

≪티벳 사자의 서≫와 마찬가지로 이 책도 언어의 한계를 초월한 경지를 전하고 있는 관계상 완전한 번역은 있을 수 없고, 단지 원문의 뜻에 얼마나 충실하고 가까운가가 있을 뿐이다. 옮긴이로서는 가능한 힘을 다했으니 음미하고 판단하는 것은 독자 제현의 몫이다. 티벳 불교나 영문학, 심리학에 정통한 독자가 있어 잘못을 찾아내고 지적해준다면 옮긴이와 출판사로서는 정말 고맙게 여기고 즉시 수정할 것이다.

끝으로 칼 융의 심리학적 해설문에 나오는 라틴어 문장들을 해석해주신 성시경 님과, 오역을 바로잡고 필요한 곳에 역주를 달도록 조언해주신 박태섭 선생에게, 산스크리트 발음과 밀교 관련 용어를 선택하는 데 도움을 주신 위덕 대학의 김무생 원장님께 깊은 감사를 드린다. 또한 양서(良書)의 번역을 맡겨주신 정신세계사 사장님께, 교정과 편집을 맡아 애써주신 직원 여러분에게 고마움을 전한다.

2000년 쌍어궁의 태양 아래
유기천

추천사

진리의 맛을 아는 혀

이상한 일이다. ≪티벳 해탈의 서≫를 읽고 있으면 문득 주위가 밝아지는 느낌이다. 갑자기 해가 하나 떠 방안을 환히 비추고 있는 것 같다. 그러나 그 빛은 외부에서 뿌려지는 것이 아니라 내 마음에서 비롯된 방광(放光)임이 분명하다. 칼 융은 이 책에서 마음(무의식)을 '에너지의 변압기'라고 아주 적확한 표현을 하였다.

그렇다. ≪티벳 해탈의 서≫는 내 마음에 진리의 전류를 보내어 에너지를 발산케 하고 있다. 이것은 전율이 아니다. 전율이란 감각적 수사일 뿐이다. 영적인 이 책은 심혼(心魂)에 불을 당기어 의식 저편의 마음을 깨닫게 하는 불서이다.

우리는 이제야 이 책을 통하여 마음이 무엇인지 그 단서를 잡는다. 8세기경 인도에서 티벳으로 간 승려이자 이 책의 저자인 파드마삼바바는 마음을 일컬어 '영원하지만 알려지지 않으며, 존재하지만 보이지 않으며, 명료하지만 인식되지 않는다'고 하고, 20세기 최고의 심리학자인 칼 융은 이 책의 해설에서 '마음은 무의식이다'라는 단정하에 심층심리학적으로 설명해나가고 있다.

이 책의 핵심인 둘째권 〈자기 해방이라 부르는 마음 알기와 실재 보기의 요가〉에서 고승 파드마삼바바가 마음에 관한 진리를 직관적으로 논하고 있다면, 칼 융은 학자답게 진지한 설명으로 응답하고 있다. 종교와 학문, 동과 서가 빚어내는 이중창의 화음이라고 할까. 그 거룩하고 심오한 노래 속으로 누구라도 순식간에 빨려들지 않을 수 없다.

칼 융은 말한다. '마음을 본다는 것'은 '스스로 자기를 해방(해탈)하는 것'이라고. 무의식(마음)의 작용에 관심을 기울일수록 서로 반대되는 것들을 분리시키는 욕망의 세계로부터 우리가 벗어나며…이것은 투쟁과 고난에 묶인 상태에서 참으로 벗어나 자신을 해방하는 일이기 때문이라는 것이다. 욕망에 대해서도 파드마삼바바가 "욕망의 노예가 되어 있는 사람들 역시 투명한 빛(마음)을 볼 수 없나니/고통으로 짓눌리고 그로 인해 어둠 속에 있노라" 하고 있고, 칼 융은 다음과 같이 그 직관의 오의(奧義)를 풀어내고 있다.

"욕망은 외부 세계에서 충족을 구한다. 욕망은 의식 세계의 인간을 결박하는 족쇄이므로……." 그리고 그는 욕망의 노예에서 해방되는 길을 이렇게 제시한다. "욕망의 대상으로부터 물러서는 일이 아니라 그것으로부터 좀더 초연해지는 일이다. …우리에겐 일종의 관조적인 자세가 필요한 것이다."

이 책을 편집한 사람은 《티벳 사자의 서》를 펴낸 바 있는, 티벳 불교 연구의 선구자이며 옥스퍼드 대학 종교학과 교수인 에반스 웬츠 박사이다. 그가 《티벳 해탈의 서》까지 칼 융에게 해설을 맡긴 것은 매우 적절한 일이라고 생각된다. 다만 본문 앞에 장문의 해설을 편집한 이유는 무엇일까. 아마도 그것은 서양인들에게 칼 융의 해설을 징검다리 삼아 낯선 동양 사상에 접근시키고자 하는 배려에서였을 것 같다. 그러나 직관적 사고에 익숙해 있는 우리는 본문을 먼저 읽고 해설을 보는 것이 순서라고 여겨진다. 칼 융의 해설이 탁월한 것이기는 하나 빈틈없는 논리의 빽빽함이 때로는 흥미를 접게도 하는 것이다.

한편, 본문 중에서 둘째권, 셋째권은 운문으로 쓰여 있으므로 눈으로만 보지 말고 소리내어 두런두런 오관으로 읽기를 권한다. 사실 그 내용들은 진리를 노래한 심오한 철학시라 불러도 크게 벗어나지는 않는다. 또한 그것은 마음(무의식)에 무심히 자수를 놓는 일과 다름 아니다. 니르바나의 꽃을 한땀 한땀 피워가는 명상이고 정진인 것이다.

티벳의 한 동굴 속에서 수세기 동안 몇 겹의 침묵으로 봉인되어 왔던 이 책에는 마음을 보게 함으로써 자기를 해방하는 진리가 담겨 있다. 욕망이란 의식의 족쇄를 차고 대립적으로 살 것인지, 그것에 휘둘리지 않고 우주와 자신이 합일되는 자유를 누리며 살 것인지는 순전히 자신의 몫이다. 혀는 국맛을 아는데 숟가락은 모른다고 하였다. 진리의 맛을 아는 혀가 되든 진리를 옆에 두고도 평생 알지 못하는 숟가락이 되든 그것 또한 자신의 문제이다.

≪티벳 해탈의 서≫의 일독을 모든 이들에게 권한다. 진리를 깨닫는 기쁨을 소승적인 단수가 아니라 대승적인 복수로서 함께 나누고 싶기 때문이다. 두말 할 것도 없이 여기서의 해탈이란 욕망으로부터 초연함, 자유, 열반, 자기 해방, 우주와의 합일 등등 다 같은 동류항이다.

2000년 4월

정찬주(소설가)

॥ नमः सिद्धम् ॥

순금의 정신으로 빚어내는
천금의 감동이 있는 곳

정신세계사는 홈페이지와 인터넷 카페를 통해
열린 마음으로 독자 여러분들과 깊은 교감을 나누고자 합니다.
홈페이지(www.mindbook.co.kr)에 들러 회원으로 가입해주시면

1. 신간 및 관련 행사 소식을 이메일로 받아보실 수 있습니다.
2. 신간 도서의 앞부분(30쪽 가량)을 미리 읽어보실 수 있습니다.
3. 지금까지 출간된 도서들의 정보를 한눈에 검색하고 열람하실 수 있습니다.
4. 품절·절판 도서의 대여 서비스를 이용하실 수 있습니다.(카페 안내문 참고)
5. 자유게시판, 독자 서평, 출간 제안 등의 기능을 활용하실 수 있습니다.
6. 정신세계의 핫이슈에 대한 정보와 의견들을 자유롭게 나누고
   교류하실 수 있습니다.
7. 책이 출간되기까지의 재밌는 뒷이야기들을 들으실 수 있습니다.

풍성한 컨텐츠로 새롭게 태어난
인터넷 카페(cafe.naver.com/mindbooky)도 꼭 방문해주세요.
일상의 깨달음에서 심오한 가르침에 이르기까지,
그 모든 정신의 도전을 책 속에 담아온 정신세계사의 가족이 되어주세요.

정신세계사의 주요 출간 분야

겨레 밝히는 책들 / 몸과 마음의 건강서 / 수행의 시대 / 정신과학 / 티벳 시리즈 / 잠재의식과 직관 / 자연과 생명 / 점성·주역·풍수 / 종교·신화·철학 / 환생·예언·채널링 / 동화와 우화 영혼의 스승들 / 비총서(소설 및 비소설)

정신세계사의 책들

홈페이지(www.mindbook.co.kr)에서 더 상세한 도서 정보를 보실 수 있습니다.

【수행의 시대】

명상의 세계
명상의 개념과 역사, 명상가들의 일화를 소개한 명상학 입문서/정태혁 지음

박희선 박사의 생활참선
과학자가 터득한 참선의 비결과 효과. 심신강화의 탁월한 텍스트/박희선 지음

붓다의 호흡과 명상(전2권)
불교 호흡 명상의 근본 교전《安般守意經》과《大念處經》번역 해설/정태혁 역해

보면 사라진다
수행인들의 생생한 체험을 통해 만나는 붓다의 위빠사나/김열권 지음

하타요가와 명상
동식물과 자연을 표현한 요가 동작의 깊은 의미와 목적을 명상상태에 대한 비유로 해설한 책/스와미 시바난다 라다 지음/최정음 옮김

호흡수련과 氣의 세계(전3권)
한 공직자가 실사구시의 관점으로 밝혀낸 호흡수련의 구체적인 방법과 효과. 꼼꼼한 체험기록/전영광 지음

요가 우파니샤드
국내 최초의 요가 수행자가 전하는 정통 요가의 모든 것/정태혁 지음

누구나 쉽게 깨닫는다
나와 우주가 하나되는 지구점 명상. 누구나 할 수 있는 단순한 수련/김건이 지음

달라이 라마의 자비명상법
나 스스로 관세음보살이 되는 가장 쉽고 빠른 길/라마 예세 툽텐 해설/박윤정 옮김

붓다의 러브레터
조건 없는 사랑을 체계적으로 길러내는 자애명상 실천서/샤론 살스버그 지음/김재성 옮김

실버 요가
노인의, 노인에 의한, 노인을 위한 국내 최초의 요가 실천서/정태혁 지음

신에 이르는 길
서양의 구루 람 다스가 바가바드 기타를 통해 펼쳐내는 영적 지혜와 깨달음의 과정/람 다스 지음/이균형 옮김

한 발짝 밖에 자유가 있다
당신의 내면에서 한시도 쉬지 않고 지껄이는 소리를 멈추는 마음의 기술/마이클 A. 싱어 지음/이균형 옮김

치유명상
지금 이 순간의 의미를 찾아 치유와 행복을 이루는 범종교적 명상수행의 핵심입문서/윤종모 지음

【정신과학】

宇宙心과 정신물리학
우주, 물질, 의식의 해명을 시도하는 혁명적 시각을 읽는다/이차크 벤토프 지음/류시화·이상무 공역

현대물리학이 발견한 창조주
새로운 우주상을 제시한 현대물리학과 종교의 만남/폴 데이비스 지음/류시화 옮김

신과학이 세상을 바꾼다
공학박사가 밝히는 사상운동으로서의 신과학, 실제적 연구성과가 담긴 교양과학서/방건웅 지음

홀로그램 우주
홀로그램 모델로 인간, 삶, 우주의 신비를 밝힌다/마이클 탤보트 지음/이균형 옮김

우주의식의 창조놀이
우주와 하나되는 과학적 상상 여행/이차크 벤토프 지음/이균형 옮김

영성시대의 교양과학
전 인류를 위한 심신상관적인 지혜와 통찰로서의 과학의 가능성과 대안/윤세중 지음

환각과 우연을 넘어서
인간의 한계를 넘어서는 경이로운 의식체험의 기록들/스타니슬라프 그로프 지음/유기천 옮김

코스믹 게임
인간이 변성의식 상태에서 겪는 놀라운 체험들의 보고서/스타니슬라프 그로프 지음/김우종 옮김

【티베트 시리즈】

티벳 死者의 書
죽음의 순간에 단 한 번 듣는 것만으로 해탈에 이른다/파드마삼바바 지음/류시화 옮김

티벳의 위대한 요기 밀라레파
단 한 생애 동안에 부처가 된 위대한 성인의 전기/라마 카지 다와삼둡 영역/유기천 옮김

티벳 밀교 요가
위대한 길의 지혜가 담긴 티벳 밀교 수행법의 정수/라마 카지 다와삼둡 영역/유기천 옮김

티벳 해탈의 서
마음을 깨쳐 이 몸 이대로 해탈에 이르게 하는 티벳 최고의 경전/파드마삼바바 지음/유기천 옮김

사진이 있는 티벳 사자의 서
두려움 없는 죽음을 위하여 반드시 명상해야 할 책/스티븐 호지·마틴 부드 편저/유기천 옮김

달라이 라마 자서전
신적인 존재로 추앙받으며 자라온 달라이 라마의 어린 시절에서 망명정부의 지도자로서 티베트 해방을 위해 부심하는 오늘에 이르기까지의 고뇌 어린 발자취/텐진 갸초 지음/심재룡 옮김

티베트 문화산책
우리 안의 티베트를 찾아 떠나는 티베트 문화 여행기/다정 김규현 지음

히말라야, 신의 마을을 가다
히말라야의 오지 속에 오래도록 지혜의 텃밭을 일궈온 티베트인의 삶과 풍경/이대일 사진 찍고 씀

마음에 빛을 주는 티벳 사자의 서
(오디오북3CD)
불교방송 DJ 정목 스님의 맑고 따뜻한 음성으로 전해 듣는 궁극의 경전/파드마삼바바 지음/정목 낭송

【자연과 생명】

식물의 정신세계
식물의 사고력, 감각와 정서, 초감각적 지각의 세계/피터 톰킨스 외 지음/황정민 외 옮김

장미의 부름
시를 쓰고 우주와 교신하는 식물의 신비로운 세계/다그니 케르너 외 지음/송지연 옮김

【점성/주역/풍수】

인간의 점성학
점성학의 가장 기본이 되는 인사점성학의 결정판. 천궁도 작성CD 포함/유기천 편저

주역의 과학과 道
음양으로 풀어보는 우주와 인간의 비밀/이성환·김기현 공저

알기 쉬운 역의 원리
원리를 모르면 외우지도 말라! 주역, 음양오행, 사주명리의 길잡이/강진원 지음

명당의 원리
잃어버린 우리의 정신문명, 그 명당의 원리가 처음 밝혀진다/덕원 지음

알기 쉬운 역의 응용
독자 스스로 자신에게 필요한 오행을 찾게 하는 종합 생활역학 실용서/강진원 지음

역으로 보는 동양천문 이야기
하늘, 땅, 사람을 아우르는 제왕의 학문인 동양천문학의 소중한 입문서/강진원 지음

【종교/신화/철학】

달마
오쇼가 특유의 날카로운 시각으로 강의해설한 달마어록/오쇼 강의/류시화 옮김

성서 속의 붓다
세계적인 비교종교학자 로이 아모르가 명쾌하게 밝혀낸 불교와 기독교의 본질과 상호 영향관계/로이 아모르 지음/류시화 옮김

알타이 이야기
알타이 사람들이 입담으로 전해주는 그들의 신화, 전설, 민담들/양민종·장승에 지음

샤먼 이야기
기발한 착상과 색다른 세계관이 가득한 샤먼 세상으로의 여행/양민종 지음

창조신화
인간과 우주의 기원에 관해 신화의 종교와 과학이 알고 있는 모든 것/필립 프렌드 지음/김문호 옮김

성전기사단과 아사신단
유럽과 중동의 중세 역사에 한 획을 그은 두 신비주의 비밀결사의 진실이 밝혀진다. / 제임스 와서만 지음/서미석 옮김

성서 밖의 복음서
이단 사냥꾼과 박해자들의 손을 용케 피하며 천6백 년의 세월을 견뎌온 소중한 영지주의 경전들의 해석과 풀이/이재길 지음

법구경 인연담
마음이 흔들릴 때마다 곁에 두고 읽는 진리의 말씀 / 정태혁 엮음

법구경과 바가바드 기타
인도의 정신문화가 수천 년에 걸쳐 피워낸 진리의 두 경전을 함께 읽는다/정태혁 엮고지음

기적으로 이끄는 수업
세계의 영성가들에게 무한한 영감을 선사해온 《기적수업》의 국내 최초 해설서 / 강구영 엮고지음

42장경 (상하 전2권)
붓다의 심원한 가르침인 〈42장경〉을 오쇼의 우주적 농담, 재치 있는 예화들과 함께 읽어나가는 강연록 / 오쇼 강의 / 이경옥 옮김

【비총서 — 소설 외】

요가난다 (상하 전2권)
20세기 최고의 수행자 요가난다의 감동적인 자서

전/파라마한사 요가난다 지음/김정우 옮김
자유를 위한 변명
구도의 춤꾼 홍신자의 자유롭고 파격적인 삶의 이야기/홍신자 지음
코
낌새를 맡는 또 하나의 코, 야콥슨 기관/라이얼 왓슨 지음/이한기 옮김
우리는 명상으로 공부한다
민족사관고 수재들의 氣 살리고 성적 올리는 명상학습 비결/민정암 지음
무탄트 메시지
호주 원주민 참사람 부족이 '돌연변이' 문명인들에게 보내는 자연과 생명과 영성에 대한 메시지/말로 모건 지음/류시화 옮김
그대 여신이 되기를 꿈꾸는가
고대 그리스 여성의 일상 속으로 떠나는 고고학자의 시간여행/우성주 지음
인도네시아 명상기행
인도네시아 섬 누스타리안, 그곳에서 일어나는 자연과 치유, 원시의 이야기/라이얼 왓슨 지음/이한기 옮김
행복한 아이 성공하는 아이
상담전문가 윤종모교수의 자녀교육 특강/윤종모 지음
바이칼 한민족의 시원을 찾아서
각계의 전문가들과 여행자들의 바이칼 현지 답사를 통한 한민족의 뿌리 찾기/정재승 지음
세계를 이끌어갈 한국·한국인
새롭게 한반도를 진원지로 하여 펼쳐질 생명문화의 모습과 한민족과 한반도에 부여된 21세기의 사명/이상문 지음
여자 혼자 떠나는 세계여행
'나홀로' 여성 스물두 명의 지구촌 여행기/탈리아 제파토스 외 지음/부희령 옮김

오리에게
순수에 바치는 아름다운 잠언/마이클 루니그 지음/박윤정 옮김
초인들의 삶과 가르침을 찾아서
인류에게 진리의 빛을 던져주는 불멸의 초인들, 그들이 펼치는 기적의 초인생활/베어드 T. 스폴딩 지음/정창영·정진성 옮김
춤추는 사계
흑백사진, 그 흙빛에 담아낸 한국의 사계와 풍경 이야기/이대일 사진 찍고 씀
도시 남녀 선방가다
선 수행와 연인들의 사랑을 접목시킨 21세기 사랑의 기술/브렌다 쇼샤나 지음/부희령 옮김
죽기 전에 알아야 할 영혼 혹은 마음
수호령, 천사, 유령, 소울메이트 등 우리와 늘 함께하는 영혼들의 이야기/실비아 브라운 지음/박윤정 옮김
세계 명상음악 순례
영적으로 가장 고양된 상태의 음악. 명상음악에 대한 개론서이자 에세이/김진묵 지음
말리도마
문명에 납치된 아프리카 청년 말리도마가 태초의 지혜를 되찾아간 생생한 기록/말리도마 파트리스 소메 지음/박윤정 옮김
라마크리슈나
노벨문학상에 빛나는 로맹 롤랑이 집필한 인도의 대성자 라마크리슈나 일대기/로맹 롤랑 지음/박임, 박종택 옮김
마음의 불을 꺼라
현대 사회의 문젯거리가 되고 있는 일상의 분노와 상처에 대처하는 능력을 키운다/브렌다 쇼샤나 지음/김우종 옮김
이디시 콥
유대의 랍비가 펼쳐보이는 탈무드식 위기탈출법

과 상황을 반전시키는 열린 생각의 마법/랍비 닐턴 본더 지음/김우종 옮김

또 하나의 나를 보자
45년간 물만 먹고 살아오며 그 고통을 사랑으로 승화시킨 여인 양애란의 삶과 그 뜻/양애란 구술/박광수 엮음

흔들리거나 반짝이는
음악이라는 안경을 통해 세상을 바라보는 범상치 않은 음악평론가 김진묵의 삶과 음악 이야기/김진묵 지음

지중해의 성자 다스칼로스 1~3
20세기를 살다간 사랑의 신유가 다스칼로스의 영적인 가르침/키리아코스 C.마르키데스 지음/이균형·김효선 옮김

초인들의 삶과 가르침을 찾아서 2 (남겨진 이야기들)
초인생활의 저자가 남긴 마지막 자료들을 발굴하여 엮은 책/베어드 T. 스폴딩 지음/정진성 옮김

깨어나세요
한 시간 안에 당신의 세계와 삶에 대한 인식을 뒤집어놓을 책/티모시 프릭 지음/이균형 옮김

살다보면 기도밖에는 아무것도 할 수 없는 순간들이 찾아온다
동서고금의 다양한 문헌에서 찾아낸 110편의 기도시 모음/김우종, 이재길 엮고옮김

당신의 소원을 이루십시오
대공황기의 미국인들에게 희망과 성공을 안겨준 20세기 신사고 운동의 필독서/존 맥도널드 지음/최인원 옮김

리얼리티 트랜서핑 (1~3, 타로카드 세트)
더 많은 행복과 풍요가 넘실대는 인생의 파도로 옮겨타는 과학적인 성공비결/바딤 젤란드 지음/박인수 옮김

나는 왜 하는 일마다 잘 되지?
꿈을 실현시키는 긍정의 힘 — 확언! 그 모든 비밀을 밝힌 국내 최초의 확언전문서/최인원 지음/EFT KOREA 감수

맘 놓고 병 좀 고치게 해주세요
의료법의 굴레에 갇힌 이 시대의 화타 장병두 옹의 삶과 의술 이야기 / 장병두 구술 / 박광수 엮음

비르발의 지혜문답
황제 악바르와 신하 비르발이 지혜를 겨루는 이야기 54편을 모아놓은 인도의 대표 우화집/이균형 엮음

빠빠라기
남태평양 사모아 부족의 추장 투이아비에 의해 까발려지는 문명인들의 일그러진 실상/투이아비 지음/최시림 옮김